W0049138

Helmut Schmiedt

Karl May
oder
Die Macht der Phantasie

Helmut Schmiedt

Karl May

oder

Die Macht der Phantasie

Eine Biographie

Verlag C.H.Beck

Für Monika, die mit im Wilden Westen war.

Mit 29 Abbildungen
© Verlag C.H.Beck oHG, München 2011 – Satz: Fotosatz Amann – Druck und
Bindung: CPI – Ebner & Spiegel, Ulm – Umschlaggestaltung: Geviert GbR –
Büro für Kommunikationsdesign München, Michaela Kneißl – Umschlagabbil-
dung: Karl May mit Silberbüchse. © ullstein bild – Gedruckt auf alterungsbe-
ständigem, säurefreiem Papier (hergestellt aus chlorfrei gebleichtem Zellstoff) –
Printed in Germany – ISBN 978 3 406 62116 1 – *www.beck.de*

INHALT

Einleitung

Johann Wolfgang von Goethes Autobiographie *Dichtung und Wahrheit* (1811 ff.) zählt zu den berühmtesten Werken ihrer Art. Wie so vieles von Goethe hat sie prägend gewirkt und nachfolgende Autoren beeinflusst, sei es, dass sie zu Nachahmungen reizte, sei es, dass man sich in pointierter Form von ihr abzugrenzen versuchte. Bekannt geworden sind insbesondere die ersten Sätze von Goethes Betrachtung des eigenen Lebens. Gleich zu Beginn von *Dichtung und Wahrheit* erhält der Leser Informationen zum Stand der Gestirne:

> *Am 28. August 1749, mittags mit dem Glockenschlage zwölf, kam ich in Frankfurt am Main auf die Welt. Die Konstellation war glücklich: die Sonne stand im Zeichen der Jungfrau und kulminierte für den Tag; Jupiter und Venus blickten sie freundlich an, Merkur nicht widerwärtig, Saturn und Mars verhielten sich gleichgültig; nur der Mond, der soeben voll ward, übte die Kraft seines Gegenscheins um so mehr, als zugleich seine Planetenstunde eingetreten war. Er widersetzte sich daher meiner Geburt, die nicht eher erfolgen konnte, als bis diese Stunde vorübergegangen.*[1]

Karl Mays Autobiographie *Mein Leben und Streben* (1910), sein letztes zu Lebzeiten veröffentlichtes Buch, beginnt mit dem Kapitel ‹Das Märchen von Sitara›, dessen erster Absatz folgendermaßen lautet:

> *Wenn man von der Erde aus drei Monate lang geraden Weges nach der Sonne geht und dann in derselben Richtung noch drei Monate lang über die Sonne hinaus, so kommt man an einen Stern, welcher Sitara heißt. Sitara ist ein persarabisches Wort und bedeutet eben ‹Stern›.*[2]

Anschließend wird der Leser auf mehreren Druckseiten detailliert über Ausdehnung und Struktur von Sitara unterrichtet.

Von Belang ist vor allem, dass dieser Stern aus zwei großen Teilen besteht, dem elenden, von grausamen Verhaltensregeln beherrschten Ardistan und dem wunderschönen, paradiesisch anmutenden Dschinnistan; es ist unendlich schwierig und strapaziös, von Ardistan nach Dschinnistan zu gelangen. Das nächste Kapitel von *Mein Leben und Streben* trägt dann die Überschrift ‹Meine Kindheit› und beginnt mit dem Satz: «Ich bin im niedrigsten, tiefsten Ardistan geboren, ein Lieblingskind der Not, der Sorge, des Kummers.»[3]

Johann Wolfgang von Goethe, der vielen als größter deutscher Dichter gilt, und Karl May, den man den alles in allem erfolgreichsten deutschen Unterhaltungsschriftsteller nennen darf: Beide leiten also ihre Selbstdarstellungen mit dem Blick aufs Firmament ein, und manches deutet darauf hin, dass diese Gemeinsamkeit nicht auf einem Zufall beruht; die Parallellektüre fördert weitere Übereinstimmungen zutage. Sie lassen in der Summe keinen Zweifel daran, dass May Teile seiner Autobiographie in Anlehnung an die ein Jahrhundert vorher veröffentlichte Selbstdarstellung des Weimarer Klassikers modelliert hat, und der Umstand, dass May im siebten Kapitel von *Mein Leben und Streben* ausdrücklich auf das wohlwollende Verständnis zu sprechen kommt, das Goethe in den Gesprächen mit Eckermann für die konstruktive enge Anlehnung an fremde Texte aufgebracht hat, bestätigt indirekt, wie aufschlussreich der vergleichende Blick im Fall der beiden Autoren ist.

Es handelt sich bei diesen intertextuellen Beziehungen allerdings nicht um ein simples Abschreiben oder Paraphrasieren: Schon die einleitenden Passagen setzen ja vor dem Hintergrund des gemeinsamen Grundmotivs höchst unterschiedliche Akzente. Geht man ihnen nach, so lässt sich bereits in Ansätzen mancherlei über Karl May erkennen, das von elementarer Bedeutung für sein Leben und Werk und vor allem für sein Selbstverständnis ist.

Zunächst einmal fällt auf, dass May seine Darstellung – anders als Goethe – eben nicht mit handfesten Daten und Fakten eröffnet, sondern mit der Anspielung auf Literarisches: Er knüpft nicht nur unausgesprochen an Goethe an, sondern setzt explizit auch ein mit der Präsentation eines von ihm erfundenen ‹Märchens›, und erst in Verbindung damit und in Abhängigkeit davon kommt er später konkret auf sich selbst zu sprechen. Dabei muss man berücksichtigen, dass der Sitara-Mythos nicht eigens für die Autobiographie produziert wurde, sondern ein Schlüsselmotiv für Mays gesamtes Spätwerk bildet: Der Roman *Ardistan und Dschinnistan* (1907–1909) verweist schon im Titel auf ihn, und in Mays einzigem Drama *Babel und Bibel* (1906) – aus dem in *Mein Leben und Streben* ausführlich zitiert wird – spielt Sitara eine herausragende Rolle. Der Autobiograph lässt sein Ich also im Zuge einer komplexen literarischen Inszenierung auftreten, die Person Karl May debütiert mit Hilfe von Texten Goethes und Karl Mays.

Dabei erweist sich die Beziehung zu *Dichtung und Wahrheit* als höchst ambivalent, denn May überbietet und unterbietet Goethes Schilderung zugleich. Er überbietet sie, indem er nicht kurz und pointiert, wie Goethe, von real existierenden Himmelskörpern schreibt, sondern mit vielen Details einen Kosmos *sui generis* kreiert. Goethe arbeitet, bei allem deutlich erkennbaren Stilisierungswillen, mit Größen, über die jedes Konversationslexikon informiert, und wer will, kann sich sogar kundig machen, wie es damals, zur Zeit der Geburt des Frankfurter Knaben, tatsächlich um ihre Konstellation bestellt war; insofern bleibt Goethe in diesem Zusammenhang bei den Tatsachen. Karl May dagegen phantasiert nichts Geringeres als eine Privatmythologie herbei, um dem eigenen Auftritt den Weg zu ebnen.

May unterbietet Goethes Darstellung aber auch: Weist Goethes Sternen-Introitus in lichte Höhen, so deuten Mays Gestirne in Abgründe menschlichen Seins – «Ich bin im niedrigsten, tiefsten Ardistan geboren, ein Lieblingskind der Not, der Sorge, des Kummers.» Die Himmelskörper der wohlsituierten Frankfurter Bürgerfamilie wirken konstruktiv zusammen, um indirekt schon von einer glanzvollen Zukunft des Neugeborenen zu künden;

einer davon, der Mond, ist ob seiner Renitenz sogar behilflich, die Geburt auf den angemessen auffälligen Zeitpunkt zu verlegen: «mittags mit dem Glockenschlage zwölf». Nichts dergleichen bei May: Die zitierte eigene Mythologie ist gut genug, als Wegweiser zu dienen, aber dann stellt sich heraus, dass Mays Platz an der finstersten, bedrückendsten Stelle des allegorischen Sitara-Kosmos zu finden ist. Eine düsterere Einführung der eigenen Person ist nicht denkbar: im Hinblick auf das Märchen von Ardistan und Dschinnistan nicht und ebenso wenig im Vergleich zu den Darlegungen Goethes.

Dieser Kontrast setzt sich an fast allen Stellen fort, an denen Mays Kindheitsschilderung motivisch *Dichtung und Wahrheit* nahe rückt. Goethe ergänzt den Bericht über seine Geburt mit dem Hinweis auf Komplikationen, die aufgrund der Ungeschicklichkeit der Hebamme eingetreten seien, fügt aber hinzu, dieser Umstand habe zu einer Verbesserung des Hebammenunterrichts in der Stadt Anlass gegeben und sich insofern letztlich segensreich ausgewirkt. May nennt im Anschluss an den zitierten ersten Satz über die eigene Person den Vater einen armen Weber, kommt danach auf besonders triste Todesfälle in seiner Familie zu sprechen, von denen sich einer zu Weihnachten abgespielt habe, und fügt generalisierend hinzu: «Ueberhaupt ist Weihnacht für mich und die Meinen sehr oft keine frohe, sondern eine verhängnisvolle Zeit gewesen.»[4]

Auch berichten beide Autoren über exzessive frühe Lektüreerfahrungen: Goethe hat den *Orbis pictus* des Amos Comenius, Ovids *Verwandlungen, Robinson Crusoe, Die Insel Felsenburg* sowie viele andere durchweg geschätzte, der Bildung wie der Unterhaltung dienliche Schriften gelesen; May dagegen erwähnt «alte Gebetbücher, Rechenbücher, Naturgeschichten, gelehrte Abhandlungen, von denen ich kein Wort verstand», die er auf Anordnung des Vaters gleichwohl zum Teil sogar habe abschreiben müssen.[5] In beiden Fällen hat ein Puppentheater für die Ausbildung des literarischen Interesses eine maßgebliche Rolle gespielt, doch auch hier klaffen die Erinnerungen weit auseinander: Goethe hat ein Puppentheater geschenkt bekommen und gestaltet damit in seinem Giebelzimmer eigene Aufführungen vor Zuschauern; May besitzt weder ein eigenes Puppenspiel noch die Möglichkeit zu solch raumgreifenden Darbietungen, sondern besucht ein paar Mal öffentliche Aufführungen einer Wanderbühne. Hier wie dort flüchten die Söhne gelegentlich vor den Anforderungen, die ehrgeizige Väter an sie stellen, zu den Angehörigen aus der noch einmal älteren Generation, und wieder könnten die Differenzen nicht größer sein: Das Domizil der Goethe'schen Großeltern, in einer anderen Straße als das Elternhaus gelegen, «schien ehmals eine Burg gewesen zu sein», und zu ihm gehören ein «ziemlich breite(r) Hof» sowie ein reichhaltig gefüllter «Garten, der sich ansehnlich lang und breit hinter den Gebäuden hin erstreckte»;[6] wenn der kleine May seine Großmutter besucht, muss er lediglich in ein anderes Zimmer des ärmlich ausgestatteten Elternhauses gehen, dessen Garten winzig klein ist.

Während Goethe also durchweg von Umständen und Ereignissen berichtet, die er schon damals als angenehm empfunden hat und die er auch noch im Rückblick – mit kleinen Einschränkungen – als im besten Sinne zukunftsweisend und förderlich ansieht, spricht May in seiner Bilanz früher Lebenserfahrung von deprimierenden Verhältnissen und belastenden, schädlichen Einflüssen. Während dem einen der Weg nach Weimar und ins Pantheon der Weltliteratur schon vorgezeichnet scheint, führt jener des anderen in Abgründe.

Aufschlussreich im übergreifenden Sinne sind die Schilderungen des jüngeren Autors selbst dann, wenn man die Frage umgeht, ob sie sich eher den faktisch vorhandenen Lebensumständen oder einer absichtsvollen literarischen Zurichtung verdanken. Mays Neigung, mit Schwarz-Weiß-Mustern zu argumentieren – wie hier in den stillschweigenden Kontrastierungen gegenüber Goethe, aber auch mit der streng antithetisch strukturierten Sitara-Welt –, wird sich als Konstante seiner Lebensführung wie auch seiner literarischen Arbeit erweisen.

Dass er sich unter literarischen Vorzeichen inszeniert und deutet – als Bewohner Ardistans und ein wenig auch als Anti-Goethe –, ist ein Leitmotiv seines Lebens, das Phasen des Glücks und des Triumphs ebenso begleitet wie Zeiten des Misserfolgs. Die Anmaßung, Teile der eigenen Vergangenheit nach Parametern zu rekonstruieren, die von einem Idol der bürgerlichen Hochkultur abgeleitet sind, erhellt Art und Ausmaß des May'schen Selbstbewusstseins – auch wenn er sich keineswegs darüber hinwegtäuscht, dass er innerlich niemals völlig aus jenem persönlichen Ardistan herausgekommen ist, von dem er so eloquent berichtet.

Das Spiel mit den stillen Goethe-Referenzen hat in seiner Wirkung aber auch noch eine ganz andere, ins Grundsätzliche weisende Seite: Es zeigt, auf welch unterschiedliche Weise man Mays Texte lesen kann. Wer die Referenzen nicht bemerkt, dem wird dennoch ein durchaus eindrucksvolles, im Großen und Ganzen schlüssiges Bild von der Person des Verfassers vermittelt, eine kohärente Erzählung; wer sie entdeckt, dem erschließen sich unerwartete Zusammenhänge von beträchtlicher Komplexität.

Wir stoßen hier auf ein Grundproblem der Beschäftigung mit Karl May: auf die eklatante Differenz zwischen Mays Wahrnehmung als einem beliebten Jugend- und Volksschriftsteller einerseits und als anspruchsvollem Literaten andererseits. Seit mehr als einem Jahrhundert ist er ein Autor von herausragender Popularität. Er hat mit seiner Figur Winnetou das Indianerbild von Generationen deutscher Leser geprägt, hat mit Titeln wie *Durchs wilde Kurdistan* und *In den Schluchten des Balkan* Formulierungshilfen noch für Journalisten gegeben, die Jahrzehnte später über die betreffenden Regionen berichteten, hat postum in den 1960er Jahren eine der erfolgreichsten Filmserien in der Geschichte des deutschen Kinos inspiriert, führt bis heute ein vitales Nachleben auf diversen Freilichtbühnen und hat sich überhaupt als ein multimedial präsentes Objekt der Kommerzkultur erwiesen – bemerkenswert und nahezu konkurrenzlos, wenn man bedenkt, dass er eine Person aus dem 19. Jahrhundert ist. Wer will, kann sein Zimmer mit 30 cm großen May-Figuren und einer

Wanduhr ‹Winnetou› dekorieren, eine Krawatte ‹Karl May› tragen, seinen Bleistift mit einem Karl-May-Spitzer schärfen, sich auf verschiedenen Tonträgern den kompletten *Schatz im Silbersee* von Gert Westphal vorlesen lassen und dem *Ave Maria*, das dem Leser von *Winnetou III* bei Winnetous Tod entgegenschallt und das Karl May tatsächlich in Töne gesetzt hat, in einer Aufnahme des Dresdner Kreuzchors lauschen. Die in Millionenauflagen kursierenden Romane um die Helden Winnetou, Old Shatterhand, Kara Ben Nemsi und Hadschi Halef Omar, die all dem zugrunde liegen, gelten weithin als naiv-unterhaltsame, primär für jugendliche Leser bestens geeignete und in fortgeschrittenem Alter mit nostalgischer Rührung genießbare Literatur; dass in der Generation der Urgroßväter gegen ihn eingewandt wurde, er sei einst kriminell gewesen und aus einer vergifteten Quelle könne doch kein reines Wasser fließen, dass die Großväter, Väter und Mütter ihn demzufolge oft nachts heimlich unter der Bettdecke lesen mussten, bestätigt das Bild vom ebenso wirkungsmächtigen wie trivialen Großkomplex Karl May unter entgegengesetzten Vorzeichen.

Ganz anders steht es allerdings, wenn man auf die nun ebenfalls schon Jahrzehnte während analytische Beschäftigung mit Person, Werk und Wirkung blickt: Ihr zufolge hat man es mit einem höchst komplexen und komplizierten ästhetischen Phänomen zu tun, das nur an der Oberfläche harmlos und als pure Unterhaltung erscheint, im Übrigen aber ob seiner Vielschichtigkeit für jedwede wissenschaftliche Untersuchung ein dankbares Objekt bietet – von Studien zu den Strukturen seiner Erzählkunst über geschlechtsspezifische Recherchen bis zu Fragen nach den verzwickten literaturhistorischen Zusammenhängen, in denen Mays Werk zu verorten ist, nach seinem kolonialistischen Gehalt und nach den eklatanten Widersprüchen in seiner Rezeption; man kann die gesamte Methoden- und Interessengeschichte der Literaturwissenschaft anhand der May-Forschung anschaulich illustrieren und daraus auf die hohe Dignität ihres Gegenstands schließen. Derart ausgeprägte Diskrepanzen zwischen den Eindrücken eines Massenpublikums und der Forschung gibt es bei den allermeisten Größen der Literaturhistorie nicht, mögen sie Lessing oder Kleist, Fontane oder Kafka, Grass oder Handke heißen; wer Texte dieser Autoren liest, tut das in der Regel mit dem Bewusstsein, sich auf beträchtlichen kulturellen Höhen zu bewegen.

Eine Biographie kann diese Diskrepanzen nicht auflösen, doch vermag sie eine Persönlichkeit vorzustellen, die sich – um das Bild in Mays Selbstinszenierung aufzugreifen – zwischen Ardistan und Dschinnistan so beharrlich und intensiv wie wenige andere Schriftsteller verirrte und dabei die Überzeugung vermittelte, einen geraden Weg zu gehen. Mag sein, dass sich aus dieser Spannung letztlich beides ableiten lässt, sowohl das Geheimnis seines Massenerfolgs als auch der intellektuelle Reiz, der von Karl May und seinem Werk bis heute ausgeht.

1842–1856

VON HUNGERSNÖTEN UND SPANISCHEN RÄUBERN

Wie sah nun konkret jenes Ardistan aus, in das Karl Friedrich May am 25. Februar 1842 um 22 Uhr hinein geboren wurde, in dem er seine frühe Kindheit, seine Volksschulzeit (1848–1856) und auch noch einen beträchtlichen Teil seines späteren Lebens verbrachte?

May gilt gewöhnlich als Schriftsteller sächsischer Herkunft; aber diese Lokalisierung trifft, wenn man es historisch genau nimmt, nicht ganz zu. Sein am Rande des Erzgebirges liegender Geburtsort Ernstthal war Teil der Schönburger Lehns- und Rezessherrschaften, eines jener für die Zeit vor 1871 typischen kleinstaatlichen Gebilde; die Ernstthaler waren also Untertanen der Grafen von Schönburg. Diese hatten damals allerdings einen Großteil ihrer Souveränität durch enge Bindung an das mächtige Sachsen bereits eingebüßt, und 1878 wurde ihr Territorium vollständig in das sächsische Gebiet eingegliedert. Der Ort Ernstthal vereinigte sich 1898 mit dem benachbarten Hohenstein zur Stadt Hohenstein-Ernstthal.

Mays Vater war der Weber Heinrich August May (1810–1888), seine Mutter dessen Ehefrau Christiane Wilhelmine (1817–1885). May entstammte somit einem Milieu, das – in den Worten seines ersten bedeutenden Biographen Hans Wollschläger – einen «Modellpunkt des sozialen Elends der Zeit»[1] bildete, ein gesellschaftliches Biotop, an dem sich die Verwerfungen im Umfeld der Industriellen Revolution mit schreckenerregender Präzision studieren lassen. Die Bewohner der Gegend lebten seit langem überwiegend vom Textilgewerbe, zumeist allerdings mehr schlecht als recht; einer Hungersnot in den Jahren 1771/72 erlag jeder vierte Einwohner der Stadt. Zur Zeit der von Napoleon verhängten Kontinentalsperre, nach 1806, profitierten die

Abb. 1: Ansicht von Hohenstein und Ernstthal um 1837

Ernstthaler Heimweber davon, dass die konkurrierenden Billig-
waren aus England vorübergehend nicht nach Deutschland ge-
langten; danach aber verschärfte sich ihr Elend umso mehr. Die
zunehmende Ausbreitung der maschinellen Herstellung drückte
die Preise des Produzierten; das Geschäftsgebaren ausbeute-
rischer Unternehmer und Zwischenhändler – das May in seinem
Roman *Der verlorne Sohn* (1884–1886) und Gerhart Hauptmann in seinem Drama *Die Weber* (1892) schildern sollten –
nutzte die Situation der Ärmsten aus, und die Misswirtschaft der
schönburgischen Administration, die ihre Verluste durch eine
hohe Abgabenlast der Bevölkerung zu kompensieren suchte, tat
ein Übriges. Um 1840 verzeichnete Ernstthal 2700 Einwohner;
«vier von fünf Erwerbstätigen arbeiten als Heimweber und verdienen etwa ein Drittel von dem, was als Existenzminimum
gilt.»[2]

Mays Vorfahren waren überwiegend Bauern und Handwer-
ker und insbesondere in der Generation der Großväter und
Urgroßväter durchweg Weber; der leibliche Großvater väterlicherseits ist unbekannt, Heinrich August May war vermutlich
nicht der leibliche Sohn des zur Zeit seiner Geburt noch leben-

den ersten Ehemanns von Mays Großmutter. Zwar gab es unter den Ahnen der Familie, wie die Forschung rekonstruiert hat, den einen oder anderen, der beruflich ganz andere Wege ging, darunter einen Hofprediger und sogar einen Schriftsteller namens Gottfried Dexelius (1658–1707); aber im Großen und Ganzen spiegeln sich in der Geschichte der Vorfahren Karl Mays just die überwiegend düsteren sozialen und materiellen Lebensumstände, die für die Bevölkerungsmehrheit charakteristisch waren. Sie spiegeln sich auch in Einzelschicksalen der Familie. Im Jahr 1818 verunglückte der Ehemann der Großmutter väterlicherseits beim Sturz in eine Schlucht; im Sterberegister wurde als Todesursache «unordentliche Lebensart» verzeichnet, vielleicht eine Umschreibung für Trunkenheit als konkrete Unfallursache. Der Großvater mütterlicherseits erhängte sich 1832; diesmal wurden «Trunkenheit und Verzweiflung» auch amtlich als Ursache festgehalten. Die Schicksale der Geschwister Karl Mays zeigen ebenfalls das Ausmaß der materiellen Not: Er war das fünfte von vierzehn Kindern, die seine Mutter zwischen 1836 und 1860 zur Welt brachte, acht Mädchen und sechs Jungen; davon starben neun in den ersten Wochen und Monaten. Von den Söhnen war nur Karl ein längeres Leben beschieden, von den Schwestern überlebten ihn zwei und erreichten ein hohes Alter: Christiane Schöne (1844–1932) und Karoline Wilhelmine Selbmann (1849–1945). Derart hohe Kinderzahlen waren in den Familien der damaligen Zeit zwar nicht unüblich, und auch die Kindersterblichkeit war weit verbreitet, aber Parallelfälle deuten darauf hin, dass die exorbitanten Todesziffern der Familie May zum großen Teil milieubedingt waren: So wurden in der Ehe des berühmten Historikers und späteren Nobelpreisträgers Theodor Mommsen, eines an renommierten Universitäten beschäftigten Professors, zwischen 1855 und 1874 sogar sechzehn Kinder geboren, von denen nicht weniger als zwölf die Eltern überlebten.

May bietet in seiner Autobiographie eindrucksvolle Schilderungen des Elends, das ihm und seiner Familie um die Mitte des Jahrhunderts beschieden war. Neben unzulänglicher Hygiene

Abb. 2: Geburtshaus Karl Mays in Ernstthal

und schweren Krankheiten kommt vor allem der quälende Hunger zur Sprache:

> *Es mangelte uns an fast Allem, was zu des Leibes Nahrung und Notdurft gehört. Wir baten uns von unserm Nachbar, dem Gastwirt ‹Zur Stadt Glauchau›, des Mittags die Kartoffelschalen aus, um die wenigen Brocken, die vielleicht noch daran hingen, zu einer Hungersuppe zu verwenden. Wir gingen nach der ‹roten Mühle› und ließen uns einige Handvoll Beutelstaub und Spelzenabfall schenken, um irgend etwas Nahrungsmittelähnliches daraus zu machen. Wir pflückten von den Schutthaufen Melde, von den Rainen Otterzungen und von den Zäunen wilden Lattich, um das zu kochen und mit ihm den Magen zu füllen. Die Blätter der Melde fühlen sich fettig an. Das ergab beim Kochen zwei oder drei kleine Fettäuglein, die auf dem Wasser schwammen. Wie nahrhaft und wie delikat uns das erschien![3]*

Ein Bittgesuch, das Ernstthaler Gemeindevertreter 1844 an die schönburgische Gesamtkanzlei richteten, bezeugt den Wahrheitsgehalt derartiger Darstellungen: «Ja es sind neuerdings in der That Fälle hier vorgekommen, daß Menschen, die sich zu betteln schämten, buchstäblich verhungert sind.»4 Die hässliche Kehrseite des ökonomisch zukunftsweisenden 19. Jahrhunderts tritt hier in aller Deutlichkeit zutage.

Unter diesen Umständen half es wenig, dass die Familie zeitweise in einem eigenen kleinen, freilich mit großen Abgaben belasteten Haus wohnte, welches der Mutter 1837 durch eine Erbschaft zugefallen war. Im April 1845, drei Jahre nach Karls Geburt, musste es verkauft werden, und die Mays bezogen eine Mietwohnung am Ernstthaler Marktplatz. Immerhin ließ sich ein Teil des Verkaufserlöses höchst sinnvoll verwenden: Die Mutter finanzierte damit 1845/46 in Dresden eine sechsmonatige Ausbildung zur Hebamme, deren erfolgreicher Abschluss mit einer Anstellung bei der Stadt Ernstthal belohnt wurde. Christiane Wilhelmine May sollte diese Tätigkeit über Jahrzehnte hinweg ausüben und damit maßgeblich zur Sicherung der Existenzgrundlage ihrer Familie beitragen.

Alles in allem erscheint also durchaus nachvollziehbar, warum May das in *Mein Leben und Streben* beschworene Ardistan metaphorisch als seine Geburtsstätte reklamierte: Verlässliche Informationen zur Geschichte und zur damaligen Situation der Familie May bestätigen seine düstere Sicht auf die frühen Lebensjahre. Das gilt allerdings nur für die sozialhistorisch verbürgten materiellen Umstände und für das, was Akten und Urkunden überliefern.

Im Hinblick auf die übrigen Aspekte der Lebensverhältnisse und innerfamiliären Beziehungen sieht es anders aus: Hierfür gibt es im Wesentlichen nur eine einzige Art von Quellenmaterial, nämlich die autobiographischen Schriften Mays. Anders, als dies bei Autoren aus höheren sozialen Milieus oft der Fall ist, existieren weder briefliche Zeugnisse noch Tagebücher oder sonstige Dokumente, und weil May erst lange nach seinem Tod zu einem Objekt ernsthafter Forschung avancierte, sind auch kaum zuverlässig belegte mündliche Äußerungen von Personen überliefert, die noch aus eigener Anschauung über seine Kindheit und Jugend hätten berichten können. Letztlich stehen uns in Bezug auf die Charaktere seiner Eltern, den familiären Alltag und insbesondere den Umgang mit ihm selbst, dem offensichtlich hoch begabten Sohn, nur Mays eigene Darlegungen zur Verfügung. Die eine oder andere seiner Mitteilungen berührt zwar größere Zusammenhänge, die mit Hilfe weiterer Quellen verifizierbar sind. So hat sich beispielsweise gezeigt, dass Mays Verweise auf seine frühen Theatererlebnisse keineswegs aus der Luft gegriffen sind: Es hat jene Gastspiele tatsächlich gegeben, von denen er berichtet, sie als kleiner Junge gesehen zu haben. Abgesehen davon wird sich jedoch das Bild, das über die skizzierten Umstände hinaus von seiner Kindheit und Jugend zu gewinnen ist, lediglich durch seine schriftlich tradierten, subjektiven Erinnerungen formen müssen, je nach Interpretation möglicherweise auch gegen sie.

Fragt man nämlich pauschal nach dem Wahrheitsgehalt der autobiographischen Schriften, darf als Grundannahme gelten, dass es sich in besonders zugespitzter Form um Texte handelt, die mit dem Ziel der Selbstrechtfertigung verfasst wurden. May schrieb sie allesamt während seiner letzten Lebensjahre, als er – nicht ohne eigene Schuld – unter intensiven publizistischen Angriffen zu leiden hatte und sich in eine fast unüberschaubare Zahl juristischer Auseinandersetzungen verstrickt sah. Stärker noch als bei anderen Autoren des Genres muss man also nicht nur den literarischen Charakter in Rechnung stellen, wie ihn die verdeckten Bezüge zu *Dichtung und Wahrheit* schon erkennen lassen, sondern auch den mal mehr, mal weniger offen formulierten Zweck, in schwieriger Zeit entgegen allen machtvoll geführten Attacken einen unbedingt positiv stimmenden Eindruck von der Person des Verfassers zu vermitteln. May hat dieses Feld geradezu hingebungsvoll bestellt: *Mein Leben und Streben* sowie einige kleinere Texte, die ebenfalls für die Öffentlichkeit bestimmt waren, wurden in juristischen Zusammenhängen ergänzt durch drei weitere umfangreiche autobiographische Arbeiten (*Frau Pollmer, eine psychologische Studie*; *Ein Schundverlag und seine Helfershelfer*; *An die 4. Strafkammer des Königl. Landgerichtes in Berlin*), die erst lange nach Mays Tod publiziert wurden.

Gemeinsam ist ihnen allen, dass sie sich fortwährend zwischen auftrumpfenden Gesten und heftiger Klage über unverschuldet erlittene Not hin und her bewegen. Ihr prekärer Status wird deutlich, wenn man ein paar jener Äußerungen einander gegenüberstellt, in denen May interessegebunden erläutert, zu welchem Zweck er *Mein Leben und Streben* geschrieben haben will. Der Verleger Friedrich Ernst Fehsenfeld erhält eine dezidiert pragmatische Erklärung, derzufolge May dieses Buch schreibe, damit «es mir die Prozesse gewinnen hilft. Es hat nur diesen einen Zweck, weiter keinen».[5] Den Lesern hingegen wird ein völlig anderer, edlerer Sinn suggeriert, der sich indirekt auf die altehrwürdige, durch Augustinus und Rousseau geprägte Tradition der Autobiographie als einer großen Konfession beruft: «Ich schreibe also, um zu beichten. (…) ich beichte meinem Herrgott und mir selbst, und was diese beiden sagen, wenn ich geendet habe, wird für mich maßgebend sein.»[6] Einer der kleineren autobiographischen Texte Mays heißt denn auch *Meine Beichte* (1908).

All diese Umstände sind zu berücksichtigen, wenn man sich mit Hilfe von Mays Selbstdarstellungen in Lebensbereiche vorwagt, über die keine sonstigen Dokumente vorliegen. Dabei erweist es sich als außerordentlich hilfreich, die spezifische Argumentationsweise des Autors nicht aus den Augen zu lassen, denn May hat sich einiger gedanklicher Strukturen bedient, auf die hin er nahezu alles ordnet, was er überhaupt zur Sprache bringt.

Zu diesen Strategien gehört die Methode der Darstellung in Schwarz-Weiß-Kategorien; May verwendet sie in *Mein Leben und Streben*, der einzigen Schrift mit ausführlichen Darlegungen zur Kindheit, in geradezu exzessiver Weise. So präsentiert er seinen Vater als einen charakterlich höchst widersprüchlichen Menschen: «die eine Seele unendlich weich, die andere tyrannisch, voll Uebermaß im Zorn, unfähig, sich zu beherrschen»;[7] der Vater verfügt also nicht über eine einzige psychische Apparatur, die unter den Einflüssen katastrophaler Lebensbedingungen und wechselnder Stimmungen mal dieses, mal jenes Verhalten zeitigt, sondern über deren zwei, die einander wesensfremd sind und konträr gegenüberstehen – ganz so, wie später in Mays Romanen Gut und Böse zumeist säuberlich geschieden sind, als gebe es keine charakterlichen Schattierungen, keine Verbindung vom einen zum anderen psychischen Komplex und mithin keine Persönlichkeiten gemischter Natur. Der Autor berichtet einerseits von großer Fürsorglichkeit, von «heitersten und friedlichsten Augenblicken», und davon, dass der Vater sich oft «herzgewinnend» verhalten habe; er spricht andererseits aber auch vom Empfinden des Kindes, ständig «auf vulkanischem Boden» zu wandeln, und der Angst, beim geringsten Anlass entweder mit einem «dreifach geflochtene(n) Strick, der blaue Striemen hinterließ»,[8] oder mit einem ‹birkenen Hans› verprügelt zu werden – ein Vorgang, den der Vater bis ins Sadistische trieb, indem er den ‹birkenen Hans› zur Steigerung der Elastizität einweichte und die Züchtigung so lange fortsetzte, bis er «nicht mehr konnte».[9] Zu den positiven Eigenschaften des Vaters gehört angeblich auch eine überdurchschnittliche künstlerische Begabung: «Er schnitzte und bildhauerte gern, und was er da fertig brachte, das hatte Schick und war gar nicht so übel.»[10] Belegt ist, dass Heinrich August May vom Webergesellen zum Meister aufstieg und dass er in späteren Jahren, als sich die wirtschaftliche Lage der Familie verbessert hatte, eine ehrenamtliche Tätigkeit im Armenausschuss seiner Heimatstadt ausübte.

Auch die Charakterisierung der Mutter gerät extrem, weist allerdings die Besonderheit auf, dass bei ihr jegliche dunkle Seite mit geradezu verdächtiger Konsequenz ausgeblendet wird und – das mag man wörtlich nehmen – das Bild einer überirdisch strahlenden Persönlichkeit entsteht:

Meine Mutter war eine Märtyrerin, eine Heilige, immer still, unend-
lich fleißig, trotz unserer eigenen Armut stets opferbereit für andere,
vielleicht noch ärmere Leute. Nie, niemals habe ich ein ungutes Wort
aus ihrem Mund gehört. Sie war ein Segen für jeden, mit dem sie ver-
kehrte, vor allen Dingen ein Segen für uns, ihre Kinder. Sie konnte
noch so schwer leiden, kein Mensch erfuhr davon.[11]

Auch Mays Selbstbeschreibung weist in allen Einzelheiten diesen Hang zum Extremen auf. Wenn es zutrifft, dass der Vater,
wie oben schon dargelegt, den Sohn regelmäßig zur exzessiven
Lektüre und gar zum Abschreiben unverdaulicher Sachbücher
zwang, so drängte er ihn bereits damit in eine Außenseiterposi-
tion unter seinesgleichen. In *Mein Leben und Streben* variiert
May diese Rollenzuweisung in immer neuen Schattierungen und
stilisiert sie zum Signum seiner Existenz: So trägt das dritte Kapitel des Werkes den lakonischen Titel ‹Keine Jugend›; darin
heißt es, ein «echter, wirklicher Schulkamerad und Jugend-
freund ist mir nie beschieden gewesen».[12] Auch habe sich eine
pragmatische, der Realität zugewandte Einstellung zum Leben
nie entwickelt, «ich blieb ein Kind für alle Zeit».[13]

Die dauerhafte Fixierung auf ein kindliches Verhalten ver-
knüpft May mit einem Phänomen, das er zum einen als den
Gipfelpunkt seiner Isolation begreift und zum anderen als Erklärung für die späteren Phantasieleistungen des Schriftstellers
Karl May anbietet: mit der zeitweiligen Blindheit, an der er in
seinen frühen Lebensjahren gelitten haben will. Kurz nach der
Geburt – so stellt der Autobiograph es dar – habe er durch eine
von den elenden Verhältnissen hervorgerufene Krankheit sein
Augenlicht vollständig verloren, es aber Jahre später dank der
Kunst von Ärzten zurückgewonnen, die seine Mutter während
ihrer Hebammenausbildung kennen gelernt hatte. Diese lang-
wierige und gravierende Beeinträchtigung sei verantwortlich für
eine spezielle Form des Umgangs mit der Außenwelt: Der kleine
Karl musste, um sie sich «wahr und plastisch» vorstellen zu können, «innerlich ein Bild» von ihr entwerfen, ein Bild, das umso
höhere Autorität für ihn gewann, je reichhaltiger er es auszu-

gestalten vermochte.[14] Zunächst einmal scheint der Gedanke durchaus naheliegend, in solch einer früh erfahrenen Ausprägung machtvollen inneren Sehens den Urgrund jener späteren Fähigkeit zu entdecken, mit großer Überzeugungskraft von Erlebnissen in Ländern und Lebensverhältnissen zu berichten, die der Autor nicht aus eigener Anschauung kannte. Lange Zeit hat die Forschung diese von May suggerierte These zur Erklärung seiner Phantasieleistungen denn auch dankbar aufgenommen.

Mittlerweile ist sie allerdings davon abgerückt, denn die Prämisse ist offensichtlich falsch: Dass ein Mensch sein Augenlicht vollständig einbüßt und dann geheilt wird, ohne dass Spuren der Erkrankung zurückbleiben, ist medizinisch nicht denkbar; bei May müsste es aber so gewesen sein, denn in späteren Jahrzehnten hatte er nur kleinere altersspezifische Beeinträchtigungen des Sehvermögens zu ertragen, wie seine heute noch vorhandenen Brillengläser verraten. Vorstellbar ist allenfalls eine vorübergehende, wahrscheinlich von selbst ausheilende Beeinträchtigung der Sehfähigkeit, die etwa ein starker Vitamin-A-Mangel hervorgerufen haben könnte.

Mays irreführender Bericht über die frühkindliche Erblindung mag unterschiedlichste Assoziationen auslösen. Es könnte sich um einen Versuch handeln, mittels der zugespitzten Darstellung eines in der Realität geringfügigen Leidens die ihm selbst höchst rätselhafte literarische Begabung psychologisch herzuleiten. Vielleicht darf man ihn auch verstehen als Metapher für einen ebenso umfassenden wie folgenreichen psychischen Blackout oder, mit wieder ganz anderer Akzentuierung, als Bemühen des Autors, sich unterschwellig in die Tradition des blinden Sehers hineinzuzaubern, der der Wahrheit einer körperlich nicht geschauten Welt näher kommt als jeder andere. Im Kontext der zentralen Argumentation von *Mein Leben und Streben* trägt die Legende von der Blindheit jedenfalls wesentlich dazu bei, die Aura des Besonderen zu verstärken, die schon den jungen Karl May umgibt.

Aber May belässt es, wie im Fall des Vaters, nicht bei der

Pointierung einer einzigen extremen Seite seiner Persönlichkeit. Er fügt ein gegenläufiges Element hinzu, das den Außenseiter in die Mitte der Gesellschaft zurückbefördert: das emphatische Bekenntnis zu einer politisch und weltanschaulich konservativen Grundhaltung. Schon als kleiner Junge will May aus gegebenem Anlass darüber nachgedacht haben, dass in der steten Besinnung auf «Gott, König und Vaterland (...) das wahre Glück» liegt, und «später hat dann das Leben an diesen drei Worten herumgemodelt und herumgemeißelt; aber mögen sich die Formen verändert haben, das innere Wesen ist geblieben.»¹⁵

Der Autobiograph behandelt das Thema in Verbindung mit den revolutionären Ereignissen der Jahre 1848/49, die seine Heimat in besonders heftige Turbulenzen stürzten: Im April 1848 kam es zu einer großen Volksversammlung und zum Sturm auf das Waldenburger Schloss, die Residenz des Fürsten Otto Viktor von Schönburg-Waldenburg, das in Flammen aufging. Mays Vater engagierte sich im Februar 1849 bei der Gründung des Ernstthaler Vaterlandsvereins, einer linksdemokratischen Gruppierung, und als im Mai desselben Jahres in Dresden eine Revolte gegen König Friedrich August II. ausbrach, machten sich zwei Freischarenzüge von Hohenstein aus auf den Weg, die Aufständischen zu unterstützen. Das Eingreifen preußischer Truppen zugunsten des Königs bewog die Revolutionäre jedoch zur Umkehr. Nichts von all dem findet sich sachlich korrekt in Mays Schilderung wieder. Vom Sturm auf das Schloss ist ebenso wenig die Rede wie vom revolutionär gesonnenen Vaterlandsverein. Stattdessen berichtet May in *Mein Leben und Streben*, die antimonarchistische Haltung habe sich in Hohenstein und Ernstthal rasch in ihr Gegenteil verkehrt, und der Marsch auf Dresden verwandelt sich analog dazu in ein Unternehmen, das nicht etwa dem Sturz, sondern dem Schutz des Königs und somit der Verteidigung der bestehenden Verhältnisse gedient habe; May gestaltet diesen Zug in seiner Beschreibung überdies mit komischen, nahezu klamaukhaften Facetten aus. Als biographisches

Detail fügt er an, der an der Aktion beteiligte Vater habe zur Steigerung seiner strategischen Fähigkeiten mit ihm militärische Übungen auf freiem Feld durchgeführt: «Vater war bald Leutnant, bald Hauptmann, bald Oberst, bald General; ich aber war die sächsische Armee.»[16]

Die Losung von Gott, König und Vaterland, die den Aufbau von Heinrich Heines berühmtem Gedicht *Die schlesischen Weber* mit sozialkritischer Intention prägt, ist Karl May nach eigenen Worten «nicht nur zu Fleisch und Blut, sondern zu Geist und Seele geworden» – mehr ist in dieser Hinsicht nicht möglich.[17] Das strikte Bekenntnis zu den politisch-gesellschaftlichen Verhältnissen, wie sie seit Mays Kindheit und noch zur Zeit der Niederschrift von *Mein Leben und Streben* herrschten, steht in auffälligem, ja radikalem Gegensatz zum Bild eines Menschen, der sich rückblickend zu einem völligen Außenseiter eben jener Gesellschaft erklärt; dieses Spannungsverhältnis wird ausgewiesen als eine für das weitere Leben überaus folgenreiche Prägung.

Wir stoßen in Mays Darstellung der eigenen Kindheit noch auf eine weitere wichtige Schwarz-Weiß-Konstellation: Als Gegenbild zu seinen Berichten über Not und Elend knüpft er leitmotivartig eine Kette von Tröstungen, die allesamt mit Spiel, Phantasie und Kunst verbunden sind. In diesem Zusammenhang spielt die Großmutter väterlicherseits eine zentrale Rolle, Johanne Christiane Kretzschmar (1780–1865), die im Haus ihres Sohnes wohnte und sich in besonderem Maße um ihren Enkel kümmerte. May schreibt ihr einen überragenden Einfluss auf seine Entwicklung zu und hebt insbesondere hervor, sie habe seine Phantasie durch ausgiebiges und mitreißendes Erzählen von Märchen angeregt; diese sollen großteils aus einer – bibliographisch nicht nachweisbaren, vermutlich also fiktiven – Anthologie mit dem Titel *Der Hakawati* stammen, wobei das syrisch-arabische Wort Hakawati soviel wie ‹Märchenerzähler› bedeutet. An anderer Stelle erwähnt May auch seinen Paten Christian Weißpflog als inspirierenden Erzähler.

Wie bereits erwähnt, hat der kleine Karl wohl tatsächlich einmal ein Puppentheater besucht; es war dies «ein Tag, an dem sich mir eine Welt offenbarte, die mich seitdem nicht wieder losgelassen hat».[18] Ewas später gastierte eine Schauspielertruppe in Ernstthal, und nach seinem von der Schwester Karoline Selbmann vage bestätigten Bericht kam es unter kuriosen Umständen in diesem Zusammenhang sogar zu einem kleinen Auftritt des jungen May.

Die überdurchschnittliche Begabung Karl Mays wurde erkannt. Im Jahr 1854 erhielt er privaten Fremdsprachenunterricht, zu dessen Finanzierung er in einer Hohensteiner Schankwirtschaft arbeiten musste: Er stellte auf der Kegelbahn die umgeworfenen Pins wieder auf. Zur Schankwirtschaft gehörte, wie damals vielfach üblich, eine Leihbibliothek, die unter anderem einige der international bekanntesten Unterhaltungsromane des 19. Jahrhunderts enthielt, etwa Eugène Sues *Geheimnisse von Paris* und *Der Graf von Monte Christo* von Alexandre Dumas, sowie Ritter- und Räuberromane deutscher Provenienz, wie *Rinaldo Rinaldini, der Räuberhauptmann* von Goethes Schwager Christian August Vulpius. May beklagt zwar im Rückblick, dass diese Romane mit ihren oft außerhalb der Gesellschaft agierenden Helden mitverantwortlich für seine spätere sozialethische Desorientierung gewesen seien, räumt aber ein, er habe sie mit gewaltiger Begeisterung geradezu verschlungen und auch im Familienkreis vorgelesen. Zu den helleren Seiten seines Lebens trug also schon früh eine literarische Gattung bei, die den Outlaw als den besseren Menschen feiert.

May nahm jedoch nicht nur passiv entgegen, was ihm an kulturellen Gütern begegnete, sondern wurde in Ansätzen auch früh selbst kreativ tätig. So will er als kleiner Junge Mitschüler auf deren Bitten hin durch ausgiebiges Geschichtenerzählen unterhalten haben: «Alle Tage ein anderes Märchen, eine andere Geschichte, eine andere Erzählung.»[19] Von dem Kantor Samuel Friedrich Strauch erhielt er kostenlos Unterricht im Geigen-, Klavier- und Orgelspiel; musikalische Fähigkeiten bis hin zum Komponieren sind aus späterer Zeit bezeugt, und auch der Ich-

Held der großen Abenteuerromane bietet gelegentlich überraschende Proben eines entsprechenden Könnens, indem er beispielsweise in China Geige und Gitarre (*Am Stillen Ocean*) und in Montevideo die Orgel (*Am Rio de la Plata*) spielt. Inmitten aller materiellen und familiären Nöte scheint der junge May also Glückserlebnisse fast ausschließlich über das Spiel, über Künstlerisches und Literarisches gefunden zu haben. Wenn der Bericht der Autobiographie zutrifft, ging er aber noch einen Schritt weiter. Zu einem nicht näher bezeichneten Zeitpunkt – die offiziöse Chronik zu Mays Leben datiert ihn «Ende 1855/Anfang 1856»[20] – will May heimlich das Elternhaus verlassen haben, um nach Spanien zu wandern und dort bei einem der edlen Räuber, von denen er in den Romanen der Leihbibliothek gelesen hatte, Hilfe für die notleidende Familie zu erbitten; der Ausflug soll einen Tag gedauert und bei Verwandten in der Nähe von Zwickau geendet haben. Mag der Wirklichkeitsgehalt dieser Episode auch fraglich sein, so verweist sie doch auf ein Verhalten, das künftig immer wieder zutage tritt: Erstmals überwuchert die Phantasie den Realitätsbezug mit handfesten Konsequenzen für das Alltagsleben; May antwortet auf eine de facto vorhandene Misere mit dem Versuch, zu ihrer Lösung die Tröstungen der Phantasiewelt heranzuziehen.

1856–1862

VOM SEMINARISTEN ZUM KLAVIERLEHRER

Im Jahr 1856 wird Karl May konfirmiert, und seine Schulzeit, die offenbar ohne Komplikationen verlaufen ist, endet; im Abgangszeugnis findet sich als Hauptzensur «in Kenntnissen und Fertigkeiten» die Note II und «in Sitten» die Note I.¹ Anschließend reagiert er zunächst sehr konventionell auf die Erkenntnis, dass seine persönlichen Fähigkeiten durchaus geeignet sind, ihn weit aus dem proletarischen Milieu des Elternhauses hinauszuführen: Er strebt einen Beruf mit höherem Sozialprestige an. Das vorübergehend ins Auge gefasste Medizinstudium, das an einer Universität zu absolvieren wäre, ist jedoch bei weitem nicht bezahlbar. Stattdessen beginnt May die für seine Familie unter großen Entbehrungen gerade noch finanzierbare Ausbildung an einem Schullehrerseminar, für die er überdies eine kleine Unterstützung durch den Grafen von Schönburg-Hinterglauchau erhält. Es wird ihm nach einigen Umwegen gelingen, diese Ausbildung erfolgreich abzuschließen und erste Schritte in dem gewählten Beruf zu unternehmen; zugleich bildet sich dabei aber die Basis für ein dann umso radikaleres Scheitern der bürgerlichen Karriere.

May bewirbt sich am evangelischen Seminar Waldenburg, das gut drei Stunden Fußmarsch von Ernstthal entfernt liegt. Nachdem er die Prüfung bestanden hat, wird er dort Ende September 1856 als Proseminarist aufgenommen, ein Jahr später steigt er ins Hauptseminar auf. Er wohnt im Internat des Seminars; an Wochenenden besucht ihn regelmäßig seine Schwester Christiane, um frische Wäsche zu bringen und die schmutzige zum Waschen abzuholen.

Die Vorstellung, May führe nunmehr, da er der Aufsicht des strengen Vaters entronnen ist, ein freieres, selbstständiges Leben, ginge völlig in die Irre; mit romantischen Phantasien von einem unbeschwerten Studentendasein, wie sie in zahlreichen Darstellungen überliefert sind, hat die Realität dieses Seminaralltags nicht das Geringste zu tun. Eher erinnert sie an den Drill, den man mit der Ausbildung streng kasernierter Soldaten verbindet.

Zu dieser Zeit liegen die deutschen Revolutionsjahre noch nicht lange zurück, in denen sich bemerkenswert viele Lehrer als engagierte Demokraten erwiesen haben. Höheren Ortes sieht man sich deshalb genötigt, den Druck auf die angehenden Pädagogen noch weiter zu verstärken: Das Ziel ihrer Ausbildung besteht ausschließlich darin, perfekt dienende Vermittler eines elementaren Wissens heranzubilden; die künftigen Lehrer und durch sie dann auch ihre Schüler sollen zu staats- und kirchentreuen Untertanen erzogen werden, zu viel Bildung und falsches Gedankengut könnten sich als bedrohlich und subversiv erweisen. Bei den Unterrichtsinhalten stehen daher in Waldenburg neben den Grundfertigkeiten im Rechnen, Schreiben und Lesen traditionelle religiöse Unterweisungen eindeutig im Vordergrund; auch andere Fächer, sogar die Geometrie, werden in amtlichen Verordnungen auf christliche Standpunkte verpflichtet, und der umfangreiche Musikunterricht erfolgt primär im Hinblick auf Kirchenmusik. Als May später seine Ausbildung beendet, erwirbt er damit denn auch zugleich die Qualifikation zum Vikar.

Organisatorisch manifestiert sich die reaktionäre Ausrichtung in einer strengen Reglementierung des Tagesablaufs. Außerhalb der Ferien dürfen die Zöglinge das Seminar nur an Feiertagen sowie an Markt- und Kirmestagen verlassen. Für jeden Werktag ist die Teilnahme an zwei Andachten verbindlich vorgeschrieben, an Sonntagen umfasst der Besuch verschiedener kirchlicher Veranstaltungen insgesamt mehrere Stunden. Ein dichter Unterrichtsplan sieht kaum freie Zeiten vor; es ist nur schwer möglich, besondere Interessen zu entwickeln und zu verfolgen, und es scheint, als wolle man bei den Zöglingen jede Entwicklung zu einer eigenen Individualität von vornherein verhindern.

Der Eindruck, die Waldenburger Regelungen zielten darauf, «gut funktionierende Nürnberger Trichter zu produzieren, denen die Milch der regierungsfrommen Denkungsart reibungslos entströmte»,[2] ergibt sich keineswegs nur für den Betrachter aus einer anderen, liberaler gesonnenen Zeit, sondern wird auch schon von zeitgenössischen Beobachtern formuliert. In den *Chemnitzer pädagogischen Blättern* des Jahres 1869 beispielsweise erschien ein von Anhängern der Pestalozzi-Diesterweg'schen Pädagogik formulierter Kommentar mit ganz ähnlicher Tendenz: Sie hielten dem Seminarleiter Dr. Schütze «starren Confessionalismus» und einen «pietistischen Geist» vor, der «durch eine mönchische Ascese alle Herzensfrische und Lebensfreudigkeit erstickt», konstatierten eine «peinliche, klösterliche Zucht» und hatten noch keinen Waldenburger Zögling gefunden, der «nicht über die drakonische Strenge der Seminardisciplin (...) geklagt hätte».[3]

May stößt hier also wiederum auf Gott, König und Vaterland als zentrale Orientierungsgrößen – aber es freut ihn nicht. Im Rückblick der Autobiographie beklagt er das Fehlen emotionaler Wärme; der Unterricht sei «kalt, streng, hart» gewesen, es habe ihm – und nun folgt eine sehr charakteristische Formulierung – «jede Spur von Poesie» gefehlt,[4] und das alles habe seine, Mays, persönliche Isolation weiter verstärkt. In der Waldenburger Zeit selbst kann er diese Defizite natürlich nicht zur Sprache bringen, indirekt aber machen sie sich bemerkbar, vor allem in Verhaltensweisen, die als auffällig registriert werden; die Betragensnoten in Mays Zeugnissen rutschen stetig ab. Seminardirektor Schütze ersucht 1858 dennoch mit Erfolg um eine weitere gräfliche Unterstützung für den bedürftigen Zögling.

Das Jahr 1858 bringt May zwei weitere herausragende Ereignisse, von denen das zweite allerdings wiederum nur durch die Autobiographie bezeugt ist. Zu Beginn des Jahres verliebt er sich erstmals. Seine Zuneigung gilt der gleichaltrigen Hohensteinerin Anna Pressler, die er in den Ferien regelmäßig trifft und mit selbstkomponierten Liedern umwirbt; die Angelegenheit endet jedoch mit einer Enttäuschung, denn wenige Monate später heiratet Anna einen anderen Mann. Im selben Jahr verfasst May, dem Bericht von *Mein Leben und Streben* zufolge, seine erste «Indianergeschichte» und schickt sie an Ernst Keil, den Gründer der berühmten *Gartenlaube*; Keil soll ausführlich, in einem «vier große Quartseiten»[5] langen Brief, geantwortet haben, der das Talent des jungen Autors bestätigt, die Veröffentlichung aber verweigert.

May stuft die Angelegenheit rückblickend dennoch als seinen ersten literarischen Erfolg ein, und unabhängig vom Realitätsgehalt der Episode zeigt sich hier wieder eine Tendenz, die schon die Schilderung der frühen Kindheitsjahre durchzieht: den düsteren Alltag durch konstruktive Ausgriffe in die Welt der Phantasie aufzuhellen.

Die Waldenburger Jahre enden schließlich in einem Desaster. Kurz vor Weihnachten 1859 übt May das Amt des Lichtwochners aus, der für die Verwaltung des Kerzenvorrats zuständig ist. Bei dieser Gelegenheit eignet er sich sechs Kerzen an; vermutlich will er sie an den Festtagen der Familie zukommen lassen, die immer noch große Belastungen auf sich nimmt, um dem privilegierten Sohn eine bessere Zukunft zu ermöglichen. Zwei Mitschüler entdecken den Diebstahl, schweigen aber zunächst. Als dann zwei andere Seminaristen mitteilen, ihnen sei Geld entwendet worden, melden sie sich jedoch, und während die Gelddiebstähle unaufgeklärt bleiben, wird über das neu angezeigte Delikt von der Lehrerkonferenz gründlich beraten. Das Protokoll hält fest, wie man den Zögling May generell beurteilt: Er habe «bereits hie und da arge Lügenhaftigkeit und sonst rüdes Wesen» gezeigt sowie einmal einen Gottesdienst geschwänzt, und er stehe bei den Mitschülern «auch sonst im Verdachte der Unehrlichkeit», obwohl ihm nichts Konkretes nachzuweisen sei; auch wird festgehalten, dass er gelegentlich raucht.[6] Eine endgültige Entscheidung, wie mit May zu verfahren sei, versagt sich die Konferenz und übergibt den Fall der vorgesetzten Behörde. Diese verfügt die Entfernung Mays aus dem Seminar und verhängt damit die höchste aller denkbaren Strafen.

Mays Lebensgeschichte verzeichnet in diesem Augenblick

ihren ersten handfesten Einbruch, doch das Unglück lässt sich korrigieren. Mit Hilfe eines untertänigst formulierten Gnadengesuchs und dank der Unterstützung des Ernstthaler Pfarrers Karl Hermann Schmidt sowie des Waldenburger Seminardirektors erreicht May, dass er seine Ausbildung am Seminar in Plauen fortsetzen kann. Abermals muss er eine Aufnahmeprüfung bestehen, und anschließend findet er Verhältnisse vor, die sich von denen in Waldenburg kaum unterscheiden. In seiner Autobiographie schweigt May sich über die Plauener Zeit (Juni 1860 – September 1861) vollständig aus, aber das Protokoll einer Seminarkonferenz, die im September 1860 stattfindet – also nur drei Monate nach seinem Seminareintritt –, hält fest, dass der neue Zögling «sich Mancherlei gegen die Ordnung des Seminars zu Schulden kommen (lässt)» und über «eine außerordentliche Neigung zur Lüge» zu verfügen scheint.[7] Offensichtlich reagiert der Außenseiter Karl May auf die Plauener Zustände nicht anders als auf die Waldenburger.

In die Plauener Zeit fällt ein aus heutiger Sicht nahezu komisch anmutendes, für die Betroffenen aber extrem peinliches Ereignis, das die Forschung unter dem Stichwort ‹Onanie-Affäre› rubriziert. Ausgelöst wird sie durch den in einer medizinischen Fachzeitschrift erschienenen Artikel eines Arztes, Dr. Emil Richard Pfaff, der generell die hygienischen Zustände in Internaten beklagt und das von ihm inspizierte Plauener Seminar als anschauliches Demonstrationsobjekt heranzieht: Die nahezu hundert Zöglinge teilten sich dort über Stunden hinweg ganz wenige kleine Räume, was zu unerträglichen Luftverhältnissen führe; dies und der den jungen Männern auferlegte Bewegungsmangel seien unter gesundheitlichen Aspekten außerordentlich bedenklich und verbänden sich – wie der Artikel in gewundenen, aber letztlich eindeutigen Sätzen mitteilt – häufig mit dem Übel der geschlechtlichen Selbstbefriedigung. Der seinem Titel nach ‹medicinalpoliceiliche› Beitrag erregt in diesem Punkt die Aufmerksamkeit der vorgesetzten Behörde, der Kreisdirektion Zwickau, und auf die eher allgemein gehaltenen Darlegungen des

Dr. Pfaff hin wird der Kirchen- und Schulrat Dr. Gotthilf Ferdinand Döhner nach Plauen beordert, um den Missständen im Einzelnen nachzugehen. Während Dr. Pfaffs Besuch in Plauen zu einer Zeit stattfand, als May dort noch nicht aufgenommen war, bekommt Dr. Döhner es nun auch mit ihm zu tun. Das Ergebnis seiner Recherchen fällt niederschmetternd aus. Ausführliche Gespräche und die Untersuchung des Sauberkeitszustands der Betten im Schlafsaal führen zu der Erkenntnis, «daß das fragliche Übel in höchst beklagenswerther Weise unter einer großen Menge der Seminaristen herrschend sein solle». Eine exakte statistische Auflistung unterscheidet zwischen denen, die diesem Übel schon vor ihrer Plauener Zeit ergeben waren und es jetzt immer noch sind, denen, die ihm erst in Plauen verfielen, und einigen wenigen, die es überwunden haben; unter denen, die es «schon bei ihrer Aufnahme an sich hatten, u. es im Seminar länger oder kürzer forttrieben», wird auch ein Zögling «aus der Schule zu Ernstthal u. dem Seminar zu Waldenburg» geführt: eine Beschreibung, die nur auf Karl May zutrifft.[8] Es dürfte wenige deutsche Schriftsteller geben, denen amtlicherseits bestätigt wurde, dass sie sich in ihrer Jugend selbst befriedigt haben.

Um die Aufregung über diese Entdeckungen zu verstehen, muss man die damalige Beurteilung des inkriminierten Verhaltens berücksichtigen. Zum einen verstieß es gegen kirchlich-religiöse Keuschheitsgebote, zum anderen verband es sich mit mancherlei Vorstellungen von einer Gesundheitsgefährdung: Die Onanie galt als Indikator, wenn nicht sogar als Auslöser schwerer physischer und seelischer Leiden, die man zudem für vererbbar hielt. Näheres über diese lange und gern gehegten Überzeugungen ist unter anderem einem rund fünfzehn Jahre später erscheinenden *Buch der Liebe* zu entnehmen, das ebenso knapp wie prägnant über die vielfältigen Gefahren unterrichtet, aber auch darüber, wie man ihnen entrinnen kann: z. B. durch eine disziplinierte Lebensführung mit regelmäßigem frühen Aufstehen, den Verzicht auf potenziell stimulierende Lektüre, wie Romane, Schauspiele und Gedichte, und notfalls auch durch

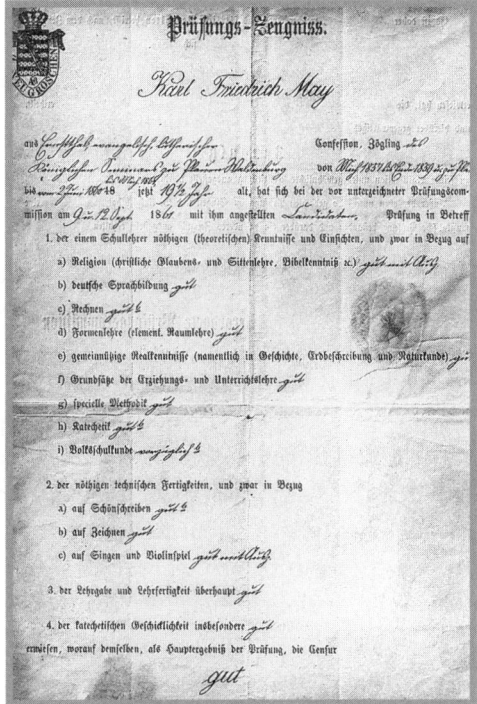

Abb. 3: Karl (Days Abgangszeugnis
vom Lehrerseminar Plauen

den Besuch von Freudenmädchen; Autor einiger Teile – allerdings nicht dieses Kapitels – und Redakteur des gesamten *Buchs der Liebe* ist niemand anderer als Karl May, um dessen erste selbstständige Publikation es sich hierbei handelt.

Von einer Bestrafung der Plauener Delinquenten wird abgesehen, aber die Seminarleitung unternimmt alles, um das Laster zurückzudrängen: Seelsorgerische Maßnahmen, individuelle Gespräche zwischen Lehrern und Schülern sowie zwischen den vorbildlichen und den der Sünde verfallenen Schülern, die Thematisierung der Angelegenheit an geeigneter Stelle im Unterricht und nicht zuletzt eine verstärkte Aufsicht sollen Abhilfe schaffen. Bald ist offiziell davon die Rede, dass der erhoffte Erfolg eingetreten sei, und auch für Mays Zukunft hat der interne Skandal keine unmittelbar nachweisbaren Folgen; auf einem anderen Blatt steht, inwiefern die peinliche Situation und der an sie gekoppelte Zwang zu Heimlichtuerei und Heuchelei seine Reizbarkeit und psychische Labilität möglicherweise gesteigert haben.

Im September 1861 besteht May die mehrtägige Abschlussprüfung in Plauen mit der Gesamtnote ‹gut›, ebenso die zusätzliche musikalische Prüfung; sein sittliches Verhalten wird als ‹zur Zufriedenheit› eingestuft, ein eher unterdurchschnittliches Urteil. Immerhin hat May nun die erste Sprosse auf der Leiter einer bürgerlichen Berufslaufbahn erklommen.

Der nächste Schritt führt in eine Anstellung als Hilfslehrer, d. h. als Schulamtskandidat. May findet sie einen Monat nach der Abschlussprüfung in der Armenschule der Industriestadt Glauchau. In solchen Institutionen werden Kinder unterrichtet, deren Eltern das Schulgeld nicht bezahlen können; sie stammen häufig aus problematischen Familien und werden in Klassenverbänden zusammengefasst, deren Größe heute unvorstellbar erscheint. May muss rund sechzig Kinder der vierten Klasse zwölf Wochenstunden lang unterrichten, sein Jahresgehalt soll 175 Taler betragen.

Doch schon nach zwölf Tagen endet das Dienstverhältnis. Mit Beginn seiner Tätigkeit hat May sich bei dem Materialwarenhändler Ernst Theodor Meinhold einquartiert, und zur Aufbesserung seiner Finanzen erteilt er dessen Frau Henriette Christiane Klavierunterricht. Zwischen ihm und der gleichaltrigen Schülerin entwickelt sich sogleich eine Liaison, deren nähere Umstände im Dunkeln liegen. Der Ehemann entdeckt die beiden in einer kompromittierenden Situation – nach späteren Äußerungen von Mays Schwester Karoline bei einem Kuss – und zeigt May bei dessen Vorgesetztem an, dem er auch zuträgt, May habe sich ohne sein Wissen über einen Lehrling vorübergehend Geld aus der Ladenkasse geborgt. Bei der anschließenden Befragung bestreitet May weiterreichende Verführungsabsichten, gesteht aber ungehörige Annäherungen an Frau Meinhold. Daraufhin wird er fristlos entlassen.

So wie der Seminarist May nach dem Hinauswurf aus Waldenburg eine zweite Chance erhielt, so bekommt auch der Junglehrer May eine weitere Möglichkeit, seine Laufbahn fortzusetzen. Nur wenige Tage nach dem unfreiwilligen Abschied aus Glauchau bewirbt er sich erfolgreich um eine Lehrerstelle an den Fabrikschulen der Spinnereien Clauß und Solbrig in Altchemnitz. Dabei riskiert er es, eine entschieden schönfärberische Erklärung über die Ereignisse in Glauchau abzugeben: Er habe dort bei einem Trunkenbold gewohnt, diesen zur Rede gestellt, und der daraufhin ausbrechende Streit habe seinem Ruf so sehr geschadet, dass er Glauchau entsprechend dem Rat seines Vorgesetzten verließ. Als die dreiste Retusche, wie nicht anders zu erwarten, entdeckt wird, erhält May die strenge Mahnung, dass er fortan unter besonderer Aufsicht stehe und beim geringsten weiteren Vergehen seine Stelle verlieren werde. Von nun an bewegt er sich endgültig – keineswegs ohne eigenes Zutun – auf extrem dünnem Eis.

Die neue Tätigkeit stellt wiederum höchste Anforderungen. May, der selbst zu diesem Zeitpunkt noch nicht zwanzig Jahre alt ist, bekommt es mit Kindern zu tun, die jeden Tag stundenlang in den Fabriken arbeiten und dennoch – wie auch das erhalten gebliebene Solbrig'sche Lektionsbuch erkennen lässt, in das May seine Lehrstoffe einträgt – einen adäquaten Ersatz für den üblichen Volksschulunterricht erhalten sollen. Kapitalistische Ausbeutung gedeiht hier in übelster Manier, und May hat in seinen nunmehr dreißig Wochenstunden Lerngruppen vor sich, wie man sie sich schwieriger und zugleich elender kaum vorstellen kann.

Entsprechend fällt der Bericht des Superintendenten Kohl aus, der am 10. Dezember eine Revision in der Clauß'schen Fabrikschule vornimmt. Zwar bescheinigt er dem jungen Lehrer pauschal, er verfüge über «kein übles Lehrgeschick», aber im Detail hat Kohl mancherlei einzuwenden, wobei sich Beanstandungen der Art, wie May unterrichtet – «Er kam leider vom Hundertsten in das Tausendste» –, mit Klagen über den Zustand seiner Schüler – «Die Kinder (...) gewährten einen jammervollen Anblick» – aufs Engste verbinden. Das abschließende Urteil über die Arbeit des Lehramtskandidaten lautet: «unzufrieden».[9]

Es ist jedoch nicht eine mangelhafte berufliche Leistung, die Mays Lehrtätigkeit ein abruptes und nunmehr dauerhaftes Ende bereitet, sondern eine Angelegenheit, die an die Waldenburger Katastrophe erinnert, zumal sie sich wiederum zur Weihnachtszeit abspielt. May teilt sich seine Unterkunft mit Julius Hermann Scheunpflug, einem Buchhalter der Firma Solbrig, der bisher allein gewohnt hat. Von ihm leiht er sich für die Zeit seines Unterrichts regelmäßig eine Taschenuhr aus, einen Gegenstand, den er dringend benötigt, sich aber offensichtlich aus finanziellen Gründen nicht leisten kann. Am Heiligabend 1861 fährt May nach den letzten Schulstunden mit der Bahn nach Ernstthal, ohne die Uhr, wie sonst üblich, in der gemeinsamen Wohnung zurückzulassen. Scheunpflug erstattet deshalb Anzeige gegen ihn wegen des Diebstahls der Uhr sowie einer Tabakspfeife und einer Zigarrenspitze; man darf unterstellen, dass er sich auf diesem Wege des lästigen Mitbewohners entledigen will. May wird festgenommen und leugnet in einer Panikreaktion – die *Mein Leben und Streben* zu einem dramatischen Tableau inklusive längerer wörtlicher Rede verwandelt – den Besitz der Gegenstände; eine Leibesvisitation fördert sie jedoch zutage. Im Februar 1862 verurteilt deshalb das Gerichtsamt Chemnitz Karl May zu einer sechswöchigen Gefängnisstrafe, die er vom 8. September bis 20. Oktober in Chemnitz verbüßt. Einige Monate später wird er von der Liste der Schulamtskandidaten gestrichen, und seine Zeugnisse werden eingezogen. Mays Laufbahn als Lehrer ist damit unwiderruflich beendet.

1862–1874

DER VAGABUND
ALS POLIZEILEUTNANT

Sucht man nach den tieferen Gründen für Mays Scheitern im bürgerlichen Beruf, so verdienen mehrere Faktoren Beachtung. Möglicherweise waren das Milieu und die besonderen familiären Verhältnisse, denen er entstammt, einer Vorbereitung auf die späteren Ansprüche nicht hinreichend dienlich. Hinzu kam eine Verkettung unglücklicher Umstände: Bei den Affären Meinhold und Scheunpflug war zu einem erheblichen Teil die Macht des Zufalls im Spiel. Ferner ist zu berücksichtigen, dass auf eher geringfügige Verfehlungen des jungen Mannes behördlicherseits mit großer Strenge reagiert und er so mehr und mehr stigmatisiert, zum Übeltäter gestempelt wurde, ein Vorgang, der auch sonst gerade aus der älteren Kriminalgeschichte nicht unbekannt ist; May selbst hat sein Schicksal in diesem Sinne gedeutet. Individuelle Schuldzuweisungen an Ausbilder, Vorgesetzte, Richter und andere kann man aus dieser Feststellung allerdings nur sehr begrenzt ableiten: May hatte sich eben auf Verhältnisse eingelassen bzw. einlassen müssen, die – bis hin zu Vorschriften über das sittlich einwandfreie Benehmen von Lehrern in ihrer Freizeit – strengster Reglementierung unterlagen, und was in Anbetracht seiner Eigenwilligkeiten mit ihm geschah, erweist sich als eine zeittypische, mehr oder weniger zwangsläufige Konsequenz der Abweichungen von der Norm. Wenn man darüber hinaus bedenkt, dass er immerhin jeweils eine zweite Chance zur Fortsetzung seiner Laufbahn erhielt – nach der Entlassung in Waldenburg die in Plauen, nach der Entlassung in Glauchau die in Altchemnitz –, dass man ihn mehrfach auf die möglichen Folgen weiteren Fehlverhaltens hinwies, dass eine maßgebliche Person wie der Waldenburger Seminarleiter Schütze seine Verfehlungen zwar deutlich beanstandete und sanktionierte, sich aber zugleich wiederholt für ihn einsetzte, dass schließlich May selbst durch falsche Erklärungen zu seinem Verhalten die eigene Situation grob fahrlässig noch verschlimmerte – wenn man das alles im Zusammenhang mit den historischen Voraussetzungen bedenkt, so taugt er endgültig nicht für die Rolle eines rundum bemitleidenswerten Opfers, dem bitteres Unrecht geschehen ist.

May hat vielmehr, den skizzierten misslichen Umständen zum Trotz, immer wieder die Chance erhalten, den gesellschaftlichen Aufstieg nach konventionellen Maßstäben fortzusetzen, und vielen Zeitgenossen ist es auch gelungen, unter ähnlichen Bedingungen zu reüssieren. Dass er im Gegensatz zu ihnen die Chance nicht wahrzunehmen vermochte und seine Eigenwilligkeiten immer weiter trieb, ist einer besonderen Konstellation geschuldet, die er ebenfalls selbst andeutet, wenn er in seinen Darlegungen über Waldenburg den quälenden Gegensatz «zwischen meiner außerordentlich fruchtbaren Phantasie und der Trockenheit und absoluten Poesielosigkeit des hiesigen Unterrichts» hervorhebt.[1] Die Waldenburger Konstellation steht exemplarisch für viele andere: Ganz offensichtlich passen die Person Karl May und das Leben in fest vorgegebenen, streng ritualisierten Regeln und Routinen, das sich mit seiner Ausbildung und Berufstätigkeit verbinden müsste, objektiv nicht zueinander. Damit fügt sich May auf seine Weise in eine lange Reihe deutscher Schriftsteller ein, denen es ähnlich erging, und Thomas Mann – der aus eigener Erfahrung wusste, wovon er sprach – erkennt in diesem Zusammenhang sogar ein Grundgesetz: «Ein Dichter ist, kurz gesagt, ein auf allen Gebieten ernsthafter Tätigkeit unbedingt unbrauchbarer, einzig auf Allotria bedachter (...) Kumpan.»[2] Der Außenseiter Karl May, der schon in seiner Kindheit Zufriedenheit und Glück nur über künstlerische bzw. eskapistische Erfahrungen, Phantasien und Taten gefunden haben will, und der nach antrainierten Mustern kontinuierlich funktionierende Vermittler vorgegebener Lehrstoffe – sie lassen sich nicht zusammenbringen. Manche Künstler reagieren auf solche Gegensätze mit der bewussten Entscheidung für ein

exzentrisches, beispielsweise bohèmehaftes Leben und distanzieren sich ausdrücklich von den maßgeblichen Umgangsformen
und Idealen der gesellschaftlichen Normalität. May wird das jedoch, was sein Alltagsleben betrifft, niemals tun; er wird Gott,
König und Vaterland dauerhaft die Treue halten und nach poetischen Lösungen für die stillschweigende Beobachtung suchen,
dass er mit diesen dreien nur sehr begrenzt im Einklang leben
kann. Allerdings findet er auch in diesen Lösungen oft nur Aus-
wege, die mit gutbürgerlicher Durchschnittlichkeit kaum kom-
patibel sind.

Während der ersten anderthalb Jahre nach der Haft hält sich
Karl May überwiegend an seinem Heimatort auf und wohnt
wieder bei den Eltern. Eine Zeit lang erteilt er Privatunterricht;
das Ernstthaler Lehrerkollegium, das über seinen Ausschluss
aus dem Kreis der offiziellen Pädagogen informiert ist, nimmt
daran Anstoß und bringt die Tätigkeit über Pfarrer Schmidt bei
der zuständigen Schulinspektion Glauchau zur Anzeige. May
wird ferner Mitglied, angeblich sogar Leiter, des örtlichen Ge-
sangvereins Lyra und beteiligt sich an mehreren musikalisch-
deklamatorischen Abendveranstaltungen. Er verfasst einige
kleine Kompositionen, überwiegend für vierstimmigen Männer-
chor, und versucht sich an einem größeren Werk, einer ‹Posse
mit Gesang und Tanz› unter dem Titel *Die Pantoffelmühle*, gelangt aber über ein paar Notizen nicht hinaus. Während diese
Arbeiten sich erhalten haben, fand sich bisher keine Spur von
jenen Texten, mit denen May publizistisch debütiert haben will:
von den Humoresken und Dorfgeschichten, die nach dem Zeugnis der Autobiographie zur gleichen Zeit nicht nur geschrieben,
sondern auch mit großem Erfolg veröffentlicht werden und «aus
einer Zeitung in die andere (gehen)».[3] Im Dezember 1862 wird
May der Musterung unterzogen und für körperlich ungeeignet
befunden; bei einem anderen Ergebnis, das einen mehrjährigen
Militärdienst nach sich gezogen hätte, wäre seine gesamte Zukunft völlig anders verlaufen.

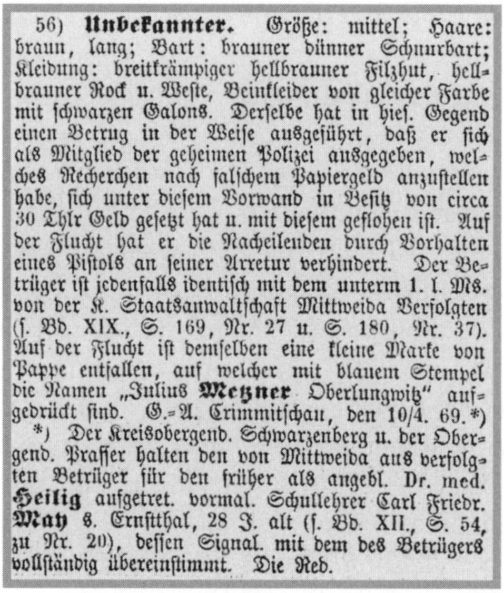

56) **Unbekannter.** Größe: mittel; Haare: braun, lang; Bart: brauner dünner Schnurrbart; Kleidung: breitkrämpiger hellbrauner Filzhut, hellbrauner Rock u. Weste, Beinkleider von gleicher Farbe mit schwarzen Galons. Derselbe hat in hief. Gegend einen Betrug in der Weise ausgeführt, daß er sich als Mitglied der geheimen Polizei ausgegeben, welches Recherchen nach falschem Papiergeld anzustellen habe, sich unter diesem Vorwand in Besitz von circa 30 Thlr Geld gesetzt hat u. mit diesem geflohen ist. Auf der Flucht hat er die Nacheilenden durch Vorhalten eines Pistols an seiner Arretur verhindert. Der Betrüger ist jedenfalls identisch mit dem unterm 1. l. Mts. von der K. Staatsanwaltschaft Mittweida Verfolgten (f. Bd. XIX., S. 169, Nr. 27 u. S. 180, Nr. 37). Auf der Flucht ist demselben eine kleine Marke von Pappe entfallen, auf welcher mit blauem Stempel die Namen „Julius **Mezner** Oberlungwitz" aufgedrückt sind. G.-A. Crimmitschau, den 10/4. 69.*)

*) Der Kreisobergend. Schwarzenberg u. der Obergend. Praffer halten den von Mittweida aus verfolgten Betrüger für den früher als angebl. Dr. med. **Heilig** aufgetret. vormal. Schullehrer Carl Friedr. **May** 8. Ernstthal, 28 J. alt (f. Bd. XII., S. 54, zu Nr. 20), dessen Signal. mit dem des Betrügers vollständig übereinstimmt. Die Red.

Abb. 4: Steckbrief vom 13. April 1869
(«Königlich sächsisches Gendarmerieblatt»)

Die Zukunft, die sich für ihn tatsächlich ergibt, ist zunächst einmal eine kriminelle Karriere mittleren Ausmaßes, in der sich die Phantasieproduktionen der Vergangenheit schlüssig fortsetzen: «Mays Delikte enthüllen schon viel von seiner schöpferischen Begabung, die nach Gestaltung verlangte.»[4] Was da geschieht, gleicht freilich ebenso sehr dem Sturz in einen Abgrund, und so nimmt es nicht wunder, dass die Autobiographie in diesem Zusammenhang von schweren seelischen Kämpfen berichtet, in denen May hin und her gerissen worden sei zwischen den Einflüssen ‹heller› und ‹dunkler› Gestalten. Die biographische Forschung hat in diesem Zusammenhang zu seinem psychischen Gesundheitszustand und seiner Zurechnungsfähigkeit mancherlei Ferndiagnosen formuliert, die von der Feststellung hysterischer Dämmerzustände und paranoider Erscheinungsbilder bis hin zu der einer dissoziativen Identitätsstörung reichen. Wie immer es sich damit verhalten mag: Karl May setzt dem perspektivlosen Dasein, in das ihn die Entlassung aus dem Schuldienst gestürzt hat, Episoden eines Schelmenromans entgegen, der kurzerhand in die Lebenspraxis übertragen wird. Am 9. Juli 1864 erscheint ein Dr. med. Heilig, Augenarzt, in der sächsischen Stadt Penig, beeindruckt durch ein angemessen seriöses, vertrauenerweckendes Auftreten und lässt sich, nachdem er seine medizinischen Kenntnisse durch die Ausstellung eines authentisch wirkenden Rezepts demonstriert hat, neu einkleiden, um dann ohne Bezahlung zu verschwinden. In Chemnitz taucht ein Seminarlehrer Lohse aus Plauen auf – tatsächlich gab es dort sogar zwei Männer dieses Namens, beide hatten May Unterricht erteilt –, der für seinen angeblich kranken Direktor Pelzwaren bestellt und sich mit ihnen davonmacht, ohne zu zahlen. Im März 1865 begibt sich ein Noten- und Formenstecher, der sich Hermin bzw. – wie der Schutzgott der Diebe in der griechischen Mythologie – Hermes nennt, nach Leipzig und nimmt dort Quartier an berühmter Stelle: am Thomaskirchhof, unmittelbar neben der Thomaskirche, der Wirkungsstätte Johann Sebastian Bachs. Auch dieser Herr interessiert sich für Pelze, aber diesmal kann er sich mit der Ware, die er erschwindelt, nur vorübergehend aus dem Staub machen: Die Polizei kommt ihm auf die Spur, und nach einem kurzen Handgemenge mit einem Packträger wird er festgenommen, wobei man in seiner Kleidung ein Beil entdeckt. Den Akten zufolge wirkt der Arretierte «anfänglich ganz regungslos u. anscheinend leblos», und es dauert lange, bis er sein Schweigen bricht und zugibt, «daß er Carl Friedrich May heiße».⁵

Am 8. Juni desselben Jahres wird May vom Bezirksgericht Leipzig wegen mehrfachen Betrugs zu vier Jahren und einem Monat Arbeitshaus verurteilt; diese Institution steht, was die Schwere der Strafzumessung betrifft, zwischen Gefängnis und Zuchthaus. May muss seine Haftzeit im Arbeitshaus Schloss Osterstein in Zwickau verbringen und hat damit das Glück, in einer der humansten Strafanstalten Deutschlands untergebracht zu werden. Ihr Leiter, Eugène d'Alinge, ist Verfasser einer programmatischen Schrift mit dem Titel *Bessrung auf dem Wege der Individualisirung* und bemüht sich um eine Behandlung der Häftlinge, die sie im Sinne des modernen Resozialisierungsgedankens konstruktiv auf ihr späteres Leben in Freiheit vorbereiten soll. Diesem Zweck dient ein umfassender Unterricht, aber auch die Anleitung zu regelmäßiger Arbeit und autodidaktischer Fortbildung. Die Häftlinge werden je nach Verhalten in drei Disziplinarklassen eingeteilt, der Aufstieg von der einen in die andere wird mit allerlei Vergünstigungen honoriert.

Nachdem May sich eingewöhnt hat, profitiert er von den Möglichkeiten, die Osterstein bietet. Er übernimmt handwerkliche Tätigkeiten, die ihm liegen; später avanciert er zum Schreiber des Gefängnisinspektors. Mit Hilfe eines ihm wohlgesonnenen Aufsehers wird er Mitglied des Posaunenquartetts und des Kirchenchors; auch seine Erfahrungen im Arrangieren und Komponieren von Musikstücken werden in Anspruch genommen. May rückt in die höchste Disziplinarklasse auf und erhält damit endlich die seit langem gewünschte Einzelzelle.

Auch in literarischer Hinsicht wirken sich die Ostersteiner Gegebenheiten positiv aus. Die rund viertausend Bücher umfassende Gefangenenbibliothek, die Werke belletristischer, historischer und populärwissenschaftlicher Art enthält, wird von May so gründlich genutzt, dass er rückblickend seine «Strafzeit in eine Studienzeit»[6] verwandelt sieht – eine Einschätzung, die umso überzeugender wirkt, als er schon wenige Jahre später staunenswerte Fähigkeiten im kompilatorischen Umgang mit großen Textmassen demonstrieren wird. Es entstehen eigene literarische Entwürfe, darunter ein weit mehr als hundert – z. T. noch einmal unterteilte – Positionen umfassendes Verzeichnis von Titelentwürfen und Stichworten, das *Repertorium C. May*, in dem May teils Gelesenes, teils literarische Pläne für die Zukunft festhält; einer davon, in dessen Skizzierung allerlei unbotmäßige religiöse Gedankensplitter einfließen, gilt einem ‹Socialen Roman in 6 Bänden›, der den Titel *Mensch und Teufel* tragen soll.

Die gute Führung des Sträflings May zahlt sich schließlich aus: Am 2. November 1868 wird er vorzeitig entlassen, rund acht Monate früher, als ursprünglich vorgesehen.

Die günstigen Prognosen, die man ihm hätte stellen mögen, bestätigen sich jedoch nicht: May setzt, nachdem er abermals für kurze Zeit bei den Eltern gewohnt hat, seine kriminelle Karriere fort. Dabei tritt er nun wiederholt in einer Funktion auf, mit deren eigentlichen Trägern er zu Beginn seiner hochstaplerischen Laufbahn des Öfteren in Berührung gekommen ist: als Ermittlungsbeamter, und so nimmt er in bescheidenen Dimensionen Taten vorweg, wie sie sein späteres Alter Ego Old Shatterhand/Kara Ben Nemsi auszeichnen, das beispielsweise in dem mit *Durch die Wüste* beginnenden sechsbändigen Orientroman zunächst einen Mörder und dann eine ganze Verbrecherbande jagt. Als Polizeileutnant von Wolframsdorf fahndet May Ende März 1869 – es ist Ostermontag – bei einem Händler und Strumpfwirker in Wiederau nach Falschgeld und ‹beschlagnahmt› nach gründlicher Prüfung des Barvermögens einen Zehn-Taler-Schein sowie eine angeblich gestohlene Uhr. Zwei Wochen später unternimmt er in einem anderen Ort als Geheimpolizist fast dasselbe; diesmal gibt er vor, den vermeintlichen Falschgeldbesitzer zum nächstgelegenen Gericht überstellen zu wollen, setzt sich unterwegs unter dem Vorwand ab, er müsse ein natürliches Bedürfnis befriedigen, wird von dem Geprellten und einem herbeigerufenen Dritten verfolgt und gestellt, entkommt dann aber endgültig, indem er ihnen drohend eine Pistole vor die Nase hält – auch eine Szene, die das spätere literarische Werk in unzähligen Variationen spiegelt, wobei das Verhalten des Waffenträgers dort freilich stets heroischere Züge trägt, als sie dem Weglaufen eignen. Bei den realen Ermittlungsbehörden entsteht allmählich der Verdacht, hinter dem unbekannten Betrüger verberge sich möglicherweise der einschlägig bekannte Karl May, zumal er daheim nicht aufzufinden ist und die Eltern nur mitzuteilen wissen, dass der Sohn in literarischen Angelegenheiten an unbekannten Orten unterwegs sei.

Mays Vagabundendasein nimmt unterdessen immer aben-
teuerlichere Züge an, ganz so, als wolle er die Räuberromantik
imitieren, von der er einst gelesen hat; insofern ist er tatsächlich
mit literarischen Arbeiten befasst. Räuber vom Schlage Rinaldo
Rinaldinis verbergen sich notgedrungen oft an geheimnisvollen
Orten; analog dazu versteckt sich May in den Wäldern nördlich
von Ernstthal in zwei alten Stollen, die bei Schürfarbeiten im
17. Jahrhundert entstanden sind und im Volksmund Eisen- oder
auch Räuberhöhlen heißen, weil dort Jahrzehnte vorher tatsächlich ein veritabler Räuberhauptmann mit seiner Bande gehaust
hat. Räuber dieser Art ziehen bekanntlich die Liebe von Frauen
auf sich, wie sich beim charmanten Rinaldo dutzendfach und im
Falle des heute berühmteren Robin Hood in Gestalt seiner Ma-
rian zeigt; Mays Geliebte heißt Auguste Gräßler und ist Dienstmädchen in Schwarzenberg. Solche Räuber finden zudem häufig
die Hilfe ehrbarer Bürger, so auch May: Manchmal gewähren
ihm Verwandte und Bekannte Unterschlupf und unterstützen
ihn materiell. Und schließlich gehört es zu diesem Figurentypus,
dass man sich nicht mit dem Status quo abfindet und auf eine
substanziell bessere Zukunft hofft; May teilt seinen Eltern in
einem ominösen Brief mit, er habe die Bekanntschaft zweier
Amerikaner gemacht und werde, da er in der Heimat nichts
mehr zu erwarten habe und ein Schriftsteller die Welt kennen
lernen müsse, mit ihnen über Amsterdam nach Pittsburg reisen.
Möglicherweise steckt hinter dieser Ankündigung jedoch nichts
anderes als der Versuch, die Polizei in die Irre zu führen.

Im Mai 1869 stiehlt May fünf Billardkugeln, im Juni ein Pferd
mit Reitutensilien. In der Rolle eines Geheimpolizisten höheren
Ranges beschlagnahmt er wiederum einige Taler als angebliches
Falschgeld; zuvor hat er den Vater und die Söhne der betroffenen
Familie unter dem Vorwand aus dem Haus gelockt, sie möchten
sich zu einem in der nächsten Stadt residierenden Gericht be-
geben, um eine amerikanische Erbschaft in Empfang zu nehmen.

Zu dieser Zeit nutzt May die Kegelbahn einer Hohensteiner
Gastwirtschaft mehrfach als heimliche Schlafstätte. Dort wird

er am 2. Juli nach einem Handgemenge mit dem Besitzer und dessen Schwiegersohn festgenommen. Unter den Gegenständen, die er mit sich führt, befinden sich eine geladene Pistole und zwei gefälschte Legitimationen höherer Instanzen, darunter die eines fiktiven amerikanischen Generalkonsuls namens Burton. Genauso heißen die beiden Amerikaner, mit denen May angeblich nach Amerika reisen wollte, und man darf spekulieren, dass May diesen Namen aus dem seinerzeit sehr bekannten Roman *Die Europamüden* (1838) von Ernst Willkomm übernommen hat, in dem ein reicher Amerikaner namens Burton eine Gruppe Europäer nach Amerika, ins gelobte Land, führen will; Burton nennt sich auch der Mormone, der in Mays abenteuerlicher Geschichte vom *Geist des Llano estakado* als Hauptschurke entlarvt wird, und unter demselben Namen reist der alt gewordene Old Shatterhand in *Winnetou IV* durch den Wilden Westen, in Mays letztem Roman, dem seine einzige reale Amerikareise zugrunde liegt.

Drei Wochen nach der Festnahme gelingt Karl May ein Coup, der wie eine Vorwegnahme der heroischen Leistungen seiner künftigen literarischen Helden wirkt: Bei einem Transport entkommt er dem Bewacher, «Ich zerbrach (…) meine Fesseln und verschwand»;7 jeder Leser der May'schen Abenteuerromane kennt Szenen, in denen der Held sich durch überraschende Aktionen aus unverdienten und unverschuldeten Gefangenschaften befreit. Die Flucht löst eine erfolglose nächtliche Suchaktion durch Feuerwehr und Gendarmerie aus. May irrt einige Monate lang umher und findet zwischendurch Unterschlupf bei einer Malwine Wadenbach und ihrer Tochter, die auf Rittergütern in der Nähe von Halle tätig sind. Neue Straftaten begeht er nicht.

Anfang Januar 1870 wird May schlafend auf einem Dachboden in Nordböhmen angetroffen und tischt den Ermittlungsbehörden eine phantastische Geschichte auf: Er heiße Albin Wadenbach, sei Sohn eines Pflanzers auf Orby, Martinique, und befinde sich mit seinem jüngeren Bruder auf einer Europareise, um verschiedene Verwandte zu besuchen; die Geschwister hätten sich kürzlich getrennt, und versehentlich habe der Bruder dabei alle seine Ausweispapiere mitgenommen. Um diese Darstellung zu untermauern, schreibt May Briefe mit der Bitte um Hilfe an Personen, die angeblich in Kontakt zu seinem Bruder stehen.

Da er die real existierende Malwine Wadenbach als eine seiner Tanten bezeichnet und sie aussagt, der angebliche Albin Wadenbach habe sich ihr gegenüber als Schriftsteller aus Dresden bezeichnet, wird die dortige Polizeidirektion um Unterstützung gebeten, unter anderem mit dem Hinweis, der Unbekannte weise als besonderes Kennzeichen eine große Narbe unterhalb des Kinns auf; in *Winnetou I* wird May schildern, dass Old Shatterhand diese Narbe durch einen Messerstich der Titelfigur empfangen habe. Auch ein Foto des vermeintlichen Plantagenbesitzers wird nach Dresden gesandt, und daraufhin – erst nach immerhin rund vier Wochen – bricht sein Lügenkonstrukt zusammen: Er wird identifiziert als der, der er ist, und ins Gefängnis nach Mittweida transportiert. Das dortige Bezirksgericht verurteilt ihn am 13. April 1870 nach einem umfassenden Geständnis zu einer Zuchthausstrafe von vier Jahren.

Lässt man die Liste der Straftaten, für die May in Leipzig und Mittweida verurteilt wurde, Revue passieren, ergibt sich in erster Linie – auch wenn das von den jeweiligen Opfern ganz anders empfunden worden sein mag – der Eindruck eines groß angelegten Spiels, denn abgesehen davon, dass einige der Delikte geradezu skurril anmuten, ist der materielle Gewinn in der Gesamtbilanz kläglich und tritt hinter dem Inszenierungseffekt weit zurück. Ein Dieb und Betrüger, der seine Pseudonyme teils besonders dreist auswählt (Dr. Heilig) und sie teils aus thematisch verwandten Bereichen der antiken Mythologie (Hermes) und der selbst erlebten Realität (Seminarlehrer Lohse) bezieht; ein fiktiver höherer Ermittlungsbeamter, der dieselben Szenen in einfallsreichen Variationen wiederholt; ein Vagabund, der bei seiner Festnahme spontan eine umfangreiche autobiographische Erzählung mit pseudo-exotischem Hintergrund herbeifabuliert – hier ist eine Phantasie am Werk, die an literarische Konstruktionsverfahren erinnert. Mays Pflichtverteidiger in Mittweida macht in seinem Berufungsschreiben dementsprechend geltend, dass sich May auszeichne «durch die angeborene Kunst, den Leuten etwas vorzumachen und daraus Gewinn zu ziehen. Die ganze Persönlichkeit des Angeklagten machte in der Hauptverhandlung den Eindruck eines komischen Menschen, der gewissermaßen aus Übermuth auf der Anklagebank zu sitzen schien.»[8] Man darf diesen Aspekt natürlich nicht isoliert betrachten und May damit ungebührlich heroisieren: Auch ein beträchtliches Quantum an krimineller Energie tritt deutlich zutage, und dass er ein einmal erfolgreich praktiziertes Betrugsverfahren mehrfach anwendet, ist ein bei vielen Straftätern zu beobachtendes Muster. Dennoch steckt in dem kurios agierenden Dieb, Betrüger und Hochstapler unzweifelhaft der Fabulierer Karl May, der in wenigen Jahren eine erfolgreiche literarische Laufbahn beginnen wird.

Bedenkt man die Situation, aus der seine kriminelle Karriere resultierte, so eignet ihr auch retrospektiv, im Blick auf die Vergangenheit, ein großes Maß an Konsequenz. Nach dem Zeugnis von *Mein Leben und Streben* waren May als Kind Glückserlebnisse immer nur über den Umgang mit Dingen beschieden, die man im engeren oder weiteren Sinne dem Komplex Kunst zurechnen kann. Der angebliche Aufbruch des Jungen nach Spanien, zu den edlen Räubern, markiert einen Schritt, mit dem diese Orientierung unmittelbar zur Bewältigung von Alltagsnöten benutzt wird, und das Verhalten, das hier punktuell zutage tritt – in der Realität oder in der deutenden Fiktion des Autobiographen –, gewinnt dann in dem Augenblick die Überhand, da das Alltagsleben als Ganzes mit dem Scheitern der bürgerlichen Berufslaufbahn in eine umfassende Krise gerät: May schlüpft für längere Zeit in phantasievoll imaginierte Rollen und praktiziert nichts anderes als die von Thomas Mann beschworenen Allotria, die unter den gegebenen Umständen freilich nur kriminell ausfallen können. Dabei knüpft er – mit welchem Grad an Bewusstheit auch immer – ein dichtes Netz von literarischen Referenzen, in dem tradierte Namen, Motive und Verhaltensweisen sich mit solchen verbinden, von denen er später bei der eigenen schriftstellerischen Tätigkeit mittels kreativer Anverwandlung zehren wird. Seine Verhaltensmuster in der Zeit der Straftaten lassen sich auch als die Personifikation eines intertextuellen Verweisungszusammenhangs begreifen.

Mit literarischen Dingen ist May jedoch auch in erheblich handfesterem Sinne befasst; die entsprechenden Andeutungen in den Dokumenten jener Jahre täuschen also nicht vollständig. Im September 1872 erscheinen im *Neuen deutschen Reichsboten*, einem mit mehreren Titelvarianten kursierenden Kalender für das Jahr 1873, drei Gedichte von «C.M.» bzw. «C. May», die mit größter Wahrscheinlichkeit unserem Autor zuzurechnen sind, und da er während der Zuchthausjahre, soweit wir wissen, nicht literarisch produktiv geworden sein kann, muss er diese Texte vorher verfasst und irgendwann in der Zeit seiner kriminellen Verstrickungen bei der Redaktion – vielleicht über Mittelsmänner – eingereicht haben; die Forschung hat sie erst 1994 entdeckt, möglicherweise existieren weitere, bisher unbekannte frühe Publikationen. Die nach heutigem Kenntnisstand ersten Veröffentlichungen Karl Mays jedenfalls heißen *Meine einstige Grabinschrift* – ein Vierzeiler, in dem «ein Dichter» auf sein «ganzes Leben» als auf einen «Klumpen Pech» zurückblickt[9] –, *Mein Liebchen* – gemeint ist eine Tabakspfeife – und *Gerechter Tadel*. Ein Jahr später erscheinen in einer ähnlichen Publikation zwei weitere Gedichte, *Wandergrüße* und *Liebeslied-Recept*, die vermutlich ebenfalls 1868/69 entstanden sind. Das *Liebeslied-Recept* ist das interessanteste Gedicht dieser kleinen Reihe: Es gibt mit spöttischer Tendenz Hinweise, wie ein angemessen rührendes Liebesgedicht anzufertigen sei, und bringt dabei, etwa mit Hinweisen auf den Reiz antiker Namen und den *locus amoenus* als empfehlenswerten Ort zärtlichen Tändelns, Topoi aus der empfindsamen Lyrik des 18. Jahrhunderts in engste Verbindung mit der Modedichtung der Gegenwart. May verfügt erkennbar schon zu dieser Zeit über ein gewisses Maß an literarischer Bildung und ist in der Lage, aus der expliziten Reflexion über Literatur Texte zu gestalten. Einige weitere literarische Produkte entstehen, die zu Mays Lebzeiten unveröffentlicht bleiben. In den Gerichtsakten von Mittweida fand sich *Ange et diable*, ein rund vier Seiten umfassendes Fragment, das vermutlich während der Untersuchungshaft oder kurz vorher entstanden ist und Mays damalige Aversion gegen die religiösen Konzepte, mit denen man ihn traktiert hat, theoretisierend auf den Begriff bringt. Es verbindet Gedanken, die von fern an Lessings *Erziehung des Menschengeschlechts* erinnern –

Wie nun das Kind eines Vaters bedarf, in welchem es den Herrn über alle seinem Gesichtskreis nahe liegenden Erscheinungen und Verhältnisse sieht, (…) so bedurfte auch der Mensch auf der Stufe seiner Kindheit eines allmächtigen etc. Vaters, den er Gott nannte (…) Je mehr sich aber der Mensch entwickelt, desto mehr kommt er zu der Erkenntniß, daß Vieles, was er außer sich gesucht hat, in ihm selber wohnt und lebt

– mit der radikalen Religionskritik des 19. Jahrhunderts, für die Namen wie Ludwig Feuerbach, Arthur Schopenhauer und Friedrich Nietzsche stehen, und blickt optimistisch einer Zeit entgegen, in der man

seinen Gott in sich selbst fühlt und findet und den Teufel in die Rumpelkammer unter das alte Eisen wirft. Kirchen, Pagoden, Synagogen etc. werden verschwinden (…) der aufgeklärte Mensch wird mit demselben Gefühle in die Vergangenheit zurückblicken, mit welchem der geschulte Reiter an den Augenblick denkt, an welchem er sich das Hosenkreuz zerplatzte, als ihn das Pferd zum ersten Male abwarf.[10]

Derart unverstellt blasphemische und noch dazu fast obszön formulierte Gedanken wird May später nie wieder äußern.

Die Berufung gegen das Urteil von Mittweida bleibt ebenso erfolglos wie später ein Gnadengesuch, eine Reduzierung der Haftzeit erfolgt diesmal nicht. Am 3. Mai 1870 wird May als «Züchtling No. 402» in das Zuchthaus von Waldheim eingeliefert; auf den Tag genau vier Jahre später, am 2. Mai 1874, wird er entlassen.

In Waldheim herrschen erheblich strengere Regeln als in Schloss Osterstein. Nicht das Ziel der Resozialisierung steht hier im Vordergrund, sondern die Vorstellung, der Häftling solle seine Strafe als so schwer und drückend wie nur möglich empfinden. Zwar existieren auch in Waldheim verschiedene Disziplinarklassen, zwischen denen man wechseln kann, aber die Vergünstigungen, die sich damit erreichen lassen, fallen erheblich geringfügiger aus als im Zwickauer Arbeitshaus. Dass die Persönlichkeit der Gefangenen im Sinne einer umfassenden Besserung durch Bildung und Erziehung zu stärken sei, ist ein Gedanke, der in Waldheim keine nennenswerte Rolle spielt. Die Häftlinge müssen mindestens dreizehn Stunden am Tag arbeiten und unterliegen einer rigiden Schweigepflicht. In der Gestaltung der Kontakte zum Aufsichtspersonal und dem Zwang, in verordneten Gebeten die eigene Nichtswürdigkeit zu bekennen, manifestiert sich ein System gezielter Demütigungen. Die auch in Waldheim vorhandene Gefangenenbibliothek darf nur in wenigen freien Stunden an Sonn- und Feiertagen genutzt werden, schriftliche Kommunikation mit der Außenwelt ist nur eingeschränkt möglich. Verstöße gegen die Anstaltsordnung können verschiedenste Sanktionen nach sich ziehen, von der Reduzierung der Essensrationen bis zur Prügelstrafe.

Es gibt Hinweise darauf, dass May zumindest zeitweise unter diesen Bedingungen erheblich leidet. Als Rückfälliger wird er in die dritte, unterste Disziplinarklasse aufgenommen und gelangt, anders als in Osterstein, niemals über die zweite hinaus. Nachdem er sich einen Regelverstoß hat zuschulden kommen lassen, über den keine näheren Informationen vorliegen, muss er rund ein Jahr in Isolierhaft verbringen, einer durchaus anderen Unterbringungsform als der in Schloss Osterstein gern bezogenen Einzelzelle. Eine Tätigkeit im Bibliotheksdienst, die er zu Beginn des Jahres 1874 aufnimmt, endet nach kurzer Zeit, als er sich in der Auseinandersetzung um ein beschmutzt zurückgegebenes Buch schützend vor einen Mitgefangenen stellt, dann aber der Lüge bezichtigt wird. Die Möglichkeit, literarisch zu arbeiten und das Geschriebene zu veröffentlichen, wäre unter diesen Umständen eine Vergünstigung, an die nicht zu denken ist.

Mays Autobiographie stellt das alles freilich ganz anders dar und taucht die Waldheimer Jahre pauschal in ein seltsam helles Licht. Ganz besonders hebt May den katholischen Anstaltslehrer Johannes Kochta hervor, der in zahlreichen Gesprächen zur Stabilisierung seiner psychischen Verfassung beiträgt und angeblich auch dafür sorgt, dass er, der Lutheraner, in den katholischen Gottesdiensten das Orgelspiel übernimmt: eine Tätigkeit, die seinem Selbstbewusstsein und seinem Ansehen höchst zuträglich ist. Als weitere musikalische Betätigung nennt May die Mitwirkung im Bläserkorps, die wie in Osterstein von einem Aufseher vermittelt worden sei, und so ergibt sich ein Zusammenspiel von Wiederholung und Aufstieg: War May im Arbeitshaus «Mitglied sowohl des Bläser- als auch des Kirchenkorps»,[11] so wird er im Zuchthaus Mitglied des Bläserkorps und – eine erheblich exponiertere Funktion – Kirchenorganist. Demnach stehen, was die Zukunft betrifft, die Zeichen trotz allem gut.

1874–1880

**RESOZIALISIERUNG ALS
SCHRIFTSTELLER**

Mit dem vierjährigen Aufenthalt in Waldheim hat Karl May, nach gängigen Beurteilungskriterien, den Tiefpunkt seines Lebens erreicht: Aus dem begabten, dem materiellen Elend entronnenen Webersohn ist über den Umweg einer gescheiterten Berufslaufbahn ein bestrafter Wiederholungstäter geworden, ein Zuchthäusler, dessen Identität sich auf eine bloße Nummer reduziert; zu dieser Zeit hat sich «Ardistan gegen Dschinnistan» durchgesetzt.[1]

Nun aber gelingt May eine spektakuläre Wende: eine umfassende und dauerhafte Resozialisierung, mit der sich der Dieb und Betrüger in einen Schriftsteller verwandelt, der am Ende eines langen, steinigen Weges ein Millionenpublikum finden und über mehrere Generationen hinweg Leser in einem Maße begeistern wird, wie es keinem anderen deutschen Autor je gelungen ist. Unabhängig davon, dass in Waldheim das Wirken einzelner Personen, insbesondere Kochtas, eine gewaltige Rolle gespielt haben mag, bleibt vieles an diesem radikalen Einschnitt in der Lebensgeschichte bis heute rätselhaft, etwa der Umstand, dass May die Neuorientierung nicht nach dem Erlebnis des relativ humanen, um individuelle Förderung der Häftlinge bemühten Strafvollzugs in Schloss Osterstein gelingt, sondern erst im Anschluss an die eher brutal anmutenden Haftbedingungen des Zuchthauses.

Eine Erklärung für den Vorgang als solchen findet sich, wenn man die Informationen, die *Mein Leben und Streben* über frühe literarische Tätigkeiten vermittelt, ernst, aber nicht wörtlich nimmt; dann nämlich handelt es sich gar nicht um eine so radikale Wende. Zwar war May nach der Entlassung aus dem Schuldienst nicht sogleich als Schriftsteller in dem Ausmaß aktiv und erfolgreich, wie er es darstellt, auch wenn noch die eine oder andere Publikation aus jener Zeit existieren mag, die dem Spürsinn der Forscher bisher entgangen ist. Treffend aber sind diese Selbstauskünfte im übertragenen Sinne: als metaphorischer Hinweis auf eine Lebensführung, die – in schlüssiger Fortsetzung früherer Glückserlebnisse – «das Leben nun einfach als Roman behandelte».[2] Das Verfahren, ästhetische Arrangements unmittelbar in die Alltagspraxis zu übertragen, konnte freilich, wie die Dinge lagen, nur in die Kriminalität führen, und die Umkehr ist nun, im Anschluss an Waldheim, davon abhängig, dass May eine solide Entmischung gelingt und er das zuvor unter Beweis gestellte kreative Talent in verträglichere Bahnen lenkt.

Und so geschieht es denn auch: May hebt die Gleichsetzung von Leben und Roman, von Alltagsdasein und literarischer Produktivität auf, er trennt die bürgerliche Existenz vom Reich der ausufernden Inszenierungen und verwandelt sich zum Schriftsteller im wörtlichen Sinne. Person und Geschriebenes treten auseinander; die Phantasie wird von nun an vorrangig zugunsten literarischer Erzeugnisse genutzt und steuert nicht mehr die Abläufe des empirischen Lebens. Das Geheimnis der erfolgreichen Resozialisierung Karl Mays besteht letztlich aus der praktischen Umsetzung einer recht banalen Erkenntnis: dass ein zum Schriftsteller prädestinierter Mensch gut daran tut, seine literarischen Kompetenzen nicht im profanen Alltag, sondern schreibend unter Beweis zu stellen.

Die Trennung erweist sich freilich, wie in Anbetracht der Vorgeschichte kaum anders zu erwarten ist, als äußerst instabil. Was den Alltag betrifft, so wird zwei Jahrzehnte später – nach längerer Vorbereitung – das neuerliche Eindringen umfassender Inszenierungen zu einem unglaublichen Spektakel ausarten. Was die Literatur betrifft, so schreibt May fortan Texte, die einerseits Traditionen, Vorbildern und Stereotypen verpflichtet sind und bei denen insofern erst einmal rätselhaft erscheint, inwiefern diese Resultate nüchtern-routinierter Arbeit eine singuläre Wirkung entfalten können; andererseits fügt er ihnen durch die gründliche

Integration autobiographischer Substanz ‹wärmendes› Material hinzu, so dass häufig eine unverwechselbar attraktive Gesamtkonstruktion entsteht, wie sie in äußerlich ähnlichen Texten nicht zu finden ist. Die von Mays Kreativität bisher hervorgebrachten Geheimpolizisten und Pflanzersöhne schleppen bei ihrer Transformation in literarische Figuren die biographischen Anhängsel mit, die schon länger an ihnen gehangen haben.

Aus Waldheim kehrt May, über den eine zweijährige Polizeiaufsicht verhängt worden ist, in das Haus seiner Eltern zurück. Während der langen Haftzeit haben sich die politischen Verhältnisse radikal verändert: Die Reichsgründung, die den deutsch-französischen Krieg von 1870/71 abschloss, schafft nicht nur die Basis für die deutsche Großmachtpolitik der Zukunft, sondern treibt auch die wirtschaftliche Entwicklung in erheblichem Maße voran. Im Hinblick auf das, was May von jetzt an unternimmt, sind besonders die Fortschritte auf dem Gebiet der Publizistik von Bedeutung: Auch dort gibt es Gründerjahre. Das reichseinheitliche Pressegesetz vom 7. Mai 1874, wenige Tage nach Mays Rückkehr erlassen, die Verbesserung der schulischen Ausbildung, die das Analphabetentum zurückdrängt und das potenzielle Lesepublikum gewaltig anwachsen lässt, technische Fortschritte wie die zügige Ausbreitung moderner Rotationsdruckmaschinen – das alles sorgt dafür, dass neue Voraussetzungen für den Vertrieb von Schrifttum verschiedenster Art entstehen und Autoren günstigere Arbeitsmöglichkeiten als je zuvor finden. Insbesondere Periodika nach dem Vorbild der *Gartenlaube* und Unterhaltungsbzw. Trivialliteratur gedeihen, und eine Schriftstellerin wie Eugenie Marlitt stützt ihren lang anhaltenden Ruhm auf eine geschickte Verknüpfung dieser Komplexe: Sie schreibt für die *Gartenlaube* attraktive Fortsetzungsromane über abenteuerliche Frauenschicksale. Karl May wird ihr später folgen, indem er im *Deutschen Hausschatz*, einem katholischen Pendant zur protestantischen *Gartenlaube*, spannende Erzählungen über heroische Männertaten veröffentlicht.

May nutzt die wiedergewonnene Freiheit zunächst einmal, um die vage bestehenden Kontakte zu Verlagen und Redakteuren zu stabilisieren und weiterzuentwickeln. Große Erfolge bleiben zwar vorerst aus, aber immerhin erscheint binnen weniger Monate *Die Rose von Ernstthal*, nach heutigem Kenntnisstand die erste Erzählung, die unter seinem Namen veröffentlicht wird. Es handelt sich um eine im 18. Jahrhundert angesiedelte Dorfgeschichte, in der sich amouröse und militärische Angelegenheiten miteinander verbinden, und May zeigt sogleich, wie intensiv er autobiographische Fakten und Begebenheiten in seine literarischen Texte zu implantieren gedenkt: Nicht nur ist der Schauplatz sein Geburtsort, es tritt auch ein Schmied auf, der Weißpflog heißt, wie Mays Pate, und die weiblichen Hauptfiguren tragen die Namen Anna und Auguste, wie Mays frühe Geliebte; an Auguste heftet sich das Motiv der durch ärztliche Kunst geheilten Blindheit, das May immer wieder aufgreifen und schließlich auch auf sich selbst projizieren wird. Ein weiteres Erzeugnis auf dem Gebiet der Lyrik zelebriert demonstrativ sein Einvernehmen mit Gott, König und Vaterland: ein neunzehn Strophen umfassendes Huldigungsgedicht an den sächsischen König, *Rückblicke eines Veteranen am Geburtstage Sr. Majestät des Königs Albert von Sachsen*. Bedenkt man, dass May – weder Kriegsteilnehmer noch überhaupt je Soldat und dazu auch amtlicherseits für ungeeignet befunden – diesen Text, der vor allem militärischen Großtaten gewidmet ist, in *Der Kamerad* unterbringt, dem ‹Officiellen Central-Organ für sämmtliche Militär- & Krieger-Vereine in Sachsen und der Königl. Sächs. Invaliden-Stiftung›, so handelt es sich fast schon wieder um einen versteckten Schelmenstreich. Eine veränderte Version des Gedichts wird 1902, nach dem Tod Alberts, erscheinen.

Zur gleichen Zeit, im Frühjahr 1875, hat May das Glück, dass sich die wahrscheinlich schon länger bestehenden Kontakte zu dem Dresdner Kolportageverleger Heinrich Gotthold Münchmeyer (1836–1892) in ein handfestes Engagement verwandeln. Münchmeyer, der Publikationen unterschiedlichster Art betreut,

Abb. 5: Karl May als Redakteur.
Das vermutlich früheste Foto von ihm, das erhalten geblieben ist.

bietet May bei einem Besuch in Ernstthal eine Redakteursstelle an und sichert ihm 600 Taler Jahresgehalt zu. May willigt ein und fährt nach Dresden, um mit der Arbeit zu beginnen, aber da er weiterhin unter Polizeiaufsicht steht, muss er wenige Tage später zurückkehren und seine Geschäfte vorerst von Ernstthal aus erledigen. Er tut das zwar mit Erfolg, bemüht sich aber um eine Revision des Ausweisungsbeschlusses und darf im August 1875 endgültig nach Dresden ziehen. Ab September wohnt er im Hinterhaus des Münchmeyer-Verlags; dass auch in Dresden weiterhin die Polizeiaufsicht gilt, bleibt für die weitere berufliche Tätigkeit folgenlos.

Mit Münchmeyer, einem ehemaligen Zimmermann und Dorf-
musikanten, tritt eine Person in Mays Leben, die für ihn dauerhaft – noch über den eigenen Tod hinaus – von zentraler Bedeutung ist und in vielen Kommentaren, auch denen von May selbst,
uneingeschränkt ardistanischen Niederungen zugeschlagen
wird. Dafür gibt es gute Gründe, aber Münchmeyer erwirbt sich
zweifellos auch große Verdienste: Er gesteht dem neuen Mitarbeiter zunächst einmal beträchtliche Freiräume zu, bietet ihm
also in literarischer Hinsicht weitreichende Entfaltungsmöglich-
keiten. Gewiss tut er das nicht aus Uneigennützigkeit, sondern
im Hinblick auf die Erwartung, seine Firma werde von dem
erkennbaren Talent Karl Mays profitieren; daran, dass dessen
bisher völlig ungefestigte Laufbahn als Schriftsteller dank dieser
Einstellung eine erste solide Stufe erreicht, ändern egoistische
Erwartungen des Verlegers jedoch ebenso wenig etwas wie die
vielen Unerquicklichkeiten, die bald das Verhältnis der beiden
beeinträchtigen und in Mays autobiographischen Darlegungen
alles andere überschatten. Wir haben es hier wieder mit einem
Punkt in Mays Leben zu tun, an dem die von ihm rückblickend
betriebene Stilisierung zum Schmerzensmann, der permanent
von unglücklichen Umständen und missgünstig gestimmten
Mitmenschen verfolgt wird, fragwürdig erscheint: Dass ein aus
elenden Verhältnissen stammender, in der ersten Berufslaufbahn
gründlich gescheiterter, dann kriminell gewordener und auf literarischem Gebiet bisher kaum ausgewiesener Mann ohne weiteres zum Redakteur befördert wird, ist eher ein Indiz für die
Macht glücklicher Umstände, mag es sich auch um eine Stelle in
einem etwas zwielichtigen Verlagsunternehmen handeln.

May ist bei Münchmeyer für insgesamt vier Zeitschriften verantwortlich. Von seinem Vorgänger Otto Freitag übernimmt er
den *Beobachter an der Elbe*, den er jedoch schon im Herbst
1875 auslaufen lässt. An seine Stelle treten ein *Deutsches Familienblatt* sowie *Schacht und Hütte*, eine Zeitschrift, die speziell
‹zur Unterhaltung und Belehrung für Berg-, Hütten- und Ma-
schinenarbeiter› bestimmt ist. *Schacht und Hütte* wiederum

wird ab September 1876 durch *Feierstunden am häuslichen Heerde* ersetzt. May redigiert diese Blätter und beliefert sie mit einer Vielzahl eigener Beiträge. Auch mit der Veröffentlichung eines Münchmeyer-Buches ist er beschäftigt; dennoch findet er die Zeit, zusätzlich etwas für Publikationsorgane anderer Verlage zu schreiben.

Die Tätigkeit bei Münchmeyer bringt May in vieler Hinsicht voran. Er übt sich darin, Texte im Hinblick auf feste Terminvorgaben zu schreiben und zu bearbeiten. Er lernt die verschiedensten Seiten der Publikationsbranche kennen, von der Kalkulation über die Herstellungstechnik bis zur Werbung. Mit der Adressierung von *Schacht und Hütte* an Arbeiter der Montanindustrie übt er etwas ein, das er immer wieder mit großem Erfolg praktizieren wird: die Anfertigung von Texten im Hinblick auf eine spezifische Leserschaft. So erweist sich die Arbeit für Münchmeyer als ein direkt in die Praxis umgesetzter Intensivkurs für literarisches Arbeiten im weitesten Sinne, mit allen Facetten, allen Begleiterscheinungen und Organisationsformen.

Zu ähnlichen Erkenntnissen gelangt man, wenn man sich die von May zu dieser Zeit geschriebenen Texte anschaut. Schon die Titelnotizen im *Repertorium C. May* lassen an ein breites Spektrum denken: Da gibt es idyllisch-bieder anmutende Stichworte wie *Harfen-Aennchen* und *Christkindlein,* aber auch exotischer klingende wie *Der Gitano* – so heißt später tatsächlich eine Erzählung Mays – oder *Das Geheimniß des Contrabandisto* und *Il Capitano noro.* Analog dazu erprobt May seine Fähigkeiten jetzt, da er in größerem Umfang schreibt und publiziert, in den verschiedensten literarischen Genres: Dorfgeschichten, Humoresken, historischen Novellen, Gedichten und kürzeren Abenteuererzählungen. Deren erste erscheint im September 1875 im *Deutschen Familienblatt,* trägt den Titel *Inn-nu-woh, der Indianerhäuptling. Aus der Mappe eines Vielgereisten, Nr. 1* und präsentiert neben der Titelfigur, die von weitem schon an einen später legendären Apachen denken lässt, einen reisenden Ich-Erzähler, der die abenteuerlichen Umstände eines Amerika-

Abb. 6: Erzählung Mays über den ‹Alten Dessauer› 1884
in der Volksbibliothek des Verlags Schauenburg in Lahr

aufenthalts schildert; wir haben es hier also mit einer Frühform
jener fiktiven Reiseschilderungen zu tun, die Mays einzigartigen
Ruf begründen werden. Obwohl mit *Leilet* auch schon Mays
erste Orienterzählung gedruckt wird – wie viele seiner frühen
Arbeiten unter einem Pseudonym –, dominieren quantitativ
zunächst die Geschichten mit deutschem Schauplatz.

Die Humoresken spielen zumeist in der sächsischen Gegenwart ihres Autors: Friedliche Bürger traktieren einander mit
eulenspiegelhaften Streichen, bevor die Verwirrungen zu allsei-
tiger Zufriedenheit aufgelöst werden; falls es ernst zu nehmende
Bösewichter gibt, werden sie der gerechten Strafe zugeführt.

Etliche historische Novellen widmen sich dem ‹Alten Dessauer›, dem Fürsten Leopold von Anhalt-Dessau, einem Kleinstaatherrscher aus dem 18. Jahrhundert: Wie weiland Harun al Raschid mischt er sich unerkannt unter das Volk, zieht umher als Scherenschleifer, Bäckergeselle oder Leierkastenspieler und stößt dabei auf allerlei Ungemach, das er schließlich kraft der Autorität seines Amtes beseitigt. May übernimmt hier «eine für Jugend und Volk bestimmte preußisch-hohenzollernsche Geschichtslegende», wonach der absolutistische Herrscher wie ein allmächtiger und gütiger Vater für seine große Familie sorgt.[3] Das Ganze enthält bereits in grundsätzlicher Hinsicht eine autobiographische Komponente: Im Einklang mit den Regularien des jeweiligen Genres festigt May über solche Konstellationen seine persönliche Einordnung in den gesellschaftlichen Status quo. So wie *Schacht und Hütte*, das klassenkämpferische Agitation völlig ausspart, als eine Art Antidot zu den sozialdemokratischen Publikationen für Arbeiter zu lesen ist, so schreiben Mays Erzählungen in der Summe das Idealbild einer letztlich doch gerechten gegenwärtigen Gesellschaft mit einer entsprechenden historischen Dimension herbei. Störungen und Schäden treten nur vorübergehend auf und können als Nichtigkeit verbucht werden; üblere Belastungen als etwa den dröhnend-falschen Gesang, mit dem der nur des Dessauer Marsches kundige Fürst Leopold im Gottesdienst die Anwesenden behelligt, müssen deutsche Untertanen längerfristig nicht in Kauf nehmen.

Nicht gar so glatt verlaufen die als weniger humorvoll konzipierten ‹Erzgebirgischen Dorfgeschichten›. Gelegentlich geht May hier höchst eigenwillig mit den Genrekonventionen um, wie in der Geschichte vom *Giftheiner* (1879), die damit endet, dass der Held nach zwei Jahrzehnten die einst geliebte und unter düsteren Umständen verlorene Frau wiedertrifft, aber nicht etwa sie, sondern ihre hübsche Tochter heiratet – eine im Kern bemerkenswert rabiate männliche Phantasie, die sich aber mittels einer verzwickten Kriminalhandlung und verschobener Chronologie geschickt tarnt. In anderen Erzählungen leiden die Figuren so intensiv unter gravierenden Standesunterschieden, schlimmsten materiellen Nöten und einer leichtfertig verfahrenden Justiz, dass es gründlicher, manchmal schier märchenhaft anmutender Korrekturen eines *deus ex machina* bedarf, um der Gerechtigkeit zum Sieg zu verhelfen. Aber das glückliche Ende kann nicht alles tilgen, was vorher erzählt wurde, und so behalten etwa Stellen ihre Geltung, an denen der Autor persönlich erfahrenes Leid eindrucksvoll zur Sprache bringt. In einer Szene der Erzählung *Des Kindes Ruf* (1879) schildert May die Empfindungen eines Inhaftierten:

Der Häftling sank auf seinen Schemel zurück, bog sich auf die Knie hernieder und verbarg das Gesicht in die beiden Hände. Am Himmel stand die helle, goldene Morgensonne; er konnte sie nicht sehen; ihr Licht fiel nur matt durch das hoch angebrachte, schmale und vergitterte Fenster in den engen, traurigen Raum. Wer hat das Recht, dem Menschen ihren Strahl, ohne den er nicht leben kann, zu entziehen? Wer hat die fürchterliche Strafe erfunden, die ihn den Seinen entreißt einer That wegen, an der sie keinen Antheil haben?

Diese Passage, in deren Fortsetzung der Direktor den Häftling noch zum «Strafvollzugsobject» erklärt, «das man zur besseren Uebersicht mit einer Zahl bezeichnet»,4 vermittelt nicht nur en passant eine Fundamentalkritik am gängigen Strafsystem, sondern steht auch exemplarisch für Mays Fähigkeit, schematische Darlegungen – wie den simplen Kontrast zwischen Drinnen und Draußen, Weite und Enge, Helle und Dunkelheit, Einsamkeit und familiärer Bindung – sprachlich so intensiv aufzuladen, dass sie sich in anrührende und manchmal mitreißende Schilderungen verwandeln.

In einem Ausmaß wie später niemals mehr betätigt sich May auch als Autor von Sachprosa. Für die Zeitschrift *Schacht und Hütte* verfasst er acht *Geographische Predigten*, in denen er unter Titeln wie *Himmel und Erde* und *Haus und Hof* über die verschiedensten elementaren Erscheinungen der Welt doziert, dabei vom Großen zum Kleinen fortschreitet und aus der Vorzüglichkeit der Schöpfung auf Gott, den Schöpfer, schließt; aber auch die jüngst entwickelte Evolutionstheorie beansprucht ihren Platz in diesen weit ausgreifenden Darlegungen. Sie sind getragen vom Gestus eines allwissenden Berichterstatters und wollen beeindrucken mit einer überschäumenden Informationsfülle inklusive gewaltiger Zahlenkolonnen. Die proletarischen Leser erfahren beispielsweise, wie viele Quadratmeilen der Erdoberfläche aus Wasser bestehen, wie viele Jahre, Monate und Tage die erste Erdumrundung gedauert hat, wie viel Branntwein 1874 in Deutschland produziert wurde, wie viele Wörter sich aus den Buchstaben des deutschen Alphabets zusammenstellen lassen, wie viele Tiere für die Mahlzeiten einer bestimmten historischen Hochzeitsfeierlichkeit geschlachtet wurden und dergleichen mehr. Wir befinden uns im Zeitalter des Positivismus.

Während May sich zu den *Geographischen Predigten* immer bekannt und sie im Alter sogar zur zielgerichtet entworfenen programmatischen Grundlage seiner literarischen Entwicklung erklärt hat, verschwieg er später konsequent, dass er zur gleichen Zeit anonym mit einem ganzen Buch ähnlich informativen Charakters beschäftigt war: mit dem *Buch der Liebe*. Dessen Inhalt erklärt seine Zurückhaltung freilich zur Genüge.

Münchmeyers Programmangebot umfasst nämlich keineswegs nur Veröffentlichungen jener bieder-gemütlichen Machart, an die die Titel der von May betreuten Zeitschriften denken lassen. Zu den aparteren Schätzen des Verlags gehören Mitte der 1870er Jahre auch zwei Lieferungswerke, die sich besonderen Aspekten der menschlichen Sexualität widmen: Das eine beschäftigt sich mit Geschlechtskrankheiten einschließlich Rezepten zu ihrer Heilung, das andere, *Die Geheimnisse der Venustempel aller Zeiten und Völker*, mit der Historie der Prostitution. Im zeitgenössischen Verständnis können diese Publikationen als pornographisch gelten, zumal sie eine detaillierte Bebilderung enthalten; die beiden Werke werden denn auch 1874 verboten.

Karl Mays Aufgabe besteht nun darin, sie zwecks einer Neuveröffentlichung zusammenzuführen und dabei so zu bearbeiten, dass die reizvollen Inhalte weitgehend erhalten bleiben, das

Ganze aber derart unverfänglich erscheint, dass es der amtlichen Verfolgung entgeht. Er tauscht einen Teil der Bilder gegen harmlosere aus, entschärft anstößige Formulierungen ein wenig und garniert alles mit umfangreichen neuen Kapiteln zu anderen als unmittelbar physischen Sachverhalten. Auf diese Weise entsteht ein umfassendes *Buch der Liebe*, das einen weiten Bogen spannt von Reflexionen zur metaphysischen Dimension des Phänomens über die Zuneigung zu Verwandten und zur Heimat bis zur Schilderung der Anatomie jener Körperteile, die bei der ausübenden Praxis ihrer sexuellen Variante im Vordergrund stehen; zur Geschichte erotischer Sitten wird ebenso einiges vermittelt wie zur modernen Evolutionstheorie, Statistiken über die aktuelle Verbreitung der Prostitution tauchen ebenso auf wie Hinweise zur Bekämpfung von Geschlechts-, Frauen- und Kinderkrankheiten. Wie in *Schacht und Hütte* tritt der Verfasser als Universalgelehrter auf, der Daten, Fakten und Zitate aus den höheren Sphären der Kulturgeschichte nur so aus dem Ärmel schüttelt, aber auch die Besonderheiten der Sprache im Berliner Dirnenmilieu zu benennen weiß. An Kuriositäten mangelt es nicht: Ausgerechnet über Details der Kopulation schweigt May sich aus, mit dem Hinweis, sie seien im Hinblick auf die zweifellos bestens damit vertrauten Leser überflüssig.

Detaillierte Quellenforschung hat mittlerweile ergeben, dass *Das Buch der Liebe* in großem Umfang auch noch andere Fremdtexte enthält als nur die beiden verbotenen älteren Aufklärungsschriften. So hat May für die neuen Kapitel seitenlang, aber ohne entsprechende Verweise, aus Abhandlungen des heute vergessenen Philosophen Philipp Spiller abgeschrieben und ebenso aus dem Werk *Natürliche Schöpfungsgeschichte* von Ernst Haeckel; die Befürchtung, die Plagiate könnten entdeckt werden und zu unangenehmen Konsequenzen führen, hegt er offenbar nicht. Indem er die stillschweigend verwendeten Großzitate dazu nutzt, Kompetenz bei Themengebieten vorzuspiegeln, auf denen er sich vorher nicht auskannte, zeigt sich erneut der Übungscharakter der Arbeit für Münchmeyer: Auch in den

fiktiven Reiseschilderungen der späteren Jahre wird May in großem Umfang auf Fremdtexte zurückgreifen, um den Anschein
persönlich erworbener und erarbeiteter Kenntnisse zu vermitteln, und wenn er das dann auch nicht mehr mit der Radikalität
wie im *Buch der Liebe* tut, so bildet die kompilatorische Arbeit
an dem frühen Werk doch eine ideale Vorbereitung auf die künftige Tätigkeit.

Als Autor im traditionell-emphatischen Sinne kann May bei
diesem ersten von ihm zu verantwortenden Buch also nur mit
großen Einschränkungen gelten; eher steht er, wenn man ein
Auge zudrückt, für eine Verfasserschaft im nahezu postmoder-
nen Sinne des Arrangements vorgefundener Materialien. Das
hindert ihn allerdings nicht daran, dem Textmonstrum dennoch
zumindest andeutungsweise seinen persönlichen Stempel auf-
zudrücken. So dienen als häufigste Spender für ausgewiesene
Zitate, wie in anderen seiner Schriften, die Bibel und Friedrich
Schiller. Es wirkt wie eine ästhetische Maßnahme zur Abrundung
der zwangsläufig inkohärenten Komposition, dass das schöne
Paulus-Wort, wonach die Liebe nimmer aufhöret, sowohl am
Anfang der Einleitung wie auch im allerletzten Satz des voluminösen Werkes zu finden ist.

Allen Domestizierungsmaßnahmen zum Trotz zieht auch das
Buch der Liebe wieder die Aufmerksamkeit der Behörden auf
sich: Es kommt zu einer polizeilichen Durchsuchung des Verlags, bei der etliche Exemplare beschlagnahmt werden, und zu
einem Gerichtsverfahren wegen Vergehen gegen die Sittlichkeit,
das auch Karl May einbezieht, allerdings nicht zu seiner Verurteilung führt. Solche Erfahrungen, die ihn an dunkle Kapitel
der Vergangenheit erinnern, dürften Mays Anhänglichkeit an
den Arbeitgeber nicht gerade fördern, und überhaupt ver-
schlechtern sich die Beziehungen im Hause Münchmeyer, da
sie sich zunehmend asymmetrisch gestalten. Münchmeyer und
seine Frau Pauline schätzen den fleißigen Mitarbeiter außerordentlich und demonstrieren dies unter anderem dadurch,
dass sie ihm ein Klavier schenken. Auch versuchen sie, ihn noch

enger an den Verlag zu binden, indem sie die berufliche Kooperation durch die intensive Entwicklung einer privaten Beziehung
ergänzen; dabei stoßen sie jedoch nur begrenzt auf Gegenliebe.
Als sie so weit gehen, May eine Eheschließung mit Paulines
Schwester, Minna Ey, anzutragen, und diesen Plan bis an den
Rand der Nötigung verfolgen, zieht der Unwillige die Konsequenzen: Ende 1876 verlässt er den Verlag, obwohl sich
seine materielle Situation damit erst einmal wieder deutlich
verschlechtert.

Dass May von einer Ehe mit Minna Ey nicht im Mindesten
etwas wissen will, hängt gewiss auch damit zusammen, dass er
enge Beziehungen zu anderen Personen weiblichen Geschlechts
unterhält. Einer nicht ganz abwegigen Hypothese zufolge wird
er zu dieser Zeit sogar Vater: Im März 1876 gebiert eine junge
Hohensteinerin namens Marie Thekla Vogel (1856–1929), die
vermutlich ebenfalls bei Münchmeyer beschäftigt war, eine
uneheliche Tochter, Helene Ottilie (1876–1952). Für ein intimes
Verhältnis zwischen May und Marie Thekla sprechen einige
Indizien, darunter der Umstand, dass in seinen Abenteuererzählungen die Frau, zu der Mays literarisches Alter Ego Old
Shatterhand engere amouröse Beziehungen unterhält als zu jeder
anderen, ausgerechnet Martha Vogel heißt; auch die näheren
Umstände dieser Episode, die May ins Zentrum des in Deutschland spielenden Teils von *Satan und Ischariot* rücken wird,
entsprechen mit der gemeinsamen Tätigkeit bei einem Dresdner
Verlagsbuchhändler zumindest annähernd dem, was in der Realität geschehen sein mag. Helene Ottilie wird sich 1932, zwei
Jahrzehnte nach Mays Tod, mehrfach brieflich an Klara May,
dessen Witwe aus zweiter Ehe, wenden und mit dem vagen Hinweis, «dass wir weitläufige Verwandte sind»,[5] um eine finanzielle
Unterstützung bitten; auch die weiteren Darlegungen ihrer Briefe
klingen reichlich ominös.

Die Existenz einer anderen Liebesbeziehung ist hingegen über
jeden Zweifel erhaben und auch noch erheblich folgenreicher:

Bei einem seiner zahlreichen Besuche in der Heimat hat May Mitte 1876 Emma Lina Pollmer (1856–1917) kennen gelernt, ein unehelich geborenes und als Waise aufgewachsenes Mädchen, das später seine erste Ehefrau wird. Über Emmas Vater ist nichts Näheres bekannt, und die Mutter erlag kurz nach der Geburt dem Kindbettfieber, so dass Emma im Haus ihres Großvaters unterkommen musste, des Barbiers und Baders Christian Gotthilf Pollmer; der wiederum ist seit 1865 verwitwet, fortan also allein für die Erziehung der Enkelin zuständig. Emma entwickelt sich zu einer äußerlich attraktiven, umschwärmten jungen Frau, deren Anziehungskraft sich auch May nicht verweigert; gemeinsame Pläne zu einer Eheschließung scheitern aber zunächst einmal am Widerstand des Großvaters. Im Mai 1877 zieht Emma dennoch nach Dresden, in die unmittelbare Nachbarschaft der neuen Wohnung des Geliebten, und arbeitet dort als Dienstmädchen bei einer Pfarrerswitwe und deren beiden Töchtern. Als sich Mays finanzielle Verhältnisse gegen Ende desselben Jahres wieder verbessern, bezieht er mit Emma eine gemeinsame Drei-Zimmer-Wohnung in Neustrießen bei Dresden; die beiden geben sich jetzt als Ehepaar aus. Im Juli 1878 kehrt Emma zu ihrem Großvater zurück, da er aufgrund seines schlechten Gesundheitszustands dringend ihrer Hilfe bedarf, und May folgt ihr in die Heimat, wo er teils bei den Eltern, teils im Hause Pollmer wohnt.

Mit der Familie Pollmer hängt es auch zusammen, dass May ein letztes Mal zu einer Gefängnisstrafe verurteilt wird. Im Januar 1878 stirbt unter mysteriösen Umständen der einzige Onkel Emmas; vermutlich wird er im Alkoholrausch von einem Fuhrwerk überfahren und schleppt sich vom Unfallort fort, bevor er schließlich in einem Pferdestall tot aufgefunden wird. Emmas Großvater kommen Gerüchte zu Ohren, in Wahrheit sei hier ein Gewaltverbrechen, ein Mord, begangen worden, und er bittet den rhetorisch versierten Karl May, der Angelegenheit nachzugehen. May begibt sich daraufhin an den Ort des Geschehens und zieht bei verschiedenen Zeugen Erkundigungen ein;

um mit mehr Nachdruck auftreten zu können, greift er auf bewährte Verhaltensmuster aus der Vergangenheit zurück und bezeichnet sich als eine hochgestellte, mit beträchtlicher Entscheidungsbefugnis ausgestattete Persönlichkeit. Daraufhin wird ein Verfahren wegen Amtsanmaßung eingeleitet, das zu einer Verurteilung durch das Amtsgericht Stollberg führt; ein Gnadengesuch, dem auch das erwähnte Huldigungsgedicht an den sächsischen König beiliegt, ändert daran nichts. Karl May muss seine letzte Gefängnisstrafe vom 1. bis 22. September 1879 in seinem Heimatort absitzen.

Die Beziehung zwischen May und Emma verläuft keineswegs spannungsfrei; es kommt sogar zu einem längeren Zerwürfnis, denn offensichtlich vertragen sich der auf intensive, regelmäßige Arbeit gerichtete Alltag des aufstrebenden Schriftstellers und die anderweitig orientierte, freiere Lebenslust der deutlich jüngeren Frau nicht recht miteinander. Im bitteren Rückblick der Altersjahre, nach der Scheidung, wird May die Geliebte sogar zu einer mit dämonischen Kräften ausgestatteten «Courtisane»[6] erklären, die ihn mit raffinierter Berechnung umgarnt habe, aber niemals treu gewesen, sondern von einer pervers ausschweifenden polygamen Sexualität umgetrieben worden sei. Als der alte Pollmer 1880 an einem Schlaganfall stirbt, lässt die institutionelle Festschreibung der Beziehung dennoch nicht lange auf sich warten: Am 17. August heiraten Karl May und Emma Pollmer standesamtlich, am 12. September kirchlich. Seinen Wohnsitz nimmt das Ehepaar noch drei Jahre lang in Hohenstein.

Die literarische Tätigkeit bewegt sich nach der Zeit bei Münchmeyer in ähnlichen Bahnen wie bisher. Vorübergehend, 1877/78, findet May sogar wieder eine Anstellung als Redakteur: Für den Dresdner Verleger Radelli betreut er den zweiten Jahrgang des Unterhaltungsblatts *Frohe Stunden* und füllt es, wie schon im Fall der Münchmeyer'schen Periodika, mit zahlreichen eigenen Erzählungen, die nunmehr ganz überwiegend an exotisch-abenteuerlichen Schauplätzen angesiedelt sind, in Süd-

Abb. 7: Titelkopf der Wochenausgabe des «Deutschen Hausschatz», in der im März/April 1879 ‹Three carde monte› veröffentlicht wurde

afrika, Polynesien, Kalifornien und Sibirien; einige davon erscheinen unter dem Pseudonym Emma Pollmer.

May gelingen in dieser Phase, gemessen an dem spektakulären Massenerfolg der 1890er Jahre, zwar noch keine aufsehenerregenden publizistischen Großtaten, aber im Rückblick ist der eine oder andere markante Schritt auf dem Weg dorthin zu verzeichnen. Der steirische Schriftsteller Peter Rosegger, der in seiner Monatsschrift *Heimgarten* eine Abenteuererzählung Mays veröffentlicht, teilt im Juli 1877 einem Briefpartner mit, dass er den Verfasser «seiner ganzen Schreibweise nach (…) für einen vielerfahrenen Mann (hält), der lange Zeit im Orient gelebt haben muß».[7] Dies ist eines der frühesten und prominentesten jener Wirkungszeugnisse, die aus den suggestiven Besonderheiten May'schen Erzählens den Schluss ableiten, der Autor müsse persönlich mit seinen fernen Handlungsschauplätzen vertraut sein. Zu den Veröffentlichungen in *Frohe Stunden* gehört ein längerer Text mit dem Titel *Auf der See gefangen*: der erste vollständige Roman aus Mays Feder, ein ‹Criminalroman›. Im Frühjahr 1879 präsentiert der Regensburger Verlag Pustet in seiner Familienzeitschrift *Deutscher Hausschatz in Wort und Bild* mit *Three carde monte*. *Ein Bild aus den Vereinigten Staaten Nordamerika's* erstmals eine Erzählung Mays; daraus erwächst eine lang anhaltende Verbindung.

1879 ist auch das Jahr, in dem erstmals Bücher unter Mays Namen erscheinen. Der Stuttgarter Verlag von Franz Neugebauer veröffentlicht gleich zwei davon: zum einen *Im fernen Westen*, eine abenteuerliche Erzählung aus dem Wilden Westen Nordamerikas – der dann noch ein thematisch verwandter, aber erheblich kleinerer Text eines anderen Autors folgt –, und zum anderen *Der Waldläufer*; hierbei handelt es sich um eine Version des beliebten französischen Abenteuerromans *Le Coureur des Bois* (1850) von Gabriel Ferry, der in mehreren deutschen Übersetzungen vorlag, von denen eine nun von May «für die Jugend bearbeitet» wurde, wie es im Impressum heißt. In demselben Jahr 1879, möglicherweise aber auch erst später, wird auch *Auf der See gefangen* erstmals als Buch publiziert: als Raubdruck in einem amerikanischen Verlag, der sich auf Angebote für deutsche Emigranten spezialisiert hat. Es ist gewiss kein Zufall, dass alle diese frühen Buchveröffentlichungen keine Dorfgeschichten, Humoresken und dergleichen enthalten, sondern Erzählungen des Abenteuergenres: Auf diesem Gebiet profiliert sich May immer deutlicher.

1880 schließlich ist das Jahr, in dem er erstmals im *Allgemeinen Deutschen Literatur-Kalender* auftaucht, und zwar als «May, Dr. Karl, Journalist, Redakteur, Hohenstein-Ernstthal in Sachsen».[8] Auch im falschen Doktortitel steckt ein zukunftsträchtiger Hinweis.

1880–1890

DER MEISTER DER ILLUSIONEN

Die 1880er Jahre bilden, was die äußeren Ereignisse betrifft, den ruhigsten Abschnitt in Karl Mays Erwachsenendasein. Den wechselvollen Bemühungen um eine bürgerliche Berufslaufbahn und ihrem Scheitern, der Zeit als Vagabund und Krimineller, den Haftjahren und der gelungenen Resozialisierung folgt nun eine Phase der Stabilisierung des Erreichten; sie weicht in den 1890er Jahren einer neuen, die durch die Aura einer zum Star avancierten öffentlichen Person geprägt ist, und nach der Jahrhundertwende ergeben sich noch einmal ganz andere Verhältnisse. Jetzt aber herrscht Kontinuität. Was das Literarische betrifft, so arbeitet May ebenso beharrlich wie erfolgreich daran, seine Stellung als vielfältig verwendbarer Unterhaltungsschriftsteller mit besonderer Note zu festigen. Er ist immens fleißig, zu keiner Zeit wird er mehr schreiben als in diesem Jahrzehnt. Unter anderem erscheinen in Zeitschriften und in Lieferungsheften gleich mehrere Romane, die in der späteren Buchfassung jeweils bis zu einem halben Dutzend Bände füllen; einer zuverlässigen Berechnung zufolge entstehen allein 1889 «nicht weniger als 3770 Manuskriptseiten».[1] Der gewaltige Produktionsausstoß ist dennoch leichter zu überschauen als das, was May vorher veröffentlicht hat, denn das Allermeiste lässt sich drei Publikationsorten zuordnen: dem *Deutschen Hausschatz*, wiederum dem Münchmeyer-Verlag und dem *Guten Kameraden*, einer neuen Jugendzeitschrift. Was das Private betrifft, so sind einige Umzüge zu verzeichnen sowie eine Fortsetzung der Ehe, in der auch die vorehelichen Turbulenzen weiter zutage treten.

Die Leser des *Deutschen Hausschatzes* werden gleich zu Beginn der 1880er Jahre mit einem Satz konfrontiert, der in Mays Gesamtwerk eine legendäre Stellung einnimmt:

«Und es ist wirklich wahr, Sihdi, daß Du ein Giaur bleiben willst, ein Ungläubiger, welcher verächtlicher ist als ein Hund, widerlicher als eine Ratte, die nur Verfaultes frißt?»[2]

Mit diesen Worten einer Figur, die Halef genannt wird, mit ganzem Namen aber Hadschi Halef Omar Ben Hadschi Abul Abbas Ibn Hadschi Dawuhd al Gossarah heißt, beginnt ein Roman, der den merkwürdigen Titel *Giölgeda padiśhanün* trägt und, wie die Zeile darunter mitteilt, ‹Reise-Erinnerungen aus dem Türkenreiche von Karl May› enthält. Er erscheint seit Januar 1881 im *Hausschatz*, setzt sich – mit Unterbrechungen – über mehrere Jahre hinweg fort und wird zu Beginn der 1890er Jahre unter anderen Titeln – *Durch Wüste und Harem* (später: *Durch die Wüste*), *Durchs wilde Kurdistan*, *Von Bagdad nach Stambul* usw. – in Buchform veröffentlicht werden: ein Vorgang, der May dann endgültig den Rang eines landesweit bekannten Erfolgsschriftstellers einträgt. Noch heute stehen diese Worte am Anfang des ersten Kapitels im ersten Band der Werkausgabe des Bamberger Karl-May-Verlags, und nur derjenige, der den Namen des Sprechenden komplett und ohne zu stolpern zitieren kann, darf sich zu den wahren Bewohnern der Karl-May-Welt zählen. Die Veröffentlichungen im *Hausschatz* ebnen den Weg zu dieser Popularität, und May wird das Blatt von nun an mehr oder weniger kontinuierlich – bis 1897 und dann noch einmal 1907/8 – mit weiteren Erstfassungen eines Großteils seiner populärsten Romane beliefern. Beide Seiten profitieren davon, denn so wie Mays Ruf als Schriftsteller sich durch die *Hausschatz*-Publikationen festigt, so vermag die Zeitschrift dank der attraktiven Geschichten dieses Autors ihre Auflage zu steigern.

Der kommerzielle Erfolg hält sich dennoch in Grenzen. Begründet worden ist der *Hausschatz* 1874 im Zusammenhang mit dem sogenannten Kulturkampf: Seine Aufgabe besteht darin, die Bataillone der katholischen Publizistik zu verstärken, indem er ein Gegengewicht zu anders orientierten Periodika wie etwa der liberalen *Gartenlaube* bildet; der Protestant Karl May gerät also – vermutlich unabsichtlich – in das Spannungsfeld der aktuellen politischen und konfessionellen Auseinandersetzungen. Obwohl sich der *Hausschatz* im Vergleich zu anderen Blättern katholischer Provenienz recht gut behauptet, bleibt die ganz große Breitenwirkung aus: Die *Gartenlaube* etwa erreicht dauerhaft eine erheblich höhere Auflage. Die Honorare, die May erhält, fallen infolgedessen nicht so üppig aus, dass er sich von allen materiellen Sorgen befreit sähe, unabhängig davon, dass der *Hausschatz*-Redakteur Venanz Müller ihm schon im Herbst 1879 die Abnahme aller seiner Texte angeboten hat.

Mit dem finanziellen Dilemma dürfte es denn auch zusammenhängen, dass May die Verbindung zu Münchmeyer erneuert. Als er sich im Spätsommer 1882 mit seiner Frau in Dresden aufhält, begegnet er dem Verleger in einem Restaurant. Münchmeyer, dessen Geschäften der Verlust des vielfältig versierten Redakteurs und Autors nicht zuträglich war, bittet May, er möge ihm einen abenteuerlichen, reißerischen Fortsetzungsroman schreiben, und stellt eine Honorierung in Aussicht, die das Interesse der Eheleute weckt. Schon wenige Wochen später erscheinen die ersten Lieferungen von *Waldröschen oder Die Rächerjagd rund um die Erde. Großer Enthüllungsroman über die Geheimnisse der menschlichen Gesellschaft*; als Verfasser firmiert ein Capitain Ramon Diaz de la Escosura. Das gewaltig ausschweifende Werk erstreckt sich über 109 Hefte und erreicht 2612 großformatige Seiten. Vier weitere Romane ähnlichen Umfangs folgen in den nächsten Jahren: *Die Liebe des Ulanen, Der verlorne Sohn oder Der Fürst des Elends, Deutsche Herzen, deutsche Helden* und *Der Weg zum Glück*; nur einer davon, *Die Liebe des Ulanen*, wird nicht unter einem Pseudonym publiziert.

Die exzessive Arbeitsbelastung, die May damit auf sich nimmt, hat zur Folge, dass er seine Tätigkeit für den *Hausschatz* und andere Zeitschriften drastisch reduzieren muss; zeitweilig kommt sie sogar ganz zum Erliegen. Obwohl er später behaupten wird, Münchmeyer habe ihn hintergangen, stellt sich immerhin der erwünschte finanzielle Gewinn ein: Mays Einkommen steigt erheblich, im April 1883 verlässt er seinen Geburtsort endgültig und zieht nach Blasewitz bei Dresden.

Wenn May nun auch nicht, wie in den 1870er Jahren, als angestellter Redakteur, sondern als freier Schriftsteller für Münchmeyer tätig ist, so gibt es doch einen Aspekt ihrer Beziehung, der die Vergangenheit nahezu unverändert aufleben lässt: die Ergänzung der literarisch-geschäftlichen Verbindung durch eine private. Münchmeyer und seine Umgebung bemühen sich wiederum um engere persönliche Kontakte, sind ständig präsent, und da sie in Emma eine Verbündete finden, vermag May diesen aufdringlichen Avancen weniger Widerstand entgegenzusetzen als früher. Seine nach der Jahrhundertwende entstandenen autobiographischen Schriften sind voll von drastischen – und möglicherweise übertriebenen, da vom aktuellen Hass auf den Münchmeyer-Clan verzerrten – Berichten über Belastungen und Missetaten, die ihm durch das, was er jetzt gern einen ‹Schundverlag› nennt, zugefügt worden sein sollen; bei der Lektüre fragt man sich manchmal, wie er in Anbetracht der erheblichen zeitlichen Beanspruchung überhaupt zum Schreiben und zu den dafür nötigen Vorbereitungen gekommen ist.

May nimmt mehr oder weniger bereitwillig an endlosen Gesprächen und gemeinsamen Ausflügen in wechselndem Kreis teil, musiziert mit Münchmeyer und muss angeblich auch auf Initiativen anderer Art reagieren: «Es ist wahrlich kein Spaß, (…) nur immer aufpassen zu müssen, daß der liebestolle Hausfreund Einem nicht über die Frau geräth!»3 Mehrere Umzüge, die zumindest die räumliche Distanz zum Domizil Münchmeyers vergrößern, lösen das Problem nicht: Nach kurzer Zeit stellen sich die Plagegeister wieder ein, Pauline Münchmeyer etwa, bei deren merkwürdig lautstark betriebenen Spaziergängen May, wie er sarkastisch festhält, «die arabischen Gutturaltöne viel besser studieren (kann) als in Arabien selbst»,4 und ihre älteste Tochter, «die damals nach Männererfolgen auf der Bühne strebte, dann aber ganz plötzlich einen Münchmeyerschen Contoristen zu heirathen hatte, der infolge seines Eheglückes in eine Trinkerheilanstalt untergebracht werden mußte».5 Die grotesken Verhältnisse, die May im autobiographischen Rückblick schildert, könnten problemlos als Vorlage für bestimmte Handlungssequenzen der Münchmeyer-Romane dienen.

Fraglich ist indes, ob May die Münchmeyer'sche Geselligkeit zunächst tatsächlich so umfassend negativ und bedrohlich wahrgenommen hat, oder ob sie ihm nicht – zumindest partiell – erstmals auch bürgerliche, von aller Finanznot ungetrübte Lebensfreude beschert hat.

Die zweite Münchmeyer-Phase währt rund ein halbes Jahrzehnt. May unterhält zu dieser Zeit flüchtige Kontakte mit dem heute vor allem noch als Lexikograph bekannten Literaten Joseph Kürschner. Durch dessen Vermittlung wird er schließlich Autor in *Der Gute Kamerad*, einer ‹Illustrierten Knaben-Zeitung›, die seit 1887 von dem Stuttgarter Verleger Wilhelm Spemann (1844–1910) publiziert wird. Gleich für den ersten Jahrgang schreibt May eine seiner gelungensten Wildwest-Erzählungen, *Der Sohn des Bärenjägers*, und auch in den nächsten Jahren liefert er regelmäßig kürzere und längere Beiträge, darunter *Der Geist der Llano estakata*, *Kong-Kheou, das Ehrenwort* (späterer Titel: *Der blau-rote Methusalem*), *Die Sklavenkarawane*, *Der Schatz im Silbersee*, *Das Vermächtnis des Inka*, *Der Oelprinz*; diese Tätigkeit wird sich auf lange Sicht als ähnlich wichtig erweisen wie die Arbeit für den *Hausschatz*. Sie trägt zudem entscheidend dazu bei, dass May sich von Münchmeyer trennt: Nach der Fertigstellung des fünften Fortsetzungsromans für den ‹Schundverlag› bricht May einen sechsten, mit dem er gerade erst begonnen hat, ab und wendet sich ausschließlich den renommierteren Publikationsorganen zu.

Mit dem Wegfall der relativ lukrativen Münchmeyer-Honorare ist freilich eine abermalige Verschlechterung der finanziellen Situation verbunden, denn auch Spemann zahlt nur kärgliche Honorare. Ende der 1880er Jahre spitzt sich die Geldnot derart zu, dass es zu Zahlungsklagen kommt: May bleibt wiederholt die Miete schuldig, kann aber auch andere Rechnungen nicht bezahlen, z. B. die eines Zigarren- und eines Weinhändlers; die im Oktober 1888 gemietete ‹Villa Idylle› in Kötzschenbroda muss im Frühjahr 1890 zugunsten einer bescheideneren Wohnung aufgegeben werden.

In anderer Hinsicht dominiert das Prinzip der Fortsetzung. Im Gemeindeamt von Kötzschenbroda trägt May sich als Dr. phil. ein; überhaupt taucht der falsche Doktortitel nun immer häufiger in Verbindung mit seinem Namen auf, sei es auf Grund eigener Initiative, sei es auf Grund der Vorstellung anderer, ein derart gebildeter Autor müsse promoviert sein. Mays Ehe befreit sich mit dem Abschied von Münchmeyer zwar aus den unmittelbaren Belastungen und Anfechtungen der letzten Jahre, doch der elementare Konflikt zwischen der speziellen Form von Lebenslust, der Emma anhängt, und dem, was ihr ehrgeiziger Ehemann für sinnvoll und nötig erachtet, besteht fort. In seiner späteren, von Hass getragenen *Studie* über die eigene Gattin hält May die damit verbundenen Szenen mit beträchtlicher literarischer Eleganz fest:

Und eines Tages kam meine Frau nach Hause, mir strahlenden Angesichtes mitzuteilen, daß sie in einem Dresdener Blatte annonciert habe, sich eine Freundin zu suchen. (...) Es meldeten sich mehrere. Sie wählte. Als ich die Erwählte zu sehen bekam, war es eine Berlinerin mit einer sehr schönen Büste, die aber nicht ganz echt erschien, und einem sehr poetisch klingenden Namen, den ich aber nicht für den richtigen hielt. Ich mochte sie nicht, mußte aber schweigen. Sie kam sehr oft zu uns; sie aß bei uns; sie blieb tagelang, ja wochenlang als Gast bei uns. Während sie da war, konnte ich nicht arbeiten. Das machte mich so unglücklich. Sie brachte einen «Onkel» mit, der auch mit aß. Als dieser nicht mehr kam, brachte sie einen «Bräutigam» mit, der auch mit aß. Hierauf kam der «Onkel» doch wieder und sah den «Bräutigam». Es gab eine Szene. Ich warf sie alle hinaus. Hierauf hat der «Onkel» die «Nichte» geheiratet, ist aber schon längst wieder von ihr geschieden.

Frau Pollmer sah sich, um diesen Verlust zu ersetzen, nach einer neuen Freundin um. Die sich finden ließ, war eine Kaufmannswitwe, deren Mann sich erschossen hatte. Hierzu kam als weitere Neue die junge, fette Frau eines alten Herrn, der ihr den Kosenamen Karnickel

gegeben hatte, um anzudeuten, was hier an dieser Stelle nicht an-
gedeutet werden darf. Als er starb, heiratete sie schnell weiter und
immer weiter, so daß ihr Name jetzt folgendermaßen zu schreiben
ist: Frau Luise Achilles, verwitwete Frau Luise Häußler, verwitwete
Frau Luise Langenberg, verwitwete Frau Luise Hübner, geborene
Luise Schmidt.[6]

Es geht May hier natürlich nicht in erster Linie um die ‹Freundinnen›: Aus der Schilderung ihrer Eigentümlichkeiten soll der
Leser vielmehr auf das schließen, was Emma selbst umtreibt.
Eine eidesstattliche Erklärung, die viele Jahre später ausgerechnet jenes ‹Karnickel› abgeben wird, vermittelt allerdings den
Eindruck, dass umgekehrt auch Emma einigen Grund hatte, sich
über das Verhalten des Ehepartners zu beklagen. Am 9. November 1909 behauptet Frau Achilles, es sei ihr «bekannt, daß in
den Jahren 1889 und 1890 May mit einem seiner Dienstmädchen ein Kind hatte und auch Alimente bezahlte».[7] Bestätigt
wird dies in einem Bericht aus der Familie von Mays nachma-
ligem Verleger Fehsenfeld, also einer in dieser Angelegenheit
weit unverdächtigeren Quelle, als sie Emmas Freundin darstellt:
In den 1890er Jahren habe Emma Frau Fehsenfeld gegenüber
die Existenz eines unehelichen Kindes eingeräumt, dessen Mutter «ein früheres Dienstmädchen»[8] sei; May habe sich das Kind
unter einem Vorwand sogar ins Haus holen wollen. Tatsächlich
beschäftigen die Mays Ende der 1880er Jahre, als sie sich vorübergehend einen noch nicht finanzierbaren Luxus leisten,
auch Dienstmädchen, darunter mehr als anderthalb Jahre eines
mit dem Namen Silvestra Puschmann, das in den Spekulationen
über die Identität der unehelichen Mutter hoch gehandelt wird.
Allerdings kann Emma gegenüber Paula Fehsenfeld genauso
geschwindelt haben wie Frau Achilles; Dokumente und amtliche
Belege, deren Aussagekraft über jeden Zweifel erhaben wäre,
gibt es zu all diesen Zusammenhängen nicht, und deshalb lässt
sich die Frage, ob May ein uneheliches Kind oder – mit Blick auf
Helene Ottilie Vogel – gar zwei besaß, bis heute nicht verbindlich beantworten.

Eindeutiger steht es um die literarische Produktivität, denn hier mehren sich die unmissverständlichen Zeichen, die auf einen wachsenden kommerziellen Erfolg hindeuten. Nachdem May in den ersten Jahren seiner Tätigkeit als Schriftsteller immer wieder von sich aus versucht hat, Publikationsmöglichkeiten jenseits der von ihm betreuten Zeitschriften zu finden, sind es nun die Verleger, die die Initiative ergreifen, auf ihn zukommen und um Texte bitten: Das gilt für die Romane der zweiten Münchmeyer-Phase, und auf dieser Grundlage entwickelt sich die Arbeit sowohl für den *Deutschen Hausschatz* als auch für den *Guten Kameraden*, dessen Verleger May Ende 1888 sogar einen Exklusivvertrag vorlegt: May soll alle seine künftigen Arbeiten, mit Ausnahme etwaiger Theaterstücke, zunächst einmal Spemann zur Prüfung einer Publikationsmöglichkeit einreichen und wird sie, sofern sie angenommen werden, sofort honoriert bekommen; May unterschreibt, hält sich aber nicht an den Vertrag. Bereits 1881, kurz nach der deutschen Erstveröffentlichung, erscheint in der Pariser Tageszeitung *Le Monde* eine Übersetzung der Anfangsteile des Orientromans; in diesem Fall handelt es sich nicht um einen Raubdruck, May erhält Honorar und korrespondiert mit der Übersetzerin. Übersetzungen in andere Sprachen folgen. Auch zwielichtige Indizien für die wachsende Popularität tauchen auf: Unter Karl Mays Namen werden einige Erzählungen veröffentlicht, die nicht von ihm stammen; solcher Etikettenschwindel ist ein in der Branche seit langem übliches Verfahren, das natürlich nur dann praktiziert wird, wenn der echte Namensträger sich eines ausgeprägten Rufes erfreut.

Dauerhaft folgenreicher ist etwas anderes, das sich schon bei der Arbeit für die *Frohen Stunden* angedeutet hat: In zunehmendem Maße konzentriert sich May darauf, seine Geschichten abenteuerlich zu gestalten und sie auf fernen, als mehr oder weniger exotisch geltenden Schauplätzen anzusiedeln, wozu im damaligen Verständnis auch der Wilde Westen Nordamerikas gehört. Zwar geht die Bindung an das heimatliche Territorium nie völlig verloren: Auch dort kann, wie einige der Münchmeyer-

Romane zeigen, abenteuerliches Geschehen einen Platz finden; noch im Alter wird May weitere Erzgebirgische Dorfgeschichten schreiben, und der Umstand, dass viele Protagonisten seiner Abenteuerromane Deutsche sind, bietet kontinuierlich die Möglichkeit, selbst bei der Schilderung entlegenster Weltgegenden deutsche Lebensverhältnisse, Gebräuche und Ideale zur Sprache zu bringen. Aber nachdem May seine Fähigkeiten zunächst in diversen literarischen Genres erprobt hat, gelangt er jetzt zu der Erkenntnis, dass er die abenteuerliche Reiseerzählung und ihre Varianten am besten beherrscht bzw. dass seine Texte dieser Art sich besonders gut verkaufen lassen.

Mit dieser Entwicklung eng verbunden ist eine weitere: In der Präsentation wie in der Wahrnehmung seiner Arbeiten breitet sich die Vorstellung aus, May weise die literarischen Früchte realiter durchgeführter Reisen vor. Von Anfang an hat er ein Faible für das in Reiseerzählungen aus naheliegenden Gründen gern praktizierte Schreiben in der Ich-Form gehegt, so dass sich häufig Ankündigungen wie jene in der *Hausschatz*-Version des großen Orientromans ergaben: ‹Reise-Erinnerungen aus dem Türkenreiche von Karl May›. Sie suggerieren eine Gleichsetzung von Erinnern und Schreiben und bieten über den Modus des Erinnerns das Beschriebene als etwas an, das sich tatsächlich zugetragen hat und vom Autor erlebt wurde. Dementsprechend ist im *Hausschatz* auf Leseranfragen hin davon die Rede, «daß der Verfasser alle jene Länder bereist hat, welche den Schauplatz der Abenteuer bilden» – so schon in einer Notiz aus dem Jahr 1880 –, dass die Erzählungen Mays «allerdings auf wirklichen Erlebnissen (beruhen), welche ja wohl romantisch eingekleidet und poetisch ausgestaltet sein können, ohne dass der Kern: – treue Schilderung von Land und Leuten, sittlichen, religiösen und socialen Zuständen – unecht ist».[9] May registriert, dass die persönliche Profilierung als Reiseschriftsteller der Wirkung seiner Erzählungen gut bekommt, und erkennt auch einen sehr pragmatischen Vorzug: Fehlende Manuskriptlieferungen – die zu dieser Zeit in der Regel durch nichts anderes als die

Münchmeyer'sche Überbeanspruchung bedingt sind – und die verzögerte Antwort auf Briefe lassen sich plausibel und völlig unanstößig erklären mit den Reisen, die einen Reiseschriftsteller durch die weite Welt führen. «Von einer monatelangen Reise zurückkehrend, finde ich Ihre werthe Zuschrift vor»:[10] Derartige Entschuldigungen verfasst er nun immer häufiger. Die *Hausschatz*-Redaktion nimmt solche Erklärungen gern auf und gibt sie weiter – und erfindet sie vielleicht sogar selbst –, sobald wieder einmal der Abdruck eines Fortsetzungsromans unterbrochen werden muss: «Auf mehrere Anfragen. Herr Dr. Karl May ist am 19. Februar ‹nach langer Irrfahrt›, wie er uns schreibt, wieder in der Heimat angekommen und will nun seine Reise-Erzählungen alsbald fortsetzen.»[11] Abermals greift eine literarische Inszenierung in das Bild der Person May über, aber diesmal findet der Vorgang vor der Öffentlichkeit eines lesenden Publikums statt und erntet allgemeinen Applaus.

Man kann die Gleichsetzung von Reisendem und Schreibendem, was ihre Bedeutung für Mays Erfolg betrifft, kaum hoch genug einschätzen. Sein großer Orientroman, der die Protagonisten am Ende auf den Balkan führt, ist in einer Region angesiedelt, die für die Interessen der west- und mitteleuropäischen Länder von zentraler Bedeutung, den allermeisten Lesern aus eigener Anschauung aber gänzlich unbekannt ist; die sogenannte orientalische Frage bildet ein internationales Politikum von hoher Brisanz. Das Bewusstsein vom großen Gewicht noch fernerer Territorien prägt sich zu dieser Zeit ebenfalls so intensiv aus wie niemals zuvor: Die Politik des Kolonialismus bestätigt ganz konkret die Rolle der weit entlegenen Gebiete, ebenso der Umstand, dass zahllose Europäer, die unter den Folgen der industriellen Revolution leiden oder aus anderen Gründen ins Unglück geraten, ihr Heil in der Auswanderung suchen, wobei die Vereinigten Staaten von Amerika, der zweite zentrale Schauplatz von Mays Romanen, ein bevorzugtes Ziel darstellen. Wer einmal den fernen Ort der Sehnsucht erreicht hat, kehrt in der Regel nie mehr heim; Reisen, die in die fremden Gegenden und zurück führen, sind generell so aufwändig, kostspielig und strapaziös, dass sie sich nur die wenigsten leisten können, und insofern liegt es auf der Hand, dass Reiseschilderungen, die mit dem Anspruch des Authentischen daherkommen, ein hohes Maß an Interesse entgegenschlägt. Sie bieten eine der wenigen Informationsquellen über die fernen Länder, ersetzen zu dieser Zeit all das, was heute über die verschiedensten Medien, insbesondere mittels bewegter Bilder, transportiert wird, und finden daher eine außerordentliche Verbreitung.

Die zeitgenössische Leserschaft nimmt Mays vermeintliche ‹Reise-Erinnerungen› also auch als eine vorzügliche und zuverlässige Informationsquelle wahr; dass sie – nach der schon zitierten Formulierung im *Hausschatz* – eine «treue Schilderung von Land und Leuten, sittlichen, religiösen und sozialen Zuständen» bieten, ist für ihre Anziehungskraft mindestens in ähnlicher Weise verantwortlich wie die Fülle der spannenden Abenteuer, an denen sich spätere Generationen vorrangig erfreuen. Die bereits von Peter Rosegger geäußerte Überzeugung, dass May auf der Basis tatsächlich durchgeführter Reisen schreibt, bildet in diesem Zusammenhang eine unabdingbare Voraussetzung, von deren Existenz der *Hausschatz* und in anderer Form auch *Der Gute Kamerad* sowie die späteren Buchausgaben das Publikum immer wieder überzeugen wollen. Viele Reaktionen beweisen, dass die Botschaft ankommt. Unter den Leserbriefen an May, die sich erhalten haben, findet sich nicht selten ein Dank dafür, so trefflich über das informiert worden zu sein, was so fern liegt: «Nicht viele Schriftsteller verstehen es so wie Sie, hochverehrtester Herr, Länder und Völker in solch’ lebenden Worten zu skizzieren, daß der Geist des Lesers all’ die Eigentümlichkeiten, Nationaleigenheiten, Naturschönheiten u. s. w. unmittelbar aus den Zeilen klar und deutlich vor sich aufsteigen sieht»[12] – solcherart Resonanz stellt einen Triumph auch für den Lehrer in Karl May dar, dessen pädagogisches Ethos auf den konventionelleren Wegen nur flüchtig zum Zug gekommen ist. Selbst die Literaturgeschichten jener Zeit, die sich Mays annehmen,

heben diesen Aspekt seiner Erzählungen besonders hervor:
Gustav Brugier konzediert 1888 in der achten Auflage seiner
Geschichte der deutschen National-Litteratur, May male «mit
wahrhaft photographischer Treue Land und Leute; so daß eine
jede Schilderung ein Visum in seinen Reisepaß ist mit dem
Atteste: ‹Er ist dort gewesen, er hat es erlebt!›».[13] Mit wahrhaft
photographischer Treue – das zielt auf eine Realitätswiedergabe
von naturalistischer Exaktheit.

Der Reiz der Lektüre wird noch dadurch gesteigert, dass May
immer wieder – manchmal auf Anregung eines Verlegers –
Personen und Ereignisse der Realhistorie in seine Romane ein-
baut, wobei die Skala von Kurzauftritten prominenter Figuren bis
zur Orientierung des Stoffes an komplexen zeitgeschichtlichen
Zusammenhängen reicht. In den Erzählungen mit nordamerika-
nischem Schauplatz treten beispielsweise Abraham Lincoln und
der Ku-Klux-Klan auf, in denen aus Südamerika wirken historische Offiziere und Politiker mit, über die man ebenfalls in den
Zeitungen nachlesen kann, und der schrullige Forscher Doktor
Morgenstern, der sich im *Vermächtnis des Inka* auf der Jagd
nach vorsintflutlichen Fossilien befindet, lässt an die zahlreichen
Expeditionen denken, die in den 1880er Jahren unter großem
öffentlichen Interesse die weniger bekannten Teile Südamerikas
erkunden. Auch die beiden Afrika-Romane widmen sich Tagesaktualitäten: *Die Sklavenkarawane*, ein für den *Guten Kameraden* geschriebener Roman, behandelt das düstere Thema des
Sklavenhandels, während Mays Helden in jenem *Hausschatz*-
Roman, der in der Buchfassung *Im Lande des Mahdi* heißt,
einem mohammedanischen Prediger namens Mohammed Ach-
med begegnen, der kurz danach als Mahdi einen Aufstand gegen
die ägyptisch-türkische Herrschaft am Nil anführt. Ebenso deutlich prägt sich diese Tendenz in einigen der für Münchmeyer
geschriebenen Romane aus, wobei hier freilich nicht der Anspruch auf eine Schilderung tatsächlich durchgeführter Reisen
des Verfassers erhoben wird. Im *Waldröschen* treten Bismarck
und der preußische König auf, und ein junger deutscher Offizier

namens Helmers ist nahe daran, den Gang der Weltgeschichte zu verändern: Er bemüht sich in Mexiko, die Hinrichtung des aus Österreich stammenden Kaisers Maximilian zu verhindern, und scheitert nur an dessen Unwillen, sich retten zu lassen. Am Abend des 13. Juni 1886 stirbt unter mysteriösen Umständen der schon zu Lebzeiten legendäre bayerische König Ludwig II., nachdem er soeben seines Amtes enthoben worden ist; wenige Wochen später beginnt May mit der Niederschrift von *Der Weg zum Glück*, einem ‹Roman aus dem Leben Ludwigs des Zweiten›, und trägt damit seinen Teil zu der umfangreichen Ludwig-Literatur jener Jahre bei. Neben dem König, dessen Weg immer wieder den der fiktiven Hauptfiguren kreuzt, sind in diesem letzten Münchmeyer-Roman Mays auch Richard Wagner und Franz Liszt zu bewundern.

Die Illusion, May schildere in den *Hausschatz*- und *Kamerad*-Texten reale Erfahrungen mit den fernen Schauplätzen, kann selbstverständlich nur deshalb erfolgreich gedeihen, weil sie durch entsprechend überzeugende Darlegungen in den Texten selbst gestützt wird. Hier liegt eines der großen Mysterien in der Erfolgsgeschichte dieses Schriftstellers: Wie kann es sein, dass ein Autor, der erst im Alter die Grenzen Mitteleuropas überschreiten wird, Schilderungen ferner Territorien so eindrucksvoll gestaltet, dass sie einem Millionenpublikum als anschauliche Informationsquelle höchsten Ranges erscheinen? Der Effekt ist umso erstaunlicher, als er sich keineswegs auf die Zeitgenossen beschränkt und auch nicht auf durchschnittlich engagierte und mäßig kompetente Leser. Lang ist die Reihe derer, die die Zuverlässigkeit von Mays ‹Erinnerungen› in den höchsten Tönen loben: Sie reicht von deutschen Journalisten, die zu Beginn des 20. Jahrhunderts in Kairo lebten – «Ich kenne kein einziges Buch und keinen einzigen Autor, der über den Orient so viel Richtiges geschrieben, der seinen Geist so einsichtig erfaßt und so sicher dargestellt hat wie dieser Mann» –,[14] bis zu heutigen Autoren wie Namo Aziz und Rafik Schami, die selbst aus den geschilderten Regionen stammen – «erstaunlich treffende Charakterisierung des Landes in seinem Buch *Durchs wilde Kurdistan*»; «dieser Karl May hat den Orient im Hirn und Herzen mehr verstanden als ein Heer heutiger Journalisten, Orientalisten und ähnlicher Idiotisten».[15] Noch Jahrzehnte nach Mays Tod werden Berichte von Reisenden publiziert, die auf den Routen seiner Helden unterwegs gewesen sind und dabei weder ihr Ziel verfehlt noch große Mängel in den Schilderungen der einheimischen Sitten und Gebräuche entdeckt haben wollen. Wie ist das zu erklären?

Letztlich liegt all dem nicht mehr als ein ebenso exzessiver wie geschickter Umgang mit Quellen verschiedenster Art zugrunde. May, der heute ein fleißiger Nutzer des Internets wäre, verfügt über die Fähigkeit, das entsprechende Informationsmaterial rasch auszuwählen und sich das Gelesene derart kreativ anzueignen, dass es die eigenen Texte ungeheuer wirkungsvoll bereichert – und er weiß, dass er diese Begabung ausgiebig nutzen muss. In den *Geographischen Predigten* und im *Buch der Liebe* hat er sie früh erprobt und systematisch gefördert, und nun bildet sie die Grundlage für den erfolgreich erhobenen Authentizitätsanspruch der Reiseerzählungen. Dass über solche Lektüre Erkenntnisse zu gewinnen und Kompetenzen zu erwerben sind, deren Qualität den Wert persönlicher Erfahrung erreicht oder gar noch übertrifft, ist eine Überzeugung, die May in seinen Texten gelegentlich ausdrücklich zur Sprache bringt: Seine klügsten Protagonisten präparieren sich, wenn sie auf Reisen gehen, genauso wie der Autor, wenn er schreibt, und lernen so, ihren eigenen Worten nach, fremde «Völker zuweilen besser kennen als diejenigen, welche zu ihnen gehören».[16] Staunend beobachten Einheimische auf Mays fernen Schauplätzen, dass sein aus Deutschland angereister Held den Weg von einem Ort zum anderen schneller findet als sie selbst, über religiöse Riten bestens Bescheid weiß und die Landessprache in Theorie und Praxis so perfekt beherrscht, als habe er sich ihrer seit der Kindheit regelmäßig bedient. Derartige Passagen beschwören nebenbei wie selbstverständlich den Wert schriftlicher Hervorbringungen in einem Ausmaß, von dem Schriftsteller sonst nur träumen können.

Religions- und kulturgeschichtliche Abhandlungen, Reiseberichte, Landkarten, Wörterbücher, Zeitungsartikel und vor allem Konversationslexika zieht May heran, ebenso einschlägige Schilderungen der älteren Abenteuerliteratur, der er auch zahllose motivische Anregungen verdankt. Er nutzt die diversen Quellen dabei auf ganz unterschiedliche Art: Mal übernimmt er Passagen des Vorgefundenen wörtlich, mal paraphrasiert er, mal geht es um Kleinigkeiten, mal um größere Sachverhalte; gelegentlich reisen seine Figuren exakt auf denselben Wegen wie die Verfasser der – in diesem Fall tatsächlich authentischen – Reiseberichte, die May gerade liest, und haben damit gute Gründe, ähnliche Dinge wie sie zu registrieren. In dem erhalten gebliebenen Exemplar eines Buches von Albert S. Gatschet, *Zwölf Sprachen aus dem Südwesten Nordamerikas* (1876), lassen sich noch heute Mays Anstreichungen der Wörter für «Wind» und «Blitz» finden, «Iltschi» und «Hatatitla», und seine Notizen dazu: «Winnetous Rappe» und «mein Rappe». Eine weitere Quelle stellen Abbildungen dar, die vielen der benutzten Bücher und Zeitschriften beigegeben sind; May profitiert zusätzlich von der Erfahrung des Umgangs mit ihnen, als er Ende der 1880er Jahre auf Anregung Spemanns damit beginnt, für den *Guten Kameraden* zu einzelnen Illustrationen kleine Texte zu verfassen, die dann Titel tragen wie *Prairiebrand in Texas* oder *Das Straußenreiten der Somal.* Auch gibt es Texte Mays, die sich in allen wesentlichen Merkmalen eng, bis an die Grenze zum Plagiat, an andere anlehnen, die Erzählung *Die Rache des Ehri* (1878) etwa an eine Novelle von Friedrich Gerstäcker, *Das Mädchen von Eimeo* (1868). Allzu besorgt, man könne ihm auf die Schliche kommen, ist May wie bei den Plagiaten im *Buch der Liebe* offenbar nicht, aber um die Spuren zu verwischen, bedient er sich häufig eines ebenso simplen wie raffinierten Schachzugs: Er verkehrt die Reihenfolge der Informationen, die er verarbeitet; so bringt er etwa das, was ein Lexikonartikel als Erstes zu einem bestimmten Thema mitteilt, in seinem Text als Letztes, während die abschließenden Feststellungen des Lexikons seine Beschreibung eröffnen.

Es sind oft gerade die besonders spektakulär anmutenden Kompetenznachweise, die sich im Blick auf die Quellen besonders einfach erklären lassen. Schon so mancher Leser wird sich gewundert haben, wie May es zustande bringt, Kinder in der Sprache der Hottentotten das Vaterunser beten – in *Der Boer van het Roer* – und Figuren aus Polynesien – in *Der Ehri* – im örtlichen Dialekt zählen zu lassen; selbst diakritische Zeichen für Kehl- und Schnalzlaute notiert er, polyglotter kann ein Autor kaum auftreten. Aber damit hat er sich nur eine zu seiner Zeit gängige Praxis zunutze gemacht: «Zu den lexikographischen Standards im 19. Jahrhundert gehörte es, beschreibenden Artikeln über fremde Sprachen auch kleine Proben derselben beizugeben»; dazu gehörten «in der Regel, als fester Bestand, die Zahlen von eins bis zehn (...) sowie der Anfang des Vaterunsers».[17] Man darf sich die Prozesse, die zwischen May und seinem Publikum ablaufen, dabei durchaus auch als komisch vorstellen: Mag sein, dass der eine oder andere wissbegierige Leser die fremden Sprachbrocken auf einfachem Wege überprüfen möchte und sie arglos und erfreut in demselben Lexikon wiederfindet, aus dem May sie abgeschrieben hat.

Freilich gibt es auch zu dieser Zeit schon Leser, die ihm die Rolle des Globetrotters nicht abnehmen. Im Jahr 1882, nach der Veröffentlichung der ersten Teile des Orientromans, schreibt ein aufmerksamer Beobachter: «Wer speciell etwas von dem berühmten Assyriologen Layard kennt, möchte sich (...) zu dem Nachweise versucht fühlen, daß der phantasievolle Verfasser seine Reisen sogar bis auf Layards Werke ausgedehnt habe»;[18] der Nachweis für diese Behauptung ist inzwischen in aller wünschenswerten Deutlichkeit erbracht worden. Auch andere bedenkliche Seiten der May'schen Quellenverwertung lassen sich bei genauerer Betrachtung nicht übersehen: die Wiedergabe von Fehlern, die er nicht erkannt hat, die durch Nachlässigkeiten bei der Lektüre bedingte Produktion eigener Fehler und die Verwendung von Informationen, die hinsichtlich der Handlungszeit seiner Geschichten veraltet sind; so nutzen seine Amerika-Reisenden zwar gelegentlich die Eisenbahn, aber keineswegs immer die Streckenverbindungen, die zur Zeit ihrer Reise tatsächlich existieren.

In den interessantesten Fällen verwendet May das, was er in den Quellen findet, mit bemerkenswerter Flexibilität. In *Der Geist der Llano estakata*, einer *Kamerad*-Erzählung, schildert der Erzähler ein Naturphänomen, über das May sich vermutlich mit Hilfe der elften Auflage des *Brockhaus* aus dem Jahr 1867 kundig gemacht hat. Der Lexikonartikel teilt mit:

Meteorsteine (…) nennt man steinartige Massen, die meistens beim Zerplatzen von Feuerkugeln auf die Erde geschleudert werden. Die Feuerkugeln, auch Boliden genannt, erscheinen plötzlich in verschiedener Größe, oft mit einem scheinbaren Durchmesser, wie der Vollmond, (…) und bewegen sich in der Regel mit enormer Geschwindigkeit, die gewöhnlich der Erde in ihrer Bahn gleichkommt, sie aber auch sehr oft übertrifft. Sie erscheinen öfters in prächtigen Farben, hinterlassen einen lebhaft leuchtenden Schweif, der zuweilen längere Zeit, bis zu einer Minute hin, sichtbar sein kann. Oefters zerplatzen sie nach kurzer Sichtbarkeit mit heftigem Knall und besonders des Nachts mit lebhafter Lichterscheinung (…). Das Zerplatzen geschieht gewöhnlich in großer Höhe, und die Stücke, deren Zahl hin und wieder auf mehrere Tausende geht, fallen noch heiß (…) mit solcher Gewalt gegen die Erde herab, daß sie oft mehrere Fuß tief eindringen.

Einige Figuren in Mays Erzählung, unter ihnen Winnetou, werden nun Zeuge eines solchen Absturzes:

Es war, als ob der Himmel höher, entfernter geworden sei. Die wenigen Sterne, welche an demselben standen, schienen kleiner als sonst zu sein. An diesem Himmel, da wo er südwärts scheinbar auf dem Felsen ruhte, erschien jetzt plötzlich eine hellgelb strahlende Scheibe von der Größe des Vollmondes. Ihr Umfang war zunächst scharf

*abgegrenzt. Sie bewegte sich, scheinbar langsam und nicht bogen-
förmig über den Himmel hin, sondern sie schien aus der Sternenwelt
hervorzubrechen und in schnurgerader Richtung und immer größer
werdender Geschwindigkeit gerade auf das Tal loszukommen.*

*Je weiter sie sich näherte, desto mehr vergrößerte sie sich und
desto deutlicher war zu sehen, daß es nicht eine flache Scheibe, sondern eine volle Kugel war.*

*Die Umrisse derselben verloren ihre Schärfe; es brachen blitz-
förmige, zuckende Strahlen hervor, und es bildete sich ein Schweif,
welcher bei weitem heller und lebhafter als derjenige eines Kometen
leuchtete.*

*Die Kugel selbst war nicht mehr gelb allein. Sie schien aus flüssi-
gem Feuer zu bestehen, dessen bewegte Glut in allen möglichen
Farben funkelte und sprühte. Man sah daß sie sich um ihre eigene
Achse bewegte, oder wenigstens gaben die wirbelnden Farben ihr
diesen Anschein. Ihre Schnelligkeit nahm wirklich furchterweckend
zu. Dann war es, als ob sie einige Augenblicke lang im Fluge inne-
halte, gerade hoch über der Mitte des Thales. Dann that es einen
Krach, als würden mehrere Kanonen zu gleicher Zeit losgeschossen;
die Kugel zerplatzte in unzählige Stücke, welche im Niederfall ihr
Licht verloren; der Schweif war noch einige Sekunden lang zu sehen;
in dem kleinen Weiher that es einen Schlag, und das Wasser desselben spritzte hoch auf, als ob etwas Schweres aus mehr als Turmes-
höhe hineingeworfen worden sei.*

(...)

*«Ku-begay, die Feuerkugel», sagte er (= Winnetou). «Der große
Manitou hat sie vom Himmel geworfen und auf die Erde geschmet-
tert.»*[19]

Der nüchterne Bericht des Lexikons wird hier nicht nur in seiner
Eigenschaft als Informationsquelle verwertet; er liefert gleichsam das Rohmaterial, das von der Imaginationskraft des Autors
zu einem dramatischen, stellenweise beängstigenden Ereignis
umgeformt und damit auf eine andere Ebene des Erzählens
gehoben wird.

Ein weiterer Aspekt der May'schen Arbeit liegt in der intensiven Mehrfachverwertung des eigenen Textmaterials. Das heute
gängige Verfahren, dem Publikum attraktive Erzählungen und

Romane sowohl in der herkömmlichen Form der Schrift als auch über andersartige Medien anzubieten, ist zu Mays Zeit zwar noch nicht praktizierbar, aber der Gedanke, einen einmal fertiggestellten Text nicht nur in der einen Version zu veröffentlichen, ist durchaus vorhanden und wird von ihm ausgiebig umgesetzt. May folgt damit im Prinzip zunächst einmal einer bis heute fest etablierten Tradition, denn viele exponierte Werke der Literaturgeschichte, von Goethes *Werther* bis zu Gottfried Kellers *Der grüne Heinrich*, von Dramen des Sturm und Drang bis zu denen Bert Brechts, ganz zu schweigen von zahllosen Gedichten, sind seit jeher in verschiedenen Fassungen publiziert worden, wobei die Änderungen Kleinigkeiten, aber auch – wie in den beiden mit Titeln bezeichneten Fällen – Textbestandteile von substanziellem Gewicht betreffen können. Die Gründe für solche Umarbeitungen sind vielfältig und reichen von äußerem Zwang bis zur künstlerischen Weiterentwicklung eines Schriftstellers, dessen verändertes Selbstverständnis die unveränderte Veröffentlichung einer älteren Arbeit nicht mehr duldet. Auch kommerzielle Erwägungen spielen eine Rolle, und dieses Motiv dürfte in Mays Fall, wie Art und Umfang der Bearbeitungen zeigen, von maßgeblichem Gewicht sein: Sein Einkommen hängt zumindest in den ersten Jahren der Karriere nicht zuletzt von der Zahl seiner Veröffentlichungen ab, und diese lässt sich steigern, wenn man ein schon einmal publiziertes Werk abermals veröffentlicht.

Manche seiner Texte kann May ohne jegliche Veränderung wiederholt publizieren, in anderen Fällen bedarf es kaum mehr als einer Änderung des Titels oder des Verfassernamens. Häufig aber überarbeitet er den Text, den er schon einmal honoriert bekommen hat, und platziert ihn in dieser Gestalt als etwas Neues an anderer Stelle, ein Verfahren, das sich auch mehrfach wiederholen lässt. Die Dorfgeschichte *Der Waldkönig* etwa wird 1879 parallel in zwei Zeitschriften erstveröffentlicht, 1881/82 unter dem Titel *Unter Paschern* mehrfach nachgedruckt und 1883 von May an eine Berliner Literaturagentur ver-

kauft, die sie, zum Teil gekürzt, unter wechselnden Titeln –
Menschentrutz und Gottes Hand, Das Geheimnis des Stollens
u. a. – noch einmal in verschiedenen Blättern unterbringt. *Der
Giftheiner* erscheint erstmals 1879 mit der Verfasserangabe Karl
Hohenthal und zwei Jahre später unter dem Titel *Alma* und dem
Namen Karl May. *Aqua benedetta*, eine Erzählung um die historische Figur des Grafen von Saint-Germain, publiziert May
unter dem Pseudonym Emma Pollmer 1878 in den von ihm redi-
gierten *Frohen Stunden*; 1880 taucht sie in erweiterter Form im
Hausschatz auf, heißt nunmehr *Ein Fürst des Schwindels* und
stammt von Ernst von Linden. Überhaupt hat May Erzählungen
aus den *Frohen Stunden* in großer Zahl auch im *Hausschatz*
platziert. Die Wildwest-Erzählung *Old Firehand*, die May in seiner ersten Münchmeyer-Phase geschrieben hat, verwandelt sich
1879 zu *Im fernen Westen*, und daraus werden wiederum einige
Jahre später die Kapitel 5 und 6 des zweiten Buches der *Winnetou*-Trilogie.

So wie Mays Umgang mit den Quellen dann besonders inte-
ressant erscheint, wenn er sie kreativ nutzt, so verdienen die
Bearbeitungen der eigenen Texte vor allem Beachtung, wenn
sie über oberflächliche Eingriffe, wie die Korrektur von Fehlern
oder die Veränderung des Titels und des verwendeten Autor-
Pseudonyms, hinausgehen. Ein anschauliches Beispiel dafür
bietet *Old Firehand*. Die Erstfassung, die in einer primär an
erwachsene Leser adressierten Zeitschrift erschien, verbindet
mit der abenteuerlichen Handlung zarte Andeutungen einer
Liebesgeschichte zwischen dem Ich-Erzähler und Ellen, der
Tochter der Titelfigur. Vier Jahre später ist dagegen das Buch,
das mit dem Titel *Im fernen Westen* erscheint, für ein jugend-
liches Publikum bestimmt, das nach dem Verständnis der Zeit
von noch so diskreten erotischen Beigaben ferngehalten werden muss; May verwandelt deshalb die Tochter Ellen in einen
Sohn Harry, der dann auch in der *Winnetou II*–Version auftaucht. Allerdings macht er sich nicht die Mühe, die Dialoge
einschneidend zu überarbeiten, so dass die Kommunikation

zwischen dem handelnden Ich und Harry stellenweise recht eigenartig anmutet.

Old Firehand ist eine der blutrünstigsten Geschichten, die May geschrieben hat, und auch die positiv gezeichneten Figuren beteiligen sich darin ohne nennenswerte Skrupel an exzessiven Gewalttätigkeiten; die Wildheit des Wilden Westens macht sich drastisch bemerkbar. Die späteren Textfassungen lassen dann erkennen, dass May – wenn auch wiederum nicht ganz konsequent – eine Reduzierung der Brutalitäten anstrebt, und insofern erscheint diese Selbstbearbeitung ebenfalls exemplarisch: Während der nordamerikanische Schauplatz in den frühen Erzählungen als ein Terrain erscheint, auf dem gewalttätige Auseinandersetzungen eine dominierende Rolle spielen, und die Helden Mays ihrerseits mit einer gewissen Begeisterung entsprechend aktiv werden, neigt der Autor später zu sanfteren, eher vom Geist der Humanität getragenen Schilderungen. Zwar verlangt das literarische Abenteuer weiterhin die Konfrontation, und dem Genre entsprechend muss es dabei mitunter zu folgenschweren physischen Auseinandersetzungen kommen, aber sie werden in der Anzahl und in der Deutlichkeit ihrer Darstellung allmählich reduziert; die positiv konnotierten Figuren folgen nunmehr friedlicheren Idealen, die im Falle Old Shatterhands vom christlichen Gebot der Nächsten- und der Feindesliebe getragen sind, und ihr Handeln ist darauf ausgerichtet, drohende Konflikte ohne Blutvergießen zu regeln. Diese durchaus auffällige, sich bis ins Spätwerk fortsetzende Entwicklung wird gelegentlich mit dem Tod von Mays Mutter in Verbindung gebracht, der May schwer getroffen und, nach eigenen Äußerungen, erhebliche Schuldgefühle in ihm geweckt hat: «Mit fortschreitender Lebensdauer verdrängte dann das Prinzip des Mütterlichen mehr und mehr Mays männliches Heldenideal», das unverkennbar die Konzeption der frühen Abenteuergeschichten steuert.[20] Mays Mutter stirbt am 15. April 1885, sein Vater – nach längerem Siechtum infolge eines Schlaganfalls – am 6. September 1888.

Ein weiteres Merkmal der abenteuerlichen Erzählungen, die zu dieser Zeit mehr und mehr in den Mittelpunkt von Mays Arbeit rücken, ist die strenge typologische Auffächerung: May erzählt, den verschiedenen Publikationsorten entsprechend, auf höchst unterschiedliche Weise. Abenteuerliche Ereignisfolgen, solche also, bei denen die handelnden Figuren ungewöhnlichen, gefährlichen, die Routine des Alltagslebens sprengenden Erfahrungen und Herausforderungen ausgesetzt sind, dominieren die Münchmeyer-Romane ebenso wie die für den *Hausschatz* und den *Guten Kameraden* verfassten Texte, aber in der Grundkonzeption unterscheiden sich diese drei Erzählformen ganz beträchtlich voneinander, wobei die Differenzen zwischen den *Hausschatz-* und den *Kamerad*-Texten geringfügiger ausfallen als die zwischen ihnen und den Münchmeyer-Romanen.

Deren zentrales Merkmal ist – nicht nur hinsichtlich ihres gewaltigen Umfangs – der Exzess, wie aus einer anschaulichen Beschreibung des *Waldröschen*, des ersten und vielleicht gelungensten Romans dieser Spezies, deutlich hervorgeht:

> *(...) ein Opus Magnum phantastischer Unwirklichkeiten, das sich wie eine Synthese von E.-Marlitt-, Alexandre-Dumas- und Jules-Verne-Romanen ausnimmt, dabei aber jedes dieser möglichen Vorbilder an Unwahrscheinlichkeit bei weitem übertrifft. Mit monte-christoider Unfehlbarkeit, freizügig wie ein Held bei Verne, lauter liebend wie eine Marlitt-Jungfrau, bewegt sich im Waldröschen der bärenstarke Doktor Karl Sternau vom Rhein über das Pyrenäen-Schloß Rodriganda zur mexikanischen Mapimi – eine gelungene Kreuzung zwischen Professor Sauerbruch und Old Shatterhand. Als Allround-Mediziner heilt Sternau Gallenleiden, grauen Star und Irrsinn, als berühmter Westmann kämpft er siegreich gegen Komantschenhorden und hispano-mexikanische Intriganten, als edler Rächer entlarvt er Giftmischer, Mörder, Kindesentführer, Briganten, Seeräuber und falsche Grafen.[21]*

Mays Neigung, die Welt in Schwarz-Weiß-Mustern wahrzunehmen und zu schildern, findet hier ein fruchtbares Betätigungs-

Da krachte es am Fenster.
Verl. 8. (100.)

Abb. 8: Illustration zum ‹Verlornen Sohn›,
Mays drittem Münchmeyer-Roman

feld: Was immer in diesen Romanen wichtig ist, wird ins Extrem
getrieben, und dass Extreme gegensätzlicher Tendenz unvermit-
telt nebeneinander stehen und bestens miteinander auskommen,
ist eines ihrer wichtigsten strukturellen Elemente. Es tritt auf der
sprachlichen Ebene zutage, wenn in *Der verlorne Sohn* die
Antagonisten als «Engel» und «Teufel» firmieren, dem Leidenden schon eine ruhige Stimme «ein Atom Himmelstrost in meine
Höllenqual» bringt und «ein Anblick» geschildert wird, der
«zum Entsetzen, aber auch zum Todtlachen (ist)».[22] Es macht
sich szenisch bemerkbar, wenn höchstes Glück und ärgste Gefahr direkt aufeinanderprallen, wie in jener imposanten Szene
des *Waldröschen*, da der Apachenhäuptling Bärenherz und seine

Freundin Karja einander ihre Liebe gestehen, während mord-
lüsterne Comanchen zuschauen und nur darauf lauern, des Paa-
res habhaft zu werden:

*Er schlang die Arme um sie, drückte sie an sich und küßte sie, ganz
unbekümmert darum, daß sie auf der Höhe der Pyramide standen
und von allen Comanchen gesehen werden konnten. Da unten
lauerte der Tod auf sie, und hier oben ruhten die Herzen warm aneinander. Da unten sprach man bereits das Todesurtheil über sie und
da oben schlossen sie einen Bund für das Leben. Die Liebe kennt
keinen Tod, denn sie selbst ist ja das Leben.*[23]

May nutzt extensiv bewährte Topoi der Unterhaltungsliteratur –
von der Szenerie der geheimnisvollen Höhlen, unterirdischen
Gänge und grausigen Gewölbe bis hin zu großzügig verwendeten Motiven wie Kindesraub und Giftmischerei –, bringt darüber hinaus aber alles in diese Romane ein, was irgendwie inte-
grierbar erscheint: einen selbst erdachten bayerischen Dialekt
im *Weg zum Glück* – «Verdimmi, verdammi (…) Jetzund möchte
ich grad so fluchen wie's damals dera Nachwächtern droben bei
uns in der Moden gehabt hat»[24] – und die Demutsgebärde des
nationalistischen Biedermanns – «ein Deutscher thut seine
Pflicht und vertraut auf Gott»[25] –, die Mobilisierung weit ver-
breiteter Klischees – etwa mit einem habgierigen, hinterhältigen,
radebrechenden jüdischen Händler, der im *Verlornen Sohn* sein
Unwesen treibt – und eine rabiate Darstellung sozialer Nöte in
demselben Roman, die in der deutschen Literatur ihresgleichen
sucht. Manchmal dominiert der vielleicht nicht einmal höhere
Blödsinn: «So muß ich Euch sagen, daß es dreierlei Rippen giebt;
solche, die zusammenstoßen, das sind die verheiratheten Rippen, solche die nicht zusammenstoßen, das sind die unverhei-
ratheten Rippen und solche die nur zuweilen zusammenstoßen,
das sind die Concubinatsrippen.»[26] Aber auch dem bildungs-
beflissenen Leser wird einiges geboten: Jener Frauenheld im
Waldröschen etwa, der «Gräfinnen und Waschweiber, Mädchen
und Professorsfrauen, Nonnen und Schauspielerinnen, barm-
herzige Schwestern und Fischerinnen besiegt (hat)», verdankt

seine Erfolgsbilanz vermutlich unter anderem der Register-Arie des Leporello in Mozarts *Don Giovanni*.[27] Der letzte Exzess, den sich alle Münchmeyer-Romane leisten, ist die vom Genre geforderte Hinwendung zu einem glücklichen Ausgang: Mag ihre Welt zuvor noch so sehr durch Unordnung gewaltigsten Ausmaßes und Entwicklungen widersprüchlichster Art gekennzeichnet gewesen sein, am Ende wird alles erbarmungslos einer schlichten Lösung im Sinne der bürgerlichen Moral zugetrieben – die guten Menschen heiraten, die bösen werden bestraft und sterben. Auch die Lust an grotesken Zuspitzungen prägt die Münchmeyer-Romane. Im *Weg zum Glück* wohnen Ludwig II., Richard Wagner und Franz Liszt inmitten eines großen Publikums dem ersten Konzert einer grandios begabten Sängerin bei; ihr Auftritt fällt so eindrucksvoll aus, dass am Ende alle Anwesenden von Rührung überwältigt werden und, einschließlich der drei prominenten Zuhörer, sukzessive in kollektives Weinen ausbrechen. Wenn im *Waldröschen* ein amerikanischer Präriejäger namens Geierschnabel in Deutschland auftaucht, um politischen und privaten Geschäften nachzugehen, und May auf die Idee verfällt, an ihm eine anarchische Unbekümmertheit im Umgang mit Behörden und Vorgesetzten aller Art zu demonstrieren, dann ist es nicht damit getan, dass er im Mainzer Forst, von Jagdleidenschaft gepackt, einen Rehbock schießt und arglos darauf beharrt, dies sei im Wilden Westen doch jedermann erlaubt: Er muss die dienstbeflissen einschreitenden Beamten mit Mordgeschichten verschrecken und der Lächerlichkeit preisgeben, ein Uniformierter imponiert ihm nicht anders denn als «livrirter Maulaffe», er will diese Spezies von Kontrahenten verprügeln, «daß die geehrten Fetzen herumfliegen», und hält ihnen einen blutbefleckten Dolch vor die Nase, mit dem er «mehrere» Menschen «an verschiedenen Orten» erstochen hat: «Der Letzte war Offizier»; an einen solchen gerät er sodann während einer Eisenbahnfahrt, verprügelt ihn, als er sich beleidigend verhält, kommentiert sarkastisch: «In Deutschland scheint man sich in den Coupees erster

Classe ganz angenehm zu unterhalten», wundert sich über die Bereitschaft der Vertreter deutscher Staatsgewalt, andauernd Verhaftungen vorzunehmen, und trifft schließlich deren höchste Repräsentanten, den preußischen König, den er mit «Good morning, alter Herr!» anredet, und Bismarck, der sich «Master Minister» nennen lassen muss.[28] Solche Passagen erinnern an die Vergangenheit ihres Autors, der mit Behördenvertretern einst ganz andere Erfahrungen gemacht hat und darauf nun mit subversiven literarischen Befreiungsschlägen reagiert.

Auf einer anderen, partiell unfreiwillig eingezogenen Ebene des Grotesken liegen strukturelle Eigenwilligkeiten und Mängel. Dazu gehört es, dass *Waldröschen*-Leser erst nach rund 1200 Seiten erfahren, warum der Roman so heißt, und dass May darin einmal eine ganze Heldengeneration für weit mehr als ein Jahrzehnt auf eine abgelegene Pazifik-Insel verschleppen lässt, damit die nächste das zum Abenteurerdasein erforderliche Alter erreichen kann. Der Tradition, literarische Werke in Anlehnung an Figuren der Bibel zu betiteln, wie es vor ihm beispielsweise Friedrich Hebbel bei seinem Drama *Maria Magdalena* und nach ihm Joseph Roth mit seinem Roman *Hiob* getan haben, folgt May mit *Der verlorne Sohn*; doch in diesem Fall darf der Leser lange darüber nachdenken, auf welche Figur bzw. auf wie viele sich diese Etikettierung eigentlich bezieht, denn im Text wimmelt es nur so von verlorenen Söhnen. Manchmal laufen ganze Handlungsstränge ins Leere, wie in demselben Roman die Leidensgeschichte des Buchbinders Heilmann: Er wird, nachdem er soeben aus dem Zuchthaus entlassen worden ist, fälschlich eines Diebstahls bezichtigt, erneut verhaftet und dann für immer vergessen; dass Heilmann ausgerechnet die Entwendung einer Uhr zur Last gelegt wird, also ein Delikt, das den angehenden Lehrer Karl May einst endgültig aus der Bahn warf, mag Anlass zu Spekulationen über einen möglichen tiefenpsychologischen Sinn dieser May'schen Fehlleistung geben. Die weitreichendste Mängelrüge verdient *Deutsche Herzen, deutsche Helden*: Hier ist der Protagonist ausgiebig damit beschäftigt, die durch einen

Schurkenstreich in alle Welt verstreuten Angehörigen einer deutschen Adelsfamilie aufzufinden und wieder zusammenzuführen; das gelingt natürlich ebenso wie die Bestrafung der Bösewichter, doch bis zum Schluss bleibt offen, worin denn eigentlich jenes Verbrechen bestand, das die Familie einst so rüde auseinandergerissen hat.

Auch Leser mit voyeuristischen Neigungen kommen auf ihre Kosten, denn May spart nicht mit Szenen, in denen entweder die Gewalt ausufert oder sexuelle Begierden in den Vordergrund treten, und auch nicht mit solchen, in denen beides zusammen geschieht; es handelt sich um jene berüchtigten ‹Stellen›, auf deren Reiz viele klug kalkulierende Autoren der Branche setzen, da ein nicht kleiner Teil des Publikums vor allem an ihnen interessiert ist. Den vielleicht krassesten Gewaltexzess aller Münchmeyer-Romane bietet eine Szene des *Waldröschen*, in der Büffelstirn, ein Indianerhäuptling vom Stamm der Miztecas, einen französischen Sergeanten bei lebendigem Leib skalpiert, zur Strafe dafür, dass dieser aus purer Boshaftigkeit zwei Frauen verprügeln lassen wollte, darunter Büffelstirns Schwester. In gekürzter Form liest sich der Bestrafungsakt, zu dessen Beginn der Autor die anwesenden Damen in gnädige Bewusstlosigkeit schickt, so:

«Ich werde Dir zeigen wie man scalpirt. Nicht rasch, mit drei Schnitten und einem Rucke, sondern fein langsam, wie man sich die Scalplocke des Feindes auf die Haut des Büffels malt.»
(...)
Er faßte das Haar des Franzosen mit der Linken und setzte ihm das Messer an die Stirn. Da machte er einen Versuch, sich aufzurichten; aber das Knie des Miztecas drückte sich so fest an seine Brust, und das andere legte sich nun über seinen Hals weg, daß sein Oberkörper wie angenagelt am Boden lag.
Jetzt schnitt das Messer des Häuptlings die Stirnhaut durch. Der Franzose stieß einen fürchterlichen Schrei aus.
(...)
Er zog (...) sein Messer langsam um den Haarschopf des Franzosen herum. Dieser stieß ein Geheul aus, welches nicht mehr menschlich genannt werden konnte.

(...)

«Schreie nicht, Hund!» sagte der Häuptling. «Dieser Schnitt macht keine Schmerzen. Sie beginnen erst jetzt, wenn ich Dir das Fell samt den Ohren herabziehe.»

Er schob den Kopf des Franzosen erst auf die linke und dann auf die rechte Seite, um ihm erst das rechte und dann das linke Ohr abzuschneiden, wobei die beiden abgelösten Ohrmuscheln jedoch an der oberen Kopfhaut hängen blieben.

Der Franzose brüllte wie ein Stier.

«Schweig, Feigling!» rief Büffelstirn. «Erst jetzt wirst Du singen; denn nun ziehe ich Dir das Fell herunter. Paß auf.»

Er faßte die Haare fest und zog die Kopfhaut los, nicht schnell, sondern langsam und allmählig, wie er gesagt hatte.

Der Sergeant konnte den Kopf und den Oberkörper nebst den Armen nicht bewegen, weil der Miztecas auf denselben kniete, aber die Beine waren ihm freigelassen. Er warf sie in die Luft; er schlug mit ihnen die Dielen vor ungeheuren Schmerzen. Er brüllte nicht mehr, denn das, was er that, die Töne, welche er ausstieß, waren kein Brüllen mehr zu nennen. Es giebt sogar kein Thier, welches im Stande wäre, so fürchterliche, entsetzliche, grauenhafte Laute auszustoßen.

Die grausige Szene setzt sich fort, indem Büffelstirn – der eindeutig der Partei der guten Romanfiguren angehört – dem Franzosen auch noch die Nase abschneidet, ihn fesselt, die Nase in den Skalp wickelt, beides neben ihn legt und mit den Worten «Das ist ein Meisterstück» das eigene Verhalten noch einmal preist und rechtfertigt.[29]

Szenen, in denen der sexuelle Aspekt dominiert, zeichnen sich in der Regel dadurch aus, dass tugendhafte junge Damen von Männern, die eindeutig nicht der Partei der guten Romanfiguren angehören, erst gierig betrachtet und dann physisch attackiert werden; bevor die unkeuschen Neigungen sich endgültig durchsetzen, tritt jedoch fast immer ein Ereignis ein, das die Situation zugunsten der Wahrung weiblicher Unschuld verändert. Das *Waldröschen* enthält zahlreiche Beispiele; May benennt drei der attraktivsten weiblichen Figuren darin nach seiner Gattin – Emma, Emilia, Amy –, führt eine davon, Emma Arbellez, als

Sklavin vor die Augen des Fürsten von Härrar, lässt sie von ihm – in stiller Komplizenschaft mit dem männlichen Leser – auf ihre physische Verwendbarkeit prüfen, und

da stand sie nun, hoch und schlang, vor Scham bebend (...) Das durchsichtige Gewand ließ ihre ganze Gestalt erkennen. Denn das blendend weiße Fleisch der vollen, üppigen Formen leuchtete durch die feinen Maschen. (...)

Nun befühlte der Herrscher die Arme und Schenkel, die Schultern und den Busen; er betrachtete die feinen Hände und die nackten Füßchen. Sie konnte sich nicht wehren; sie mußte dies Alles mit sich geschehen lassen.[30]

Auch der Umgang mit der Sexualität entbehrt mitunter nicht grotesker Züge. Das traditionsreiche Ideal weiblicher Jungfräulichkeit ruft May in den absonderlichsten Zusammenhängen auf; über die in Anwesenheit Ludwigs II. und der berühmten Musiker debütierende Sängerin heißt es etwa: «Und sie war keine Sängerin, sondern Jungfrau – so rein, keusch und züchtig. Dem Zahn der Sünde war es nicht gelungen, dieses Mädchen zu verwunden»[31] – ein gewagtes sprachliches Konstrukt, in dem zumal die Formulierung vom sündhaften Zahn, der ein Mädchen hinsichtlich seiner Jungfräulichkeit verwunden könnte, eine keineswegs jungfräuliche Assoziation weckt. Dagegen spielen Dutzende von Seiten des *Verlornen Sohns* in einem Bordell, ohne dass etwas Unsittliches geschähe. In *Deutsche Herzen, deutsche Helden* verbindet May das Bordell-Motiv mit einer Wissensprobe für den Leser, einem Textelement, das er immer wieder gern in seine Arbeiten einfügt: Ein Engländer steht vor einem Bordell, weiß aber nicht, dass es sich um ein solches handelt; der Autor teilt dem Leser über den Kopf der Figur hinweg die Wahrheit mit, indem er unmissverständliche Gedichtzeilen zitiert – «Einstens bin ich auch gegangen, / Wo die letzten Häuser sind. / Saß mit bunt bemalten Wangen / Ein verlornes, schönes Kind./ (...) / Und das ist der Liebe Haus» –, lässt aber ungesagt, dass sie, in leichter Variation, einem Werk mit dem Titel *Der Gott und die Bajadere* entnommen sind und der «discrete Dichter», von dem sie stammen, Goethe heißt.[32]

In den Texten, die May für den *Hausschatz* und den *Guten Kameraden* schreibt, spielen Bordelle keine Rolle; selbst ihre Bösewichter machen nicht den Eindruck, dass sie auch nur wüssten, um was es sich dabei handelt. Überhaupt sind diese Erzählungen, mit Ausnahme ganz weniger Passagen, allem abhold, was im gerade skizzierten Sinne unmittelbar Anstoß erregen könnte, denn sie richten sich an ein gutbürgerliches, wohlsituiertes Publikum mit entsprechend feinen Geschmacksvorstellungen, das breit ausgemalte Szenen sadistischen und derb ausgelebten libidinösen Gehalts nicht akzeptieren würde; allein der knappe, in Zusammenhänge von höherer Dignität eingebundene und durch sie legitimierte Hinweis auf solche Ereignisse wird geduldet, wie ihn auch zahlreiche andere Texte der Zeit bieten, etwa Conrad Ferdinand Meyers Ballade *Die Füße im Feuer* mit dem kurzen Blick auf eine in den Flammen zu Tode gefolterte Frau. Die Münchmeyer-Romane dagegen bieten sich als Lektüre für ein weit weniger skrupulös empfindendes Publikum von mutmaßlich anderer sozialer Prägung an. Die für Schriften dieser Art kursierende Bezeichnung ‹Hintertreppenromane› verweist darauf, dass sie von fahrenden Buchhändlern oft an Nebeneingängen verkauft werden, d. h. an Dienstboten. Wenn May einerseits Romane à la *Waldröschen* und andererseits Beiträge für *Hausschatz* und *Kamerad* schreibt, bewegt er sich also indirekt auch in unterschiedlichen gesellschaftlichen Schichten und verfasst für die einen etwas, das den anderen anstößig erschiene; die Münchmeyer'schen Autoren-Pseudonyme haben daher unter anderem die Funktion, den guten Ruf des Schriftstellers Karl May bei den Lesern der beiden renommierten Zeitschriften zu schützen.

Auch durch ihre Atemlosigkeit unterscheiden sich die Münchmeyer-Romane von den anderen Texten: Sie hetzen förmlich von einem spektakulären Ereignis zum nächsten, reihen oft übergangslos Abenteuer an Abenteuer und beschränken sich, was die Schilderung des lokalen Hintergrunds und die Beschreibung der handelnden Figuren betrifft, auf das Allernötigste. Kaum ist der

Leser, am Anfang des *Waldröschen*, auf Doktor Karl Sternau gestoßen, da wird er bereits Zeuge, wie dieser seiner Geliebten wiederbegegnet, die sich als etwas ganz anderes entpuppt, als sie bisher vorgegeben hat, wie ein Anschlag gegen ihren Vater geplant wird, Sternau kurzerhand die Herrschaftsverhältnisse auf Schloss Rodriganda durcheinanderwirbelt, eine folgenreiche ärztliche Diagnose stellt und eine lebensgefährliche Operation verhindert – das alles auf rund zwei Dutzend Druckseiten, dem gleichen Raum, den May in Romanen des anderen Typus manchmal in Anspruch nimmt, um seine Figuren und das Ambiente, in dem sie auftreten, vorzustellen. Zwar schildern die *Hausschatz*-und *Kamerad*-Erzählungen ebenfalls spektakuläre Vorkommnisse und heroische Taten, aber ihr Erzählduktus bewegt sich, gemessen an den Texten für Münchmeyer, in ruhigem Fahrwasser. Ihrer Funktion als Informationsquelle gemäß bieten sie gründliche Darlegungen zu den Handlungsschauplätzen einschließlich der Fauna und Flora, der sie bewohnenden Menschen und ihrer Sitten und Gebräuche, und sie gehen auch mit den eigentlichen Abenteuern ganz anders um als die Münchmeyer-Romane: Wo diese auf den oberflächlichen Reiz dessen setzen, was man heute Action und Sex and Crime nennt, da vermitteln jene ambitioniert-komplexe Schilderungen, die noch die aberwitzigste Heldentat als Teil eines nachvollziehbar wahren Geschehens ausweisen wollen.

Doch auch zwischen den *Hausschatz*- und den *Kamerad*-Texten, auf die später ausführlich zurückzukommen sein wird, gibt es bemerkenswerte Unterschiede. Deren auffälligster liegt in der Erzählperspektive. Die große Mehrheit der Arbeiten für den *Hausschatz* besteht aus den typischen Reiseerzählungen: Ein schreibendes Ich schildert, was es in fernen Ländern erlebt und geleistet hat und wie es sich jetzt, im Augenblick des Schreibens, daran erinnert. In den *Kamerad*-Erzählungen tauchen zwar die gleichen Schauplätze und zum Teil – insbesondere mit den großen Heroen Old Shatterhand und Winnetou – dieselben Figuren auf, und nicht selten beziehen sich Texte der einen Art sogar ausdrücklich auf die der anderen, wie im Fall des *Old Surehand*, der die komplette Handlung des *Geist der Llano estakata* als Vorgeschichte verwendet; aber im *Kamerad* wird nicht aus der Ich-Perspektive erzählt, sondern aus der eines außenstehenden Beobachters. Diese Perspektivenverschiebung bietet die Möglichkeit, Szenen zu gestalten, in denen der herausragende Held nicht auftritt, und damit das zu tun, was May im Hinblick auf die Leser dieser Jugendzeitschrift offensichtlich wichtig erscheint: jugendliche Figuren als Identifikationsobjekte zu exponieren. Es handelt sich dabei zumeist um sympathische, durchaus auch schon leistungsfähige Jünglinge; May lässt sie häufig paarweise auftreten, ordnet sie – etwa einen jungen Deutschen und einen jungen Indianer – verschiedenen Ethnien zu und wirbt damit für einen verständnisvoll-harmonischen Umgang miteinander. Freilich eignet diesen Figuren auch ein altersspezifischer Hang zu Voreiligkeit und Leichtsinn, zu jugendlichem Überschwang, und so geraten sie häufig in Notlagen, aus denen die reiferen und älteren Heroen sie befreien müssen; die didaktische Intention liegt wiederum auf der Hand.

All diese Beobachtungen zeigen, dass Karl May seine Stoffe mit erheblicher Flexibilität behandelt; wenn es anders wäre und er seine Texte nur an der Sache selbst ausrichtete, gäbe es nicht diese elementaren Unterschiede, und *Waldröschen*, *Der Sohn des Bärenjägers* und die ‹Reise-Erinnerungen aus dem Türkenreiche› folgten weitgehend der gleichen Konzeption. May orientiert sich offenbar in hohem Maße an den unterschiedlichen Publikationsorganen bzw. den verschiedenen Leserkreisen: Er hat das literarische Geschäft gründlich kennen gelernt, nutzt seine Erfahrung, indem er seine Texte zielbewusst unterschiedlich anlegt, und die Resonanz, die er findet, bestätigt die Angemessenheit seiner Planung. Zumindest im Fall der Münchmeyer-Romane kann man, wenn man die Umstände ihrer Entstehung bedenkt, sogar von Auftragsarbeiten sprechen.

Diese Flexibilität ist keineswegs selbstverständlich. Viele andere profilierte Autoren der unterhaltenden Literatur sind nur auf ein einziges, eng umrissenes Genre mit geringen Variationen festgelegt, wie etwa Eugenie Marlitt mit ihren partiell sozialkritischen Liebesromanen oder in den ersten Jahrzehnten des 20. Jahrhunderts die immens erfolgreichen Schwankautoren Franz Arnold und Ernst Bach. Auch May huldigt da, wo es ihm angemessen erscheint, durchaus dem Prinzip der Wiederholung und folgt in der Gestaltung seiner dauerhaft beliebtesten Werke selbst erarbeiteten Erfolgsrezepten; allein der Umstand, dass das Gesamtverzeichnis seiner Publikationen gleich vier Titel aufweist, in denen eine *Rose* vorkommt – gemeint sind jeweils junge Frauen: *Die Rose von Ernstthal, Die Rose von Kahira, Die Rose von Kaïrwan, Die Rose von Sokna* –, zeigt, wie gern er Bewährtes reproduziert. Aber er erweist sich eben auch als außerordentlich beweglich, und seine erfolgreiche Kalkulation mit den verschiedensten Publikumserwartungen lässt gar an Verfahrensweisen der modernen Unterhaltungsindustrie denken, die nicht ins Blaue hinein produziert, sondern ihre Erzeugnisse nach differenziert berechneten Zielgruppen anlegt. Erst im Alter, als Karl May immer stärker von der Überzeugung durchdrungen ist, eine einzigartige literarische Mission zu erfüllen, wird er sein Gefühl für die Bedürfnisse des Massenpublikums verlieren.

Die Rücksichtnahme auf wechselnde Erscheinungsorte fällt mitunter bedenklich extrem aus, wie einer der Fälle zeigt, in denen May eine Erzählung in veränderter Form mehrfach veröffentlicht. Im Juli 1878 erscheint in den *Frohen Stunden* die schon erwähnte Erzählung *Die Rache des Ehri – Ein Abenteuer aus dem südöstlichen Polynesien*: Christliche Missionare zerstören darin eine nach einheimischem Ritual geschlossene Ehe und wollen die betroffene Frau mit einem der Ihren vermählen; der ursprüngliche Ehemann vereitelt diesen Plan, tötet den Rivalen und flieht mit seiner Frau. Schon anderthalb Jahre später taucht eine erheblich erweiterte und in die Ich-Form transponierte Variante der Erzählung im *Hausschatz* auf, nunmehr mit dem Titel *Der Ehri – Ein Abenteuer auf den Gesellschaftsinseln*. Darin wird die Handlung der Erstveröffentlichung zwar im Kern beibehalten, aber die religiöse Ausgangskonstellation ins Gegenteil verkehrt: In dieser Version ist die zugrunde liegende Ehe christlich geschlossen worden und soll durch ein heidnisches Ritual zerstört werden. May folgt bei seiner Umarbeitung dem vermutlich zutreffenden Gedanken, dass die ursprüngliche Fassung in einem dezidiert katholischen Publikationsorgan wie dem *Hausschatz* keinen Platz finden würde, und verändert deshalb ihre Tendenz; ernsthafte Hinweise darauf, dass er auch einem Gesinnungswandel in seiner Einschätzung christlicher Missionarstätigkeit folgt, gibt es nicht. Zu dieser Textbearbeitung fügt sich passend eine andere Beobachtung. 1883 veröffentlicht May im *Neuen deutschen Reichsboten*, einem Volkskalender aus der sächsischen Kleinstadt Stolpen, einen Aufsatz mit dem Titel *Ein wohlgemeintes Wort*, der eine umfangreiche Philippika gegen die aktuelle Trivialliteratur enthält. May prangert deren oberflächliche, auf schlichte Sinnesreize gerichtete Ästhetik ebenso an wie die sozialethische Desorientierung, die sie den Lesern vermittle, und stellt eine kausale Verbindung her zwischen ihrer Popularität und weit verbreiteten Defekten, zu denen er Kriminalität ebenso zählt wie das Laster der Onanie. Den primären Bezugspunkt seiner Kritik bilden Räuberromane der Art, wie May selbst sie als Kind gelesen hat; aber wenn der besorgte Autor die schalen Oberflächenreize einer «vorgezauberten Fata Morgana» beanstandet, wenn er die Vorliebe für simple Extremcharakterisierungen und klischeehafte Versatzstücke rügt, die statt einer lebensnahen Psychologie das trivialliterarische Feld beherrschen, dann verweist er auch auf die Machart jener Texte, die just zur selben Zeit in den Mittelpunkt der eigenen Arbeit rücken: auf seine Romane für Münchmeyer, die er über den Namen «Gasparino»[33] sogar indirekt zitiert, denn einer der großen Bösewichter des *Waldröschen* heißt Gasparino Cortejo. Für den biederen Volkskalender verfasst May – unter seinem Namen und voller Sorge um Gott, König und Vaterland – eine eloquente

Warnung vor sensationsträchtigen Unterhaltungsromanen; für Münchmeyer schreibt er sie. Aus all dem ergibt sich der Eindruck, dass dieser Autor bei der Planung seiner literarischen Projekte ebenso in Rollen schlüpft, wie er es im empirischen Leben als Krimineller getan hat: Er ist nicht mit tiefster, unverrückbarer Überzeugung auf bestimmte weltanschauliche Positionen und ästhetische Verfahrensweisen festgelegt, sondern konzipiert seine Unternehmungen aus einiger Distanz und unter wechselnden Perspektiven; und genauso, wie einst die Rollenspiele des Hochstaplers ob des Anscheins der Authentizität bemerkenswerte Erfolge zeitigten, gestaltet er später viele seiner Texte dank individueller Prägung derart suggestiv und attraktiv, dass sie eine ungewöhnliche Wirkung entfalten. Was jeweils vorliegt, überzeugt und beeindruckt das ahnungslose Publikum: Niemand käme beim Lesen von *Der Ehri* auf den Gedanken, dass die ideologische Pointe der Vorfassung eine genau entgegengesetzte war; und wer die Erzählungen für den *Guten Kameraden* und den *Hausschatz* als instruktiv-unterhaltende Lektüre gehobenen Niveaus einstuft, würde damit zwar Mays Autorschaft am *Wohlgemeinten Wort* leicht verbinden können, nicht aber seine Zuständigkeit für rund 12 000 Druckseiten mit Texten, die im *Wohlgemeinten Wort* ob ihrer Beschaffenheit so heftig kritisiert werden.

Mays Verhältnis zu seinen literarischen Produkten ähnelt offenbar dem eines erfolgreichen Schauspielers zu seinen unterschiedlichen Rollen: Er wählt, was zu ihm passt und womit er reüssieren kann, und das gute Ergebnis ist letztlich dadurch bedingt, dass er dem jeweils Vorzuweisenden seinen Stempel aufdrückt. Um blanken Opportunismus handelt es sich dabei nicht, es sei denn, man würde auch einem Schauspieler übel nehmen, dass er bereit ist, abwechselnd den Faust und den Mephisto, heute den Karl und morgen den Franz Moor zu geben und in jeder dieser Figuren individuell präsent zu sein. Der Mensch sei nicht etwa «Einzelwesen», sondern «Drama»[34] – dieser Gedanke, den May Einsichten der neueren Psychologie zuschreibt, taucht in seiner Autobiographie mit kleinen Variationen gleich an drei verschiedenen Stellen auf: einer, an der er über die verderbliche Jugendlektüre klagt, einer, an der er seine psychische Verfassung zur Zeit der kriminellen Delikte beschreibt, und einer, an der von der schöpferischen Leistung des Schriftstellers die Rede ist. Die Formulierung verliert ihren kryptischen Charakter, wenn man bedenkt, dass in Dramen zumeist mehrere, teils einander antagonistisch zugeordnete Figuren auftreten.

Die literarisch-biographische Gesamtbilanz der 1880er Jahre weist Karl May als einen Spieler – keineswegs aber als einen Falschspieler – aus, als jemanden, der auf die Anmutungen einer weiterhin gefährdeten Existenz mit umsichtig betriebenen literarischen Inszenierungen antwortet. Deren wichtigste, folgenschwerste Komponente ist freilich nicht das Vorhandensein von Widersprüchen, sondern die fortschreitende Einbeziehung der Person des Autors in diese Inszenierungen. Zu beobachten ist eine Modellierung des Persönlichkeitsbilds nach einer ursprünglich rein literarischen Konzeption: In dem Maße, in dem Mays Erzählungen als – allenfalls leicht stilisierte – Berichte aus dem wirklichen Leben dargeboten werden, verwandelt sich ihr Verfasser in eine Figur, die er ersonnen und literarisch etabliert hat. Mit den Texten für den *Deutschen Hausschatz* hat May seine vorerst ideale Rolle im Theatrum mundi gefunden.

1890–1898

EIN MARKENARTIKEL
NAMENS MAY

Nachdem Karl May bisher zwar nicht ausschließlich, aber ganz überwiegend in Periodika, wie Zeitschriften und Kalendern, oder mittels Lieferungsheften publiziert hat, gewinnt um die Wende zum neuen Jahrzehnt ein anderes Medium für ihn immer mehr an Bedeutung: das Buch. Zu dieser Zeit wird der feste Ladenpreis für Bücher verbindlich eingeführt (1887), und die Entwicklung des Buchhandels erreicht mit einer deutlichen Ausweitung und Differenzierung des Angebots einen neuen Höhepunkt. Die Union Deutsche Verlagsgesellschaft veröffentlicht seit 1890 Mays Erzählungen aus dem *Guten Kameraden* in Buchform, beginnend mit *Der Sohn des Bärenjägers* und *Der Geist der Llano estakata*, dessen Titel jetzt zu *Der Geist des Llano estakado* korrigiert wird. Diese beiden erscheinen gemeinsam unter dem Reihentitel *Die Helden des Westens*, der dann aber rasch aufgegeben wird, da er inhaltlich nicht zu den Folgebänden passt. Die Bücher sind illustriert und erhalten eine solide, nach den Maßstäben der Zeit attraktive Ausstattung. May ist bereit, seine Zeitschriftentexte für die Buchfassung zu überarbeiten, verliert aber bald das Interesse an dieser Aufgabe.

Wesentlich wichtiger als die Union-Serie und für seinen längerfristigen Erfolg von geradezu unermesslicher Bedeutung ist der Umstand, dass der Freiburger Verleger Friedrich Ernst Fehsenfeld (1853–1933) an ihn herantritt und Buchpublikationen seiner Abenteuererzählungen vorschlägt. Aus dieser Initiative erwächst eine Kooperation, die in der May verbleibenden Lebenszeit von rund zwei Jahrzehnten zu nicht weniger als dreiunddreißig voluminösen Bänden sowie einigen Sonderveröffentlichungen führen wird; die Edition, heute meist als Freiburger Ausgabe oder Fehsenfeld-Ausgabe bezeichnet, trägt ihn in den 1890er Jahren auf

Abb. 9: Die Union-Veröffentlichung des ‹Schatz im Silbersee›, Oktober 1894

den Gipfel des zu seinen Lebzeiten erreichten Ruhms und bildet in der Anordnung der Texte wie in ihrer äußeren Gestaltung den Grundstock für die große Leseausgabe der *Gesammelten Werke,* die bis heute vom Karl-May-Verlag vertrieben wird und maßgeblich für die außerordentliche Popularität dieses Schriftstellers verantwortlich ist; sie umfasst mittlerweile mehr als neunzig Bände. Es dürfte in der Geschichte des Buchhandels ein singulärer Fall sein, dass eine Publikationsreihe dieser Art über weit mehr als hundert Jahre ihren kommerziellen Erfolg zu wahren vermag.

Fehsenfeld, Sohn eines evangelischen Pfarrers, hat einen großen Teil seiner Jugend im Hause des Literaturhistorikers Julian Schmidt in Berlin zugebracht, zu dessen Bekanntenkreis Wilhelm Dilthey, Heinrich von Treitschke, Gustav Freytag und

Abb. 10: Friedrich Ernst Fehsenfeld

Berthold Auerbach gehörten. Nach einer Ausbildung zum Buchhändler und einigen Jahren der Tätigkeit in dieser Branche eröffnet er im April 1890 in Freiburg i. Br. einen eigenen Verlag, dessen Publikationsspektrum zunächst recht beliebig erscheint und Lustspiele ebenso umfasst wie Schriften über die preußische Militärgerichtsbarkeit und das Radfahren, ein intensiv betriebenes Hobby des Verlagsinhabers. Auf der Suche nach vielversprechenden Autoren stößt Fehsenfeld auf Karl May, dessen große Orienterzählung er im *Deutschen Hausschatz* mit Begeisterung gelesen hat. May reagiert zunächst zögernd auf das Angebot des noch völlig unbekannten Verlegers und verweist auf bessere Offerten von Konkurrenten. Ein persönlicher Besuch Fehsenfelds ebnet dann aber den Weg zu einer langfristigen Zusammenarbeit: Am 17. November 1891 wird ein Vertrag ge-

 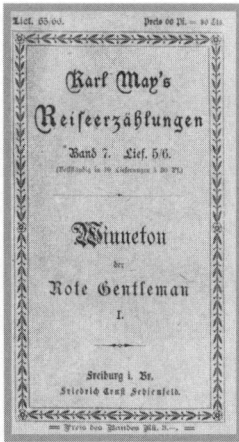 

Abb. 11: Heftumschläge der Lieferungsausgabe und
Deckelbild der Buchausgabe des ‹Winnetou›

schlossen, der die «Buchausgabe der im *Deutschen Hausschatz*
und andern Zeitschriften bisher erschienenen Reiseromane des
Herrn Dr. Karl May» unter dem Reihentitel ‹Carl May's gesammelte Reiseromane› vorsieht.[1] Geplant sind Erstauflagen von
5000 Exemplaren, für die May 1500 Mark erhalten soll, 500
davon schon nach Ablieferung des ersten Manuskriptbogens;
für weitere Auflagen sind jeweils 2000 Mark fällig. Im Dezember schickt May dem neuen Geschäftspartner, der zeitweise auch
zum persönlichen Freund wird, ein herzliches Schreiben und
bereichert es mit einem Gedicht, das einen Eindruck von der
überschwänglichen Stimmung vermittelt, in die ihn das Geschäft
versetzt:

Im lieben, schönen Lößnitzgrund
   Da saßen Zwei selbander;
Die schlossen einen Freundschaftsbund,
   Gehn niemals auseinander.
Der Eine schickt Romane ein,
   Der Andre läßt sie drucken,
Unds Ende wird vom Liede sein:
   's wird beiden herrlich glucken![2]

Eröffnet wird die Ausgabe 1892 mit der sechs Bände umfassenden Publikation jenes *Hausschatz*-Werkes, dessen Lektüre Fehsenfelds Interesse an May geweckt hat: *Durch Wüste und Harem* und so weiter. Der schmalste dieser Bände umfasst 597 Druckseiten, alle anderen erreichen mindestens 600 Seiten und zum Teil deutlich mehr, ein Umfang, der für die Edition zur Regel wird. Der Roman erscheint zunächst in Form von Heften, nach wenigen Wochen aber auch als Buch in einer gediegenen, dem anspruchsvollen Zeitgeschmack entsprechenden Ausstattung: «im später klassisch gewordenen grünen Leineneinband mit goldenem Schild und schwarzen Arabesken auf dem Rücken und farbigen Deckelbildern»;3 so ähnlich sehen auch die populären Ausgaben dieser Zeit aus, die den Koryphäen der Literaturgeschichte gewidmet sind. Im Lauf der Jahre kommen mehrere Einbandvarianten hinzu, darunter solche in Kalbsleder und in Saffianleder.

Bei der Erarbeitung der Bände geht May unterschiedlich vor. Im Falle des Orientromans stellt sich lediglich die Aufgabe, einen bereits vorliegenden Text ein wenig zu verändern; allerdings reicht die Textmenge nicht aus, die in Aussicht genommenen sechs Bände komplett zu füllen, und so verfasst May für den abschließenden *Schut* noch einen ‹Anhang›, der vom Tod Rihs berichtet, des edlen Pferdes, das den Helden Kara Ben Nemsi auf seiner zuvor geschilderten weiten Reise treu getragen hat. Die anschließende *Winnetou*-Trilogie würde May, wie er Fehsenfeld mitteilt, am liebsten gänzlich neu schreiben; da sich aber ein großer Verkaufserfolg abzeichnet, drängt die Zeit, so dass May diesen Roman eilig aus alten und neuen Texten zusammensetzt: Band I wird nahezu vollständig neu geschrieben, während die Bände II und III ein Konglomerat aus leicht überarbeiteten älteren Erzählungen und neu geschriebenen Kapiteln bilden. Auf ähnliche Weise entstehen auch die Folgebände: teils als leicht modifizierte Wiedergabe von Texten, die schon an anderer Stelle veröffentlicht worden sind, teils als neu Geschriebenes und teils als Mischung aus beidem, wobei das Mischungsverhältnis stark

Abb. 12: Emma und Karl May in den frühen 1890er Jahren

differiert. Neben den großen, überwiegend mehrere Bücher füllenden Romanen erscheinen auch Sammelbände mit kleineren Erzählungen aus Mays literarischer Vergangenheit: *Orangen und Datteln, Am Stillen Ocean* und *Auf fremden Pfaden*. Zwar stellt sich der große Erfolg nicht sofort ein; der Preis für eines der 64-seitigen Lieferungshefte wird deshalb nach kurzer Zeit von 50 auf 30 Pfennig herabgesetzt. Dann aber schnellen die Verkaufszahlen gewaltig in die Höhe, denn es gelingt May, weit über den begrenzten Kreis des katholischen Publikums hinauszugreifen, das er mit seinen *Hausschatz*-Veröffentlichungen erreicht, und sich in einen Schriftsteller zu verwandeln, der – nach den Worten einer frühen Annonce Fehsenfelds – «warme, ja begeisterte Aufnahme (…) in allen deutschen Landen» findet und «in die weitesten Kreise unseres Volkes eindringen (kann)».4 Wenige Jahre nach den ersten Veröffentlichungen der ‹Gesammelten Reiseromane› zählt Karl May zu den populärsten Schriftstellern, die es im deutschen Sprachraum je gegeben hat; während Fehsenfeld im ersten Jahr des Unternehmens 54 000 Bände und

Abb. 13: Die Villa Shatterhand

im zweiten 61 000 drucken lässt, beläuft sich die Produktion zwischen 1896 und 1899 jährlich auf mehr als 100 000 Bände. Die Entwicklung verläuft so eindeutig, dass der Verlagsvertrag im November 1895 zu Mays Gunsten ergänzt wird: Er erhält künftig schon vorab das Honorar für jede neue Auflage von 5000 Exemplaren.

Der Erfolg schlägt sich in stetig wachsenden Einkünften nieder: Karl May wird zu einem reichen Mann. Nach einer Aufstellung Fehsenfelds zahlt er ihm 1892 ein Jahreshonorar von 5000 Mark und 1893 bereits 9000 Mark; in den Jahren 1896 und 1897 belaufen sich die Summen jeweils auf über 60 000 Mark.[5] Dazu kommen die Erträge aus den weiteren Veröffentlichungen, so dass sich für May beachtliche Gesamtbilanzen ergeben. Das durchschnittliche jährliche Einkommen in Industrie und Handwerk beträgt zu dieser Zeit deutlich weniger als tausend Mark.

Der unerwartete Reichtum ermöglicht schließlich auch den Kauf eines repräsentativen Wohnsitzes. Im April 1891 haben die Mays ein Haus in Oberlößnitz gemietet, die Villa Agnes. Ende des Jahres 1895 stellt sich die materielle Situation so günstig dar, dass der Erwerb eines größeren Objekts realisiert werden kann: Karl May kauft eine Villa in der Kirchstraße 5 in Radebeul, ein äußerst ansehnliches Gebäude in einem Ort, dessen Bewohner zum erheblichen Teil den höheren Kreisen der Gesellschaft zuzurechnen sind. May nennt das neue Domizil Villa Shatterhand und lässt diese Bezeichnung in goldenen Lettern an der Straßenseite des Hauses anbringen. Ferner legt er einen großen Garten mit Zier- und Nutzpflanzen an; auf einem künstlichen Steinhügel wird ein kleiner chinesischer Pavillon errichtet. Das Haus selbst wird mit exotischen Requisiten gefüllt. Zahlreiche Briefe aus jener Zeit künden von dem Stolz, den May ob des nun Erreichten empfindet; er bewegt sich in der glücklichsten Phase seines Lebens und hat sich von den ardistanischen Niederungen der Vergangenheit so weit entfernt wie eben möglich.

Dass May sich auch in diesen Jahren nicht, wie das launige Gedicht an Fehsenfeld verheißt, auf das Verfassen und Abliefern verkaufsträchtiger Texte beschränkt, sondern aktiv den weiteren Umgang mit ihnen beeinflusst, wird durch nahezu jeden der vielen Briefe an den Verleger, die sich erhalten haben, bezeugt: Er nutzt seine Vertrautheit mit dem Literaturgeschäft, um bei allem mitzureden, was auch nur im Entferntesten mit kommerziellen Aspekten zu tun hat. So macht er sich Gedanken über eine angemessene Preisgestaltung und den richtigen Zeitpunkt der Veröffentlichung eines neuen Bandes. Er kommentiert die Deckelbilder, die für die einzelnen Bände vorgesehen sind, und verlangt einschneidende Korrekturen, wenn sie ihm nicht zusagen: Für dasjenige von *Am Jenseits* sind beispielsweise ein Engel und ein Beduine geplant, aber «der linke Vorderarm des Engels ist unschön lang, und die Arme und Hände des Beduinen machen den Eindruck von Schildkrötenflossen oder langen

Eidechsenbeinen».[6] Darüber hinaus nutzt May seine über viele
Geschäftsjahre erworbenen guten Beziehungen zu Buchhändlern und Verlagen gründlich aus, um für seine Bücher zu werben;
etliche der redaktionellen Notizen in verschiedenen Zeitungen
und Zeitschriften, die auf die Fehsenfeld-Reihe hinweisen, dürften von ihm selbst nicht nur angeregt, sondern auch formuliert
worden sein. Die *Hausschatz*-Redaktion macht ihre Leserschaft
ausdrücklich darauf aufmerksam, dass die Werke des beliebten
Autors nunmehr in Buchform erscheinen. An Selbstbewusstsein
mangelt es dem zunehmend reüssierenden Erfolgsschriftsteller
bei all dem nicht, wie eine Äußerung zur Einbandgestaltung des
Bandes «*Weihnacht!*» zeigt:

> *Die Hauptsache ist der Name May, der muß besonders in die Augen
> fallen, denn er ist es allein, welcher zieht. Steht er blos auf dem
> Rücken, so ist es nichts. Die Käufer wollen zu Weihnachten weniger
> einen Weihnachts- als vielmehr einen Mayband haben; daß dieser
> Band ein Weihnachtsthema behandelt, kommt in zweiter Linie; der
> Name des Verfassers muß also auch vorn, nicht nur auf dem Rücken
> stehen, damit er im Schaufenster gleich auffällt.*[7]

Offenbar hat May erkannt, dass er zu so etwas wie einem Markenartikel geworden ist. Als Fehsenfeld Bildpostkarten auf den
Markt wirft, die sich unerwartet schlecht verkaufen, führt May
dies darauf zurück, dass sie zum einen miserabel gezeichnet sind
und zum anderen nicht seine Person zeigen, sondern Romanszenen.

Ein Leitmotiv der Erfolgsstrategie bildet von Anfang an das
Kalkül zur Zusammensetzung der Leserschaft. Bereits der erste
Fehsenfeld-Titel wirft in dieser Hinsicht Probleme auf: May ist
sich, wie Briefe an den Verleger zeigen, bewusst, dass die etwas
anrüchige Komponente in *Durch Wüste und Harem* einige Leser
anlocken, andere aber abschrecken könnte; er bringt den Titel
Durch Wüste und Oasen ins Gespräch, schließlich wird der
Band dauerhaft in *Durch die Wüste* umbenannt – ein Zeichen
dafür, dass die Fehsenfeld-Bände der Spekulation mit expliziten
sexuellen Attraktionen entsagen.

Als zentrales Problem der Publikumsstruktur kristallisiert sich indes die konfessionelle Zugehörigkeit heraus: May gilt als Katholik und mag dieser Zuordnung öffentlich genauso wenig widersprechen wie der immer häufiger auftauchenden Etikettierung als Dr. phil., aber der Massenerfolg ist eben davon abhängig, dass er sich nicht länger nur in dem – wenn auch großen – Getto bewegt, das der dezidiert katholische *Hausschatz* bildet. Die Lösung liegt auf der Hand: Das bisherige Publikum darf nicht enttäuscht, ein potenziell neues nicht abgeschreckt werden. Am 23. März 1892 schreibt May an Fehsenfeld, was er zu tun gedenkt, um sich die alte Leserschaft zu erhalten: «Wenn Bd. I und II erschienen ist, werde ich einige Bischöfe bez. Erzbischöfe um ihre Approbation bitten. Dann machen wir bei den Katholiken gute Geschäfte, denn die Pfarrer werden sich gern für uns ins Zeug legen.»[8] Der Plan, hohe kirchliche Würdenträger in die Werbung einzubeziehen, entspringt durchaus nicht reinem Renommieren: Schon 1894 verbreitet Fehsenfeld entsprechende Flugblätter, und 1895 platziert er im *Hausschatz* als Verlagsanzeige ‹Empfehlende Worte Deutscher Bischöfe›; darin preisen insgesamt neun «Bischöfe, Erzbischöfe, Fürstbischöfe» Mays Schriften «als in jeder Beziehung empfehlenswerte Bücher für das katholische Haus» und heben ihren «vielseitig belehrenden, sittlich anregenden, stetig interessanten Inhalt» hervor, der «dem Lesebedürfnisse der Zeit» auf «christliche(r) Grundlage» entgegenkomme.[9] Aber May achtet auch darauf, protestantische Leser zu gewinnen; als Fehsenfeld ihm einen Prospektentwurf vorlegt, der konfessionell zu einseitig geraten ist, weist er ihn zurück: «Dieser Prospect ist für die Katholiken, die wir doch schon fest haben. Was thun wir mit den Millionen Protestanten? Sie haben auch schon angefangen, müssen aber noch mehr heran.»[10]

In Bezug auf die Texte selbst kommt May zugute, dass er die katholische Grundausrichtung schon im *Hausschatz* nicht gar zu deutlich in den Vordergrund gerückt hat; insofern muss in den Buchversionen nicht viel geändert werden, und die für Fehsenfeld neu geschriebenen Texte enthalten gegenüber den alten keine Brüche. Mays Ich-Held gibt sich zwar mit großer Überzeugung als Christ aus, und in den *Kamerad*-Erzählungen stoßen die Protagonisten, die dies tun, auf die uneingeschränkte Zustimmung des Erzählers. Konfessionelle Spezifika sind dabei jedoch nicht entscheidend, May stützt sich vielmehr auf den Vorrat übergreifender christlicher Gemeinsamkeiten. Die dezidiert religiöse Ausrichtung befördert zunächst einmal die grundsätzliche Akzeptanz der Bücher. Darüber hinaus besitzt sie eine dramaturgische Funktion, denn mit ihrer Hilfe lassen sich zusätzliche Abenteuer und zusätzliche Spannung generieren. Beispielsweise folgt der Ich-Held manchmal in geradezu exzessiver Form dem biblischen Gebot der Feindesliebe und zeigt damit ein Verhalten, das sich im Kontext abenteuerlich-kämpferischen Geschehens recht merkwürdig ausnimmt und bei seinen Begleitern denn auch immer wieder Kopfschütteln und harsche Ablehnung hervorruft. Aber der auf abenteuerliche Zuspitzungen versessene Leser profitiert davon: Indem der Held böse Menschen laufen lässt, die er gefangen genommen hat und nach dem Gesetz der Wildnis töten dürfte, bietet er ihnen die Möglichkeit zu neuen Untaten und sich selbst die Chance zu weiterer Bewährung mittels zusätzlicher heroischer Leistungen; manchmal – wie etwa im Finale des Bandes *In den Cordilleren*, wo der Held einen in die Tiefe gestürzten Verbrecher unter großer Mühe birgt – riskiert er sogar das eigene Leben, um Bösewichtern Gutes zu tun.

Käme es hinsichtlich der konfessionellen Zugehörigkeit des Autors der *Hausschatz*-Erzählungen und Fehsenfeld-Bände zum Schwur, würde allerdings kein aufmerksamer Leser etwas anderes als ein Bekenntnis zum Katholizismus erwarten; dafür fallen die einschlägigen Spuren denn doch deutlich genug aus, wenn etwa in *Durch das Land der Skipetaren* beiläufig darüber informiert wird, dass Kara Ben Nemsi in Rom den Heiligen Vater gesehen hat,[11] und in *Durchs wilde Kurdistan* eine weise alte Frau eine flammende Rede hält, die in das Bekenntnis zum Primat des Papstes mündet.[12] Aber diese Pointierungen bleiben peripher; sie verweisen auf katholische Überzeugungen, ohne sie aufdringlich in den Mittelpunkt des Geschehens zu rücken und damit Anstoß bei Nicht-Katholiken zu erregen. Ein protestantischer Pfarrer bestätigt in einer Besprechung der Reiseerzählungen diese Tendenz: May erscheint ihm zwar als «überzeugter katholischer Christ», aber auch als einer, dessen Christentum «die dogmatischen Härten verloren (hat)», das sich «zu einer oft johanneisch anmutenden Höhe und Duldsamkeit (erhebt)» und dem es «immer zuerst auf das (...) wahrhaft Religiöse an(kommt), und dann erst auf die konfessionelle Ausprägung (...) – ein auch in dieser Beziehung seltener Charakter in der Kirche Roms».[13] In späteren Jahren wird May dann noch vorsichtiger: Hat er in der Erstfassung des *Kurdistan*-Bandes auf die Frage: «Sage uns, ob ein Priester ein Weib nehmen soll!», Kara Ben Nemsi antworten lassen «Er soll unvermählt bleiben», so gibt er in der Überarbeitung des Textes diesen Worten einen deutlich neutraleren Klang: «Vielen ist es verboten.»[14]

Einen prekären Sonderfall bilden die rund anderthalb Dutzend kürzeren Erzählungen, die May zunächst in Marienkalendern publiziert, weit verbreiteten Publikationen für den katholischen Teil der Bevölkerung, und dann in die Fehsenfeld-Reihe aufnimmt. Dem Ersterscheinungsort gemäß wird hier die religiöse Komponente meistens eindeutig und mit missionarischem Duktus in den Vordergrund gerückt, wobei die Marienverehrung und andere Spezifika des Katholizismus besonders intensiv zur Sprache kommen. May hat sich für dieses Genre zwei inhaltliche Grundmuster zurechtgelegt, die er mehr oder weniger einfallsreich variiert. In dem einen werden fanatische Mohammedaner und liebevoll handelnde Christen einander gegenübergestellt und in Konflikte verwickelt, wobei die demonstrativ hervorgehobene und natürlich siegreiche Souveränität der Christen oft dazu führt, dass die Andersgläubigen ihrer Verbohrtheit am Ende abschwören; Titel wie *Christus oder Muhammed* und *Maria oder Fatima* verweisen auf den wettkampfartigen Charakter dieser Geschichten, deren Ausgang freilich von Beginn an außer Frage steht. Das andere Grundmuster präsentiert böse Männer, die permanent lästerliche Reden führen und dann Strafen erleiden, welche ihren schändlichen Worten genau entsprechen. So erscheint 1896 im *Regensburger Marienkalender* die Erzählung *Old Cursing-Dry*, die May schon ein Jahr später unter dem Titel *Gott läßt sich nicht spotten* in den Fehsenfeld-Band *Auf fremden Pfaden* aufnimmt. Old Cursing-Drys Lieblingsbeschäftigungen bestehen darin, Indianer zu töten und lauthals deftige Flüche auszustoßen; der wiederholte Schwur, er wolle erblinden oder zerschmettert werden, wenn er ein Mörder sei, kehrt sich nach dramatischen Ereignissen buchstäblich gegen ihn, doch räumt ein gnädiges Schicksal dem Erblindeten und mit zahlreichen Knochenbrüchen Gestraften noch die Zeit ein, seine Sünden zu bereuen und mit der Bitte zu verscheiden, man möge ein Vaterunser für ihn beten.

Ein Kommentator hat die Marienkalender-Erzählungen als «förmlich greuliche Geschichten» klassifiziert, als penetrante Theodizeen, die May allerdings «gleich wieder so aberwitzig geraten, daß sie, von seinen Absichten losgelöst, schon fast so etwas wie eine immanente Kritisierung des Begriffs selbst freigeben».[15] Tatsächlich lässt sich der aufdringlich klappernde Mechanismus, mit dem die Marienkalender-Geschichten ihre Botschaft verkünden, auch als deren listige Bloßstellung wahrnehmen, und unter einem solchen Aspekt passen sie eigentlich ebenso wenig in die Fehsenfeld-Reihe wie – auf einer anderen, schlichteren Lektüreebene – als drastisches, wörtlich zu nehmendes Exempel christlichen Eiferns. Aber May lässt sich dadurch nicht beirren: Indem er seine populären Helden präsentiert – im Fall von *Old Cursing-Dry* Winnetou und Old Shatterhand – und in die üblichen abenteuerlichen Verwicklungen verstrickt, erhält auch der religiös weniger ambitionierte Teil des Publikums attraktives Unterhaltungsmaterial, und so nutzt der geschäftstüchtige Autor selbst diese aus dem Rahmen fallenden Texte für die zügige Fortführung der Freiburger Reihe.

Der angemessene Umgang mit dem Religiösen ist für einen Schriftsteller der Art Karl Mays zu dieser Zeit von elementarer

Bedeutung, aber als wichtigstes und wuchtigstes Mittel, den Erfolg der Bücher zu steigern, erweist sich etwas anderes, das bei distanzierter Betrachtung geradezu bizarr anmutet: die endgültige Verwandlung des Autors in die Heldenfigur, die im Mittelpunkt seiner Bücher steht. Seit Beginn der 1890er Jahre tritt May immer deutlicher mit der Behauptung hervor, er schreibe nicht nur auf der Basis tatsächlich durchgeführter Reisen, sondern sei im buchstäblichen Sinne identisch mit dem Ich seiner abenteuerlichen Erzählungen und schildere reale Vorkommnisse und tatsächlich erbrachte Leistungen: «Ich bin wirklich Old Shatterhand resp. Kara Ben Nemsi.»[16] Er setzt nunmehr uneingeschränkt seine Person und seinen Körper ein, um einerseits den Wahrheitsgehalt des Erzählten zu beglaubigen und andererseits sich selbst eine neue Identität zu verleihen. Das suggestive Rollenspiel erreicht seinen Höhepunkt, wir befinden uns damit in der spektakulärsten Phase einer an extremen Erscheinungen nicht armen Lebensgeschichte.

Der Vorgang spielt sich auf allen denkbaren Ebenen ab: privat und öffentlich, innerliterarisch und im Rahmen zusätzlicher Werbemaßnahmen. Schon im Dezember 1892 erfährt ein unbekannter Briefempfänger: «Sie haben ganz richtig vermuthet; ich erzähle nur wirklich Geschehenes, und die Männer, von denen ich erzähle, haben existirt oder leben sogar noch heut. Old Shatterhand z. B. bin ich selbst.»[17] In einem anderen Brief heißt es: «Ich habe diese Reisen wirklich gemacht und spreche die Sprachen der Völker, bei denen ich gewesen bin. Keine der Personen und keines der Ereignisse welche ich beschreibe, ist erfunden.» Auch persönliche Bekannte erhalten entsprechende Informationen. Emil Seyler, ein Weinhändler, der samt seiner Familie einige Jahre in freundschaftlichem Kontakt mit den Mays steht, wird Anfang 1895 auf den *Hausschatz* verwiesen, in dem zu lesen war, «daß ich in Arabien und Persien gewesen bin»;[18] wenige Wochen später folgt die Information, dass eine neue Reise verschoben werden muss «wegen des jetzt in Egypten grassierenden Fiebers und weil ich außerordentlich nothwendig zu arbeiten habe».[19] Fehsenfeld wird gedrängt, für die rasche Veröffentlichung neuer Bände zu sorgen: May könne sich in Kürze nicht mehr um sie kümmern, «weil ich im Spätherbst nach Mossul, Bagdad etc. zu Hadschi Halef reise».[20] Den Prager Verleger Josef Vilimek, mit dem er sich eine Zeit lang über den Vertrieb seiner Bücher streitet, konfrontiert May wiederum mit grundsätzlichen Erklärungen: «Meine Werke sind (...) nicht blos die Früchte langer und angestrengter Studien sondern noch mehr die Erfolge fast 30jähriger Reisen, Entbehrungen und Gefahren; sie sind, man kann das wörtlich nehmen, mit meinem Blute aus den Wunden geflossen, deren Narben ich noch heut an meinem Körper trage.»[21] Sporadisch wird auch ein kleiner Devotionalienhandel betrieben: Ein weiterer Briefempfänger erhält «Blumen aus dem gelobten Lande (...), welche mir mein lieber, hochwürdiger Freund, der Patriarch von Jerusalem, gesandt hat»,[22] und es werden – analog zu Praktiken der Verehrung Friedrich Schillers – Haare aus dem Schopf Winnetous versandt. Dieser langfristig populärsten Figur aus seinem literarischen Kosmos schenkt der Autor überhaupt besondere Beachtung: Er nennt ihr exaktes Todesdatum, den 2. September 1874, und teilt mit, dass er dem sterbenden Winnetou mit dessen «eigene(m) Blute» die Nottaufe gegeben hat[23] – was *Winnetou III* verschweigt – und dass er eine bestimmte Frau aufgrund ihrer «Ähnlichkeit» mit Winnetous Schwester Nscho-tschi geheiratet hat.[24]

Als die Mutter Carl Jungs, eines jugendlichen Verehrers, May persönlich einen Fragenkatalog zu seinem Werk überreicht, antwortet er am 2. November 1894 brieflich und fasst dabei in komprimierter Form verschiedenste Bestandteile der Old-Shatterhand-Legende zusammen:

1. Der Bärentöter ist ein doppelt Vorderlader mit 2 lötigen Kugeln, Treffsicherheit 1800 m. Gewicht 20 alte Pfund; es gehört also auch ein sehr kräftiger Mann dazu. Verfertigt von der berühmten Firma M. Flirr, San Francisko. Er ist das einzige Gewehr nach dieser Art. 2. Der Henrystutzen ist gezogen; der Lauf wird nicht warm, was eben sein größter Vorzug ist. Treffsicherheit 1500 m. Die Patronen sind in einer exzent-

risch sich drehenden Kugel enthalten. 3. Winnetou, der Häuptling der Apachen, war 32 Jahre alt, als er starb. Sein Name wird ausgesprochen Winneto-u, das o-u sehr schnell hintereinander als Diphtong. 4. Ich spreche und schreibe: Französisch, englisch, italienisch, spanisch, griechisch, lateinisch, hebräisch, rumänisch, arabisch 6 Dialekte, persisch, kurdisch 2 Dialekte, chinesisch 2 Dialekte, malayisch, Namaqua, einige Sunda-Idiome, Suaheli, Hindostanisch, türkisch und die Indianersprachen der Sioux, Apachen, Komantschen, Snakes, Uthas, Kiowas nebst dem Ketschumany 3 südamerikanische Dialekte. Lappländisch will ich nicht mitzählen. Wieviel Arbeitsnächte wird mich das wohl gekostet haben? Ich arbeite auch jetzt noch wöchentlich 3 Nächte hindurch. Montag nachmittag von 6 Uhr bis Dienstag mittag 12 Uhr und ebenso von Mittwoch bis Donnerstag und von Freitag bis Samstag. Wem der Herrgott 1 Pfund Verstand verliehen hat, der soll damit wuchern, denn er hat dermaleinst Rechenschaft abzugeben. 5. Mein bestes Pferd war Hatatitla, den Winnetou mir schenkte, nämlich in Amerika. Rih war wertvoller. 6. Halef ist jetzt Oberscheik aller Schammarstämme, zu denen auch die Haddedihn gehören. Lindsay hat soeben eine großartige Expedition durch Australien vollendet und bedeutende Goldfelder entdeckt. Haben Sie in den Zeitungen nicht davon gelesen? Hobble lebt noch, Hawkens, Firehand, Hawerfield sind tot. 7. Buffalo Bill kenne ich persönlich; er war Spion und guter Führer, weiter nichts. Zu den Westmännern à la Firehand wurde er nicht gerechnet. Sein eigentlicher Name ist Cody.[25]

Die Behauptung einer Bekanntschaft mit dem real existierenden Colonel William Frederick Cody alias Buffalo Bill (1846–1917) ist ein ebenso gefährlicher wie geschickter Schachzug, denn dieser Mann ist dank seiner aufsehenerregenden Tourneen allen in Deutschland bekannt, die sich für Indianer und den Wilden Westen interessieren. Bereits im Juni 1890 hat seine Show ‹Buffalo Bill's Wild West› erstmals in Dresden gastiert; es ist nicht bekannt, ob May eine dieser Vorstellungen, die Indianer, Cowboys, wilde Tiere und anderes präsentiert, besucht hat. Er äußert sich noch häufiger, und zwar durchweg herablassend, über den Star aus der Ferne und die oberflächlichen Attraktionen, mit denen er die Neugier seines Publikums befriedige,

Abb. 14: Old Shatterhand mit Winnetous Silberbüchse

profitiert aber insgeheim auch von ihm: Das Kostüm, in dem
Cody auftritt, gibt Anregungen für eine May'sche Inszenierung,
bei der nun in der Tat auch der reale Körper sichtbar in den
Dienst der Old-Shatterhand-Legende gestellt wird – May kleidet
sich als Old Shatterhand und als Kara Ben Nemsi, lässt sich
fotografieren und verbreitet die Bilder öffentlich.

Hergestellt werden sie im April 1896 von Alois Schießer,
einem Amateur-Fotografen, und vertrieben von Adolf Nunwarz
und Fidelis Steurer; alle drei stammen aus dem oberösterreichi-
schen Linz. Der Prospekt, mit dem Nunwarz wirbt, spricht von
Aufnahmen mit «den Original-Kostümen, die Old Shatterhand
und Kara Ben Nemsi auf seinen gefahrvollen Weltreisen trug»,
aber auch von solchen in Zivil – «Herr Dr. Karl May in seinem
Arbeitszimmer auf dem Sopha lesend mit Schreibtisch»; das-

selbe auch «ohne Schreibtisch» – und verheißt eigenhändige Unterschriften «des allverehrten Schriftstellers».[26] Die Redaktionen des *Hausschatz* und des *Guten Kameraden* lassen es sich nicht nehmen, ihre Leser auf diese Bilder hinzuweisen. Auch in die Fehsenfeld-Ausgabe finden die Porträts Eingang: Den dritten Band des *Old Surehand*, der 1896 erscheint, schmückt eine ganzseitige Aufnahme ‹Old Shatterhand (Dr. Karl May) mit Winnetous Silberbüchse›.

Parallel dazu wird das Gleichheitszeichen immer dicker, das May in seinen Publikationen zwischen dem Ich-Helden und dem empirischen Autor setzt. Dass es sich bei der literarischen Figur um einen aus Sachsen stammenden Schriftsteller handelt, ist seit langem unübersehbar. Der Leser erfährt, dass sich der erste Bestandteil des Namens Kara Ben Nemsi, unter dem das Ich in Nordafrika, dem Vorderen Orient und auf dem Balkan reist, aus seinem Vornamen ableitet; in anderen Gegenden der Welt wird er Charles, Schar-lih oder ähnlich genannt. *Winnetou I* enthält eine Einleitung, in der mitgeteilt wird, das im Folgenden Geschilderte entspreche persönlichen Erlebnissen; die Einleitung endet mit der Unterschrift «Der Verfasser». Der Reihentitel der Fehsenfeld-Ausgabe wird auf Drängen Mays 1896 geändert: Mit dem dritten Band des *Mahdi* verwandeln sich ‹Carl May's gesammelte Reiseromane› in weniger fiktional klingende ‹gesammelte Reiseerzählungen›. Im zweiten Band von *Satan und Ischariot* wird Old Shatterhand in seinem deutschen Wohnort Dresden von Winnetou besucht, im dritten erinnert sich ein flüchtiger Bekannter früherer Tage vage daran, dass er mit bürgerlichem Namen «wie einer von den zwölf Monaten» heiße, und der Held, der sich aus bestimmten Gründen tarnen möchte, nennt den einzigen Monat außer dem Mai, dessen Name mit dem Buchstaben M beginnt und nur eine Silbe umfasst: «März».[27] «*Weihnacht!*» enthält im ersten Kapitel eine Episode aus der Kindheit Old Shatterhands; darin wird der Gymnasiast zu seinem Schulleiter beordert, der ihn binnen weniger Textzeilen gleich dreimal mit seinem Namen anspricht und diesen ersicht-

lich immer stärker akzentuiert, ihn also dem Leser förmlich ein-
hämmert:

«May!» erklang es in seinem tiefsten Baß.
Ich verbeugte mich. (...)
«May!!»
Ich verbeugte mich wieder.
«May!!!»
Dritte Verbeugung; aber nun war ich entschlossen, mich nicht mehr
zu bücken.[28]

Spätestens jetzt ist die Gleichsetzung zwischen dem Autor und
seiner Figur innerliterarisch endgültig vollzogen.

May gestaltet sie aber auch auf subtilere Weise. In *Winne-*
tou III stirbt der Häuptling der Apachen unter den Klängen
eines *Ave Maria*, dessen Text von Old Shatterhand stammt; May
schreibt später die Musik dazu und veröffentlicht das Ganze
1897 als Gedicht und Komposition für vierstimmigen Männer-
chor im *Deutschen Hausschatz*. Mr. Henry heißt der Büchsenmacher, der das Ich in der *Winnetou*-Trilogie aus St. Louis in den
Wilden Westen schickt und es mit dem Henrystutzen und dem
Bärentöter ausstattet, jenen Gewehren, die dem Besitzer mit
ihrer Vielschüssigkeit und Treffsicherheit einzigartige Stärke
verleihen; er handelt also wie ein väterlicher Freund, und man
mag sich zu tiefenpsychologischen Erwägungen veranlasst fühlen, wenn man bedenkt, dass Henry die Übersetzung des Namens
Heinrich ist, wie Karl Mays Vater mit Vornamen hieß.

Die in der Öffentlichkeit lancierte Gleichsetzung von Held
und Autor wird in der zweiten Hälfte der 1890er Jahre mit Hilfe
von Auftritten vor Publikum bestätigt. Vom 10. Mai bis 15. Juli
1897 unternimmt das Ehepaar May eine große Rundreise durch
Deutschland, die teils privaten und geschäftlichen Besuchen,
teils der Begegnung mit ganzen Scharen von Verehrern dient.
Der Weg führt von Radebeul unter anderem über Leipzig, Hamburg, Kassel, den Rhein entlang, über Stuttgart, Innsbruck,
München, Regensburg und nach Böhmen. Im Februar 1898 reisen die beiden unter ähnlichen Vorzeichen nach Prag, Wien und

München. An manchen Orten kündigen die örtlichen Zeitungen die Ankunft des berühmten Mannes an und teilen mit, wann er für seine Leser zu sprechen sei. Es kommt sowohl zu Begegnungen in kleiner, geselliger Runde als auch zu Massenveranstaltungen. May erweist sich bei all dem als glänzender Unterhalter. In Königswinter beispielsweise trifft er am Pfingstsonntag 1897 zu anregenden Gesprächen mit der örtlichen Prominenz zusammen, fährt in einem Sonderzug auf den Drachenfels, verbringt, wie eine Lokalzeitung meldet, den Abend wiederum in «traute(m) Kreis» und überrascht die Anwesenden damit, dass er sich ans Klavier setzt und «bei manchem frischen Sang die Begleitung (übernimmt)»;[29] auch das *Ave Maria* trägt er vor, Stimmungswechsel sind ein bewährtes dramaturgisches Mittel. Dass man einen Weltreisenden und Abenteurer vor sich hat, über dessen Leben seine Erzählungen wahrheitsgetreu Auskunft geben, ist die allgemein akzeptierte Grundlage solcher Begegnungen, zumal May immer neue Details über sein Heldendasein improvisiert. Im nahe gelegenen Brohl mischt sich der Verehrte zunächst unerkannt unter seine Leser und erfreut sie dann so sehr, dass sie sich, nach einem weiteren Pressebericht, «an seiner interessanten Erzählkunst nicht satthören konnten und Hunderte von wissbegierigen Fragen stellten».[30] Mit der Größe der besuchten Orte und der Zahl der Zuhörer steigt offenbar auch Mays Neigung, von immer größeren Taten und Fähigkeiten zu berichten. In München sind es im Juli 1897, über mehrere Tage verteilt, Tausende von Verehrern, denen May «im Speisesaal des Hotels die unsinnigsten Antworten auf ebenso unsinnige Fragen (gibt). Er behauptet u. a., er beherrsche ca. 1200 Sprachen und Dialekte, er sei bei den Apachen als Nachfolger Winnetous Befehlshaber von 35 000 Kriegern und erst kürzlich in Mekka gewesen.»[31] All diese aberwitzigen Äußerungen werden zumindest von der Mehrheit der Anwesenden gläubig aufgenommen; selbst die Information über die «1200 Sprachen und Dialekte» wird in einer bayerischen Zeitung ohne jede Spur von Ironie wieder-

gegeben. Der Andrang in München ist so gewaltig, dass es vor
dem Hotel zu größeren Verkehrsbehinderungen kommt und
Polizei und Feuerwehr eingreifen müssen. Gelegentlich entblößt
May öffentlich seinen Oberkörper, um einige der Narben zu
zeigen, die sich den zahllosen Zweikämpfen seines heroischen
Lebens verdanken, und er verteilt unterschriebene Visitenkarten
an seine Verehrer. 1898 wird der Besuch bei einer der May-Ver-
einigungen – vulgo: Fan-Clubs –, in denen sich die Leser mittlerweile organisieren, zum emotionalen Höhepunkt eines weiteren
München-Aufenthalts: May gibt zunächst unbekannte Einzelheiten aus seinem Leben preis – mit einem Dorf im Fichtelgebirge
als Geburtsort, einer mehrjährigen Blindheit und einem Uni-
versitätsstudium –, berichtet aus der Jugend Winnetous und
bricht in Tränen aus, als der Vorsitzende anschließend ein fünf-
minütiges Trauerschweigen zu Ehren des großen Häuptlings
veranstaltet. Ähnlich bewegend geht es in Prag zu, wo ein Män-
nerchor in Anwesenheit und zu Ehren Mays dessen *Ave Maria*
vorträgt. Der vermeintliche Globetrotter sorgt aber auch dafür,
dass ob all der animierenden Berichte über die Vergangenheit die
Zukunft nicht vergessen wird: Prager Zeitungen berichten, dass
er «im Begriffe (ist), eine auf drei Jahre projectirte Reise nach
Arabien, Persien und Ostindien zu unternehmen».[32]

Aus späterer Sicht erscheint vieles von dem, was da geschieht,
fast unglaublich; die Old-Shatterhand-Legende und die devote
Reaktion der großen Mehrheit ihrer Adressaten bilden zweifellos eine der aberwitzigsten Episoden in der Geschichte der deutschen Literatur, und es stellt sich die Frage, warum ihr Urheber
sie erfunden und mit solch existenziellem Elan ausgelebt hat.
   Zunächst einmal handelt es sich dabei um nichts anderes als
eine konsequente, nahe liegende Fortschreibung bisheriger Legenden. Die Darbietung der May-Texte im *Hausschatz* hat von
Beginn an suggeriert, der Verfasser berichte über Länder, die er
aus persönlicher Erfahrung kenne, und dies ist den Lesern immer
wieder auch ausdrücklich bestätigt und von ihnen akzeptiert

Abb. 15: May in seiner Bibliothek und seinem Arbeitszimmer

worden. Als nächster Schritt entwickelt sich der durch die Ich-Form unterstützte Gedanke, dass das Geschilderte dann ja wohl im Wesentlichen tatsächlich Erlebtes wiedergebe, abgesehen von gewissen Stilisierungen aus literarischen Gründen, die May bereitwillig immer eingeräumt hat; warum sollte jemand, der ferne Gegenden bereist hat und deren Fremdheit und ‹Wildheit› anschaulich vor Augen führen möchte, anderes als jene Ereignisse schildern, in denen sie sich ihm erschlossen haben? Von hier ist es dann nur noch ein kleiner und fast zwingender Schritt zu der Feststellung, das handelnde und schreibende Ich sei mit der empirischen Person des Verfassers buchstäblich identisch. Aufmerksame Leser mögen sich an dieser Stelle zwar fragen, wie man einem menschlichen Wesen die alle plausiblen Grenzen überschreitende geistige und physische Leistungsfähigkeit zutrauen kann, die Old Shatterhand alias Kara Ben Nemsi demonstriert und Karl May in den 1890er Jahren für sich persönlich in Anspruch nimmt; aber die Frage kommt im Grunde zu spät, denn wenn man die Erzählungen als im naiven Sinne ‹wahre› Reiseberichte akzeptiert, wie es seit langem üblich ist, dann gehört dazu auch die Akzeptanz des Reisenden und seiner Taten.

Hinzu kommt, dass May ganz grundsätzlich an durchaus vertraute Traditionen anschließt. Die Fotos, die ihn im Kostüm seiner Ich-Figur oder in seinem mit exotischen Materialien – vom ausgestopften Löwen bis zu diversen Waffen – dekorierten Arbeitszimmer zeigen, gleichen denen, die ältere, im gleichen Genre tätige Kollegen wie Friedrich Gerstäcker oder Hermann Fürst von Pückler Muskau von sich anfertigen und verbreiten ließen; dass sie im Unterschied zu ihm auf tatsächlich durchgeführte Reisen zurückblicken können, ist den optischen Inszenierungen nicht zu entnehmen. Zudem schließt May an das Genre des Gelehrtenporträts an: Die Bilder, die ihn in Zivil in der Bibliothek seiner Villa zeigen, zwischen gewaltigen Bücherstapeln und selbst mit einem Buch in der Hand, entsprechen denen berühmter Forschungsreisender und anderer Gelehrter, etwa Alexander von Humboldt und Theodor Mommsen. Dazu passt die Bildungskomponente in Mays Werk: dass sein Ich-Held von profundem Interesse an den Verhältnissen in fremden Ländern angetrieben wird, dass er auf intensive Studien verweist, die er zur Vorbereitung seiner Reisen unternommen und deren Qualität er in der Praxis überprüft habe, und dass er sich insofern nicht nur als Abenteurer präsentiert, sondern auch als nebenamtlicher Wissenschaftler, ein Status, der durch die Werbung und die vielen zeitgenössischen Reaktionen zum instruktiven Charakter seiner Erzählungen bestätigt wird. Die wild wuchernden Einzelheiten der Old-Shatterhand-Legende stützen sich also auf die solide Basis bestens eingeführter Zeichensysteme und erscheinen deshalb zunächst einmal vertrauenswürdig.

Dass eine derart aufdringliche, mit üppigen rhetorischen und optischen Mitteln betriebene Inszenierung überhaupt auf breiten Widerhall stößt und nicht sogleich der Lächerlichkeit anheim fällt, kann nicht verwundern, wenn man den für die späten Phasen des 19. Jahrhunderts charakteristischen Hang zum Dekorativen, zur Kostümierung, zur drastischen Opulenz bedenkt; möglicherweise stellt er eine ästhetische Reaktion auf die politischen Veränderungen dar, die sich mit der Reichsgründung vollzogen. Immer wieder wird in diesem Zusammenhang auf die Person Kaiser Wilhelms II. verwiesen: auf seine Neigung zu bunten Uniformen, die er oft mehrfach am Tag wechselte, auf die Tendenz, sich zu schmücken und jederzeit einen der Repräsentation verpflichteten Lebensstil vorzuführen, auf sein demonstrativ zur Schau gestelltes scheinbares Wissen und Können bezüglich aller möglichen Themen und Sachverhalte. Ähnlich exaltiert fallen die Selbstdarstellungen anderer aus, die es sich leisten können: In den Werken berühmter zeitgenössischer Porträtisten wie Franz von Lenbach und Franz von Stuck entdeckt man Geschäftsleute, die sich in die eigenartigsten Gewänder hüllen, und Industriellengattinnen, die sich als Prinzessinnen oder mythologische Figuren malen lassen. Auch Selbstbildnisse dieser und Darstellungen anderer Künstler, mit genialisch wilden Blicken und zerzauster Haarpracht, bezeugen die Absicht, um nahezu jeden Preis – bei heutiger Betrachtung manchmal auch um den der unfreiwilligen Komik – das Außerordentliche, aus dem Rahmen des Alltäglichen Fallende zu akzentuieren; Lenbach und Stuck werden darüber reich und mit Adelstiteln belohnt. Wo es um die Begegnung mit dem Fremden geht, dürfen die entsprechenden Merkmale nicht fehlen: Auch die Orientschwärmerei des 19. Jahrhunderts, an die Karl May anschließt, verwirklicht sich über deutlich sichtbare Zeugnisse wie arabisches Mobiliar, fremde Zierpflanzen und den noch heute beliebten Perserteppich, und die weit verbreiteten Illustrationen orientalischer und indianisch-wildwestlicher Szenen präsentieren ihre Objekte in den leuchtendsten Farben; die Völkerschauen und Showveranstaltungen vom Schlage derjenigen Buffalo Bills beeindrucken ebenfalls durch Buntheit und Bewegtheit. Wenn Karl May hier mithalten und erfolgreich als derjenige gelten will, der er zu sein beansprucht, muss er sich fast zwangsläufig kostümieren und der Rolle als reisendes Ich alias Old Shatterhand alias Kara Ben Nemsi auch rhetorisch lautstark Ausdruck verleihen.

Aber er ist nicht nur jemand, der die Gesetze des Zeitgeschmacks erfüllt; sein Auftreten lässt darüber hinaus, wie schon angedeutet, an Verfahrensweisen der modernen Unterhaltungsindustrie denken. Der Eifer, mit dem er über alle Einzelheiten der Herstellung und des Vertriebs seiner Bücher wacht, antizipiert das Bestseller-Kalkül späterer Jahre. Das Zusammenspiel verschiedener medialer Vermittlungsformen – Bücher, Zeitschriften, Kalender, Fotografien, persönliche Auftritte – weist voraus auf Werbekampagnen, wie sie im kulturellen Bereich heute üblich sind. In den Fotos, die Nunwarz anfertigt, mag man eine Vorwegnahme jener ‹Starschnitte› sehen, mit denen siebzig Jahre später die Teenager-Zeitschrift *Bravo* Schauspieler der Karl-May-Filme lebensgroß in die Zimmer ihrer Verehrerinnen und Verehrer bringt. Der über öffentliche Auftritte, Autogrammkarten, eine intensive Korrespondenz mit zahllosen Lesern und sogar über entsprechende Bemerkungen in den Buchpublikationen vermittelte Eindruck einer persönlichen Nähe zwischen dem großen

Mann und seinem Publikum erweist sich als probates Mittel, um dessen Zuneigung zu gewinnen; May versäumt keine Gelegenheit, angesichts der Stöße von Verehrerpost, die bei ihm eingehen, sowohl über die Mühe zu klagen, die ihm ihre Beantwortung abverlangt, als auch auf die große Popularität zu verweisen, die sie ihm bestätigen, und er bittet seine Leser um Fotografien, aus denen er für private Zwecke ein voluminöses, in der historischkritischen May-Ausgabe mittlerweile veröffentlichtes ‹Leseralbum› zusammenstellt.

Man hat Karl May als den ersten Popstar der deutschen Literaturgeschichte bezeichnet; zu diesem Etikett passt vieles von dem, was er als geschickter Marketing-Stratege seiner selbst unternimmt, und erst recht die gewaltige Verehrung, die ihm entgegenschlägt. Popstars zeichnen sich oft dadurch aus, dass die Grenzen zwischen Realität und Rolle, zwischen ihrer empirischen Wirklichkeit und ihrer künstlerischen Tätigkeit durchlässig werden bzw. als durchlässig dargeboten werden: Filmschauspieler, die gefährliche Action-Szenen drehen, kokettieren damit, dass sie dies selbst tun, ohne Hilfe von Stuntmen, und nicht wenige ihrer Kolleginnen, die bevorzugt leichtlebige Frauen verkörpern, haben seit je gern den Eindruck vermittelt, in ihrer Privatsphäre gehe es ähnlich turbulent zu; Stars der Rockmusik imitieren oft auch außerhalb der Bühne die Exzesse, von denen ihre Darbietungen künden, manchmal – wie bei Jimi Hendrix und Janis Joplin – um den Preis des frühen Todes. Die Mär vom Schriftsteller, der mit seiner heroischen Figur identisch ist, erweist sich also unter werbetechnischem Aspekt als zukunftsträchtige Konstruktion. Sie strahlt aus bis in Publikationen des 21. Jahrhunderts, die ihr zwar nicht im Mindesten mehr erliegen, gleichwohl aber weiterhin auf ihre Anziehungskraft setzen: Christian Heermanns vorzügliche Karl-May-Biographie etwa, erschienen als Ergänzungsband zur Leseausgabe des Karl-May-Verlags, trägt den bezeichnenden Titel *Winnetous Blutsbruder*, und Jürgen Seuls Buch über Mays juristische Auseinandersetzungen heißt *Old Shatterhand vor Gericht*.

Von ähnlichen Fällen unterscheidet sich dieser allerdings dadurch, dass es sich um reine Maskerade handelt. Doch Masken im übertragenen wie im wörtlichen Sinne sind nicht per se etwas Schändliches oder etwas, das nur dem oberflächlichen Amüsement diente; der Blick in die Literatur älteren wie neueren Datums zeigt Karl May, dass die Vorspiegelung einer falschen Identität keineswegs zum Scheitern führen muss und manchmal sogar die segensreichsten Wirkungen zeitigt. Diverse antike Götter nehmen eine falsche Gestalt an, um ihre Ziele zu erreichen, und Odysseus kehrt in der Verkleidung eines Bettlers nach Ithaka zurück. Im *Graf von Monte Christo* (1844/45), einem der größten Bucherfolge des 19. Jahrhunderts, schickt Alexandre Dumas seinen übel behandelten Protagonisten ebenfalls nach langer Abwesenheit unter einem Pseudonym wieder an den Ort des ursprünglichen Geschehens und lässt ihn für Gerechtigkeit sorgen; Eugenie Marlitt erzählt in *Reichsgräfin Gisela* (1869) eine im Kern ähnliche Geschichte. Auch das Musiktheater kennt, von Mozarts *Così fan tutte* über Beethovens *Fidelio* bis zu Johann Strauss' *Die Fledermaus*, zahlreiche Werke, in denen Verkleidungen zu erstaunlichen Einsichten und Erfolgen führen. So nimmt es nicht wunder, dass auch May sich in seinen Texten dieses Motivs immer wieder bedient: Der Münchmeyer-Roman *Der verlorne Sohn* kopiert das Handlungsgerüst des *Graf von Monte Christo*, die Überlebenden im *Waldröschen* begehen ihr Wiedersehen im Rahmen eines Maskenballs, und der berühmte Old Shatterhand stellt sich anderen Menschen oft als ahnungsloser Wildwest-Neuling vor, um später die wahre Identität des genialischen Helden besonders eindrucksvoll hervortreten zu lassen. Der Blick in die Kulturgeschichte einschließlich der eigenen Texte beweist Karl May also, dass Maskenspiele sich lohnen; für jemanden, der immer wieder ästhetische Konstrukte in Lebenswirklichkeit übersetzt, liegt die Folgerung nahe, er könne seinerseits mit bestem Ergebnis entsprechend aktiv werden, mag das von ihm betriebene Spiel auch ein höchst prekäres sein.

Die Old-Shatterhand-Legende stellt die Krönung im fortlaufenden Prozess der Literarisierung des eigenen Lebens dar. Nachdem May – will man den Berichten der Autobiographie folgen – schon als Kind Wege aus der Not fast ausschließlich über Phantasieprodukte gefunden oder wenigstens gesucht hat, nachdem er in seiner Vagabundenzeit kriminelle Taten wie Schelmenromane inszeniert und literarisch vermittelte Räubergestalten *en miniature* gegeben hat, nachdem er für die von ihm selbst produzierten Texte die Rolle eines reisenden und schreibenden heroischen Ichs gefunden und damit Erfolg geerntet hat, betreibt er nun die Verschmelzung der Kunstfigur mit seiner realen Person. Ein Gesamtkunstwerk *sui generis* entsteht, zusammengesetzt aus Phantasien, die sich als Realität tarnen, und einer Wirklichkeit, in der die sichtbare Existenz Mays nur noch die Authentizität des Phantasierten beglaubigen soll. Eine Maske wird als wahres Gesicht präsentiert: Mays Neigung zum Rollenspiel erreicht ihren Höhepunkt, indem er dem Publikum vorübergehend jeden Gedanken austreibt, es könne sich um ein solches handeln – wie bei einem grandiosen Schauspieler, bei dem das Publikum vergisst, dass es sich im Theater, im Kinosaal oder vor dem Bildschirm befindet.

Mitreißende Spiele wie dieses weisen häufig Elemente von höchst unterschiedlicher Gestimmtheit auf. Wenn May am 22. Juni 1895 gleich zwei Lesern mitteilt, er habe ihnen nicht früher schreiben können, weil er «zur Auerochsenjagd in den Kaukasus»[33] eingeladen gewesen sei, drängt sich der Eindruck auf, er mache sich insgeheim über sie lustig und betreibe die Old-Shatterhand-Legende womöglich als einen gewaltigen Jux; hier mag man an die Äußerung des Rechtsanwalts in Mittweida denken, sein Mandant scheine aus Übermut auf der Anklagebank zu sitzen. Das öffentliche Pendant zu derartigen privaten Äußerungen bildet *Freuden und Leiden eines Vielgelesenen*, ein pseudo-autobiographischer Text, den May 1896 für den *Hausschatz* anfertigt; er berichtet darin über allerlei kuriose Ereignisse, die sich im Leben des Ich-Helden abspielen, wenn er in seinem gutbürgerlichen Domizil am Schreibtisch arbeiten

möchte und von aufdringlichen Verehrern und anderen Un-
bilden heimgesucht wird. Man kann lange darüber diskutieren,
ob May hier ironisch das eigene Rollenspiel, die Naivität seiner
Leser oder die Old-Shatterhand-Legende als Ganzes ad ab-
surdum führt, während er sie vordergründig bestätigt.
Aber die Konstruktion entbehrt auch nicht der ernsten, ja vielleicht sogar tragischen Züge. Bei Lichte betrachtet nämlich er-
schreibt und inszeniert sich hier ein Mensch, der aus jämmer-
lichen Verhältnissen stammt und dem im Leben zunächst vieles
danebengegangen ist, eine Traumexistenz, mit der alles zum
Besseren hin korrigiert wird; andere Wege stehen ihm offenbar
nicht zur Verfügung. Der im bürgerlichen Berufsleben geschei-
terte Lehrer verwandelt sich in einen Helden mit einzigartigen
Fähigkeiten, der in seiner Heimat triumphale Audienzen abhält.
An die Stelle des Kriminellen und Zuchthäuslers tritt eine Gestalt,
die in Nordamerika weithin berühmt ist, von guten Menschen
verehrt und von Bösen gefürchtet wird, die im Orient die ver-
zwicktesten Verbrechen aufklärt, Polizisten nach Belieben herum-
kommandiert und korrupte Amtsinhaber davonjagt und der dann
zu Hause Legionen von Verehrern zujubeln. Die Karl-May-Forschung hat intensiv die Verbindungslinien herausgearbeitet, die
zwischen der realen Vergangenheit Mays und der erschriebenen
des Old Shatterhand/Kara Ben Nemsi bestehen, und dabei immer
wieder die literarische Korrektur düsterer biographischer Mo-
mente erschlossen, wie im Fall von Mr. Henry, der als väterlicher
Freund die bessere Alternative zum zwiespältig geschilderten
wirklichen Vater bietet. In Mays exotischem Kosmos ist kaum ein
Motiv zu entdecken, von regelmäßig wiederkehrenden Vorwürfen an das Ich, es habe etwas gestohlen, bis zu seiner reflexhaften
Abneigung gegen staatliche Autoritäten, das sich nicht mit Mays
realer Vergangenheit in Verbindung bringen ließe, und so weist
sein Insistieren, er gebe tatsächlich Erlebtes wieder, letztlich doch
Elemente einer höheren Wahrheit auf. Die insbesondere von Sigmund Freud vertretene Theorie, literarisches Phantasieren diene
der Korrektur frustrierender Lebenserfahrungen, der stellver-

tretenden Erfüllung unbefriedigt gebliebener Wünsche, könnte sich auf wenige Schriftsteller mit mehr Recht berufen als auf Karl May; sie wäre zu ergänzen durch die Beobachtung, dass die literarische Konstruktion in den 1890er Jahren auch noch in die empirische Wirklichkeit rückübersetzt wird.

Eine weitere Komponente des Spiels besteht darin, dass es Regeln folgt, denn sie garantieren ein gewisses Maß an Schlüssigkeit und Kohärenz. Im Sinne einer solchen Ordnung passt sich der schauspielende May, mit welchem Grad an Bewusstheit auch immer, typologisch perfekt den ausschweifenden Verhaltensweisen der literarischen Figur an. Produziert diese, etwa mit Kunstschüssen und unbegreiflicher physischer Stärke, auf ihren abenteuerlichen Reisen immer neue zirzensische Höchstleistungen, so fabriziert der Deutschland durchstreifende Karl May kontinuierlich sich zuspitzende Informationen über das, was er zu leisten vermag und geleistet hat; aus zwei Dutzend Sprachen, die er beherrscht – «Lappländisch will ich nicht mitzählen» –, werden bei entsprechender Gelegenheit mehr als tausend, aus einem Winnetou, der sich dem Roman zufolge im Sterben zum Christentum bekennt, wird einer, der auch noch die Nottaufe erhält. Die Trauer, die Old Shatterhand nach Winnetous Tod empfindet, schlägt sich in Mays Weinen beim Trauerschweigen im Verein der Verehrer nieder, und die musikalischen Fähigkeiten, die der Weltreisende bei verschiedenen Anlässen unter Beweis stellt, bestätigen sich im kleinen Format, wenn er die Lokalprominenz in Königswinter pianistisch unterhält. Der Gelehrtheit des Weltreisenden entspricht Mays falscher Doktortitel. Old Shatterhand/Kara Ben Nemsi ist, indem er ganze Indianer- und Beduinenstämme bei ihren Kriegszügen dirigiert, den Anforderungen, die große Menschenansammlungen im Konfliktfall stellen, ebenso gewachsen wie der Begegnung mit einzelnen Personen und Kleingruppen; analog dazu beeindruckt May in kleiner Runde genauso wie bei seinen Auftritten vor einem Massenpublikum.

Mays Spiel greift außerdem markante ästhetische Traditionen

auf und entwickelt sie weiter. Einige Gattungen der Literaturgeschichte beziehen ihren Reiz aus einer systematischen Ver-
wischung der Grenze zwischen empirischer Realität und Phantasie. Das gilt etwa für das besonders im 18. Jahrhundert beliebte
Genre des Briefromans mit seiner stetig wiederkehrenden Fiktion,
es liege nicht eine erfundene Geschichte vor, sondern ein real
existierender Herausgeber habe de facto geschriebene Briefe
entdeckt und stelle sie hier mit dokumentarischem Anspruch
vor; Goethe ist in seinen *Leiden des jungen Werthers* (1774), die
das Muster aufgreifen und zum größten Verkaufserfolg ihres
Verfassers werden, noch einen Schritt weiter gegangen und hat
der von seinem Protagonisten begehrten weiblichen Figur denselben Namen, nämlich Lotte, gegeben, den jene Frau trug, in
die er sich selbst zuvor verliebt hatte. In enger zeitlicher Nachbarschaft zu May betreibt ein ganz anders orientierter Schriftsteller, Leopold von Sacher-Masoch (1836–1895), hinsichtlich
der Beziehung zwischen Leben und Werk eine ähnliche Mysti-
fizierung wie May: Er erfindet für sich eine heroische soldatische
Vergangenheit und inszeniert demonstrative Übereinstimmungen zwischen den sexuellen Besonderheiten seiner Literatur und
seines Privatlebens. Die Radikalität solcher Grenzverwischung
weist, wie manches andere bei Mays Unternehmungen, auch
schon voraus ins 20. und 21. Jahrhundert. Ein paar Jahrzehnte
nach ihm wird Erich Kästner in einigen seiner Kinderbücher eine
Figur auftreten lassen, die Kästner heißt, Schriftsteller bzw.
Journalist ist und den von Erich Kästner entworfenen Romanfiguren begegnet, wohingegen der Schriftsteller, der unter dem
Pseudonym B. Traven Abenteuerromane publiziert, seine reale
Vergangenheit nicht durch falsche Erzählungen, sondern durch
ihr Gegenteil: ein völliges Verschweigen und Verwischen aller
Spuren, ins Dunkel hüllt; er existiert gewissermaßen außerhalb
seiner Texte nicht. Die heutigen Massenmedien schließlich sind
voll von Darbietungen, bei denen die Unterscheidung zwischen
Fiktion und Realität von vornherein nahezu unsinnig erschiene.
Was May mit der Old-Shatterhand-Legende unternimmt, fügt

sich also in vieler Hinsicht passend zu Tendenzen der Zeitgeschichte, der literarischen Tradition und der früheren Abschnitte seines Lebens; insofern lösen sich die spektakulären
Züge, die beim ersten Hinsehen ins Auge fallen, in gewisser Weise
auf. Aber es bleibt etwas übrig, das den Fall jenseits des Rationa-
len zu einem ganz besonderen macht: das hohe und eigentlich
leicht vermeidbare Risiko, das May eingeht. Beschränkte sich die
Konstruktion, nach der das Ich der Erzählungen mit ihrem Autor
identisch ist, auf innerliterarische Behauptungen, so hielte sich
das Aufsehen, das sie erregt, vermutlich in engen Grenzen; aber
indem May seiner realen Person auch außerhalb des fiktionalen
Rahmens eine Lebensgeschichte entsprechend dieser Vorgabe
modelliert und dabei den Rahmen des vernunftgemäß Plausiblen
weit überschreitet, provoziert er geradezu den Gegenschlag. Auch
wenn die Old-Shatterhand-Legende erstaunlich lange funktio-
niert, so ist es doch nur eine Frage der Zeit, bis skeptische Beobachter auf den Gedanken kommen, man müsse sich einmal mit
der wirklichen Vergangenheit des wild drauflos schwadronieren-
den Mannes beschäftigen; und da lässt sich weder ein heroisches
noch ein unauffälliges Leben entdecken, sondern eines, dessen
Bloßstellung ihn der gewaltigen Lüge überführen und in einen
neuen Abgrund stürzen muss.

Die Gefahr ist umso größer, als May sich zu keinem Zeitpunkt
ernsthaft darum bemüht, die improvisierten Einzelheiten seiner
Selbstinszenierung überzeugend aufeinander abzustimmen. Unter diesem Aspekt erscheint es heikel, dass die Angaben über
seine Sprachkenntnisse ebenso variieren wie die über die Zahl
seiner früheren und die Pläne zu seinen künftigen Reisen oder
die Informationen zur Bedeutung des Namens Winnetou. Die
mehreren Dutzend Reisen nach Amerika, die May neben denen
in andere Erdteile unternommen haben will, sind schon unter
zeitlichen Gesichtspunkten schwer vorstellbar, denn angesichts
der damaligen Transportgeschwindigkeit hätten sie so viele
Monate beansprucht, dass für die abenteuerlichen Touren an
Land und fürs Schreiben darüber kaum Zeit geblieben wäre;

eifrigen May-Lesern ist es nicht einmal gelungen, die schriftlich
vorliegenden Erzählungen um Old Shatterhand/Kara Ben Nemsi
in eine triftige chronologische Ordnung zu bringen. Mays
Sprachproben aus fernen Weltgegenden mögen teilweise beeindruckend erscheinen und sich beim Blick ins Konservationslexi-
kon gelegentlich bestätigen lassen; aber der polyglotte Gelehrte
weiß augenscheinlich nicht, dass dem Englischen die Unterscheidung zwischen den Anreden ‹Du› und ‹Sie› fremd ist. Auch der
Umgang mit Henrystutzen, Bärentöter und Silberbüchse, den berühmtesten Gewehren des Wilden Westens, erweist sich als prob-
lematisch: In einem öffentlichen Disput muss May sich von einem
Waffenexperten vorhalten lassen, dass der vielschüssige Stutzen
keinesfalls auf die beschriebene Art funktionieren kann; einigen
Lesern fällt auf, dass May auf seinem Old-Shatterhand-Porträt in
Old Surehand ausgerechnet die Silberbüchse in Händen hält, die
nach dem Zeugnis von *Winnetou III* doch dem toten Apachen-
häuptling mit ins Grab gegeben worden ist; Mitte der 1890er
Jahre lässt May sich von dem Dresdner Büchsenmacher Max
Fuchs einen Bärentöter und eine Silberbüchse anfertigen – später
kommt ein Henrystutzen hinzu – und weist sie stolz seinen Besuchern vor, doch ein Schuss lässt sich aus diesen Waffen nicht
abgeben.

Wenn man das alles bedenkt und zudem berücksichtigt, dass
sich in den 1890er Jahren noch zahllose Personen zu Wort melden könnten, die über Mays reale Vergangenheit zuverlässig
informiert sind, tritt die Absurdität der Old-Shatterhand-
Legende erneut in aller Deutlichkeit zutage, und es stellt sich,
wie schon bei den kriminellen Verfehlungen, die Frage nach der
psychischen Verfassung Karl Mays: Warum befördert er sich
ohne zwingenden Anlass, ohne Not in derart luftige Höhen,
dass jedem halbwegs nüchtern denkenden Beobachter der Ab-
sturz unvermeidbar erscheint? Warum verstößt ein kluger
Mensch so derb gegen das Realitätsprinzip, das doch in manchen Bereichen zur Richtschnur seines Arbeitens wird? Müssten
nicht die skizzierten Umstände, die der Legende zuarbeiten und

ihre Wirkung begünstigen, in Anbetracht der mit ihr verbundenen Gefahren sofort jede Bedeutung verlieren?

Die potenziell geschäftsschädigende Selbstdarstellung eines Mannes, der sich sonst durchaus geschäftstüchtig verhält, steht freilich nicht isoliert da: Mays Verhalten zeichnet sich auch in anderen Zusammenhängen durch eine hohe Risikobereitschaft aus. Jahrzehnte vor der Verbreitung der Old-Shatterhand-Legende war es ein großes Wagnis, die zweite Lehrerstelle mit einer leicht durchschaubaren Lüge über das Ende der ersten anzutreten. Der Doktortitel ist eine Schimäre, die jederzeit als solche erkannt werden kann, und mit den plagiierenden Stellen in seinen Schriften setzt May sich der Gefahr aus, als literarischer Dieb enttarnt zu werden. Dem allem liegt stets dasselbe Muster zugrunde, das nun in der Gleichsetzung von Autor und Held seine grellste Ausprägung findet: Es gibt jeweils gewisse Gründe dafür, dass May über die Stränge schlägt, aber zwingend sind sie keineswegs, und die realistische Betrachtung müsste definitiv ein ihnen folgendes Verhalten unterbinden; dennoch setzen sie sich durch.

An dieser Stelle kommen irrationale und pathologische Faktoren ins Spiel, die rückblickend freilich nur schwer zu erschließen und detailliert zu bestimmen sind. Möglicherweise unterliegt Karl Mays Verhalten Dispositionen, die man im 19. Jahrhundert als Pseudologie bezeichnet und für die man heute den Begriff der narzisstischen Identitätsstörung verwendet. Damit ist gemeint, dass eine Person hinsichtlich der eigenen Lebensführung nicht deutlich zwischen Wahrheit und Erfindung unterscheiden, sondern sich nur über exzessiv betriebene Rollenspiele begreifen und zur Geltung bringen kann; das Phänomen ist, nach Angaben der zuständigen Mediziner, erheblich weiter verbreitet, als man spontan vermuten mag. Auch in literarischen Werken tauchen immer wieder Pseudologen auf, beispielsweise Thomas Manns Hochstapler Felix Krull: «Verkleidet also war ich in jedem Fall, und die unmaskierte Wirklichkeit (...), das Ich-selber-Sein, war nicht bestimmbar, weil tatsächlich nicht vorhanden» – eine überaus treffende Erklärung dieses Typus.[34] Das Beispiel Krull lehrt auch, dass Pseudologen keineswegs lebensuntüchtig, geschweige denn im umfassenden Sinne geisteskrank sind; sie verfügen nur nicht über die eine, mehr oder weniger klar konturierte und im empirischen Alltag solide verankerte Persönlichkeit, mit der die meisten Menschen sich durchs Leben bewegen. Die Drahtseilakte Mays sprechen dafür, dass es sich in seinem Falle so verhält; pseudologische Anfälligkeit wäre dann die psychische Basis für die Neigung zum Rollenspiel, die weite Teile seines Lebens kennzeichnet. Im gleichen Zusammenhang ist an ein weiteres Motiv zu denken. *Mein Leben und Streben* enthält zahlreiche Klagen darüber, dass May sich stets isoliert gefühlt habe: Ein echter, wahrer Freund sei ihm nie vergönnt gewesen, von der Kindheit bis ins hohe Alter; es habe ihm stets an Zuneigung gefehlt, «und ich hatte doch auch ein Herz, und ich sehnte mich doch auch nach Licht und Wärme».[35] Auch dieses Manko lässt sich in der Phantasie ausgleichen: Den Helden der Abenteuerromane wird nicht nur Bewunderung zuteil, sondern auch das, was man Liebe nennen mag. Das Ich und seine engsten Freunde sind glücklich, wenn sie einander zu Gesicht bekommen, und schwärmen so intensiv voneinander, dass Arno Schmidt in seinem vorübergehend sehr wirkungsmächtigen Buch *Sitara und der Weg dorthin* (1963) gar die Diagnose gestellt hat, May biete eine verkappte Darstellung homosexueller Beziehungen. Die edlen Westmänner und ihre indianischen Freunde sind ebenso wie Kara Ben Nemsi und Hadschi Halef Omar bereit, zum Schutz des anderen notfalls das eigene Leben aufs Spiel zu setzen, und die guten Menschen, die ihnen zunächst einmal ferner stehen, freuen sich über alle Maßen und brechen manchmal sogar in lauten Jubel aus, wenn sie einem Winnetou, Old Shatterhand oder Kara Ben Nemsi begegnen. Diese intensive emotionale Beziehung zwischen den literarischen Figuren spiegelt sich auch in der Reaktion der begeisterten Leser auf sie: Die Freude an den May-Büchern käme nicht zustande, wenn die Protagonisten ihre Leser kalt ließen.

Mays Identifikation mit dem Ich-Helden ist unter diesen Umständen vielleicht auch als Versuch zu deuten, die Neigung des Publikums, die zunächst seinem literarischen Alter Ego gilt, unmittelbar auf die eigene Person zu lenken und so in einem weiteren Bereich einen kompensatorischen Ausgleich für Defizite des realen Lebens zu finden. Das Publikum soll nicht mehr nur den vom Autor geschaffenen Helden verehren und lieben, sondern mit ihm auch den Autor selbst.

Das Alltagsleben, das May in den 1890er Jahren führt, widerspricht freilich der These von der großen Isolation. Mag sein, dass es an tiefen Freundschaften und wahrem Verständnis fehlt, wenn man als Maßstab die einzigartige Bindung zwischen Winnetou und Old Shatterhand zugrunde legt, bei denen ein kurzer Blick in die Augen reicht, um sich über die Aktivitäten in den nächsten Stunden zu verständigen; an Bekanntschaften aber mangelt es May gerade in den Jahren der Old-Shatterhand-Legende nicht, deren Strahlkraft sich auf alle Bereiche seines Privatlebens vorerst segensreich auswirkt. Der zu Ansehen und Reichtum gelangte Schriftsteller pflegt einige wenige alte Beziehungen, knüpft eine große Zahl neuer Freundschaften mit Menschen aus nah und fern und führt ein überaus geselliges Leben.

Als die Mays noch in der Villa Agnes wohnen, bekommen sie Besuch vom Ehepaar Pfefferkorn aus den USA; bei Karl Ludwig Ferdinand Pfefferkorn handelt es sich um einen Schulfreund, der 1866 ausgewandert ist und nun in Lawrence, Massachusetts, als Arzt lebt. Eng verbunden ist den Mays auch ihr Hausarzt Dr. Curt Mickel. Zur örtlichen Prominenz zählt der befreundete Friedrich Eduard Bilz, der in der Nähe der Villa Shatterhand eine Naturheilanstalt leitet – in der Emma eine schwere Erkältung auskuriert –, mit großem Erfolg über entsprechende therapeutische Verfahren publiziert und eine Limonade mit dem Namen Sinalco erfindet, die weltweit bekannt wird. Eine besonders intensive und, wie sich zeigen wird, folgenreiche Beziehung entwickelt sich zu Richard Plöhn (1853–1901) und seiner Ehefrau Klara (1864–1944) sowie deren Mutter Wilhelmine Beibler (1837–1909); Plöhn ist Besitzer der Sächsischen Verbandsstofffabrik in Radebeul. Zu den wichtigsten auswärtigen Bekannten, mit denen sich über das Medium des Verehrerbriefs erste Kontakte ergeben, zählen die Familie des Weingutbesitzers Emil Seyler in Deidesheim, dessen fünf Töchter May scherzhaft Orgelpfeifen nennt, während sie ihn und Emma als Onkel und Tante anreden, sowie das Ehepaar Carl und Lisbeth Felber, das in Hamburg ein Caféhaus führt. In einigen Fällen werden über bestehende Freundschaften weitere gestiftet; so lernen die Mays über das Ehepaar Plöhn Marie und Hans Grund und über die Seylers den Deidesheimer Pfarrer Andreas Kempf kennen und schätzen.

Da May von Menschen unterschiedlichsten Alters gelesen wird, findet er in der jungen Generation Verehrer und Freunde auch ganz unmittelbar, ohne die Vermittlung Gleichaltriger. Max Welte, Johannes März und Walter Weber, drei junge Männer, die in der Nähe wohnen, treten in engeren persönlichen Kontakt zu ihm, ebenso der schon erwähnte Carl Jung, Empfänger des Briefes, in dem May sich detailliert über seine famosen Sprachkenntnisse und die Funktionsweise seiner Gewehre äußert. Auch beim weiblichen Geschlecht findet seine Selbstdarstellung Widerhall: Als Verehrerin höchsten Grades erweist sich die Arzttochter Marie Hannes, die unter einer schweren orthopädischen Krankheit leidet und in der Beziehung zu ihrem Idol zunächst tröstende und beglückende, später aber, wie noch zu berichten sein wird, extrem deprimierende Erfahrungen macht.

Neben den Gymnasiasten, Akademikern, arrivierten Bürgern und, zum kleinen Teil, Künstlern bilden die Aristokraten eine Gruppe, an der May besonders viel liegt; immer wieder verweist er in seiner Korrespondenz darauf, dass auch auf dieser Ebene beste persönliche Beziehungen existieren. Sie bestehen beispielsweise zur Erbprinzessin Lucie von Schönburg-Waldenburg, einer Angehörigen jenes Hauses, als dessen Untertan May geboren wurde und das seine Ausbildung finanziell unterstützt hat. Die Gräfin Anna Elisabeth von Jankovics, die in der Nähe von Wien beheimatet ist, schreibt ihm schon 1894 und lädt ihn ein, sie zu besuchen. Auch an Fürstenhöfen werden Mays Romane mit Begeisterung gelesen, und auch dort kommt es zu persönlichen Begegnungen: Während seines Aufenthalts in Wien, im Februar 1898, wird May glanzvoll am Kaiserhof empfangen, einige Wochen danach gibt es eine ähnlich triumphale Ehrung im Wittelsbacher Palais in München.

Über die Ereignisse in München berichtet May an Fehsenfeld: «Kaum bin ich ins Hôtel getreten, so kommt der Adjutant, mich an den Königlichen Hof zu bitten. Großartige Audienz, mehrere Stunden lang; sämmtliche Mitglieder des Königshauses da. Alles liest May!»[36] Wie weit «alles» reicht, hält er später in einem weiteren Brief an den Verleger fest: Darin geht es pauschal gleich um «alle Fürstenhöfe» und namentlich um «österr. Erzherzöge, bayer. und preuß. Prinzen, Turn und Taxis, Mecklenburg, Schönburg, Montecuculi, Esterhazy, Gallas, Wende, Radziwill etc.».[37] Man spürt den ungeheuren Stolz, mit dem May diese besondere Spezies von Verehrern registriert, die in seinem Weltbild an der Spitze der gesellschaftlichen Hierarchie steht, und gleichzeitig wird eine weitere Dimension der Old-Shatterhand-Legende sichtbar: Mit ihrer Hilfe knüpft May Kontakte, die mit Blick auf seine Vergangenheit fast unvorstellbar erscheinen; der Proletariersohn und ehemalige Kriminelle, der sich die Maske des Weltreisenden angelegt und den Status des Erfolgsschriftstellers errungen hat, erklimmt schwindelerregende Höhen auf der sozialen Stufenleiter und genießt ein einzigartiges Ansehen. Dass die hohen Herrschaften sogar zu ihm ins Haus kommen, bestätigt den wundersamen Erfolg: «Vorgestern waren die drei Grafen Radetzky bei uns, Nachkommen des Feldmarschalls Radetzky.»[38]

Ins Haus kommen May darüber hinaus viele, in der Villa Shatterhand herrscht ein munteres Treiben. Besucher gehen ein und aus, Übernachtungsgäste bleiben teilweise mehrere Tage oder gar Wochen. Man trifft sich in geselliger Runde, beim Wein

Abb. 16: Emma May, Klara Plöhn, Adolf Nunwarz, Karl May und Richard Plöhn (von links) beim Skatspiel in der Villa Shatterhand

und zum Skatspielen, einer Beschäftigung, der May ebenso intensiv huldigt wie dem Rauchen. Lampionfeste werden veranstaltet, zu deren Höhepunkt sich der Hausherr als Feuerwerker betätigt. Bei anderer Gelegenheit setzt er sich, wie Max Welte berichtet, ans Klavier und spielt den Besuchern Teile einer angeblich in Arbeit befindlichen Winnetou-Oper vor. Vieles wird fotografisch festgehalten: Gut gekleidete Damen und Herren sitzen fröhlich zusammen, blicken einander freundlich in die Augen oder mal munter, mal ernst in die Kamera; auch Scherze werden dokumentiert, z. B. Emmas Verkleidung als Mann. May beherrscht die Rolle des Gastgebers perfekt und ergänzt sie mit dem Gestus der größten Selbstverständlichkeit immer wieder um die des weltreisenden Helden. Ein Besucher namens Dr. Amroth berichtet über einen Aufenthalt in der Villa Shatterhand, der im Frühjahr 1897 stattfindet:

Neunzehn Jahre reisen, wie May sagt, immer abseits der Heerstraße, mögen ihren Einfluß auf seinen eisernen Körper ausgeübt haben. Aber der Wille, der Geist ist sicher nicht, weder von Strapazen früher, noch von zunehmendem Alter oder von seiner angestrengten schriftstellerischen Thätigkeit angegriffen. Mit welchem Feuer weiß May zu erzählen, wie leuchten die Augen, wenn er auf seinen rothen Freund, seinen Winnetou, zu sprechen kommt! Und wie überschleicht eine unaussprechliche Rührung sein energisches Gesicht, gedenkt er des Todten.

Auch eine neue Version der Beziehung zu seiner Ehefrau trägt May bei dieser Gelegenheit vor. Er habe sich einst in Amerika eine schwere Verletzung zugezogen und sei, da sie sich dort nicht erfolgreich behandeln ließ, «mit einem Pfeilstumpf im Rücken» nach Deutschland zurückgekehrt:

Ich kam nach Dresden zu einem Arzt. Im Vorzimmer empfing mich ein kleines Mädchen. «Die und keine andere wird deine Frau, wenn du wieder gesund bist, sagte ich mir!» Nach vier Wochen war ich gesund. Tage darauf war das kleine Mädchen meine Frau, die da, die jetzt neben Ihnen sitzt.[39]

Am Abend begleiten May und «die da», die neben Dr. Amroth saß, den Besucher zur Bahn.

Zu den apartereren Aktivitäten im Hause May zählt die Durchführung spiritistischer Sitzungen. Im Hinblick auf das zu dieser Zeit weit verbreitete Interesse am Okkultismus wirken solche Veranstaltungen, bei denen die Beteiligten über ein Medium Kontakt zu Verstorbenen aufnehmen, nicht gar so ungewöhnlich, wie man heute auf den ersten Blick unterstellen möchte. Bereits in den 1880er Jahren hat May engere Bekanntschaft mit Leo Hofrichter geschlossen, einem umtriebigen Heilmagnetiseur aus Dresden, der sein Interesse an übersinnlichen Phänomenen weckt. In den 1890er Jahren ist es vor allem der Schulfreund Pfefferkorn, der die Neigung zu spiritistischen Praktiken fördert: Spätestens seit dessen Besuch (1895) werden in Mays Heim einige Jahre lang regelmäßig Séancen durchgeführt, bei denen sich etwa der Tisch, um den die Anwesenden sitzen, plötzlich

Abb. 17: Karl May mit Damen, darunter Emma May (2. v. links);
bisher unbekanntes Foto (1897)

hebt und mehr oder weniger konkrete Botschaften aus dem Jenseits übermittelt werden; sogar ein berühmtes psychokinetisches
Medium wird gelegentlich hinzugezogen, Anna Rothe (1850–
1907), die später wegen groben Unfugs und Betrugs gerichtlich
belangt und verurteilt wird. Emma engagiert sich bei diesen
Sitzungen ebenso wie das Ehepaar Plöhn und etliche andere aus
dem Bekanntenkreis, und auch Karl May ist regelmäßig zu-
gegen; er wird im Rückblick behaupten, das Ganze lediglich mit
der Neugier des weltoffenen Schriftstellers beobachtet zu haben,
dem Gedankengut des Spiritismus aber fern zu stehen – er sei
Spiritualist, nicht Spiritist, lautet die Formel, die er gern verwendet. Allerdings enthält seine Bibliothek bemerkenswert viele
Bücher zu diesem Thema, und das Romanfragment *Am Jenseits*,
das in dieser Zeit entsteht, kreist mit seinem Titel und zentralen
Handlungssequenzen um geheimnisvolle Übergänge und Beziehungen zwischen Leben und Tod. In Anbetracht des Verhaltens,
das May in anderen Zusammenhängen zeigt, liegt die Vermu-

tung nahe, dass er je nach Situation auch zwischen der Rolle des gläubigen Spiritisten und der des skeptischen Beobachters mit großer innerer Überzeugung zu wechseln vermag.

Der gesellige Trubel im Hause May fällt so umfangreich aus, dass es dem Autor manchmal an der Muße zur Arbeit fehlt, obwohl er deutlich weniger schreibt als zu früheren Zeiten. Deshalb zieht er sich in den besonders stürmischen Jahren 1897 und 1898 jeweils für einige Zeit an andere Orte zurück, um neue Bücher voranzubringen: «*Weihnacht!*» entsteht im Herbst 1897 in einem Hotel in Birnai an der Elbe, *Am Jenseits* ein Jahr später im sächsischen Mulda.

Selbstverständlich halten auch die 1890er Jahre für May noch anderes als das alles überstrahlende Leben in Glanz und Gloria bereit. An ihrem Beginn steht sogar ein Ereignis, das ihn lebhaft an seine kriminelle Vergangenheit erinnern mag, aber vertauschte Rollen mit sich bringt: Kaum sind die Mays im April 1891 in die Villa Agnes eingezogen, da werden sie zu nächtlicher Stunde von einem Einbrecher heimgesucht; der Täter flüchtet und lässt eine Axt zurück, als May erwacht und nach dem Rechten sieht; er wird jedoch später gefasst und wegen mehrerer Delikte zu einer langen Freiheitsstrafe verurteilt. Unangenehme Erinnerungen dürfte auch ein Vorfall wecken, der sich im Mai 1898 in dem kleinen niedersächsischen Ort Gartow abspielt, wo May zur Vorbereitung eines neuen Werkes über eine früher häufig von ihm traktierte historische Gestalt, den Fürsten Leopold von Anhalt-Dessau, weilt: Er gibt auch dort phantastische Geschichten aus seinem Heldenleben zum Besten, plaudert beispielsweise über eine Begegnung mit dem König von Sachsen, die kürzlich stattgefunden habe, und macht sich zudem durch verschwenderische Trinkgelder und großzügige Gaben an Bedürftige so verdächtig, dass die örtliche Polizei ihn als potenziellen Hochstapler vorübergehend festsetzt; nach kurzer Zeit wird per Depesche aus Radebeul bestätigt, dass mit dem fremden Herrn alles seine Richtigkeit habe und er sich auch in seiner Heimat stets durch ausgeprägte Wohltätigkeit auszeichne. May reist jedoch rasch ab, das Werk über den ‹Alten Dessauer› bleibt ebenso ungeschrieben wie die Winnetou-Oper.

Karitative Taten gehören in der Tat zu dem, was den Karl May jener Jahre positiv auszeichnet: von spontanen Gaben bei verschiedensten Gelegenheiten bis zur systematischen Unterstützung etwa seines jungen Verehrers Johannes März, dessen Hochschulstudium er finanziell absichert. Gaben anderer als materieller Art bereichern zwar nicht die Geschichte der deutschen Literatur, erfreuen aber ebenfalls ihre Empfänger: May nutzt jede Gelegenheit, Stegreifgedichte ähnlich dem zu verfassen, mit dem er den Vertragsabschluss mit Fehsenfeld gefeiert hat. Als Besucher in der Villa Shatterhand Gummiüberschuhe vergessen haben, schickt May sie ihnen nach und fügt ein längeres Gedicht hinzu, das so beginnt: «Im Hausflur vis-a-vis der Truhe / Stehn drei Paar fremde Gummischuhe; / Die sollten, glaub ich, mit dem andern / Gestiefel auch nach Strelitz wandern».[40] Als großer Verehrer Bismarcks schreibt May zu dessen 80. Geburtstag am 1. April 1895 ein 14-strophiges Gedicht, das deutlich weniger originell einsetzt: «Es klingt ein Ruf durch alle Gauen: / Auf, Deutschlands Männer, Deutschlands Frauen, / Zum heutgen Pflicht- und Ehrentag!»[41]; zwei Jahre später nimmt er während seines Aufenthalts in Hamburg den Fürsten in Augenschein, als der sich auf einer kleinen Ausfahrt befindet.

Den schriftlichen Äußerungen, die May abseits seiner berühmten Romane formuliert, lässt sich auch in Bezug auf sein literarisches Selbstverständnis manches entnehmen. 1892 kündigt er in einem frühen Brief an Fehsenfeld «eine dreiaktige Posse» an, die er «dem französischen Schunde entgegensetzen (will), der mit seinen Ehebruchssünden und Unwahrscheinlichkeiten alle unsere Bühnen moralisch versumpft».[42] Gemeint sind hier offenbar Lustspiele, wie sie Eugène Labiche und Georges Feydeau verfasst haben. Sechs Jahre später warnt er die junge Marie Hannes, die für «unsere modernen Dichter» geschwärmt hat, vor «Hauptmann, Ibsen, Sudermann, dem zynischen Wüstling Grabbe! (...) Sie wühlen nur im Schmutze des Lebens und der Seele herum, wobei sie allerdings ein großes Geschick entwickeln (…). Durch die Lektüre dieser Bücher wirst Du in den Materialismus, in die Tiefe gezogen»; er selbst «kämpfe mit aller Kraft gegen ihren unheilvollen Einfluß: Meine Bücher enthalten das strikte Gegentheil von den ihrigen!»[43]

Was May hier andeutet, ist nichts Geringeres als seine ästhetische Grundüberzeugung: Er wendet sich, mit den Formeln vieler ähnlich gestimmter Zeitgenossen, gegen den Naturalismus und die Traditionen, auf die sich dieser stützt, und damit gegen jene Tendenzen, die aus heutiger Sicht das Bild der deutschen Literatur zur Zeit der Jahrhundertwende maßgeblich prägen. Tatsächlich halten sich die Abenteuererzählungen, denen May seinen bis heute währenden Ruf verdankt, von den anrüchigen Themen fern, die auf der naturalistischen Tagesordnung stehen – Ehebruch, Geschlechterkampf, Alkoholismus, Geschlechtskrankheiten –, und konzentrieren sich nicht auf zwielichtige Figuren mit komplexer Psyche, sondern auf archaisch anmutende Kämpfe extrem guter mit abgrundtief bösen Menschen – eine übersichtlich geordnete Welt, in der zwar hin und wieder charakterliche Schattierungen auftauchen, deren Träger aber stets eindeutig der einen oder anderen Seite zuzuordnen sind, wie jene skurrilen Westmänner vom Schlage der Tante Droll, die als Brachialversionen Jean Paul'scher Käuze daherkommen. Figuren, bei denen May sich um eine differenzierte Charakterzeichnung bemühte – etwa der Old Wabble des *Old Surehand* –, bilden eine ganz seltene Ausnahme. Dies ist allerdings kein Manko, denn der literarische Kosmos der May'schen Abenteuerromane bedarf ihrer nicht, wie noch zu zeigen sein wird.

Mays literarisches Konzept wurzelt ersichtlich in Traditionen des 18. Jahrhunderts. Auf sie verweisen bereits seine didaktischen Neigungen, die nicht nur in den zahllosen Informationen und Belehrungen über ferne Regionen zutage treten, sondern auch in vielerlei lebenskundlichen Hinweisen allgemeiner Art, denen zufolge beispielsweise «jeder Mensch gut (ist), wenn er richtig behandelt wird»,[44] und jeder Fehler verzeihlich erscheint, «sobald er nur bereut und eingestanden wird»[45] – Sentenzen, die man sich auch als Fazit in den einstmals so beliebten Fabeln vorstellen könnte. Die Bindung an die Vergangenheit zeigt sich ferner anhand eines Persönlichkeitsideals, das in Mays literarischem Ich und den ihm annähernd gleichgestellten Figuren personifiziert wird: Old Shatterhand/Kara Ben Nemsi erweist sich, wie schon sein *Waldröschen*-Pendant Dr. Karl Sternau, als «ein vir bonus bürgerlich-humanistischer Herkunft», der als «reitende Vernunft» das profanisierte Erbe der Aufklärung vertritt und ihm unter den Bedingungen einer abenteuerlichen Existenz an exotischen Schauplätzen Geltung verschaffen will; May greift umfassend «auf die bürgerlichen Ideale und Persönlichkeitskonzeptionen des 18. Jahrhunderts» zurück.[46] Aberglaube, Obskurantismus und Irrationalismus haben darin keinen Platz – «Wir leben doch nicht mehr im dunklen Mittelalter, in welchem man noch an Drachen und Gespenster glaubte, oder in welchem vielmehr den Dummen dieser Glaube beigebracht wurde, damit die Klugen ihre Ernte dabei fänden»[47] –, und allein schon die ständigen Reisen des Ichs beruhen auf dem Prinzip der seinerzeit propagierten individuellen Vervollkommnung: «Wer stets daheim sitzen bleibt, dessen Sinn bleibt gar leicht ein beschränkter».[48] Der Ich-Held ist stets bestrebt, Leid zu mindern, Schwachen beizustehen, Benachteiligten zu ihrem Recht zu verhelfen; Verbrechen müssen aufgeklärt und angemessen gesühnt werden, Gewalt und Blutvergießen sind nur im Maße des Unvermeidlichen zulässig. Damit dies alles zu leisten ist, hat sich der Protagonist einer umfassenden körperlichen und geistigen Ausbildung unterzogen: Er hat seine Physis in jeder erdenklichen Weise trainiert, die verschiedensten Wissenschaften betrieben, unendlich viel gelesen und sich kontinuierlich darum bemüht, durch stetes Üben die vorhandenen Fähigkeiten zu erhalten und weiter zu steigern; dass ein gesunder Geist und ein gesunder Körper zusammengehören, würde er bedenkenlos bestätigen. Das abenteuerliche Leben, das er führt, ist eine dauerhafte Probe auf den Erfolg seiner Anstrengungen, und die Welt, in der er agiert, stellt sich zwar als unsicher und gefährlich dar, bestätigt aber gerade dadurch, dass tüchtige Persönlichkeiten wie er reüssieren können.

Von entscheidender Bedeutung ist, dass diese Welt sich als berechenbar und lesbar erweist: Wer sich hinreichend darauf vorbereitet, ist ihren Anforderungen einschließlich aller Eventualitäten gewachsen und braucht niemals zu verzweifeln. Ein zentrales Mittel für den Erfolg bildet in diesem Zusammenhang das Entziffern von Spuren, denn in Mays Kosmos hinterlässt alles, was geschieht, Eindrücke im buchstäblichen wie im übertragenen Sinne, und Mays vorzüglichste Heroen zeichnen sich dadurch aus, dass sie diese Spuren genauestens zu lesen und zu deuten verstehen. In der Erzählung vom *Geist des Llano estakado* etwa stoßen zwei kundige Westmänner auf eine furchtbar zugerichtete Leiche und scheinbar wirre Spuren um sie herum, und während einige Neulinge des Wilden Westens, die zufällig an den Tatort geraten sind, rätseln, was da vorgefallen sein mag, schließen die beiden aus dem Beobachtbaren mit großer Präzision auf die vorausgegangenen Ereignisse. Dabei kommt es auf jede Einzelheit an:

«Ich werde Euch gleich beweisen, daß der Mann, welcher hier lag, keine Stiefel, sondern Mokassins trug. Dieser Strich würde eine ganz andere Gestalt oder Form haben, wenn er von einem Stiefel herrührte. Er würde muldenförmig sein. Man kann getrost tausend Eide darauf schwören, daß er mit der Ecke des Gewehrkolbens gemacht worden ist, und da er nicht gleichmäßig ist, sondern tief beginnt und am anderen Ende in einem flachen, seitlich gebogenen Haken ausläuft, so ist es gewiß, daß er nicht langsam, in ruhiger Bewegung, sondern äußerst hastig gemacht wurde.»

Solche Spuren seien für Geübte zu lesen wie «ein deutlich geschriebener Brief (...), welchen der Betreffende ihnen mit oder ohne Absicht zurückgelassen hat», erklärt einer der beiden Westmänner.[49] Hier werden Überzeugungen sichtbar, die sich aus dem Aufklärungsoptimismus des 18. Jahrhunderts speisen und durch die Fortschritte in den modernen Naturwissenschaften bestätigt sehen: Die Welt ist ein nachvollziehbares Zeichensystem.

Schon die Titelfigur in Voltaires *Zadig* rekonstruiert aus Spuren und anderen Hinweisen Ereignisse, an denen Zadig persönlich nicht beteiligt war; seine Nachfolger sind Detektive wie Auguste Dupin in Edgar Allan Poes ‹tales of ratiocination›, Sherlock Holmes und Agatha Christies Hercule Poirot, denen nichts so mysteriös erscheint, als dass es nicht doch zu entschlüsseln wäre, und Mays ingeniöse Spurenleser stehen ohne Zweifel auch in dieser Tradition.

Der umfassenden körperlich-geistigen Bildung, die der Held als literarische Figur unter Beweis stellt, entspricht die Souveränität, mit der der Autor seinen Kosmos einrichtet. In vielen markanten Einzelheiten erschafft er ihn aus der Anverwandlung literarischer und kultureller Traditionen, aus der Transformation von Mythen und Sagenstoffen. Der Ring, der seinen Träger bei Bedarf unsichtbar macht, und die Tarnkappe, die dasselbe bewirkt, kehren – in quasi säkularisierter Form – bei May wieder, wenn der Held sich mit wundersamer Geschicklichkeit in ein feindliches Lager schleicht, ohne bemerkt zu werden. Statt nach dem Nibelungenschatz oder dem Gral wird bei May nach dem Schatz im Silbersee gesucht. Den alten Kämpfen gegen Drachen und ähnliche Monster entspricht die gefährliche Jagd auf Büffel, Bären und Löwen, Exemplare realer Tierarten. Im ersten Band des *Winnetou* besiegeln die Titelfigur und Old Shatterhand ihre Freundschaft, indem sie einige Tropfen Blut des jeweils anderen trinken und damit ‹Blutsbrüder› werden: ein Ritual, das es in den realhistorischen indianischen Kulturen vermutlich nicht gegeben hat, wohl aber bei den Germanen, das in der entsprechenden Mythenbildung reichen Widerhall findet – zum Beispiel mit der Blutsbrüderschaft von Siegfried und Gunther in Richard Wagners *Götterdämmerung* – und das nun also von May mit dem Anspruch reproduziert wird, er schildere ein authentisches indianisches Verfahren; seither hat sich im deutschen Sprachraum die Vorstellung festgesetzt, Indianer schlössen auf die beschriebene Weise Blutsbrüderschaft, so wie überhaupt mancherlei Beziehungen zwischen Germanen und Indianern hergestellt worden sind. Heroische Lichtgestalten der europäischen Kultur zeichnen sich häufig dadurch aus, dass ihre Schöpfer sie in die Nähe des christlichen Erlösers rücken; Alexandre Dumas' Roman über den *Graf von Monte Christo* macht diese Verknüpfung schon in seinem Titel sichtbar. Auch Winnetou ist eine solche Erlöserfigur; noch das Abenteuer, das ihm den Tod bringt, unternimmt er im Dienst an anderen Menschen, und damit dieser Zusammenhang keinesfalls übersehen wird, hält der Erzähler in einem Halbsatz fest, dass an Winnetous Grab drei Kreuze errichtet werden.

Zu den eindrucksvollsten Merkmalen der May'schen Abenteuerwelt gehört es, dass die Texte, die sie in der Summe konstituieren, einander gegenseitig beglaubigen, unabhängig davon, ob in der Ich-Form oder in der Er-Form erzählt wird. Exponierte und in mehreren Erzählungen auftretende Gestalten wie Winnetou, Old Shatterhand und Old Firehand genießen im Wilden Westen den Status des Prominenten: Jeder kennt sie, jeder reagiert aufgeregt, wenn er es mit ihnen zu tun bekommt, und das ist nicht weiter erstaunlich, denn der eifrige May-Leser kann ohne weiteres nachvollziehen, dass ihre heroischen Leistungen sich herumsprechen und ihnen unvergänglichen, die Grenzen eines einzigen Abenteuers und eines einzigen Buches überschreitenden Ruhm eintragen. Dem Ich, das durch Amerika reist und sich mit speziellen Herausforderungen konfrontiert sieht, fallen häufig ähnliche Situationen ein, die ihm im Orient begegnet sind – und umgekehrt –, und so greift es zu schon bekannten Lösungsstrategien. Vergleiche mit den Verhältnissen am anderen Schauplatz, aber auch mit denen in der deutschen Heimat erleichtern regelmäßig die Orientierung. Wenn Old Shatterhand sich im *Schwarzen Mustang* mit chinesischen Eisenbahnarbeitern auseinandersetzen muss, hilft es ihm, dass er – was keiner der Anwesenden für möglich hält – bei seinen Reisen nach China ihre Sprache erlernt hat. Die Handlung von *Satan und Ischariot* setzt in Amerika ein, lässt Winnetou seinen Blutsbruder in Dresden besuchen, führt die beiden gemeinsam nach Nordafrika – wo es leider nicht zu einer Begegnung mit Hadschi Halef Omar kommt – und endet schließlich in Amerika. Auch in erzähltechnischer Hinsicht ist manches gut gelungen, die schwierige Kunst des Anfangs beispielsweise beherrscht May perfekt. In den Reiseerzählungen zeigt er genregemäß fast immer seinen bzw. seine Helden zu Beginn einer Reise, aber die näheren Umstände weichen deutlich voneinander ab. Im ersten Kapitel des großen Orientromans, in *Durch die Wüste*, begegnet der Leser Kara Ben Nemsi und seinem Freund und Diener Hadschi Halef Omar inmitten eines interreligiösen Dialogs, und das erste Wort, das er liest, lautet «und», während die *Winnetou*-Trilogie mit einem Vorwort über das traurige historische Schicksal der Indianer einsetzt, originelle Erläuterungen zum Wesen eines ‹Greenhorns› anschließt und dann erst auf den aktuellen Aufenthalt des reisenden Ichs zu sprechen kommt; man könnte im ersten Fall von einem induktiven, im zweiten von einem deduktiven Vorgehen sprechen. Der Beginn von *Satan und Ischariot* führt Old Shatterhand in einen mexikanischen Ort, den er den langweiligsten der Welt nennt, und in ein zu dieser Einschätzung passendes Gasthaus. Am Anfang von *Am Rio de la Plata* sitzt das Ich in einem Hotel in Montevideo und liest in einem Buch. *Im Lande des Mahdi* setzt, im Anschluss an einige Bemerkungen über Kairo, mit einer Szene in einem dortigen Bierlokal ein. In *Old Surehand I* will Old Shatterhand sich verabredungsgemäß mit Winnetou treffen; der aber kommt nicht und verweist mit den auf höchst eigenwillige Art übermittelten Gründen für seine Abwesenheit bereits auf das zentrale abenteuerliche Geschehen dieser Erzählung.

Im Kern sind also viele Erzähleingänge Mays einander ähnlich, aber in den Einzelheiten unterliegen sie erheblichen Veränderungen. Das erscheint nun, wie vielfach bemerkt worden ist, typisch für die Arbeiten dieses Schriftstellers: Er ist kein Autor, der immer wieder substanziell neue Geschichten erzählt, sondern einer, der die fortgesetzte Variation weniger Grundmuster betreibt. Stets geht es bei ihm um Verbrechen und rätselhafte Zusammenhänge; gute und böse Menschen werden in diesem Zusammenhang miteinander konfrontiert, und nach diversen abenteuerlich-kämpferischen Zuspitzungen lösen sich die Probleme mit mehr oder weniger zufriedenstellendem Ergebnis. Auch die Details ähneln einander: Stetig wiederkehrende Motive wie Flucht und Verfolgung, Planen und Belauschen, Gefangennahme und Befreiung bilden das Gros dessen, was geschildert wird. Wer mit einiger Aufmerksamkeit ein einziges Karl-May-Buch der Spezies Abenteuerroman gelesen hat, weiß, wie die anderen konzipiert sind.

Ein Indiz für fehlende Qualität stellt diese apriorische Reduktion allerdings nicht dar; die Kulturgeschichte kennt, vom Minnesang des Mittelalters über die Sonette der deutschen Barockliteratur bis zum Blues und zur Rockmusik, zahlreiche Kunstformen, die in der Anlage ähnlich begrenzt erscheinen und deren Wert sich aus der internen Variation der Grundelemente ergibt. So verhält es sich auch bei May, der zwar immer wieder dasselbe erzählt, dabei aber ständig neue Akzente setzt. Eine Lieblingsbeschäftigung seines Ich-Helden besteht beispielsweise darin, sich in die Nähe seiner Feinde zu schleichen und sie zu belauschen; allerdings ist es ein großer Unterschied, ob Kara Ben Nemsi sich zu diesem Zweck in einem morschen Taubenschlag verbirgt, ob Old Shatterhand sich unter einer künstlichen Insel versteckt und durch einen See zum nächsten Indianerlager schwimmt oder ob er zwischen Büschen und Bäumen im dichten Wald umherkriecht. Ebenso dauerhaft verfolgt er Feinde; aber dahinter verbergen sich ganz unterschiedliche Tätigkeiten, je nachdem, ob er dies zu Lande oder zu Wasser, allein oder in einer Gruppe tut, ob er auf Sichtweite hinter den Bösewichtern herläuft oder zu Pferde Spuren folgt, ob das Nacheilen sich auf der Basis genauer Überlegungen oder eher spontan vollzieht. Auch die Stimmung, in die die verschiedenen Ereignisse getaucht werden, variiert. Mal steigert sich das Ge-

schen zu höchster Dramatik, mal verläuft es – wie etwa beim
Belauschen im morschen und schließlich zusammenbrechen-
den Taubenschlag – eher komisch oder grotesk. Dass Mays
Geschichten letztlich gut ausgehen, ist ein unzweifelhafter Befund. Dennoch gibt es mancherlei Opfer auch unter den positiv
gezeichneten Figuren – nicht nur Winnetou –, und vieles von
dem, was geschieht, verknüpft sich mit einer elegischen Grund-
tendenz, denn zumindest einer der zentralen Schauplätze, der
Wilde Westen Nordamerikas, ist in seiner jetzigen Form zum
Untergang verurteilt; die Vorbemerkungen zu *Winnetou* weisen
den Roman als ein großes literarisches Denkmal für die Indianer aus.

Über die tieferen gedanklichen Beziehungen, die zwischen
den exotischen Schauplätzen und der deutschen Heimat ihres
realen Autors und ihres fiktiven Helden bestehen, ist viel gestritten worden. Mays Held betont immer wieder, er sei ein
Deutscher, und lässt keinen Zweifel daran, dass er stolz auf
diese Herkunft ist; in Anbetracht der überragenden, stets sieg-
reichen Rolle, die er in der Fremde spielt, drängt sich dabei
natürlich die Erinnerung an das nationalistische Motto auf, am
deutschen Wesen möge die Welt genesen. Andererseits ist gleich
im ersten Kapitel des ersten *Winnetou*-Bandes zu lesen, dass es
neben einem angeborenen Tatendrang «unerquickliche Verhältnisse in der Heimat»[50] sind, die den künftigen Old Shatterhand nach Amerika getrieben haben, und das abenteuerliche
Leben, das er dort und in anderen entlegenen Regionen mit
erkennbarer Begeisterung führt, stellt das genaue Gegenteil zu
den Verhältnissen in seiner Heimat dar: ein weitgehend selbst-
bestimmtes, nicht von fremden Autoritäten geprägtes Leben,
fernab von staatlichen Regulierungs- und Domestizierungsmaßnahmen wie vom schnöden Profitdenken des in Europa
gedeihenden Kapitalismus. Die sorgfältige Lektüre fördert immer wieder beides zutage: Textpassagen, die von nationalis-
tisch anmutender Überheblichkeit künden, und solche, die – in
der Nachfolge des literarischen Exotismus – den einzigartigen

Wert einer individuellen Freiheit bezeugen, die nur an den fernen Schauplätzen, weitab von Deutschland und der europäischen Zivilisation, zu finden ist. Ähnliche Widersprüche gibt es in großer Zahl. Nicht nur Old Shatterhand, sondern auch die anderen Westmänner der nordamerikanischen Wildnis schwärmen davon, dass sie «freie Herren ihrer Tage und Wochen»[51] sind, selbstständig über alle Einzelheiten ihres Lebens entscheiden können, unbeeinträchtigt von jeglicher autoritärer Instanz, und so mag man in dieser Existenzform spontan ein Gegenmodell zu allen obrigkeitlichen Ordnungen in Deutschland erkennen; aber wenn Westmänner und andere Abenteurer gemeinsam reisen und dabei Gewichtiges unternehmen, kristallisiert sich doch wieder eine straffe und als unbedingt sinnvoll dargestellte Hierarchie heraus, mit dem Ich-Helden als leitender Instanz, und wer dagegen aufbegehrt und anderes tut, als Old Shatterhand/Kara Ben Nemsi vorgesehen hat, wird zwar nicht von ihm bestraft, muss seine Unbotmäßigkeit im Verlauf der Ereignisse aber bitter büßen; hochbetagte Figuren wie der Old Wabble in *Old Surehand* können davon ebenso ein Lied singen wie die jugendlichen Protagonisten in den *Kamerad*-Erzählungen. Ausdrückliche Kommentare zu den Verhältnissen in der Heimat des Ichs setzen manchmal innerhalb weniger Zeilen gegensätzliche Akzente: Als Old Shatterhand von verarmten deutschen Auswanderern erfährt, wie schlecht sie zu Hause behandelt worden sind, fasst er seine Eindrücke so zusammen: «Sie sind also nicht nur um ihre Heimat, sondern auch um ihre Habe gebracht worden»; das klingt nach einem vernichtenden Urteil, aber kaum eine halbe Seite weiter äußert er über dieselbe «Heimat», dass man dort «für die Armen sorgt und es überall tausend Menschen giebt, welche dem Bittenden eine Gabe reichen oder die hilfsbereite Hand entgegenstrecken».[52]

Besonders zwiespältig ist es um das Problem der nationalen, rassischen und religiösen Vorurteile bestellt. Einerseits versichern Held und Erzähler immer wieder, die Existenz solcher Stereotypen sei ein Übel, jedermann habe das Recht auf eine individuelle Wertschätzung, und nicht selten verhalten sich die positiv gezeichneten Figuren, als wollten sie mit dem weisen Nathan konkurrieren: «Ich (...) habe unter den schwarzen, braunen, roten und gelben Völkern wenigstens ebenso viel gute Menschen gefunden wie bei den weißen, wenigstens, sage ich, wenigstens!»[53] Oder: «Christ oder Heide; er ist Mensch, und es soll ihm geholfen werden.»[54] Andererseits fehlt es nicht an der rhetorisch und mit Hilfe entsprechender Figuren betriebenen Reproduktion zeittypischer Klischees, vom ‹Neger›, der nett, aber dumm ist, über den faulen Mexikaner, den feigen Hottentotten, den hinterlistigen Chinesen und den profitgierigen Juden bis zum heuchelnden Griechen und zum Armenier mit der Habichtsnase; sogar eine mehrstufige Rangordnung wird aufgestellt: «Ein Jude überlistet zehn Christen; ein Yankee betrügt fünfzig Juden; ein Armenier aber ist hundert Yankees über.»[55] Andere Autoren der Zeit haben zu diesem Thema noch erheblich Schlimmeres als May formuliert; aber dass es in seinem Werk eine sehr dunkle Gegenseite zu der von ihm auch proklamierten kosmopolitischen Haltung gibt, steht außer Zweifel.

Die krude Dialektik in der Ideologie des May'schen Abenteuerkosmos verdankt sich in letzter Instanz wohl den Widersprüchen seiner Vita. Wenn May sich eine Gegenwelt zu den preußisch-wilhelminischen Verhältnissen seiner Realität herbeischreibt – mit dem Ideal schier unbegrenzter individueller Freiheit, vorurteilsfrei nach dem Lessing'schen Ideal, fernab aller kolonialistischen Hybris –, dann macht sich der Außenseiter bemerkbar, der Unangepasste, einer, der nie wirklich seinen Frieden mit der Gesellschaft geschlossen hat und sie in der OldShatterhand-Legende derb veralbert. Und wenn er dann doch Deutschland über alles preist, die soziale Ordnung der Heimat in der Organisationsform seiner Abenteurergruppen spiegelt, gängige Klischeevorstellungen bedenkenlos reproduziert, Marienkalender-Lesern das gibt, was sie und die Herausgeber erwarten, und gegen jede «subtile Hyperkritik» im religiösen Bereich

an einem «warmen, stillen Gottvertrauen»[56] festhält, dann zeigt
sich darin die beharrliche Orientierung auf Gott, König und
Vaterland, die May sich seit seiner Jugend zuschreibt und die
seine – mit der Old-Shatterhand-Legende entscheidend forcier-
ten – Bemühungen prägt, in der real existierenden Gesellschaft
einen glanzvollen Platz einzunehmen. Mays Abenteuergeschichten, die sich an der Oberfläche weit von der aktuellen Hochliteratur der Zeit entfernt halten, sind insofern von beträchtlicher
Aktualität, als sie untergründig das gesamte Spektrum der möglichen Reaktionen auf die zeitgenössischen Verhältnisse festhalten.

Der einzigartige und lang anhaltende Erfolg dieser Bücher
dürfte sich nicht zuletzt dem Umstand verdanken, dass May sie
als extreme Durchsetzungsphantasien anlegt: Seine Geschichten
und viele seiner Szenen zeigen, wie sich die Protagonisten gegen
alle Widerstände und oft in schier aussichtsloser Lage zu behaupten wissen, wie sie stets ihre Integrität wahren und letztlich trium-
phieren. Ein solches Konzept, das eher Utopien als dem Realitätsprinzip verpflichtet ist, kann nicht mit differenziert gezeichneten
Charakteren umgesetzt werden, und es ließe sich wohl auch nicht
verwirklichen, wenn sein Urheber die gewählten Schauplätze
vorher persönlich kennen gelernt hätte; die vielen Kollegen Mays,
die auf der Grundlage tatsächlich absolvierter Reisen Abenteuerromane schrieben, waren nicht im Stande und auch nicht darum
bemüht, ihren Heroen derart grandiose und attraktive Taten zu-
zuschreiben, wie sie Mays Helden vollbringen. So sind die realis-
tisch anmutenden Elemente der May-Texte – die ausführlichen
Informationen über Land und Leute, Kultur und Religion, die Erläuterungen zum Bildungsgang des Helden, die Plausibilität sug-
gerierenden Darlegungen zu den Einzelheiten seiner grandiosen
Aktionen – zu einem beträchtlichen Teil Camouflage; sie vermitteln den Eindruck, es habe sich wahrhaftig zutragen können,
was doch eigentlich dem Wirklichkeitscharakter eines Wunsch-
traums entspricht. Freilich ist gerade dieser Eindruck ebenfalls
von entscheidender Bedeutung für die Wirkung, denn das Er-
zählte entgeht so dem Abgleiten ins Unverbindliche und Beliebige.

In *Durch die Wüste* gibt es eine Szene, in der Kara Ben Nemsi nachts durch einen unterirdischen Kanal taucht; er will auf diesem Wege heimlich zu einem Haus gelangen, in dem sich eine entführte junge Frau befindet, die es zu befreien gilt. Der potenzielle Retter holt tief Luft, beginnt das gefährliche Unternehmen, legt eine «ziemliche Strecke» zurück und bemerkt bereits «den eintretenden Luftmangel», als er unerwartet an ein Hindernis stößt: ein «Siebgitter, welches die ganze Lichte der Kanalröhre einnahm». Die Situation ist dramatisch:

Zurück konnte ich nicht mehr, denn ehe ich die Stelle zu erreichen vermochte, wo die höhere Wölbung des Kanals mir gestattet hätte, emporzutauchen und Atem zu schöpfen, war ich jedenfalls schon erstickt, und doch schien das ziemlich starke Siebwerk sehr haltbar befestigt zu sein. Hier gab es freilich nur zwei Fälle: entweder es gelang mir, hindurchzukommen, oder ich mußte elend ertrinken. Es war kein Augenblick zu verlieren.

Ich stemmte mich gegen das Blech – vergebens; ich drückte und preßte mit aller Gewalt dagegen, doch ohne Erfolg. Und wenn ich hindurch kam und hinter ihm nicht sofort das Bassin sich befand, so war ich dennoch verloren. Ich hatte nur noch Luft und Kraft für eine Sekunde; es war mir, als wolle eine fürchterliche Gewalt mir die Lunge zerbersten und den Körper zersprengen – noch eine letzte, die allerletzte Anstrengung; Herr Gott im Himmel, hilf, daß es mir gelingt! Ich fühle den Tod mit nasser, eisiger Hand nach meinem Herzen greifen; er packt es mit grausamer, unerbittlicher Faust und drückt es vernichtend zusammen; die Pulse stocken, die Besinnung schwindet, die Seele sträubt sich mit aller Gewalt gegen das Entsetzliche, eine krampfhafte, tödliche Expansion dehnt die erstarrenden Sehnen und Muskeln aus – ich höre einen Krach, kein Geräusch, aber der Kampf des Todes hat vermocht, was dem Leben nicht gelingen wollte – das Sieb weicht, es geht aus den Fugen, ich fahre empor. Ein langer, langer, tiefer Atemzug, der mir augenblicklich das Leben wiederbrachte, dann tauchte ich wieder unter. Es konnte ja jemand im Hofe sein und meinen Kopf bemerken, der grad in der Mitte der kleinen Wasserfläche sichtbar geworden war.[57]

179

In dieser Szene bündelt sich mit teilweise alptraumhafter Zuspitzung vieles von dem, was den Reiz der May'schen Durchsetzungsphantasien ausmacht: ein extrem aufregendes Unternehmen, das einem hehren Zweck dient; eine gefährliche Störung der geplanten Abläufe, die sich nur mit übermenschlich erscheinender Kraft bewältigen lässt; ein Erfolg, der dann doch verständlich erscheint, da der Erzähler/Held mit der Stärke argumentiert, die ihm die Todesangst verleiht; eine sogleich wieder besonnene, von großer Umsicht zeugende Reaktion auf die überstandene Gefahr.

Sind es hier gewaltige physische Kräfte, die den Helden retten, so profitiert er an anderen Stellen von seiner Klugheit, seinem weit in die Zukunft gerichteten, strategischen Denken und der Überzeugung, dass eine mutige Grundhaltung und ein Selbstbewusstsein, das sich auch in heikelsten Situationen gegen Demütigungen und Beleidigungen zur Wehr setzt, stets von Nutzen sind. In *Am Rio de la Plata* ist das Ich von Soldaten gefangen genommen worden und soll nun von deren Vorgesetztem, einem General, vernommen werden; anwesend sind weitere Offiziere, darunter ein Major namens Cadera. Die Lage wirkt äußerst gefährlich, aber der Held ist nicht willens, sich von dem General herablassend behandeln und unter Druck setzen zu lassen, obwohl der alle Trümpfe in der Hand hält, gleich seine Eingangsfrage mit einem «ebenso drohenden wie geringschätzenden Blick» begleitet und den Gefangenen mit einem verächtlichen Du anredet:

«Du bist in Deutschland geboren?»
Der Major stand hinter mir. Ich trat zur Seite und sah ihn an, als ob ich der Ansicht sei, daß die Frage ihm gegolten habe.
«Ob du in Deutschland geboren bist, oder ob du von deutschen Eltern stammst, frage ich dich!» fuhr mich der General an.
Dennoch warf ich dem Major einen Blick zu, als ob ich ihm sagen wolle, daß er doch antworten solle.
«Dich frage ich, dich!» schrie der General, indem er aufsprang und auf mich zutrat.
«Mich?» fragte ich im Tone des Erstaunens.

«Ja, dich! Und nun antworte, sonst lasse ich dir den Mund öffnen!»
«Ich glaubte wirklich, die Frage sei an Sennor Cadera gerichtet,
und freute mich herzlich über das familiäre Verhältnis, welches zwi-
schen einem argentinischen Generale und seinen Untergebenen statt-
findet.»
«Mensch! Weißt du, bei wem du dich befindest?»
«Natürlich, bei dir!»
Er fuhr zurück; die beiden Offiziere am andern Tische sprangen
auf, und der Major ergriff mich drohend beim Arme.
«Chispas!» rief der General. «Hat man schon einmal so etwas
gehört? Dieser Halunke duzt mich!»
«Das ist noch lange nicht so unglaublich, als daß ein General
einen Halunken duzt!» antwortete ich.[58]

Etwas später bietet sich die Gelegenheit, die Schraube noch ein
Stück weiter zu drehen: Das Ich steht vor Lopez Jordan, dem
obersten Befehlshaber all dieser Herren, der seinerseits den Helden mit Du anredet und dabei das Wort provozierend betont.
Doch der mutige Globetrotter hält dem Druck erneut stand:

Der General hatte also erzählt, daß ich ihm sofort sein Du zurück-
gegeben hatte, und nun wollte Jordan sehen, ob ich das bei ihm auch
wagen werde. Gewonnen oder verloren! Hatte ich dieses Du vorher
nicht gelitten, so brauchte ich es mir auch jetzt nicht gefallen zu
lassen. Verschlimmert konnte meine Lage dadurch gar nicht werden.
Darum antwortete ich getrost:
«Nachdem ich von andrer Seite mit so großer Feindseligkeit be-
handelt worden bin, thut es mir herzlich wohl, in diesem Hause ein
so warmes Entgegenkommen zu finden. Schon der Sennor General
hat mich mit dem traulichen Du erfreut, und da ich nun auch von
D i r dieses brüderliche Wort vernehme, so hege ich die Ueberzeu-
gung, daß –»
«Hund!» schrie mich Jordan an, indem er aufsprang. «Wagst du
es auch bei mir!»
«Warum nicht?» antwortete ich möglichst harmlos. «Ich folge ja
nur deinem eigenen Beispiele.»[59]

Wenige Augenblicke später äußert sich das Ich dann so raffi-
niert über den Zweck seiner Reise, dass sich die Situation umge-

hend entspannt. Der Held hat jeden Demütigungsversuch abgewehrt, und die Gefahr ist vorüber.

Nach Ernst Blochs Worten schreibt Karl May «reißende Märchen», in denen der «Traum der unterdrückten Kreatur, die großes Leben haben will», zum Vorschein kommt.[60] Wahrscheinlich speist sich die Kraft solcher Szenen aus ihrem kompensatorischen Charakter: Die Niederlagen im bürgerlichen Leben des Autors verwandeln sich in spektakuläre Triumphe des Ich-Helden, und dem lesenden Publikum bietet sich die Möglichkeit, daran auf seine Weise zu partizipieren. In Anbetracht der realistischen und pseudo-realistischen Züge dieser phantastischen Welt stößt das überkandidelte Treiben auch keineswegs ab, zumal die kontinuierliche Wiederkehr des Ich-Helden und vieler seiner Begleiter Mays Lesern den Einstieg und das Vertrauen erleichtert: Die Verbindung eines individuell konturierten heroischen Serien-Ichs mit dem Genre Abenteuerroman und die literaturhistorisch ebenso einzigartig dastehende Gleichsetzung von Autor, Ich-Erzähler und Held schaffen eine Atmosphäre des angenehm Vertrauten und laden zum Verweilen ein.

Was die empirische Person Karl May betrifft, so erfüllt das waghalsige Konstrukt aus Literatur und Biographie, das diese beiden Komponenten ununterscheidbar verknüpfen will, einige Jahre lang seinen Zweck. Langfristig aber kann es nicht funktionieren, schon deshalb nicht, weil die literarischen Voraussetzungen nicht dauerhaft tragen. So vermittelt die Lektüre des ersten Bandes von *Im Reiche des silbernen Löwen* (1898) den Eindruck, dass der Autor seiner literarischen Praktiken allmählich überdrüssig wird und sie nur noch lustlos handhabt: In den ersten Kapiteln wird die Motivfolge des Verfolgens, Gefangennehmens und Befreiens so penetrant durchexerziert, dass selbst die handelnden Figuren mehrfach beanstanden, mit ihnen passiere eigentlich immer wieder dasselbe; der Roman *Am Jenseits*, den May in demselben Jahr beginnt und der dann Fragment bleibt, weist mit eigenwilliger Metaphorik und ausufernden Gesprächen voraus auf das Spätwerk, das nur noch pro forma die Regeln der abenteuerlichen Reiseerzählung einhält. Analog dazu tauchen in den handfesten Bereichen der Lebensgeschichte Mays erste Andeutungen künftigen Unheils auf.

Einige gesundheitliche Probleme stellen sich ein. Im Oktober 1893 klagt May in einem Brief an Fehsenfeld über ein Augenleiden. Im Februar 1894 erkranken nacheinander Emma und Karl an einer Influenza, die bei ihm so schwer ausfällt, dass er längere Zeit das Bett hüten muss und anschließend mit seiner Frau eine Erholungsreise in den Harz unternimmt. Auch die Beschwernisse, reisend und in zahlreichen öffentlichen und privaten Auftritten Old Shatterhand zu verkörpern, gehen nicht spurlos an May vorüber: Während des triumphalen Aufenthalts in Wien (1898) muss er der Überanstrengung Tribut zollen, sie beschert ihm ein dreiwöchiges Krankenlager.

Die eheliche Beziehung verläuft weiterhin nicht beglückend. Zwar sind aus den 1890er Jahren Äußerungen belegt, aus denen die gemeinsame große Freude über das nun Erreichte spricht, und die Fotos vom geselligen Leben in der Villa Shatterhand lassen nichts ahnen von ernsthafter Zwietracht; dem aber stehen zahlreiche Dokumente entgegen, die für eine fortgesetzte Disharmonie sprechen. Im Herbst 1891 nehmen Karl und Emma, deren Ehe kinderlos geblieben ist, die neunjährige Clara Selbmann bei sich auf, die zweitjüngste Tochter von Mays Schwester Karoline. Nach späteren eigenen Äußerungen und denen ihrer Mutter wird sie von Karl stets gut und liebevoll behandelt, während Emma sich nur freundlich verhält, wenn andere dabei sind, das Kind ansonsten aber vernachlässigt und manchmal sogar misshandelt; im Sommer 1892 kehrt Clara zu ihren Eltern zurück. Die ehelichen Spannungen spitzen sich zeitweise derart zu, dass auch andere Personen hineingezogen werden: Während Emma beispielsweise gegenüber Frau Fehsenfeld vorwurfsvoll Mays angebliches uneheliches Kind zur Sprache bringt, klagt dieser vor dem Verleger über den Geiz seiner Frau, die für karitative

Anliegen und andere sinnvolle Ausgaben kein Verständnis habe, und bittet gelegentlich um Zahlungsmodalitäten, die sie hinsichtlich seiner Einnahmen und Ausgaben im Unklaren lassen.

Einen besonders diffizilen Punkt stellen die sexuellen Beziehungen dar: In der späteren *Studie* über die Ehefrau wird May behaupten, Emma habe sich in der Villa Shatterhand eine von ihr selbst so genannte ‹nackte Stube› eingerichtet, die sie zu perversen autoerotischen Spielen benutzte; auch habe sie übermäßig enge Kontakte sowohl zu anderen Männern als auch zum eigenen Geschlecht unterhalten. Manches spricht dafür, dass Emmas intime Beziehungen zu Frauen Klara Plöhn einschließen, den weiblichen Teil des mit den beiden Mays befreundeten Radebeuler Ehepaars; sie treten vor anderen als Schwestern auf, nennen einander Miez und Mausel und bilden, nach einem eigenen Scherz, den Harem Karl Mays.

Auch andere freundschaftliche Beziehungen verlaufen nicht komplikationslos. Der Schriftsteller und Redakteur Moritz Lilie, ein alter Bekannter Mays, wird von ihm eine Zeit lang finanziell unterstützt, doch dann kommt es zu einem Zerwürfnis, das sogar zu einer von Lilie angestrengten Beleidigungsklage führt (1892). In der Beziehung zu Fehsenfeld scheinen gemeinsame geschäftliche Interessen und gute persönliche Beziehungen sich zunächst ideal zu ergänzen: Die Ehepaare May und Fehsenfeld besuchen einander privat und unternehmen zusammen Urlaubsreisen. Aber die Beziehung bleibt, wie der erhalten gebliebene Briefwechsel zeigt, nicht lange ungetrübt: May lässt, als die Verkaufszahlen seiner Bücher in die Höhe schnellen, Misstrauen im Hinblick auf die Abrechnungen des Verlegers durchblicken und ist auch mit mancherlei Kleinigkeiten der Geschäftsabwicklung unzufrieden.

Eine latente Gefahr für seinen Ruf bildet in all diesen Jahren die frühere Tätigkeit für Münchmeyer, insbesondere die Autorschaft an den fünf voluminösen Fortsetzungsromanen mit ihren anrüchigen Passagen. Im Jahr 1892 stirbt Heinrich Gotthold Münchmeyer; seine Witwe Pauline, die Freundin Emmas, übernimmt die Geschäftsführung. 1894 kommt es wieder zu einem

persönlichen Kontakt mit May, der jedoch für beide Seiten ent-
täuschend endet: Weder erhält Pauline Münchmeyer von May
den neuen Roman, um den sie ihn gebeten hat, noch bekommt
dieser von ihr die gewünschte Abrechnung über die Erträge aus
den Verkäufen der fünf alten Romane. 1895 fügt May eine Episode aus dem *Waldröschen* in den zweiten Band des *Old Surehand* ein und unterstreicht damit, dass er seine Rechte an diesen
Arbeiten zu wahren gedenkt. 1897 erfahren Verlag und Redaktion des *Hausschatz* von den Münchmeyer-Romanen, die – in
den Worten des Redakteurs Heinrich Keiter – «derart (sind),
daß Sie mit Ihrem Namen nicht in Verbindung gebracht werden
dürfen»;[61] May kündigt daraufhin gerichtliche Schritte gegen
den Münchmeyer-Verlag an, unternimmt aber vorerst nichts.
Während diese alte Geschäftsbeziehung unter unglücklichen
Vorzeichen wieder in Mays Blickfeld rückt, zerbrechen die, die
Mays Erfolg den Weg geebnet haben. Nach längeren Querelen,
für die insbesondere die Unpünktlichkeit von Mays Manuskriptlieferungen und seine Unzufriedenheit in Bezug auf Spemanns
Honorarzahlungen verantwortlich sind, stellt er die Arbeit für
den *Guten Kameraden* 1897 endgültig ein. Mit dem *Hausschatz*
kommt es bereits 1895 zu einem ersten größeren Konflikt, als
Redakteur Keiter bei der Veröffentlichung von *Satan und Ischariot* eigenmächtig ein voluminöses Kapitel aus Mays Manuskript
streicht, das ‹In der Heimath› heißt und das Ich in größter Ausführlichkeit mit seinem bürgerlichen Heldenleben in Deutschland vorstellt; May ist wütend, Keiter muss sich persönlich in
Radebeul entschuldigen, die Zusammenarbeit wird fortgesetzt,
während der Autor merkwürdigerweise darauf verzichtet, den
gestrichenen Text in die Buchfassung des Romans aufzunehmen.
1898 schließlich – Keiters Anfrage bezüglich der Münchmeyer-
Romane ist schadlos überstanden – trennt er sich dennoch für
neun Jahre vom *Hausschatz*, weil er über einen nicht überliefer-
ten ‹Waschzettel› empört ist, den er offenbar als Schmähung
seiner Arbeit empfindet. Letztlich kommt May der Abschied von
den beiden Zeitschriften wohl nicht ungelegen, denn seine litera-

rischen Ambitionen entwickeln sich inzwischen so, dass er *Kamerad* und *Hausschatz* nicht mehr als geeignete Publikationsorgane betrachten kann. Zu den großen Einschnitten kommen etliche kleinere Ärgernisse. Dem Linzer Fotografen Nunwarz hält May Versäumnisse bei den Zahlungen vor, die er für den Verkauf der Kostümfotos zu leisten hat. Als May 1898 beantragt, im Radebeuler Adressbuch als Dr. phil. ausgewiesen zu werden, erkennt die zuständige Behörde, dass sich dieser Eintrag aufgrund des Fehlens der entsprechenden Qualifikation verbietet, und während der international aktive Erfolgsschriftsteller gerade in Prag weilt und mit dem dortigen Verleger Vilimek Querelen über eine tschechische Übersetzung seiner Werke austrägt – der Konflikt wird gütlich beigelegt –, kümmert sich der Dresdner Polizeipräsident persönlich um die Angelegenheit: Er stellt in einem internen Schreiben fest, dass es sich bei May um einen vorbestraften Hochstapler handelt, der von Reisen nach Übersee berichtet, obwohl er über die Grenzen des deutschen Sprachraums nie hinausgelangt ist. Mays Arbeiten freilich erreichen weiterhin Übersee: Ebenfalls 1898 erscheint ein weiterer amerikanischer Raubdruck, *The Treasure of Nugget Mountain*, eine von der Autorin Marion Ames Taggart verfasste Nachdichtung des *Winnetou*. Fast gleichzeitig nennt *Der Wanderer*, ein deutsch-amerikanisches Wochenblatt, das in St. Paul, Minnesota, erscheint, Mays Old-Shatterhand-Legende den «stärkste(n) Tobak, welcher einem gläubigen Publikum geboten worden ist»,[62] und in Deutschland veröffentlicht der katholische Autor Carl Muth unter dem Pseudonym Veremundus die Schrift *Steht die Katholische Belletristik auf der Höhe der Zeit?*, die May ähnliche Vorwürfe macht und sich auch noch über die Phrasenhaftigkeit seiner religiösen Passagen mokiert. Solche publizistischen Angriffe, mögen sie von May zunächst auch gar nicht bemerkt oder nicht ernst genommen werden, markieren den Beginn einer neuen Phase des öffentlichen Umgangs mit ihm; die dunklen Wolken, die da am Horizont auftauchen, werden sich zu Mays Lebzeiten nicht mehr vertreiben lassen.

Am 22. Juni 1892 – seit ein paar Monaten erscheint im *Hausschatz* die Erzählung *Der Mahdi* – teilt May dem mutmaßlich gebührend beeindruckten Fehsenfeld mit, er habe ein Schreiben aus Wien erhalten mit der Bitte, er möge «als Leiter einer gut ausgerüsteten Expedition nach dem Sudan (gehen), um beim Mahdi gefangene Mönche und Nonnen zu befreien».[63] Es wird sich wohl nie klären lassen, ob May hier bereits selbstständig auf den Pfaden der Old-Shatterhand-Legende wandelt oder ein groteskes Zeugnis von der Wirkung seiner vermeintlichen Reiseerlebnisse überliefert; der Text ist aber gerade in dieser Doppeldeutigkeit charakteristisch sowohl für das, was May in den 1890er Jahren unternimmt, als auch für die Reaktionen darauf. Am Ende des Jahrzehnts verschieben sich die Vorzeichen für solche Äußerungen indes, denn nun hält der vermeintliche Reiseschriftsteller es für angezeigt, tatsächlich einmal eine Reise zu den fernen Schauplätzen seiner Romane zu unternehmen.

1898–1906

GEISTERWINZIGKEITEN GEGEN
DIE MENSCHENSEELE

Karl Mays Leben lässt sich in drei große Abschnitte unterteilen. Der erste, der bis 1874 währt, zeichnet sich zum überwiegenden Teil durch elende Verhältnisse und unglückliche Ereignisse aus und gipfelt in der Phase der Kriminalität und der Haftstrafen. Der zweite enthält die Geschichte eines kontinuierlich sich steigernden Erfolgs, der in den 1890er Jahren triumphale Züge annimmt. Aber der Triumph ruht bekanntlich auf einem äußerst brüchigen Fundament, das dann auch nicht mehr lange trägt: Die letzten Lebensjahre kehren die Erfolgsgeschichte um, in mancher Hinsicht wird das Idol Karl May gestürzt. Von der ersten Lebensphase unterscheidet sich diese dritte insofern, als May nicht wieder in materielle Not gerät; mit ihr verbunden ist sie dadurch, dass er selbst abermals in erheblichem Maße zu der unerquicklichen Entwicklung beiträgt.

Dabei soll doch die lange Reise, die er zu Beginn dieser Jahre unternimmt, den Höhenflug krönen, denn seinen Überlegungen zufolge wird sie auf das Eindrucksvollste belegen, dass alles seine Richtigkeit hat mit dem Bild des Schriftstellers, der reale Erlebnisse in fernen Ländern erzählend rekapituliert. In der Hoch-Zeit der Old-Shatterhand-Legende spricht May immer wieder davon, dass er demnächst zu den Schauplätzen seiner Erzählungen zurückkehren und insbesondere die Haddedihn mit Hadschi Halef Omar und die Apachen besuchen werde. Diese Ankündigungen konkretisiert er nun und annonciert eine ausgiebige Orientreise, manchmal auch mit der Perspektive, anschließend gehe es direkt weiter nach Nordamerika. Die Orientreise kommt tatsächlich zustande und dauert – einschließlich einer längeren Unterbrechung – nahezu anderthalb Jahre. Eine Vielzahl schriftlicher Belege, darunter auch zwei Reisetagebücher Mays, die allerdings nur bruchstückhaft erhalten sind, ermöglicht eine präzise Rekonstruktion der äußeren Abläufe. Ende März 1899 reist May in Begleitung seiner Frau und Klara Plöhns über Frankfurt, Freiburg und Lugano nach Genua, wo Richard Plöhn zu der kleinen Gruppe stößt; von dort fährt May allein mit der ‹Preußen› des Norddeutschen Lloyd nach Port Said. Dort trifft er am 9. April ein, reist weiter nach Ismailija (12./13.4.) und am 14. April mit der Bahn nach Kairo. Dort engagiert er einen Mann namens Sejd Hassan, der ihn auf der weiteren Reise als Diener begleiten wird. Von Kairo führt der Weg nach Siut (25.–28.5.), Luxor (29.5.–4.6.), Assuan (6.–12.6.) und über kleinere Stationen zurück nach Kairo (18.–23.6.). Über Port Said (23.–25.6.) geht es mit dem Schiff nach Beirut, wo May wegen einer Pestepidemie eine Zeit lang in Quarantäne zubringt. Am 17. Juli verlässt er die Stadt und fährt über Haifa nach Nazareth (20.–23.7.). Nach einigen Zwischenstationen hält May sich dann über mehrere Wochen in Jerusalem und Umgebung auf (30.7.–20.8.); weiter geht es nach Jaffa (21.8.–1.9.) und über Port Said nach Suez (4.–11.9.) sowie per Schiff nach Aden (15.–20.9.), Massaua (22.–25.9.) und wieder nach Aden. Dort schifft er sich nach Colombo ein und reist im Anschluss an den dortigen Aufenthalt (6.–28.10.), der von einem kurzen Ausflug nach Point de Galle unterbrochen wird, nach Penang (3.11.) und Padang auf Sumatra (10.11.–24.11.). Mit der Rückkehr nach Port Said, wo May am 11. Dezember eintrifft, ist der erste Teil der Reise beendet.

Mays Plan ist es, die Reise gemeinsam mit seiner Frau und den Plöhns fortzusetzen, und deshalb ist verabredet, die künftigen Begleiter nun in Port Said zu treffen. Richard Plöhn wird jedoch in Italien von der Zuspitzung einer schweren Nierenkrankheit heimgesucht, so dass er die Fahrt vorerst nicht fortsetzen kann. May findet mit einiger Mühe heraus, dass die vergeblich Erwarteten sich in Arenzano bei Genua aufhalten, und reist mit seinem Diener über Marseille und Nizza dorthin. Nach eigenen Äußerungen haben ihn die Anstrengungen der langen Reise mit-

Abb. 18: Im Angesicht der Sphinx: in der hinteren Reihe Richard Plöhn, Klara Plöhn, Karl May und Sejd Hassan (v. links), vorn Emma May

genommen, und da auch Emma nicht gesund ist – sie leidet an einem Uterus-Myom –, wird die Fortsetzung der Orientreise im Interesse aller Beteiligten drei Monate lang aufgeschoben. Mitte März 1900 geht es weiter, über Pisa, Rom und Neapel wird abermals Ägypten angesteuert. Der zweite, deutlich kürzere Teil der Reise umfasst teils die May schon bekannten Stationen und gilt teils neuen Zielen: Kairo (9.–27.4.), Jaffa (1.–6.5.), Jerusalem (8.–13.5.), Jericho (14.–17.5.), Tiberias (22.–25.5.), Haifa (26.–27.5.), Orte im Libanon (29.5.–1.6.), Beirut (2.–3.6.), Baalbek (3.–5.6.), Damaskus (5.–11.6.), wieder Beirut (12.–18.6.); in Beirut wird Sejd Hassan verabschiedet. Die Rückreise führt über Lesbos, Konstantinopel, Athen, Patras, Korfu, Brindisi, Venedig, Bozen, die Dolomiten und München. An einigen dieser Orte verweilt die kleine Gruppe längere Zeit, insbesondere in Konstantinopel (24.6.–7.7.) und Athen (9.–15.7.). Am 31. Juli trifft sie wieder in Radebeul ein.

Die Gesamtbilanz der Reise hinterlässt, was die äußeren Abläufe im Vergleich zu den Ambitionen Mays betrifft, zwiespältige Eindrücke. Wenn man bedenkt, dass er vorher nie über die Grenzen Mitteleuropas hinausgelangt ist und dies nun erst kurz vor der Vollendung des sechsten Lebensjahrzehnts ändert, handelt es sich um ein durchaus beeindruckendes Projekt. Die lange Dauer, das völlig ungewohnte Reisen per Schiff, die permanente Konfrontation mit unbekannten kulturellen Gegebenheiten und wechselnden, teilweise extremen klimatischen Verhältnissen – das alles weist den May dieser Jahre als einen unternehmungslustigen Menschen aus, der sich noch einmal auf ganz neue Formen von Aktivität einlässt und ihnen auch gewachsen ist. Unerwartete Vorkommnisse, wie die Quarantäne in Beirut, halten ihn ebenso wenig auf wie die damit möglicherweise verbundenen Ängste, und wenn das Ganze ihm im Lauf der Zeit zu beschwerlich erschienen wäre, hätte er es, ohne das Gesicht zu verlieren, leicht zwischendurch abbrechen können, etwa beim Einschnitt im Dezember 1899. Aber er hält durch und wird nun für den Rest seines Lebens dokumentarisch belegen können, dass der Reiseschriftsteller Karl May tatsächlich in den fernen Regionen geweilt hat, von denen seine Erzählungen berichten.

Allerdings ist von einer realen Fortführung der literarisch beschworenen abenteuerlichen Taten nicht das Geringste zu bemerken, denn May bewegt sich, entgegen seinen Ankündigungen, ganz und gar auf eingefahrenen touristischen Pfaden. Er nutzt die jeweils komfortabelsten Reisemöglichkeiten, wohnt in Hotels bester Qualität, absolviert getreu das vom Baedeker und anderen Ratgebern vorgeschlagene touristische Programm und besichtigt die üblichen Sehenswürdigkeiten: in Ägypten die Pyramiden, in Jerusalem und Umgebung die heiligen Stätten des Christentums, in Athen die Akropolis und so weiter. All dies wäre nicht weiter bemerkenswert, hätte nicht das als Referenzobjekt dienende Ich der Erzählungen mit einigem Stolz immer wieder darauf verwiesen, dass es bewusst abseits der touristischen Wege reist und sich bevorzugt dort aufhält, wo die zivilisatorische Einebnung noch nicht dominiert und sich jene Abenteuer entwickeln, über die Old Shatterhand/Kara Ben Nemsi seine individuellen Konturen gewinnt; das realiter reisende Ich setzt demgegenüber ganz andere, bescheidenere Akzente.

Auf der Rückfahrt beeindruckt der Nike-Tempel in Athen die vier Sachsen derart, dass sie beschließen, in Radebeul eine gemeinsame Grabstätte für beide Ehepaare zu erwerben und sie mit einer Nachbildung des antiken Bauwerks auszustatten. Diese unmittelbare Verknüpfung des in der Ferne Gesehenen mit dem Wohnort verdeutlicht Mays Neigung, die Heimat während der Reise keinen Augenblick aus den Augen zu verlieren. Entsprechend hält er intensiven Kontakt dorthin und versendet ganze Stöße von Briefen und Postkarten an Freunde, Leser und Journalisten; manchmal schreibt er mehrere Dutzend Postkarten an einem einzigen Tag. Voller Freude registriert er zufällige Begegnungen mit Landsleuten, die in ihm den berühmten Schriftsteller erkennen, und wenn es möglich ist, nimmt er an den Stationen seiner Reise Kontakt zu dort ansässigen Deutschen auf, ganz gleich, ob es sich dabei um Privatpersonen, diplomatische Vertreter oder Repräsentanten anderer Institutionen handelt. Hin und wieder profitiert er mit seinen Begleitern ganz konkret von diesen Bekanntschaften: Den Notizen Klara Plöhns zufolge führt sie beispielsweise ein aus Radebeul stammender, seit langem in Griechenland tätiger Architekt namens Ernst Moritz Ziller, ein Freund Heinrich Schliemanns, durch Athen, und die Vermittlung des dortigen deutschen Konsuls ermöglicht es der Gruppe, eine Vollmondnacht auf der Akropolis zu verbringen.

Das alles aber sind gewissermaßen Oberflächenphänomene, da sie nur einen ersten Blick auf die zentralen Herausforderungen gestatten, die diese Reise mit sich bringt. Der Aufenthalt an Orten, die in der Nähe früherer Romanschauplätze liegen oder gar, wie einige der besuchten Städte, mit ihnen identisch sind, erweist sich im Kern als eine schwere Prüfung für das Selbstverständnis und die Selbstdarstellung Mays, denn er hat sich ja seit langem angewöhnt, das eigene Leben an literarischen Modellen auszurichten, insbesondere auch an den selbst produzierten. Nun wird er mit der rauen Realität jener Szenerie konfrontiert, über die er bisher mittels Kenntnissen aus zweiter Hand literarisch freizügig verfügt hat, und es stellt sich die Frage, wie er mit dieser Begegnung umgeht.

May gibt – man möchte fast sagen: erwartungsgemäß – die verschiedensten Antworten und mobilisiert dabei wiederum unterschiedliche Rollen. Eine davon ist ihm und den Adressaten seiner Post bestens vertraut: Er geriert sich triumphierend wie zu den besten Zeiten der Old-Shatterhand-Legende. Auf der ersten Überfahrt nach Port Said erkennt, einem Bericht an Fehsenfeld zufolge, ein Berliner Professor den Mitreisenden, und daraufhin wollen nicht weniger als «Alle (...) mit Kara Ben Nemsi Afrika betreten» und ihn gern auch noch weiter begleiten.[1] Einer Prager Tageszeitung geht die Information zu, May sei selbst in entferntesten Gegenden so berühmt, dass die Nennung seines Namens ihm aufwändige Formalitäten erspart, die Offiziere von italienischen Kriegsschiffen «wiederholt» mit ihm speisen und «sogar der Gouverneur» Kontakt zu ihm sucht – das alles auf dem Weg «aus dem Sudan (...) und nach Aden und Indien».[2] Im gleichen Sinne wird der Kontakt zu den höchsten gesellschaftlichen Kreisen in Europa weiter gepflegt; Klara Plöhn erfährt, dass May von Colombo aus «Folgenden geschrieben (hat): Erbprinzessin von Schönburg, Fürst von Schönburg, Fürst Windischgrätz, Prinzessin Adine 10 Karten, die sie jedenfalls am Kaiserhofe vorzeigt. Graf v. Jankovics. Herzöge von Mecklenburg. Königliche Prinzen und Herzöge von Bayern».[3]

Mag dies alles auf der empirischen Popularität des Schriftstellers Karl May beruhen und deshalb mehr oder weniger treffend realen Vorkommnissen entsprechen, so zelebriert May doch darüber hinaus gelegentlich auch die zweite zentrale Komponente der Old-Shatterhand-Legende: die absurde Ineinssetzung mit seinem heroischen literarischen Ich. Gleich mehrere Postempfänger können sich darüber freuen, dass er auf Karten aus Kairo auch Ben Nil unterschreiben lässt, den Reisebegleiter Kara Ben Nemsis im *Mahdi*-Roman. Die Leser der Dortmunder Zeitung *Tremonia* erfahren im November 1899 aus einem Brief, den May an den Redakteur Johannes Dederle schickt, dass ihm in der Nähe von Colombo «die Entdeckung eines reichen, ausgedehnten Goldfeldes, vielleicht eines orientalischen Klondyke», gelungen ist, dass er «einen Abstecher nach Sumatra» dazu nutzen wird, «fünf braven deutschen Menschenkindern zu einem lange vergeblich gesuchten Glücke (zu) verhelfen», und dass es später «durch Indien und Persien nach dem Tigris hinab zu den Haddedihn» gehen wird.[4] Auch andere Adressaten erhalten diese Mitteilungen, die eigene Ehefrau zum Beispiel mit der Ergänzung, die Entdeckung des Goldfeldes habe May «in Gesellschaft von Menschenjägern gemacht, welche für die englischen Goldgruben in Transvaal Schwarze einfangen wollten».[5]

Auf der anderen Seite des Reaktionsspektrums finden sich Bekundungen, denen zufolge May sich in sehr grundsätzlicher Hinsicht neu orientieren muss. Nach Notizen Klaras erleidet er während der Reise zweimal, in Padang und in Istanbul, einen Nervenzusammenbruch, der ihn jeweils mehrere Tage quält und zu unsinnigem Verhalten führt, etwa dazu, «alle Nahrung in den Abort zu werfen»; Näheres ist nicht bekannt.[6] Die Konfrontation mit der Realität der Romanschauplätze fordert auch in harmloseren Zusammenhängen ihren Tribut: «Täglich kommen neue Anschauungen und neue Gedanken; täglich öffnen sich neue Gesichtspunkte.»[7] Zu den deutlichsten Zeugnissen dieser Art gehört ein Brief aus Aden an die Plöhns, demzufolge er «jetzt das gerade Gegentheil vom früheren Karl (ist). Der ist mit großer Ceremonie von mir in das rothe Meer versenkt worden, mit Schiffssteinkohlen, die ihn auf den Grund gezogen haben.»[8] Bei der literarischen Arbeit, die May während der Reise leistet, konzentriert er sich erstmals und fast ausschließlich auf Gedankenlyrik mit religiöser Tendenz, und auch hier macht sich der Gedanke an eine Weiterentwicklung bemerkbar:

Ich bin so müd, so herbstesschwer
Und möcht am liebsten scheiden gehn,
Doch, brauche ich der Reife mehr,
So laß mich, Herr, noch länger stehn.

Ich will, wenn sich der Schnitter naht
Und sammelt Menschengarben ein,
Nicht unreif zu der Weitersaat
Für dich und deinen Himmel sein.[9]

Man mag spontan vermuten, es lasse sich vielleicht ein kontinuierlicher Prozess beobachten, bei dem May zu Beginn der Reise mit seiner alten Heldenrolle renommiert und sich dann unter dem Druck der weiteren Eindrücke eines anderen besinnt; aber schon die Chronologie spricht gegen diesen Gedanken, denn der Bericht von der Versenkung des «früheren Karl» und die zitierte Gedichtstrophe gehen der Phantasie über die Entdeckung des Goldfeldes um mehrere Wochen voraus.

In den Notizen des Reisetagebuchs tritt noch eine andere Seite zutage: Hier zeigt sich May oft nachdenklich, prüft und kommentiert abwägend das, was er beobachtet, und fragt sich, inwiefern es ihn beeinflussen könnte. In Istanbul stößt May auf ekstatisch tanzende Derwische und bemüht sich, diese Darbietung, die sich von allen ihm bekannten religiösen Riten unterscheidet, angemessen zu verstehen:

Ich kann mich für diese Art des «Gottesdienstes» nicht erwärmen;
mir scheint es mehr wie Gottes- wenn nicht –lästerung, dann –ent-
weihung. Ja, diese Leute sind gewiß nicht Lügner, sie glauben an die
Gottwohlgefälligkeit ihrer Übungen; das Entré wird für gute Zwe-
cke verwendet, und es werden auch oft Kranke gebracht (...). – Aber
das Geschrei ist mir zu trivial, es ist unschön, und das Häßliche soll
man nicht zum Dienste dessen verwenden, der Alles nach dem Ge-
setze des Schönen schuf und leitet. Dieser Gesang und diese gegen
den Körperbau und den Zweck der Glieder sündigenden Bewegun-
gen können doch wohl ebenso wenig Gottes Wohlgefallen finden wie
das blutrünstige Gesicht eines Fakirs und die skelettierte Gestalt
eines europäischen, hungernden Zeloten. Luther sagt: «Fasten und

*leiblich sich bereiten ist wohl eine feine äußerliche Zucht»; aber Gott
ist Geist und wir haben auch eine Seele.* **Wenn diese Seele mit ihm in
Verehrung spricht, soll der Körper ruhig sein und nichts tun, was so
außerordentlich unseelisch, so turnerisch, so schlangenmenschartig
aussieht, wie diese Quirlungen der Gedärme auf den Hüften.**[10]

Dies ist erkennbar der Kommentar eines Europäers, der nicht
voreingenommen urteilen will, aber, wo es um den Umgang mit
Gott geht, ganz selbstverständlich jene Maßstäbe anlegt, die ihm
seine Bildung und sein Glaube vermitteln, und sich dabei zunehmend in Rage redet.

Die traditionsreiche Hochschätzung des ‹Schönen› im Sinne
ruhiger Harmonie prägt auch die Gedanken, die May am 4. Juni
1900 anlässlich des Besuchs in Baalbek formuliert; es kommt
jedoch ein melancholischer Verweis auf eigene Defizite hinzu,
der neu für ihn ist. Der Besucher registriert zunächst erfreut,
dass er mit der Beschreibung, die sein Buch *Von Bagdad nach
Stambul* von dem Ort vermittelt, «das Richtige» getroffen hat,
und fährt fort:

*Mein erstes Gefühl war das der Befriedigung, was bei mir leider so
selten ist, ich kann nichts groß, gewaltig und schön genug bekommen und habe doch kein ausgebildetes Kunstverständnis für das
Schöne. Goethe würde ganz anders sehen, denken und empfinden als
ich. Das ist nun leider hier im Leben nicht mehr nachzuholen./ Harmonisch. Dieses Wort «harmonisch» scheint mir unentbehrlich, weil
das wichtigste für die Kunst. Ohne Harmonie ist wohl nichts wirklich schön.*[11]

In aller Deutlichkeit tritt wiederum Mays Bindung an die aus der
Vergangenheit bezogenen ästhetischen Axiome hervor. Dabei ist
die Goethe-Referenz ein durchaus zwiespältiges Unterfangen:
Zwar dient sie vordergründig dazu, dem Reisenden seine mangelnde Kompetenz vor Augen zu führen, aber dass es kein Gerin-
gerer als Goethe ist, der als Vergleichsobjekt herangezogen wird,
zeigt auch – wie die Goethe-Anspielungen der Autobiographie –,
in welchen Kategorien dieser Schriftsteller manchmal über sich
nachdenkt.

Er kehrt nicht mit dem gleichen Selbstverständnis nach Radebeul zurück, mit dem er die Reise angetreten hat. Zwar gibt es gerade jetzt keinen Grund, sich demonstrativ von der Old-Shatterhand-Legende loszusagen, aber nach den Eindrücken, die der vermeintliche Kara Ben Nemsi während der letzten anderthalb Jahre gewonnen hat, muss sie ihm mittlerweile schal erscheinen. Eine Neuorientierung bei der Arbeit wie bei der Selbstdarstellung liegt nahe, zumal sich ja auch, wie die kurz vor der Jahrhundertwende geschriebenen Romane signalisieren, die alten literarischen Rituale erschöpft haben.

Die Neuorientierung erscheint umso dringlicher, als sich kurz vor und während der Reise einige Probleme zuspitzen, die schon zuvor drohende Schatten geworfen haben, und neue hinzukommen. Pauline Münchmeyer setzt sich zur Ruhe und verkauft im März 1899 ihr Unternehmen an den Verlagsbuchhändler Johannes Adalbert Fischer (1855–1907); er ist über Mays Autorschaft an den fünf Fortsetzungsromanen informiert und sieht die Möglichkeit, mit ihrer Neuveröffentlichung unter dem Namen des inzwischen berühmten Verfassers ein großes Geschäft zu machen. May warnt Fischer brieflich vor einer solchen Aktion, aber es kommt nicht zu einer Einigung.

In Aschaffenburg fasst die Polizei im Januar 1899 eine Bande jugendlicher Diebe, die sich darauf berufen, sie seien durch die Lektüre der Romane Mays zu ihrem unbotmäßigen Treiben animiert worden. Ähnliche Erklärungen tragen junge Straftäter in den nächsten Jahren wiederholt vor, und in der Presse wird der angebliche Zusammenhang zwischen den ausschweifenden Phantasien Karl Mays und den Fehltritten seiner Leser mit großer Aufmerksamkeit registriert; das Thema erinnert an Überlegungen, die man Jahrzehnte später hinsichtlich der Verbindung zwischen Filmen bzw. Computerspielen mit brutalem Inhalt und der Gewalttätigkeit unter Jugendlichen anstellt. Passend dazu werden Mays Bücher im Frühjahr 1899 aus den Bibliotheken einiger bayerischer Mittelschulen entfernt, da sie junge Leser auf Abwege führen könnten.

Der Journalist Fedor Mamroth (1851–1907), der das Feuilleton der liberalen *Frankfurter Zeitung* leitet, nimmt solche Vorkommnisse zum Anlass, sich in einer mehrteiligen Artikelserie grundsätzlich mit jenem Schriftsteller zu befassen, der «auf Wegen, die abseits von der politischen Tagespresse liegen, ein Faktor in den geistigen Strebungen der Gegenwart geworden (ist), mit dem man zu rechnen hat».[12] Der erste Beitrag erscheint am 3. Juni 1899, May weilt an diesem Tag in Luxor. Mamroth erkennt Mays literarische Begabung an, hält ihm aber Schablonenhaftigkeit und eine «Rohheit» vor, «die durch ihre Verquickung mit einer tendenziösen Verherrlichung des bigotten Christentums nicht gerade angenehmer wirkt».[13] Vor allem aber bezweifelt er, dass May die geschilderten fremden Länder aus eigener Anschauung kennt, und betrachtet den Gedanken, er gebe gar in seinen Erzählungen reale Erlebnisse wieder, als eine «dreiste Zumutung an die Leichtgläubigkeit von Kindern oder Idioten»; dieser «Kultus der Unwahrheit» dürfe unter keinen Umständen akzeptiert werden.[14] Die Angriffe führen umgehend zu engagierten Leserreaktionen pro und contra May und finden in anderen Zeitungen ein breites Echo. Als weiterer exponierter Kritiker meldet sich Hermann Cardauns (1847–1925) zu Wort, Hauptschriftleiter der katholischen *Kölnischen Volkszeitung*: Wie Mamroth attackiert er die Selbstdarstellung und den Realitätsanspruch Mays und rät ihm, er möge «darauf verzichten, Jules Verne und den Apostel Paulus in einer Person darzustellen, sich auf das erstere Genre beschränken und dabei, wenn eben möglich, seinen Stil verbessern».[15]

May ist mit kritischen Kommentaren bisher nur in bescheidenem Maße konfrontiert worden und nicht geneigt, die jetzt vorliegenden schweigend hinzunehmen. Er verfasst noch während der Orientreise eine umfangreiche, ebenfalls mehrteilige Antwort und lässt sie unter dem Namen Richard Plöhn in der ihm wohlgesonnenen Dortmunder *Tremonia* erscheinen. Der Text beruft sich mit langen Zitaten auf ein Gespräch, das der vermeintliche und der wirkliche Verfasser angeblich schon vor Jahren über Mays literarische Ambitionen geführt haben, geißelt die Kampagne der *Frankfurter Zeitung* und derjenigen, die ihre Angriffe nachplappern, und mündet schließlich in einer Feststellung, deren hoher Ton manches von dem vorwegnimmt, was May in den nächsten Jahren formulieren wird: «So lange die Erde steht, hat noch nie die Presse irgend eines Landes in dieser haarsträubenden Weise an einem Schriftsteller gehandelt!»[16]

Auch im privaten Bereich entwickeln sich die Dinge unerfreulich. Zu den stabilen Begleitelementen des ersten Teils der Orientreise, in dem May allein unterwegs ist, gehört seine Klage, er schreibe Emma häufig, bekomme aber nur selten und in großen Abständen Antwort; die Plöhns erscheinen ihm als erheblich aufmerksamere Korrespondenzpartner. Während des gemeinsamen Teils der Reise spitzen sich die Unstimmigkeiten zwischen Emma und Karl May dann erheblich zu. Nach späteren Darlegungen Mays will Emma ihn unter fadenscheinigen Vorwänden dazu bringen, von Damaskus aus noch einen Ausflug nach Bagdad zu unternehmen. Obwohl Mays körperlicher Zustand, die nur noch kärglich vorhandenen finanziellen Mittel, die zu dieser Zeit herrschenden Witterungsbedingungen sowie Unruhen unter Beduinen entlang der potenziellen Reiseroute den Ausflug verbieten und Emma über diese Hindernisse informiert ist, beharrt sie auf ihrem Ansinnen. May unterstellt, sie wolle die Heimkehr so lange wie möglich aufschieben, wenn nicht Schlimmeres: «Mein arabischer Diener stand dabei und machte ganz große, entsetzte Augen. Er fühlte, daß mich dieses Weib geradezu in den Tod schicken wollte.»[17] May gibt auch einen Grund dafür an, warum Emma ihn von Radebeul fernhalten will: Sie habe während seiner Abwesenheit alle Dokumente vernichtet oder zumindest beiseite geschafft, die seine Rechte an den Münchmeyer-Romanen unmissverständlich belegten; aus Freundschaft zu Frau Münchmeyer habe sie verhindern wollen, dass es in dieser Angelegenheit zu einer aussichtsreichen Klage Mays kommt.

Ob sich das alles so abgespielt hat und die beweiskräftigen Münchmeyer-Dokumente überhaupt je existiert haben, ist fraglich: Bei einer staatsanwaltlichen Befragung im November 1907 wird May aussagen, ihre Erwähnung in seinem Schreiben an Fischer sei nichts als «eine Diplomatie»[18] gewesen.

Alle diese Probleme öffentlicher und privater Art beschäftigen May nach dem Abschluss der Orientreise weiter und gewinnen immer mehr an Brisanz. Der gesundheitliche Zustand Richard Plöhns verschlechtert sich wieder, und am 14. Februar 1901, nur rund ein halbes Jahr nach der Rückkehr, erliegt er seiner Nierenkrankheit. Das Ehepaar May nimmt Klara Plöhn einige Wochen bei sich auf, und auch der in Athen gefasste Plan wird umgesetzt: Auf dem Radebeuler Friedhof wird ein gemeinsames Erb- und Familienbegräbnis angelegt und unter erheblichen Kosten mit einem Mausoleum ausgestattet, das dem Nike-Tempel nachempfunden ist. Als Architekt wird Paul Ziller engagiert, ein Bruder des Mannes, der die May'sche Reisegruppe durch Athen geführt hat, und das Halbrelief an der Rückwand gestaltet der Bildhauer Selmar Werner, nachdem May Klaras Vorschlag verworfen hat, den berühmten Max Klinger zu engagieren. Später wird May die pompöse Grabstätte mit Skepsis betrachten und den Wunsch äußern, nicht dort, sondern im Garten der Villa Shatterhand begraben zu werden; nach seinem Tod wird die Witwe den Wunsch auch weitergeben, doch er bleibt unerfüllt.

Die Beziehungen zwischen Karl, Emma und Klara gestalten sich derweil immer schwieriger. Dass sich die Mays der Frau des Verstorbenen annehmen, ist mit Blick auf die nun schon lang anhaltenden freundschaftlichen Beziehungen zwar völlig verständlich, aber das intime Verhältnis zwischen Emma und Klara sowie die zunehmende Entfremdung zwischen Emma und Karl machen das Ganze zu einem denkwürdigen Balanceakt, zumal die drei auch weiterhin durch spiritistische Überzeugungen und Praktiken verbunden sind, die verwirrende Anziehungs- und Abstoßungsbewegungen mit sich bringen. Hinzu kommt, dass

Klara, die deutlich jüngere Frau, es offensichtlich mit einigem Erfolg darauf anlegt, Emma von der Seite Mays zu verdrängen und an ihre Stelle zu treten. Für diese These sprechen Zeugenaussagen aus späteren Prozessen wie auch Vorgänge, die May selbst bestätigt: Im Frühjahr 1901 beschließt er, den körperlichen Verkehr mit Emma zu beenden; im April 1902 engagiert er Klara als Sekretärin, insbesondere mit der Aufgabe, die weiterhin in großer Zahl eintreffenden Leserbriefe unter dem Namen Emma May zu beantworten – dass Texte unter falschem Namen geschrieben und versandt werden, ist May mittlerweile zur Gewohnheit geworden. Klara führt ein Tagebuch, aus dem hervorgeht, dass zwischen den Eheleuten ständig Streit herrscht, und in dramatischen Formulierungen gibt sie die Schuld daran ausschließlich Emma: «Oft graut mir vor meiner Mietz. Zu mir ist sie so lieb und Karl möchte sie umbringen. Er braucht nur eine Bewegung zu machen, die ihr nicht paßt, dann geht es los. So kann es nicht lange weiter gehen, ich fürchte Karl giebt sich eines Tages eine Kugel.»[19]

Nach außen wird indes weiterhin Normalität suggeriert. Emma und Klara gelten flüchtigen Bekannten als Schwestern. 1901 übernimmt Karl May die Vormundschaft über Curt Witting, ein Kind aus seinem Bekanntenkreis. Im Herbst desselben Jahres unternimmt das Radebeuler Trio eine Reise in die Schweiz und einige deutsche Städte. Im Frühjahr 1902 erneuert May die Bekanntschaft mit dem vorbestraften Redakteur und Militärschriftsteller Max Dittrich, den er möglicherweise schon seit der gemeinsamen Haftzeit im Zuchthaus Osterstein kennt, spätestens jedoch seit dessen Tätigkeit für Münchmeyer; Dittrich ist ein nützlicher Gesprächspartner, denn er weiß aus eigener Erfahrung einiges über die Verlage Münchmeyer und Fischer zu berichten. Regelmäßig nutzen Karl, Emma und Klara – später Karl und Klara allein – das reichhaltige kulturelle Angebot in ihrer Umgebung: Sie besuchen, wie Klaras Tagebuch festhält, Vorträge und Konzerte, Schauspiel- und Opernaufführungen. Im Dresdner Schauspielhaus sehen sie sich unter anderem Inszenierungen von Kleists *Prinz Friedrich von Homburg*, Goethes *Egmont* und Schillers *Don Carlos* an, neben diesen Klassikern aber auch Stücke von Ludwig Ganghofer und Hermann Sudermann, die heute in Vergessenheit geraten sind. Sie werden Zeuge eines Vortrags von Rudolf Steiner über Friedrich Nietzsche (18.1.1902) und Jahre später (9.12.1905) – Emma ist da längst nicht mehr beteiligt – der Uraufführung der Oper *Salomé* von Richard Strauss; in diesem Fall ist ihre Anwesenheit allerdings nicht zweifelsfrei gesichert. Klaras Kommentare im Tagebuch entsprechen durchweg den Präferenzen eines gutbürgerlich-ambitionierten Geschmacks: Was ‹hoch› und ‹edel› erscheint, wird goutiert; naturalistisch Gefärbtes wird häufig als zu roh empfunden und vorwiegend Unterhaltsames als zu seicht. Während des Besuchs einer Aufführung von *Maria Stuart* (19.6.1902) trifft im Theater die Nachricht ein, der sächsische König Albert sei gestorben; die Vorstellung wird abgebrochen, und Karl May stellt seine Theaterbesuche ein halbes Jahr lang ein. Mehrere Zeitungen publizieren als literarischen Nachruf sein Gedicht *Der Löwe Sachsens*, eine Neubearbeitung des 1875 veröffentlichten Huldigungspoems an den König.

Wenn man Klara glauben darf, wird selbst der Theaterbesuch an diesem traurigen Tag von einer Streitszene zwischen Emma und Karl begleitet; die Ehekrise spitzt sich weiter zu, die Ehe bleibt denn auch nicht mehr lange bestehen. Im Spätsommer des Jahres 1902 unternehmen die drei eine weitere Urlaubsreise, die sie über Berlin, Hamburg, Leipzig, München und Bozen hinauf zur Mendel führt, ins Hotel Penegal. Das Unternehmen, das eigentlich der Erholung dienen soll, bringt eine Aneinanderreihung schäbigster Szenen mit sich: Emma beobachtet eifersüchtig, wie Klara sich Karl weiter zu nähern versucht; ständige Querelen sind die Folge. In den Berichten, die Klaras Tagebuch und Mays autobiographische Texte vermitteln, ist von Beleidigungen und Beschimpfungen die Rede, davon, dass Emma ihrem Mann Geld entwendet und verschwenderisch einkauft, und auch wieder davon, dass sie seine Gesundheit ruinieren und ihn wo-

möglich gar töten wolle; in Emmas späteren Zeugenaussagen
stellt sich das alles natürlich völlig anders dar, für sie führt Klara
die zunehmende Entfremdung der Ehepartner absichtsvoll und
hinterlistig herbei. Einen grotesken Höhepunkt der Unannehm-
lichkeiten bildet Emmas Bemerkung über Karl, er sehe in seiner
gar zu schlichten Kleidung aus wie «unser Louis»; das ist die
Bezeichnung für einen Zuhälter.[20] Nach Klaras Tagebuch macht
sie die Bemerkung in Berlin lauthals auf der Straße, ausgerechnet neben dem kürzlich errichteten Bismarck-Denkmal; Emma
gibt an, sie sei von Klara dazu verleitet worden, habe sich beim
Mittagessen geäußert und ihre Worte nicht ernst gemeint.

Zum endgültigen Bruch kommt es wenige Stunden nach der
Ankunft auf der Mendel. Wie in solchen Fällen üblich, stimmen
die Darlegungen der Beteiligten weiterhin nicht überein, nicht
einmal die von Karl und Klara, und das Bild, das sich ergibt,
changiert zwischen Komödie und Tragödie. In der ersten Nacht
im Hotel Penegal (28./29.8.1902) will keiner der drei, die in drei
getrennten Zimmern wohnen, geschlafen haben: Emma will die
ganze Nacht über geweint und gehört haben, dass ihr Mann mit
einem lauten zweimaligen «Hurra» in Klaras Bett gestiegen ist;[21]
Karl will sich kontinuierlich auf dem Balkon aufgehalten und
festgestellt haben, dass Emma geschlafen, Klara aber immer
wieder bitterlich geweint hat; Klara schließlich will in dieser
Nacht abermals um Karls Leben gefürchtet, mit ihm geredet und
den durchaus keuschen Entschluss gefasst haben, sie werde
«ihm eine treue Schwester sein».[22] Am nächsten Morgen unterschreibt Emma einen von May vorgelegten Text, in dem sie
erklärt, «daß ich wegen gegenseitiger, unüberwindlicher Abneigung ein weiteres Zusammenleben mit meinem bisherigen
Ehemann, dem Schriftsteller Herrn Karl May in Radebeul, für
vollständig unmöglich halte und ihm darum meine unwiderruf-
liche Zustimmung zur Scheidung unserer Ehe gegeben habe. In
Beziehung auf alle etwa hiermit zusammenhängenden pecuniä-
ren Angelegenheiten werde ich mich einzig und allein auf sein
Gerechtigkeitsgefühl verlassen und erkläre also, mich aller An-

Abb. 19: Das Ehepaar Karl und Klara May

sprüche hierauf zu enthalten»;²³ auch erklärt sich Emma bereit,
Südtirol vorerst nicht zu verlassen, während Karl und Klara
umgehend abreisen. Emma wird später behaupten, sie sei mit
einem von Klara in der Nacht geschriebenen ‹Geisterbrief› unter
Druck gesetzt worden, in dem ihr die Eltern befahlen, den Forderungen Karls nachzukommen. May betreibt die Formalisierung der Trennung mit großem
Nachdruck. Er bittet Maria Schrott, die Leiterin des Hotels
Penegal, Emmas Verhalten zu überwachen und ihm Auffälliges
zu melden. Am 3. September verfasst er ein neues Testament, das
Emma nicht mehr berücksichtigt und Klara zur Alleinerbin
erklärt. Am 10. September, nach zweiundzwanzig Ehejahren,

reicht er über seinen Rechtsanwalt Andreas Merkel beim Dresdner Landgericht die Scheidungsklage ein; zur Begründung heißt es, dass Emma ihn fortgesetzt bestohlen und zudem durch die Unterschlagung von Geschäftsbriefen schwer geschädigt habe. Das Gericht akzeptiert diese Vorwürfe aufgrund der Aussagen Mays, Klaras und ihrer Mutter Wilhelmine Beibler, spricht am 14. Januar 1903, in Abwesenheit Emmas, die Scheidung aus und erklärt sie zur Alleinschuldigen. Emma hat unterdessen das Hotel Penegal verlassen, ist aber in Südtirol geblieben. Ihr neues Quartier ist eine Pension in Bozen; Klara besucht sie dort und erfährt, dass Emma ein durch spiritistische Sitzungen gefördertes lesbisches Verhältnis zur Tochter der Besitzerin unterhält. Erst Mitte März trifft Emma wieder in Dresden ein und kommt vorerst im Hospiz des Vereins für Innere Mission unter. Am 30. März 1903 heiraten der 61-jährige Karl May und die 38-jährige Klara Plöhn in Radebeul standesamtlich, am 31. März kirchlich.

Damit ist das pikante Beziehungsgeflecht, das Karl, Klara und Emma aneinander bindet, jedoch längst nicht zerschlagen. Klara bleibt weiterhin intensiv auf die alte Freundin fixiert, allen heftigen Urteilen über deren boshaftes Verhalten zum Trotz. Emma wiederum pendelt zwischen anhaltender bzw. wiederentdeckter Zuneigung zu Karl und Klara und dem Empfinden, von ihnen schändlich behandelt worden zu sein; Einflüsterungen von dritter Seite ist sie leicht zugänglich.

In Klaras Tagebuch firmiert Emma zu dieser Zeit als «Dämon» und «Scheitana», also Teufelin, in Briefen an Emma nennt Klara sie «verblendetes Geschöpf», einen «verkörperte(n) Fluch»; «was von Dir hier ankommt wird nur mit geschützten Händen berührt und wandert sofort ins Feuer.»[24] Aber das Tagebuch registriert auch weitere Begegnungen der beiden Frauen, bei denen sie lange Gespräche führen und einander herzen und küssen – «die gute Mietz».[25] Louise Haeußler, das ‹Karnickel› in Mays oben zitierter Polemik gegen Emmas Freundinnen, zeigt im Oktober 1903 Karl und Klara «wegen betrügerischer Handlun-

Abb. 20: May mit Freunden im Garten seiner Villa, Mai 1906

gen zur Ermöglichung der Ehescheidung»[26] bei der Staatsanwaltschaft Dresden an. Das Ermittlungsverfahren wird jedoch eingestellt und zwischen Emma und Klara May ein Vertrag geschlossen (5.1.1904), der Emma künftig eine solide finanzielle
Versorgung garantiert, sie aber auch darauf verpflichtet, sich
aller Beleidigungen zu enthalten und sich dauerhaft mindestens
100 Kilometer von Dresden entfernt aufzuhalten; sie wohnt jetzt
in Weimar. Nicht lange danach klagt Karl May, dass Emma ihn
weiterhin mit schamlosen Liebesbriefen belästige.

All diese Ereignisse und die fortgesetzten publizistischen Querelen setzen ihm hart zu, der nach außen demonstrierten Souveränität und Entschlussfreudigkeit zum Trotz. May trägt sich
vorübergehend sogar mit dem Gedanken, Deutschland zu verlassen, und verfolgt ihn immerhin so weit, dass die Nachricht
darüber bis in die Zeitungen dringt und das Radebeuler Adressbuch von 1903 fälschlich einen Auslandsaufenthalt ausweist. Im
November desselben Jahres wird May Opfer einer schweren
Erkrankung: Hohes Fieber und eine Herzschwäche quälen ihn

derart, dass man tagelang um sein Leben fürchtet und er die Arbeit für mehrere Monate unterbrechen muss.

Eine dauerhafte und substanzielle Veränderung des Alltagslebens in der Villa Shatterhand hat die Scheidung allerdings nicht zur Folge. Weiterhin kommen May die Verehrer ins Haus, und das gesellige Treiben in der Villa wird fortgesetzt, wie zahlreiche Fotografien zeigen, für die Besucher gern auch in exotischen Kostümen posieren. Während die Kontakte zu einigen alten Freunden und Korrespondenzpartnern reduziert werden oder ganz zerbrechen, ergeben sich neue Bekanntschaften. Die, wie noch zu zeigen sein wird, künstlerisch folgenreichste ist die mit dem Maler Sascha Schneider (1870–1927), den May im Juni 1903 kennen lernt. Am 15. Oktober 1905 besucht er zusammen mit seiner Frau einen Vortrag von Bertha von Suttner, korrespondiert anschließend mit ihr, schickt ihr sein Buch *Und Friede auf Erden!* und lernt sie später auch persönlich kennen; am 10. Dezember 1905 erhält Bertha von Suttner den Friedensnobelpreis.

Im Umgang mit anderen zeigt May weiterhin die unterschiedlichsten Verhaltensweisen. Er bleibt karitativ tätig, unterstützt seine beiden noch lebenden Schwestern finanziell, betätigt sich als Sponsor für den jungen böhmischen Violinisten Rudolf Kafka und spendet sowohl für ein Kirchenfenster im österreichischen Ossiach als auch für ein Fenster in einer Radebeuler Schule. In persönlichen Begegnungen erweist er sich manchmal als hinreißend sympathisch und außerordentlich kenntnisreich auch da, wo die Hintergründe dieser Kompetenz den Anwesenden rätselhaft erscheinen; so berichtet ein Besucher der Villa Shatterhand in einer ungarischen Zeitschrift, er habe mit May über mehrere Stunden ein wunderbares Gespräch geführt und bemerkt, dass May «die ihm so weit stehenden ungarischen Verhältnisse nicht nur eben in dem Maasse der einfachen Zeitungskenntnisse, sondern weit darüber hinaus, besonders in litterarischer und künstlerischer, ja sogar in geschichtlicher Hinsicht über aller Erwartungen bekannt waren».[27] Wenn es May geboten erscheint, zeigt er aber auch ganz andere Seiten: Friedrich Ernst Fehsenfeld wird, sobald die geschäftlichen Angelegenheiten aus irgendwelchen Gründen nicht im Sinne seines Autors verlaufen, rücksichtslos mit derben Vorwürfen konfrontiert, und in einem Brief an Sascha Schneider lässt May bei entsprechender Gelegenheit jede diplomatische Zurückhaltung gegenüber seinem Verleger fahren: «Dieser Mensch ist einfach verückt.»[28] Verschiedene Gesichter zeigt May auch im Umgang mit seinen jungen Verehrern, der ihm, wie schon in den 1890er Jahren, besonders am Herzen liegt. In manchen Fällen bemüht er sich mit großem Engagement, erzieherisch auf Gesprächs- und Korrespondenzpartner einzuwirken, etwa auf Elisabeth Barchewitz und Willy Einsle; einige dieser Beziehungen gestalten sich so eng, dass die biographische Forschung die Betreffenden gelegentlich als Mays Kinder bezeichnet. Ein junger Mann namens Richard Leidholdt wird von May brieflich immer wieder ermahnt, sein maßlos überzogenes Selbstwertgefühl zu bezähmen; die Bemühungen bleiben aber, obwohl sie mit Leidholdts Vater abgestimmt werden, in Mays Augen am Ende erfolglos, so dass er schließlich extrem rüde reagiert: «Voraussichtlich ist dies der letzte Brief, den Sie bekommen. Und das thut mir nicht einmal weh, denn jede Berührung mit einer charakterlosen Qualle, die sich nur immer aufbläst, ohne aber eine Spur von festem Knochengerüst zu besitzen, stößt mich einfach ab.»[29] Auf andere Weise überraschend fällt Mays Antwort an den jungen Juden Herbert Friedländer aus, der aufgrund der Lektüre von Mays Büchern zum Christentum übertreten will und um Rat fragt, wie er diesen Schritt seinem Vater mitteilen könne. May reagiert mit der Feststellung, einiger Bücher wegen dürfe man doch nicht konvertieren; «nur im reiferen Alter und nach langen Kämpfen und Erfahrungen» könne der Mensch einen solch schwerwiegenden Entschluss fassen, und «ich sage Dir als aufrichtiger und gewissenhafter Christ: der Glaube Deiner Väter ist heilig, ist groß, edel und erhaben.»[30] Die vier Adjektive, die den Glauben charakterisieren, sind unterstrichen.

Ein gewaltiges Wechselbad der Gefühle beschert Karl May seiner glühenden Verehrerin Marie Hannes (1881–1953), zu der er schon seit den 1890er Jahren in engem Kontakt steht. Teilnahmsvoll hat er ihren von einer Rückenmarkstuberkulose gezeichneten Weg begleitet und sie mit Emma besucht, als sie im November 1900 in der Berliner Universitätsklinik behandelt werden musste; die Beziehung zum geliebten «Onkel» ist für sie von geradezu existenzieller Bedeutung und erscheint ihr vorerst makellos und wunderbar. Marie entwickelt eigene literarische Ambitionen und veröffentlicht im Selbstverlag unter Pseudonym ihr erstes Buch, *Bunte Bilder aus dem Gögginger Leben*. Dann verfällt sie auf den fatalen Gedanken, eine Verteidigungsschrift zugunsten Mays zu verfassen, in der sie gegen die in der Presse kursierenden Kritiken und Polemiken all das anführt, was May ihr in Briefen und persönlichen Gesprächen über sich mitgeteilt hat – und das sind zu wesentlichen Teilen Elemente der Old-Shatterhand-Legende in ihrer derbsten Ausprägung. May erkennt die Gefahr, die ihm von einer naiven Apologie durch jemanden droht, der sich engster Nähe zu ihm rühmen könnte, und wählt zur Abwehr unter mehreren Möglichkeiten diejenige, die seine junge Freundin am heftigsten trifft: Er kanzelt sie in unerbittlichen Worten ab:

Also auch für Dich bin ich die bekannte Zitrone, welche öffentlich ausgequetscht werden muß! Euch armen Menschen ist nichts mehr heilig! Selbst das Edelste wird breitgetreten, damit dann jeder Lump es als willkommenen Spucknapf benutzen kann!

Ich habe bisher geglaubt, daß Du Zartgefühl besitzest. Jetzt sehe ich mich aber leider zu der Versicherung veranlaßt, daß Du kein geschriebenes Wort mehr von uns erhalten würdest, falls Du die mir ganz unbegreifliche Idee ausführtest, Dich denen zuzugesellen, welche mich öffentlich prostituiren, um sich einen ebenso wohlfeilen wie verächtlichen Ruhm zu erwerben! Es ist traurig, daß ich Dir das erst sagen muß!

Mit Fehsenfeld aber und jedem andern Verleger, der Dein Elaborat aufnähme, würde ich kurzen Prozeß machen![31]

Die Schärfe der Reaktion mag auch darin begründet sein, dass Marie ihren Plan während einer psychisch äußerst angespannten Lage unterbreitet: in der Phase zwischen Mays Trennung von Emma und der endgültig fixierten Scheidung; aber May hält die Linie, die er mit der rüden Attacke eingeschlagen hat, später konsequent durch. Klara besucht Marie in Mays Auftrag und bringt ihr Manuskript *Allerlei von Karl May* an sich, einschließlich der gefährlichen Renommier-Briefe. Marie empfindet den Besuch zunächst als glückliches Ereignis, erhält aber bald danach von Klara die Mitteilung, dass May ihr Manuskript verbrannt habe; das stimmt allerdings nicht ganz, denn er hat nur den eigenen schriftlichen Anteil vernichtet. Einige Jahre lang dürfen die unglückliche Marie und ihr Bruder Ferdinand, ebenfalls ein May-Verehrer, nur noch mit Klara korrespondieren, während Karl sich allen Kontakten verweigert. Erst im Sommer 1906 verbessert sich das Verhältnis, als Marie und eine Freundin anlässlich einer Ferienreise nach Dresden in die Villa Shatterhand eingeladen werden. Die Korrespondenz mit May wird wieder aufgenommen; Marie schreibt ihm, bei dem Besuch in Radebeul sei es ihr ergangen wie einem Kind im Märchen, das müde durch den dunklen Wald geirrt sei und plötzlich ein goldenes Schloss entdeckt und betreten habe.

So wie die private *chronique scandaleuse* um Karl, Klara und Emma sich zu einer penetranten Fortsetzungsgeschichte entwickelt, so schleppen sich fortan auch die öffentlichen Auseinandersetzungen und die damit alsbald verbundenen juristischen Querelen endlos und manchmal in quälender Zuspitzung dahin. May nennt die publizistische Beschäftigung mit ihm zunächst gern eine «Zeitungsbalgerei»,[32] aber diese herablassende Einschätzung wird der Sache genauso wenig gerecht wie ihre schon zitierte gegenläufige Einstufung als weltgeschichtlich singuläres Ereignis.

Gleich nach der Rückkehr von der Orientreise muss er sich um die Münchmeyer'schen Angelegenheiten kümmern. Schon im August 1900 kommt es zur ersten persönlichen Begegnung mit Adalbert Fischer, dem neuen Besitzer des Verlags; sie bleibt genauso ergebnislos wie der Brief, den May ihm während der Orientreise geschrieben hat. Nachdem Fischer bereits *Die Liebe des Ulanen* neu veröffentlicht hat, den einzigen Münchmeyer-Roman, der unter Mays Namen erschienen war, kündigt er im Februar 1901 auch die Publikation der vier anderen an, deren, der Öffentlichkeit immer noch unbekannter Verfasser sich einst hinter einem Pseudonym verborgen hat. May ahnt, was in Anbetracht der ‹Unsittlichkeit› jener Romane auf ihn zukommen wird, und teilt öffentlich mit, dass er juristisch gegen den Verlag vorgehe, da jene Texte zwar ursprünglich von ihm stammten, aber gravierend entstellt worden und ihm deshalb nicht zuzurechnen seien; alles, was darin unsittlich und moralisch fragwürdig erscheine, sei durch nachträgliche Verfälschungen seiner Manuskripte in die Romandrucke gelangt. Erst im Dezember 1901 reicht er die Klage tatsächlich ein und lässt ihr im März 1902 eine Klage gegen Pauline Münchmeyer folgen, in der er Rechnungslegung und eine Entschädigung für die von ihm unterstellten unbefugten Auflagenüberschreitungen fordert.

May befindet sich bei diesen Auseinandersetzungen in einer insgesamt höchst schwierigen Lage. Einerseits wehrt er sich gegen die Neuveröffentlichung der alten Romane, da seine Texte Opfer einer Manipulation geworden und so, wie Münchmeyer sie verbreitet habe und sie jetzt vorlägen, unter sittlichen Aspekten in der Tat inakzeptabel seien; andererseits fordert er eine zusätzliche Honorierung für die Verkäufe dessen, was nach seiner Erklärung zu wesentlichen Teilen nicht als von ihm verfasst gelten kann. Schriftliche Belege, die diese Forderungen unzweideutig legitimieren könnten, sind nicht vorhanden: Einen Verlagsvertrag mit Münchmeyer gibt es nicht; die Briefe, die angeblich die Verhältnisse in seinem Sinne klären könnten, haben entweder nie existiert oder sind nicht mehr greifbar; die Originalmanuskripte Mays, mit denen festzustellen wäre, wie weit das von ihm Geschriebene und das Gedruckte übereinstimmen, sind nach den Usancen der

Branche längst vernichtet worden, vermutlich schon kurz nach der Erstveröffentlichung. Allerdings legt Fischers Anwalt bei einer Verhandlung zu Mays Überraschung das Romanfragment *Delila* vor, den Anfang des sechsten Münchmeyer-Romans, den er nach kurzer Arbeit abgebrochen hat; es soll belegen, dass May damals durchaus geneigt war, sittlich Anrüchiges zu verfassen. Die Auseinandersetzung um den Münchmeyer-Komplex wird ihren endgültigen Abschluss erst nach Mays Tod finden. Ihre Geschichte bietet ein ständiges Hin und Her: Mal wendet sie sich zugunsten Mays, mal zu seinen Lasten; scheint es manchmal so, als gebe es eine Verständigung zwischen den streitenden Parteien, so bricht der Konflikt wenig später in aller Schärfe neu aus. Beispielsweise erwirkt May im April 1902 eine einstweilige Verfügung, nach der es Fischer verboten ist, weitere Texte von May zu drucken. Im Februar 1903 kommt es zu einem Vergleich, der verschiedene Komponenten enthält: Fischer darf weiter über die fünf Kolportageromane verfügen, da er – wie May zugesteht – die Rechte daran in gutem Glauben erworben habe; Fischer wiederum erklärt, dass etwaige Unsittlichkeiten seiner Überzeugung nach nicht von May stammten, sondern von dritter Seite hineingetragen worden seien; es wird vereinbart, dass Fischer eine Ausgabe der Erzgebirgischen Dorfgeschichten Mays publiziert, für die May sogar zwei neue Texte dieser Art mit zwei Diminutivtiteln schreibt, *Sonnenscheinchen* und *Das Geldmännle*; Fischer händigt May einen Druckbogen zum *Buch der Liebe* sowie die *Delila*-Handschrift aus, die von May vernichtet wird, da sie gegen die Behauptung von der sittlichen Unbedenklichkeit der Münchmeyer'schen Originalmanuskripte spricht. Obwohl ein Band der Dorfgeschichten-Edition realisiert und Fischer damit zum Verleger Mays wird, betreibt dieser seit Dezember 1904 eine Neuaufnahme des Verfahrens, denn die Münchmeyer-Romane erscheinen, entgegen seinen Hoffnungen, weiter mit allen inkriminierten ‹Stellen› unter seinem Namen, Romane, die er selbst in einer Einsendung an eine deutschsprachige Zeitung in New York «als bodenlos unsittlichen Schmutz bezeichnet».[33]

Auch der Streit um überfällige Honorare, den May mit Pauline Münchmeyer führt, treibt immer neue Blüten. Um die eigene Position zu verbessern, stellen Karl und Klara May Recherchen bei Personen aus dem Umfeld des Verlags an, unter anderem bei Paulines Schwester Minna, die May einst hat heiraten sollen. Als Pauline zu Ohren kommt, dass Klara sie im Verlauf dieser Gespräche der Lüge bezichtigt, erstattet sie Anzeige und erhebt Privatklage wegen Beleidigung. Die Eröffnung des Hauptverfahrens wird vom Amtsgericht Dresden zunächst abgelehnt, doch Pauline Münchmeyer legt Beschwerde ein; der Ausgang des Verfahrens ist unbekannt. In der zentralen Angelegenheit erringt May jedoch einen Teilerfolg: Die erste Instanz urteilt am 26. September 1904, er möge den Parteieid leisten als Wahrheitsbeweis für seinen Klageanspruch; danach ist Pauline Münchmeyer zur Rechnungslegung verpflichtet. Sie legt Berufung ein und wiederholt diesen Schritt, als die zweite Instanz das Urteil bestätigt. Der Fall wandert damit zum Reichsgericht Leipzig, wo er Ende des Jahres 1906 verhandelt wird.

Die Presse registriert die juristischen Auseinandersetzungen mit großer Aufmerksamkeit; unter ihrem Eindruck bekommen die Diskussionen um May eine andere Richtung. Der Kölner Journalist Hermann Cardauns, der schon die Orientreise mit kritischen Kommentaren begleitet hat, greift die Enthüllungen über Mays Kolportageromane auf und attackiert in öffentlichen Vorträgen wie in weiteren Artikeln Mays Doppelzüngigkeit: Zur selben Zeit, da er, der Protestant, seine fromm anmutenden Reiseerzählungen in katholischen Zeitschriften veröffentlicht und sich dabei mit seinem Helden gleichgesetzt habe, sei er als Produzent von Pornographie tätig gewesen. In einem Artikel für die angesehenen *Historisch-politischen Blätter für das katholische Deutschland* schreibt Cardauns (1902) über das *Waldröschen*:

> *Ein bevorzugtes Thema bilden tiefe und tiefste Negligées, durchsichtige Kleider, Nuditäten, üppige Formen, lüsterne Bilder aller Art, furchtbare Rohheiten, Verführung, Sittlichkeitsverbrechen, Ehebruch, gemeine Wüstlings- und Dirnenerlebnisse, eine unendliche Bordell-*

geschichte – oft bis zur Unerträglichkeit ausgemalt, und unzählige
Male derart bei den Haaren herbeigezogen, daß man den Zweck, Be-
friedigung der niedrigsten Instinkte, mit Händen greifen kann.[34]
Die außerordentliche Heftigkeit solcher Attacken erklärt sich
auch vor dem Hintergrund einer Kampagne, mit der zu dieser
Zeit besorgte Zeitgenossen generell gegen das zu Felde ziehen,
was sie für ‹Schmutz› und ‹Schund› halten, für eine gefährliche
Verirrung der Trivialliteratur, die insbesondere junge Leser auf
schlimme Abwege führe; die Kampagne hallt sogar in Mays
eigenen Worten zum Thema unmissverständlich wider, und zwei
Jahrzehnte zuvor hat er ihr mit seinem Aufsatz *Ein wohlgemein-*
tes Wort selbst zugearbeitet. Schon die Erzählungen um Old
Shatterhand und Kara Ben Nemsi erscheinen freilich, wie andere
Abenteuerromane, manchen dieser argwöhnischen Beobachter
als höchst dubiose Erzeugnisse, da auch ihre Phantastereien
Geist und Seele junger Leser durcheinanderbringen könnten.
Exemplarisch deuten sich die Zusammenhänge in einem Buch
von Ernst Schultze an, das den Titel *Die Schundliteratur. Ihr*
Wesen. Ihre Folgen. Ihre Bekämpfung (1909) trägt und im Anhang eine Parodie auf die Shatterhand-Geschichten enthält. Der
Pädagoge Heinrich Wolgast, der den Kampf um eine sittlich und
ästhetisch hochstehende Jugendliteratur mit besonderer Verve
führt und es zu besonderer Bekanntheit bringt, greift May ebenfalls schon seiner Abenteuererzählungen wegen in mehreren Beiträgen an, unter anderem in der dritten Auflage (1905) seines
programmatisch betitelten Buches *Das Elend unserer Jugend-*
literatur. Umso härter muss das Urteil der Volkserzieher und
Jugendschützer über die Münchmeyer-Romane ausfallen. Aus
heutiger Sicht fällt dabei auf, dass Cardauns und die Kommentatoren, die ihm folgen, fast ausschließlich die sexuell gefärbten
Romanszenen ins Auge fassen, aber kaum je oder nur am
Rande – «furchtbare Rohheiten» – diejenigen mit sadistischem
Inhalt, die doch ebenfalls in reichem Maße zu finden sind.
Überhaupt zieht May nun immer mehr Kritik auf sich; selbst
Publikationsorgane, die ihm früher freundlich gesonnen waren,

distanzieren sich jetzt von ihm. *Raphael*, eine dezidiert katholische ‹Zeitschrift für die reifere Jugend und das Volk›, hat noch im Juli 1899 ganz anders als die Schundbekämpfer geurteilt und an Mays Abenteuerromanen gerühmt, dass sie die «sentimentale, gefühlsschwärmerische, verweichlichende und entnervende Roman-Litteratur fernhalten, die für die Jugend so verderblich ist. Wer z. B. *Winnetou* gelesen, der wird über anderes im Stile und Geiste von *Werters Leiden* den entsprechenden Ekel empfinden, und das ist schon hoch anzuschlagen.» Zweieinhalb Jahre später, im Dezember 1901, stellt das Blatt nicht mehr May über Goethe, sondern echauffiert sich darüber, dass May, entgegen dem von ihm vermittelten Eindruck, «niemals Katholik (war)», hält seine neuesten Werke für «moralisch abscheulich und litterarisch Plunder» und fällt ein vernichtendes Gesamturteil: «Er hat seinen Schriftstellerkranz vollständig selbst zerpflückt und in den Ofen spediert.»35 In der Faschingsausgabe der *Münchner Neuesten Nachrichten* nimmt 1901 eine Parodie mit dem Titel *Die blaue Schlange. Indianer-Roman von Karl May* die Stereotypen und das Heldenbild in den Abenteuererzählungen aufs Korn. In der Zeitschrift *Der Kunstwart* hält Ferdinand Avenarius, ein Neffe von Mays Romanfigur Richard Wagner, den Trubel um May für «eine Art von Volksgehirnerweichung».36 Und in der schwäbischen Zeitschrift *Stern der Jugend* ist zu lesen, May habe nach den gegen ihn erhobenen Angriffen Irrsinnserscheinungen gezeigt, echte oder simulierte, und sei «daraufhin tatsächlich in eine Irrenanstalt verbracht (worden). Ob er sich jetzt noch dort befindet, vermögen wir nicht anzugeben.»37 Während May sich gegen diese falsche Behauptung erfolgreich zur Wehr setzen kann, hat er der nunmehr auch öffentlich formulierten Kritik an seinem Doktortitel wenig entgegenzusetzen, und wie eine Drohung müssen ihm die verkappten Hinweise vorkommen, dass diverse Kritiker mittlerweile sogar von seinen Vorstrafen wissen; so beanstandet Paul Schumann, Kulturredakteur beim *Dresdner Anzeiger*, nicht nur die unrechtmäßige Führung des Doktortitels, sondern spielt

Abb. 21: Rudolf Lebius

hämisch auch auf «gewisse Jahre und Monate» an, die «Karl May in Deutschland in größter Zurückgezogenheit verbracht hat».[38] Zwei Wochen später legt er nach: Mays Schriften seien «Gift für die Jugend, Gift für das Volk».[39]

Zum beharrlichsten und gefährlichsten Gegenspieler Mays avanciert der Journalist Rudolf Lebius (1868–1946). Er arbeitet zunächst vorübergehend für den sozialdemokratischen *Vorwärts* und bringt 1904 in Dresden ein eigenes Wochenblatt sowie 1906 in Berlin die Zeitschrift *Der Bund* auf den Markt, die den soeben gegründeten gelben Gewerkschaften verpflichtet ist, einer unternehmerfreundlichen Gegenbewegung zu den sozialdemokratisch und sozialistisch geprägten Arbeiterorganisationen. Lebius dient sich May brieflich (ab 1902) und dann mit einem Besuch in der Villa Shatterhand (2.5.1904) als publizistischer Helfer in den aktuellen Auseinandersetzungen an, aber May weist das Angebot zurück, da er vermutet, Lebius habe es vor allem auf sein Geld abgesehen. Am 7. September 1904 erhält May eine anonyme, von Lebius stammende Erpresserkarte, in der drohend von einem «Artikel gegen Sie» die Rede ist, den «ein gewißer Herr Levius»[40] schreibe. May reagiert nicht darauf, und am 11. September erscheint in Lebius' *Sachsenstimme* sein erster Anti-May-Artikel unter dem Titel *Mehr Licht über Karl May. 160 000 Mark Schriftstellereinkommen. Ein berühmter Dresdner Kolportageschriftsteller.* Der Beitrag dient vorrangig dem Zweck, Ressentiments gegen May zu schüren, und würde, wenn es dabei bliebe, wahrscheinlich nicht viel bewirken; aber Lebius hat inzwischen Recherchen zu Mays Vergangenheit angestellt, und der Artikel, der am 18. Dezember unter dem Titel *Amtliches Material über Karl May* folgt, trifft den Schriftsteller ins Mark: «Bei Herrn Karl May, der sich als Messias und edel denkender Volkserzieher aufspielt und sich überall als der unschuldig Verfolgte ausgibt, ist es angebracht, bekannt zu geben, dass May zwei Freiheitsstrafen wegen Eigentumvergehens allerdings vor langer Zeit erlitten hat. (...) In der nächsten Nummer wird es schon möglich sein, zu sagen weshalb.»[41] May wartet nicht bis zur nächsten Nummer: Am nächsten Tag erstattet er Anzeige wegen Beleidigung und versuchter Erpressung.

Das ist der Auftakt zu einem schier endlosen, immer wieder neu aufflackernden Streit, der zahllose Publikationen sowie etwa drei Dutzend verschiedener gerichtlicher Auseinandersetzungen mit sich bringt und bis kurz vor Mays Tod anhält; es bedürfte einer eigenen Monographie, die Konflikte zwischen May und Lebius auch nur in den wichtigsten Einzelheiten präzise nachzuzeichnen, zumal noch mehrere andere Personen darin verwickelt werden, wie Max Dittrich, Mays Rechtsanwalt Rudolf Bernstein und später auch Mays geschiedene Ehefrau. Lebius spezialisiert sich über Jahre hinweg darauf, die verborgenen Seiten in Mays Lebensgeschichte publizistisch auszuschlachten, und richtet seine Aufmerksamkeit zunächst auf die kriminellen

Vergehen, den dunkelsten Punkt in der Vita; May fürchtet um seine Reputation und will um jeden Preis verhindern, dass die Vorstrafen bekannt werden: «Es würde das mein ganzes Lebenswerk vernichten, und ehe ich das zugebe, will ich lieber sterben!»[42] Nachdem schon die bisherigen öffentlichen Erörterungen seinem Ruf arg zugesetzt haben, geht es für ihn jetzt buchstäblich ums Ganze; aber auch für Lebius, dessen geschäftliche Unternehmungen häufig schlecht laufen, gewinnt die Kontroverse immer mehr an Gewicht.

Zwar verbreitet er im Lauf der Zeit mancherlei Halbwahres und Übertriebenes, das er zurücknehmen muss, aber das zentrale Anliegen seines Gegners bleibt unerfüllt: Mays Vorstrafen werden bekannt. Während einer Verhandlung gegen Lebius (3.10.1905), bei der es um Beleidigungsklagen Mays, Dittrichs und Bernsteins geht, bestreitet Mays Rechtsanwalt pauschal die Straftaten und spricht von Verleumdung. Daraufhin lässt der Richter die Akten herbeiholen und verliest das Strafregister; Lebius sitzt dabei und stenographiert die wichtigsten Informationen mit. Am 30. Juni 1906, nunmehr in der Berliner Zeitschrift *Die Wahrheit*, sagt er May eine im frühen Alter erlittene «schwere chronische Krankheit» nach, «die offenbar kulturhemmend gewirkt hat».[43]

Im Zusammenhang mit all diesen Auseinandersetzungen hat sich das Wort von der ‹Karl-May-Hetze› verbreitet: Der bedauernswerte alte Mann ist demnach das unschuldige Opfer einer umfangreichen und niederträchtigen publizistischen Verfolgungsjagd geworden. Einiges spricht in der Tat für diese Sicht: Was insbesondere Lebius unternimmt, gleicht widerlichsten Formen des Enthüllungsjournalismus und scheint an einigen Stellen von einem Vernichtungswillen getragen zu sein, der sich nicht damit erklären lässt, auch für Lebius handle es sich um eine Affäre von existenzieller Bedeutung. Insgesamt aber wird der Begriff ‹Karl-May-Hetze› den Verhältnissen nicht gerecht, denn er unterschlägt den Anteil an Verantwortung, den May selbst trägt.

Mag seine ebenso grelle wie abstruse Selbstdarstellung in den Jahren zuvor auch unter manchen Gesichtspunkten nachvollziehbar erscheinen, so forderte sie doch geradezu zwangsläufig zu Gegenreaktionen heraus, und dass diese harsch und manchmal ihrerseits abwegig ausfallen, ist in Anbetracht der näheren Umstände nicht erstaunlich; verwunderlich ist eher, dass die Old-Shatterhand-Legende überhaupt so lange Bestand hatte – der Gedanke, das allgegenwärtig-omnipotente Ich der Reiseerzählungen sei buchstäblich gleichzusetzen mit einer empirischen Person, erscheint weit abwegiger als die Meldung, der Urheber dieser Legende sei ins Irrenhaus eingeliefert worden. May hat sich zudem in einigen Bereichen Blößen gegeben, in denen die Zeitgenossen – und wohl nicht nur sie – keinen Spaß verstehen: Ein Doktortitel ist eine Zierde, ein zu Unrecht geführter Doktortitel ist Betrug; die Produktion von einwandfreiem Lesestoff verträgt sich zumindest in den Augen der Verfechter gutbürgerlichen Geschmacks nicht mit der von Texten, die nach gängigem Urteil abgrundtief unsittlich erscheinen; wer seine Karriere auch auf die konfessionelle Bindung seiner Publikationsorgane stützt, darf sich nicht wundern, wenn deren Anhänger sich über falsche Suggestionen seiner Konfessionszugehörigkeit empören. In mancher Hinsicht hat May zudem wiederum unter der unglücklichen Verknüpfung verschiedener Umstände gelitten: Die Entdeckung der Münchmeyer'schen ‹Unsittlichkeiten› hätte vermutlich weniger gravierende Folgen gezeitigt, wäre sie nicht ausgerechnet in die Zeit der Bewegung gegen die ‹Schundliteratur› gefallen; wäre May juristisch besser beraten und umsichtiger unterstützt worden – etwa in jener Verhandlung mit Lebius, in der ein von der Verteidigung fahrlässig provozierter Richter das Strafregister verliest –, hätten sich wohl manche Auseinandersetzungen vermeiden oder zumindest verkürzen lassen. Zudem versperrt die Neigung, in Schwarz-Weiß-Kategorien zu denken, May oft die Möglichkeit zu flexibleren Reaktionen; zwar stimmt es, dass manche seiner Gegner in Kontakt zueinander stehen und Informationen austauschen, aber die von ihm entwickelte Theorie, die um sich greifende Kritik sei nichts anderes als das Werk einer großen Verschwörerbande, schießt weit über das Ziel hinaus.

May kann schon deshalb nicht ausschließlich als bedauerns-
wertes Opfer einer hässlichen Kampagne gelten, weil er sich
energisch zu wehren vermag: mit umfangreichen Gegenmaß-
nahmen, die dubiose Unternehmungen einschließen. Er verfügt
über zuverlässige journalistische Gewährsleute und Helfer, wie
etwa Johannes Dederle, mit dem er jahrelang korrespondiert
und der ihm zuerst in der Dortmunder *Tremonia* und später im
Koblenzer *Rhein- und Moselboten* ein Forum bietet, das Texte
Mays und wohlwollende Kommentare Dederles veröffentlicht.
Bereits Ende 1901 bereitet May eine Broschüre mit dem um-
ständlichen Titel «*Karl May als Erzieher» und «Die Wahrheit
über Karl May» oder Die Gegner Karl Mays in ihrem eigenen
Lichte von einem dankbaren May-Leser* vor; sie erscheint anonym im Januar 1902 bei Fehsenfeld in einer Auflage von
100 000 Exemplaren, enthält im ersten Teil eine derbe Zurück-
weisung der Angriffe von Mamroth und Cardauns und im zweiten neben den ‹Empfehlenden Worten deutscher Bischöfe› und
27 Pressezitaten euphorische, mit den Originalen aber nur begrenzt übereinstimmende Auszüge aus 178 Verehrerbriefen.
Karl May ist der Verfasser und Briefbearbeiter dieses Werkes,
betreibt aber selbst vor dem eigenen Verleger wiederum ein Rollenspiel:

*Ein Leser von mir läßt mir keine Ruhe. Er meint, daß es mir schade,
daß ich die Thorheiten und Böswilligkeiten meiner Gegner nicht be-
antworte. Er will eine Brochure gegen diese Leute schreiben (…)
Nun liegt mir zwar die Welt meiner Feinde so unendlich fern, daß es
mir niemals einfallen kann, auf ihr Gebell direct einzugehen; aber ich
sehe doch ein, daß meine Freunde das Recht besitzen, beweisen zu
dürfen, daß ich ein ganz Anderer bin, als ich von jener Seite so dumm
und lügnerisch verschrieen werde.*[44]

1904 erscheint *Karl May und seine Schriften*, eine weitere
apologetische Broschüre, diesmal unter dem wirklichen Namen des Verfassers – es ist Mays Freund Max Dittrich. Im Jahr
1906 beliefert May den Redakteur Heinrich Wagner mit einem
längeren autobiographischen Text, den Wagner für einen

Vortrag und eine Aufsatzreihe verwendet, die er 1907 unter dem Titel *Karl May und seine Werke* auch als Buch veröffentlicht.

May ist, wie einige der obigen Zitate schon andeuten, durchaus in der Lage, eine spitze Feder zu führen; manche seiner privaten und öffentlichen Polemiken fallen elegant und überzeugend aus. Ein konservativ-katholischer Briefempfänger, dem May versichert, der «Kampf» gegen ihn sei ausgegangen «von dem demokratischen Unglauben» und fortgesetzt worden von «Pseudo-Patrizier(n)» katholischer Provenienz, die aber «das Vaterhaus der Kirche» verlassen hätten, «um in der Glaubensfremde die Borstenthiere der Religionsspötter fett zu mästen und sich an ihren Träbern satt zu essen» – ein solcher Briefempfänger kann kaum anders, als die Urteile des eloquenten literarischen Idols zu übernehmen, zumal May auch noch in Shatterhand'scher Großzügigkeit die Hoffnung anschließt, dass die Kirche diesen ruchlosen Personen «einst großmüthig verzeihen werde. Denn auch ich verzeihe ihnen!»[45]

Aber es sind nur begrenzte Erfolge, die Karl May auf diese Weise erringt; zu viele äußere Umstände sprechen letztlich gegen ihn, so dass er publizistisch bei allem Bemühen nicht die Oberhand gewinnen kann. Auch im kommerziellen Bereich schlägt sich dies nieder. Als sich die Erkenntnis verbreitet, dass Mays Reiseerzählungen einen ganz anderen als den in den 1890er Jahren behaupteten ‹realen› Hintergrund haben, dass sie also nicht die Informationsquelle aus erster Hand sind, als die sie präsentiert wurden, entfällt einer der zentralen Anreize, die Bücher zu lesen und sich für die Person des Verfassers zu begeistern; die Verkaufszahlen gehen nach der Jahrhundertwende deutlich zurück. Zu dieser Entwicklung trägt allerdings auch Mays literarische Neuorientierung bei, die große Teile des Publikums verwirrt und abstößt; sie verbindet sich mit einer weiteren Umgestaltung seines Selbstbilds und der daran geknüpften Inszenierungen.

Es sind gewaltige Ereignisse, in deren Zentrum Karl May sich gestellt sieht: eine spektakuläre publizistische Auseinandersetzung um Person und Werk; namhafte Kontrahenten aus den verschiedensten politischen, konfessionellen und kulturellen Lagern, die im Interesse an dem besprochenen Gegenstand ausnahmsweise vereint sind; Angriffe und Beschimpfungen, die direkt oder indirekt zugleich die exponierte Position des Angegriffenen bestätigen; juristische Kontroversen, die jahrelang anhalten und in ihrer Zahl kaum überschaubar sind; dazu Entwicklungen im privaten Bereich von ebenfalls beträchtlicher Komplexität. Das alles suggeriert der Person, um die es geht, sie bilde den Mittelpunkt eines einzigartigen und einzigartig vielschichtigen Falles, eines Problemkomplexes von gigantischer Dimension. Karl May definiert sich fortan über die singuläre Bedeutsamkeit dessen, was er tut und was mit ihm geschieht.

Einige der oben zitierten Äußerungen deuten diese Tendenz schon an, etwa die in der *Tremonia* unter dem Namen Richard Plöhn formulierte Feststellung, es sei, «so lange die Erde steht», noch nie ein Schriftsteller von der Presse in der Weise behandelt worden wie er. Das Versteckspiel, das May gegenüber dem eigenen Verleger in Bezug auf den *Dankbaren Leser* betreibt, passt unter gegensätzlichen Vorzeichen ebenfalls ins Bild: Der insgeheim verfolgte Plan, auf Pressekritik gleich mit einem ganzen Buch zu antworten, hebt die Besonderheit der Kontroversen genauso hervor wie die explizite Erklärung, May stehe der Welt seiner Gegner «so unendlich fern», dass er persönlich nicht auf ihr «Gebell» reagieren könne. Eine solch doppellinige Sichtweise ist immer wieder zu beobachten. Schreibt May am 2. Juli 1901 in einem Brief: «Mein ganzes Leben war, ist und bleibt ein Kampf, und ich bin gewöhnt daran»,[46] so teilt er einem anderen Korrespondenzpartner wenige Tage später mit, dass er sich mit kleinen Querelen nicht näher zu befassen gedenke, denn «die mir von Gott gegebene Zeit ist mir viel zu kostbar, als daß ich sie durch die Beschäftigung mit den unfriedlichen Angelegenheiten dieser thörichten, weil unverträglichen Menschenkinder kürzen

möchte».⁴⁷ Immer wieder wird auch die außerordentliche Heftigkeit des Kampfes hervorgehoben, in den er sich verstrickt
sieht: Es sind, wie Marie Hannes 1902 erfährt, «hunderttausend
schonungslose Feinde», die gegen Karl May fechten, und wer
sich ihnen widersetzt, «der muß auf allerhöchster Geisteswarte
stehen und hat sich trotzdem auf den Untergang gefaßt zu machen».⁴⁸ May sieht sich, dem Offenen Brief an eine Dresdner
Wochenschrift zufolge, mit einer «gewalttätigen, terroristischen
Clique»⁴⁹ konfrontiert, hinter der bei genauem Hinsehen aber
«buchdruckerschwarze Geisterwinzigkeiten» stecken, «Frösche
alle, die im Schlamme sitzen»⁵⁰ – diese Einsicht vermittelt er in
einem Brief, den er zusammen mit dreiunddreißig gespendeten
Büchern an die Volksbibliothek zu Radebeul schickt. Summa
summarum: «Es hat in keiner Literatur irgend eines Landes
einen ähnlichen Fall gegeben».⁵¹

Manchmal drängt sich der Eindruck auf, May lege es geradezu darauf an, die Konflikte um seine Person in Bewegung zu
halten. Beispielsweise wird im März 1905 das Verfahren gegen
Lebius eingestellt, das May mit seiner ersten Anzeige gegen ihn
ausgelöst hat; dagegen legt May Beschwerde ein. Die Angelegenheit könnte ihren geregelten juristischen Gang gehen, aber May
begnügt sich nicht damit, sondern provoziert den Gegner zusätzlich, indem er in einer Dresdner Zeitung auszugsweise die
Briefe und Karten veröffentlichen lässt, die er und Max Dittrich
von Lebius erhalten haben. Der Kontrahent reagiert entsprechend gereizt, und der Fall ufert, wie nicht anders zu erwarten,
weiter aus. In diesen Zusammenhang ist es wohl auch einzu-
ordnen, dass die autobiographischen Texte, die May im Alter
verfasst, den Akzent ganz überwiegend auf die düsteren Seiten
seines Lebens legen: Der Protagonist erscheint darin vor allem
als ein leidender, von Schicksalsschlägen, unglücklichen Umständen und böswilligen Gegenspielern gequälter Mensch, während die doch auch in reichem Maße vorhandenen lichten
Züge – etwa die bemerkenswerte Anstellung als Redakteur im
Anschluss an die Zuchthausstrafe und die Triumphzüge der

1890er Jahre – entweder übergangen oder durch Verweise auf die mit diesen Ereignissen verbundenen Schattenseiten rasch relativiert werden. Die Aura der Bedeutsamkeit umgibt eben eher die Tragödie als das wohltemperierte Schauspiel.

Die Person, die im Mittelpunkt des Falles Karl May steht, ist ihrerseits einzigartig, denn das allgegenwärtige Unheil wirft sie, nach eigenen Worten, keineswegs aus der Bahn. Karl May lebt «in einer eigenen Welt»,[52] «in einer wunderbar schönen geistigen Welt».[53] Allen Attacken zum Trotz hat er seine Feinde «lieb, und ich zürne ihnen nicht, denn sie schwätzen, pfeifen und quaken den Unsinn über mich doch nur, weil sie mich nicht kennen».[54] Im Grunde hat er nichts Geringeres als «diese arme, kurzsichtige Menschheit trotz alledem (...) lieb».[55] Nimmt man die Feststellung hinzu, dass May «einen Weg (geht), den noch niemand vor mir beschritten hat»,[56] und dass er über engstirnige Einteilungen, wie die in Katholizismus und Protestantismus, erhaben ist – «Ich bin Christ, einfach Christ, weiter nichts!»[57] –, so taugen zur Beschreibung der Singularität am besten die allerhöchsten Vergleiche: Man muss bei dem Mann, der nach eigenem Bekunden «öffentlich an das Kreuz»[58] geschlagen worden ist – laut *Tremonia* 1899 – und der auch drei Jahre später dort, «an meinem Kreuze», noch hängt – nach einem Brief an Prinzessin Wiltrud von Bayern im August 1902 –,[59] an Christus denken, wie einst bei den Erlöserfiguren seiner Abenteuerromane. Ferdinand Pfefferkorn bestätigt May die Trefflichkeit der Analogie: «Christus wurde gemartert weil er die Wahrheit predigte, Du wirst verfolgt weil Du die Wahrheit schreibst. Aber die Nachwelt wird, wie sie Christus vergöttern, so wird sie Dich und Deine Werke ehren».[60] Dass May sich, was diesseitigere Vergleiche betrifft, im Blick auf Goethe zu charakterisieren versucht, wurde bereits erläutert; zu den weiteren Referenzgrößen zählt Nietzsche, wie May in einem seiner anonymen Selbstporträts darlegt, das er für ein *Literarkritisches Jahrbuch* schreibt: «Nitzsche hat für unsere Zeit zu früh gelebt – sollte es auch bei Karl May so sein. Beides sind Geistestitanen – so unendlich verschieden sie sind.»[61] Ein Abglanz dieser Einzigartigkeit fällt selbst noch auf die, mit denen May konstruktiv zusammenarbeitet: Der Maler Sascha Schneider ist, gemäß Mays Einschätzung gegenüber Fehsenfeld, «der größte, der begabteste, der gewaltigste unter den jetzigen Malern (...) der ‹deutsche Michel Angelo›».[62] Wie verändert sich unter diesen Umständen die literarische Selbstinszenierung? Ein zwiespältiges Schicksal ist der Old-Shatterhand-Legende beschieden. Zwar operiert May fortan gern pauschal mit dem durch die Orientreise zu belegenden Argument, «daß meine Reisen keine Lügen seien»,[63] «meine Erzählungen auf Thatsachen beruhen»,[64] und manches Dementi der alten Aufschneidereien vernebelt eher die Tatsachen, statt unmissverständlich für Klarheit zu sorgen: «Ich soll behauptet haben, was ich erzählt habe, das sei Alles erlebt? Lieber Herr Redacteur, Sie können Viele finden, nicht blos diesen Einen, welche Ihnen ganz dasselbe von mir sagen. Das sind entweder die Dummen oder die Böswilligen, die Denen, die mich nicht verstanden haben, das gedankenlose Wort vom Munde nehmen, um es gegen mich auszubeuten.»[65] Der Kern der Legende aber und mit ihm die in den 1890er Jahren praktizierten literarischen Konzepte werden preisgegeben. An ihre Stelle tritt zunehmend der Gedanke, der Schriftsteller Karl May habe eine Mission zu erfüllen. Nicht mit der Glorie des triumphal die Welt bereisenden Helden schmückt er sich von nun an, sondern mit der Arbeit an Aufgaben, die so einzigartig erscheinen wie die Auseinandersetzungen um den, der sie zu leisten versucht: «Ich lege die Sonde an die großen Wunden der Gegenwart», lässt May bereits 1899 in der *Tremonia* verlauten.[66]

Die geistige Macht, als die er sich empfindet, will er konkret insbesondere zur Förderung des Friedensgedankens einsetzen. Kurz vor Beginn der Orientreise erwähnt er brieflich einen Vorschlag, den soeben der Zar «zu einer Abrüstungs- und Friedensconferenz erlassen; er wird nichts erreichen. Dein Charley erläßt nun aber einen weithin schallenden Ruf zu einer andern Friedensconferenz, welche den Zweck hat, der am tödlichen

Unglauben schwer darniederliegenden Menschheit Hülfe zu bringen und den unter dem lieblosen Interessenkampfe Leidenden den Frieden zu bringen. Am Königl. Hofe zu München interessirt man sich mit Begeisterung für diese meine Idee.»[67] Dem Buch *Am Jenseits* wird gar die Aufgabe übertragen, «eine große, tief und weitgehende, sozial-ethische Bewegung einzuleiten».[68] Als May Jahre später einen Roman unter dem Titel *Und Friede auf Erden!* veröffentlicht, fordert er bei Fehsenfeld hundert Exemplare für eine weltweite Aktion an: Er will ihn «nicht nur sämmtlichen deutschen Fürsten, sondern auch allen andern überreichen (...), auch sogar dem Sultan, dem Schah und den Kaisern von China und Japan».[69] Literatur, die solchen Ambitionen folgt, ist mit herkömmlichen Kategorien nicht zu erfassen: An Marie Hannes schreibt May 1901, seine Werke seien «ein Gotteshaus».[70]

Was ist davon zu halten? Der Verleger Hermann Zieger, der für ein spezielles Projekt ein einziges Mal mit May zusammenarbeitet, gelangt zu dem Befund, sein Autor leide «wirklich an Grössenwahn».[71] In Anbetracht der Selbstzeugnisse erscheint dieses Urteil ohne weiteres nachvollziehbar, und durch Beobachtungen auf anderen Gebieten ließe es sich erhärten, etwa durch Mays Neigung, Fehsenfeld permanent neue Werke in großer Zahl anzukündigen, die dann nie zustande kommen; so spricht er in einem Brief vom 11. September 1903 von gleich drei Romanen, die er demnächst schreiben werde – kein einziger davon wird je realisiert.

Das Schicksal, das die Old-Shatterhand-Legende nimmt, erscheint unter diesem Aspekt noch einmal in einem anderen Licht: Sie wird nicht einfach getilgt oder domestiziert; sie wird vielmehr verwandelt und verschoben und lebt weiter in der Konzeption vom grandios-einzigartigen Problemfall Karl May. So wie der Abenteuerheld der früheren Phase oft in Auseinandersetzungen heftigster Art verstrickt war, so sieht sich der Schriftsteller Karl May nun im Zentrum einer beispiellosen publizistischen Kampagne; und so wie Old Shatterhand/Kara Ben Nemsi dank seiner herausragenden Fähigkeiten noch den bedrohlichsten, den aussichtslosen Situationen entronnen ist und am Ende reüssiert hat, so schickt sich jetzt der Autor im fortgeschrittenen Alter mit großer Geste an, den Gegnern zu trotzen und sich weiter zu behaupten. Das Ich der Old-Shatterhand-Legende kann nicht unverändert fortbestehen; aber sein einzigartiger Rang, seine Größe taucht wieder auf in der alles überragenden Qualität des Falles Karl May. Zum letzten Mal in seinem Leben vollzieht May eine radikale Änderung seines Auftretens, aber auch sie bleibt an das gebunden, was vorher bereits da war.

Nimmt man das Ganze in den Blick, so weist die Angelegenheit, wie vieles in Mays Leben, ganz und gar unterschiedliche Seiten auf. Zum ersten eine höchst lächerliche: Mays Selbstzeugnisse fordern in ihrer maßlosen Selbstgefälligkeit geradezu den Spott heraus, der ihnen schon in den Äußerungen vieler Zeitgenossen entgegenschlägt. Sie verdient, zweitens, aber auch das Mitgefühl des Betrachters: Mag May an dem, was ihn im Alter trifft, bei weitem nicht unschuldig sein, mag er mit masochistisch anmutenden Aktivitäten zur Zuspitzung der Konflikte beigetragen haben, so ist es doch eine Katastrophe, die über ihn hereinbricht; die Entlarvung einer prominenten, hoch angesehenen Person als Krimineller und Zuchthäusler kommt zu jener Zeit einer moralischen Hinrichtung gleich, und in veränderter Form gähnt May der Abgrund entgegen, dem er einst entronnen ist. Drittens schließlich vollzieht sich etwas, das fraglos Bewunderung auf sich ziehen muss, denn aus der Transformation der Old-Shatterhand-Legende schlägt May die Funken zu einer umfassenden literarischen Neuorientierung. Die Selbstsuggestion, nicht etwa nur Gegenstand eines öffentlichen Skandals zu sein – das wäre die nüchterne Lesart –, sondern das außerordentliche Zentrum eines vielschichtigen und bedeutungsschweren Problemkomplexes, verschafft Karl May die Energie, die er braucht, um in seiner Arbeit noch einmal neue Wege zu gehen. Unabhängig davon, wie deren Ergebnisse im Einzelnen zu beurteilen sind, verdient dieses Projekt hohen Respekt.

Der Gedanke, auf den sich die Ästhetik des späten Karl May zunehmend konzentriert, wird in der Autobiographie drastisch hervorgehoben: «Das Karl May-Problem ist das Menschheitsproblem, aus dem großen, alles umfassenden Plural in den Singular, in die einzelne Individualität transponiert.»[72] Detaillierte Beschreibungen, worin dieses ‹Menschheitsproblem› bestehe, hat er in der abstrakten Form des philosophischen Räsonnements nicht geliefert. Aber aus zahlreichen Hinweisen und aus dem gedanklichen Gehalt seiner späten Werke geht hervor, dass es ihm um die Bestimmung des menschlichen Lebens zwischen ardistanischen Niederungen und dschinnistanischen Idealen geht. Der Mensch, als Individuum wie als kollektive Spezies, hat sich um eine kontinuierliche Besserung und Veredlung zu bemühen, auf dass er sich – in einer weiteren Formel der späten Jahre Mays – zum ‹Edelmenschen› verwandle; der Kunst kommt dabei die Aufgabe zu, ihm den Weg zu weisen, und sie übernimmt eine wichtige Funktion auch im Hinblick auf andere Wegweiser, die Religion und die Wissenschaft, denn

Kunst dringt in das Innere der irdischen Materie ein, um das Innere herauszuholen und das Äußere damit zu verklären. Sie söhnt Wissenschaft und Religion mit einander aus. Sie weißt nach, daß alle Wege endlich doch vereint nach demselben Ziele streben.[73]

May harmonisiert damit die drei Größen Kunst, Wissenschaft und Religion, im Unterschied zu anderen Formen des Umgangs mit ihnen. Damit verschafft er sich die Legitimation, die eigene Arbeit ihnen gegenüber als offen zu betrachten; so kann er seine Werke, wie oben gezeigt, als ein «Gotteshaus» preisen und bei anderer Gelegenheit davon sprechen, er sei wissenschaftlichen Ambitionen verpflichtet: Er will «Priester der Kunst, der heiligen, sein»,[74] zugleich aber auch «Psycholog»[75] mit innovativer Ausrichtung.

Indem May sich selbst als eine zwar herausragende, aber auch exemplarische Existenz wahrnimmt, erschließt er sich die Möglichkeit, das bisher von ihm Geleistete in die neue Konzeption einzubinden. In diesem Sinne werden die alten Texte, von den

Dorfgeschichten bis zu den großen Abenteuerromanen, zu Etüden für das erklärt, was er nun wiederholt das ‹eigentliche Werk› nennt, für das, was er noch zu schreiben plant: «Alle meine bisherigen Bände sind nur Einleitung, nur Vorbereitung. Was ich eigentlich will, weiß außer mir kein Mensch (...) Ich trete erst jetzt an meine eigentliche Aufgabe.»[76] Gleichzeitig verweist May darauf, dass die Ambitionen, denen er folgt, in elementarer Ausprägung auch schon in den früheren Texten präsent gewesen seien, so dass etwa das verbreitete Gerede vom ‹Jugendschriftsteller›, der unreifen Gemütern oberflächlich-belanglose Unterhaltung biete, lediglich das mangelnde Verständnis inkompetenter Leser enthülle. Nach dieser Deutung ist es kein Zufall, dass der erste Auftritt Hadschi Halef Omars in den Niederungen der Wüste stattfindet, und die Gleichsetzung des erzählenden und erlebenden Ichs mit dem empirischen Karl May ist jetzt im übertragenen Sinne zu verstehen: Kaum jemand hat bemerkt, «daß unter Old Shatterhand und Kara Ben Nemsi nur auf der Oberfläche ich selbst gemeint sei, im tiefen Sinne aber eine ganz andere, nur metaphysisch persönliche Potenz».[77]

Indem May bei der Schilderung seiner «Erlebnisse auf der Entdeckungsreise nach dem Menschengeiste und nach der Menschenseele»[78] an Altes anknüpft, dabei aber völlig neue Akzente setzt, betreibt er eine «Metamorphose. Wir sind zwar die alte Raupe noch, aber nicht mehr ganz genau».[79] Die späten Werke gewinnen ihre Konturen demnach weder aus der rabiaten Abwendung von den früheren noch aus ihrer harmonischen Ergänzung; sie stehen vielmehr in einem fruchtbaren Spannungsverhältnis zu ihnen, verbinden Kontinuität und Neuanfang. Um die zitierte «Entdeckungsreise» etwa ging es in gewissem Sinne auch schon im *Buch der Liebe* und in den *Geographischen Predigten*. Die bestens bewährte Gattung des Reiseromans wird beibehalten und bildet das Gros auch des Spätwerks. Dabei greift May gewichtige Eigenheiten der früheren Texte auf, rückt sie aber in andere Zusammenhänge. Krieg und Frieden beispielsweise werden nun in den Kontext einer welthistorischen Perspektivierung gerückt, sind nicht mehr bloß die Angelegenheit von Indianer- oder Beduinenstämmen, in die sich ein vielfältig befähigter Globetrotter einmischt, der zufällig des Weges kommt, sondern ein Thema, bei dem die Zukunft der Kulturen und schließlich der ganzen Erde auf dem Spiel steht. Weiterhin dominiert das reisende Ich namens Old Shatterhand und Kara Ben Nemsi, viele seiner alten Weggefährten tauchen auf, und um Leben und Tod geht es nach wie vor; aber der Schwerpunkt seiner Aktivitäten verlagert sich aufs Reden, und seine handfesteren Unternehmungen vollziehen sich auf einem geradezu aufdringlich doppelten Boden.

Eines freilich geht Karl May in diesem Zusammenhang endgültig verloren: der zuverlässige Blick für die Bedürfnisse eines großen Publikums. Während die Old-Shatterhand-Legende noch, dem mit ihr verbundenen Absturzrisiko zum Trotz, ein kommerziell hochgradig attraktives Unternehmen war, orientiert er sich nun in eine Richtung, in die ihm die Masse der Leser nicht mehr zu folgen vermag. Zwar wird May das niemals einsehen und stets die Hoffnung hegen, über kurz oder lang verlorenes Terrain zurückzugewinnen, aber in der Realität führt die maßlose Selbststilisierung zu Publikationen, auf die weithin mit Ratlosigkeit und Abneigung reagiert wird. Die Programmatik des literarischen Weltenretters verträgt sich nicht mit Pragmatismus und Geschäftstüchtigkeit.

Schon an mancherlei Äußerlichkeiten lassen sich Veränderungen ablesen. Im Jahr 1904 erscheint die *Winnetou*-Trilogie erstmals ohne den Titelzusatz *der Rote Gentleman* – «Eine Idealgestalt wie Winnetou darf nicht von der Terminologie Onkel Sams berührt werden»[80] – und mit einem Nachwort, das die alten Abenteuererzählungen in den neuen gedanklichen Rahmen rückt und sich geschickt deren Topographie zunutze macht, bei der May tatsächlich bereits mit den symbolträchtigen Traditionen des Reisens aus dem Tiefland in die Höhe operiert hat:

Abb. 22: Sascha Schneiders Titelbild zu ‹Winnetou III›

Wir versammeln uns zunächst. Nämlich in den Wüsten und Steppen der einen und in den Prärien und Savannen der andern Hemisphäre. Das sind die Niederungen des Lebens, aus denen sich der Mensch nur dadurch retten kann, daß er aus ihnen empor zur Höhe steigt. Und das, das wollen wir jetzt tun! Wir wollen «durch die Wüste» und «durch das wilde Kurdistan» hinauf zum Berg des Alabasterzeltes und zu dem Dschebel Marah Durimeh. Und wir wollen durch die niedrige Mapimi und den tödlichen Llano estaccado bergaufwärts nach der Zinne des Mount Winnetou. Wer Mut hat, gehe mit; der Schwache aber bleibe![81]

Ebenfalls ab 1904 erscheint eine Sonderauflage der ‹Gesammelten Reiseerzählungen›, für die Sascha Schneider neue Titelbilder geschaffen hat; sie sollen den tieferen Sinn der Texte verdeutlichen. Abenteuerliche Szenen im profanen Verständnis sind hier nicht zu entdecken; stattdessen stehen breit ausgemalte allegorische oder symbolische Gestalten im Zentrum, die existenziellen Grundsituationen und transzendentalen Verheißungen ausgesetzt sind: Auf dem Bild zu *Am Jenseits* wird eine schwarzgewandete Figur von einem Engel geleitet, auf dem zu *Winnetou III* zeigt Schneider einen nackten, muskulösen, in himmlische Höhen emporstrebenden Indianer, aus dessen üppiger Haarpracht eine Feder gleitet. Auch im privaten Bereich, in der Möblierung und Dekoration der Villa Shatterhand, treten vergleichbare äußere Veränderungen ein, und auch hier ist Sascha Schneider maßgeblich beteiligt: Für den Empfangssalon fertigt er ein fast wandfüllendes Gemälde mit dem Titel *Chodem* an, auf dem sich eine dunkle Gestalt im Vordergrund vor einer lichten, gleißenden Figur dahinter wegduckt.

Der schreibende May wendet sich Textgattungen zu, die ihn bisher kaum beschäftigt haben. In den Jahren 1906/7 verfasst er für *Der Kunstfreund*, eine Innsbrucker Zeitschrift, *Briefe über Kunst*, um seine ästhetischen Vorstellungen im Einzelnen darzulegen. Ursprünglich sind zwölf Briefe geplant, sechs werden geschrieben, aber nur fünf abgedruckt, da der zuständige Redakteur Leopold Gheri überraschend sein Amt aufgibt. Was die literarischen Genres im engeren Sinne betrifft, so legt May erstmals eine Sammlung von Gedichten und ein Drama vor.

Die 1900 von Fehsenfeld – ohne jegliche Begeisterung – veröffentlichten *Himmelsgedanken* sind im Wesentlichen eine Frucht der Orientreise: In 133 Gedichten und 129 zwischengeschalteten Sinnsprüchen formuliert May die religiösen Lehren, die er aus seinen Eindrücken und Erfahrungen gewonnen hat. Aber während die Romane, die er nach der Reise schreibt, einiges vermitteln, was originell, unzeitgemäß und gar anstößig wirkt, konzentrieren sich die Gedichte ganz aufs Konventionelle: Sie legen, mit pauschalen Hinweisen auf Misslichkeiten des irdischen Daseins, dem Leser ein gottgefälliges Leben nach herkömmlichen Maßstäben nahe und geben didaktische Hinweise,

Abb. 23: May mit dem Maler Sascha Schneider,
dem Bildhauer Selmar Werner und dem Architekten Wilhelm Kreis

wie der Weg dorthin zu finden sei. Simple Metrik, schlichte
Reimbildung und konventionelle Metaphorik, in der beispielsweise die finstere Nacht stets bedrohlich und die Sonne lieb ist,
kennzeichnen Mays Verse; ihre uninspirierte Machart passt bestens zur einfallslosen Geradlinigkeit des Inhalts. Die Lyrik ist
ersichtlich nicht das Genre, das May liegt: Als Erzähler schlägt
er reiches Kapital aus den Verfahrensweisen der Gattung, in der
er sich bewegt; als Lyriker aber beschränkt er sich fast aus-
nahmslos darauf, die Regularien der Textspezies Gedicht in
ihrer einfachsten Form zu erfüllen, statt sie kreativ zu nutzen.
Zeilen wie «Hab Dank, hab Dank, du liebes Vaterhaus! / Du
schirmtest meiner Jugend selges Leben» lesen sich in ihrer ver-
sifizierten Form genauso weise oder banal, wie sie es in epischer
Prosa täten; die Epanalepse im ersten Vers bezeugt den erhöhten
Gefühlsaufwand in allzu simpler Gestaltung und dient letztlich

nur als probates Mittel, um die notwendige Silbenzahl zu erreichen. Dagegen kann sich der eine oder andere Aphorismus durchaus sehen lassen: «Früher hatte man Schüler; heut macht man Schule.»[82] May hat auf große Resonanz für die *Himmelsgedanken* gehofft, aber der Erfolg bleibt aus. Ähnlich ergeht es seinem Drama *Babel und Bibel* (1906), mit dem er nichts Geringeres als eine Revolutionierung der aktuellen Theaterszene in Deutschland anstrebt: eine «Säuberung der Bühne vom Sünden-, Schanden- und vom Ehebruchsschmutz, den man uns noch immer und fast täglich aufzutischen wagt».[83] Zwar zieht die Veröffentlichung bei Fehsenfeld eine beachtliche Anzahl von unterschiedlich gestimmten Rezensionen auf sich – darunter die eines jungen Mannes namens Euchar Albrecht Schmid, der einige Jahre später einen ausschließlich auf May konzentrierten Verlag gründen wird –, aber insgesamt erfüllen sich die hochgespannten Erwartungen bei weitem nicht: Keine einzige Bühne nimmt sich des Stückes an.

In der Handlungsführung von *Babel und Bibel* bewegt May sich auf bekanntem Terrain, denn sie unterscheidet sich grundsätzlich kaum von der vieler Abenteuererzählungen: Am Turm zu Babel kommt es zu Auseinandersetzungen zwischen verschiedenen Stämmen, und am Ende, nach mancherlei Hinterhältigkeiten und den Reaktionen darauf, siegt die Partei der guten Menschen. Aber sämtliche Figuren weisen von vornherein weit über sich selbst hinaus: Sie sind nicht einfach Charaktere und Handlungsträger, sondern personifizieren übergreifende Prinzipien, verkörpern Gewaltmensch und Edelmensch sowie die Wandlung des einen zum anderen, stehen für Wissenschaft und Phantasie, falsches und richtiges Christentum, männliche Brutalität und weibliche Kraft zur Erlösung – ein ambitioniertes Panorama zu Grundfragen der menschlichen und menschheitlichen Bestimmung, das typologisch an Mysterienspiele des Mittelalters denken lässt. May gibt dem Text eine strenge, dualistische Struktur, indem er ihn in zwei Akte zu je tausend Blankversen einteilt, und gestattet dem Leser gleichzeitig die unterschiedlichsten Assoziationen: Der Titel verweist auf den damals aktuellen Streit um die These des Assyriologen Friedrich Delitzsch, die Bibel habe sich intensiv der babylonischen Schöpfungsmythen bedient; am Ende trägt die Aufdeckung überraschender Verwandtschaftsverhältnisse maßgeblich zur Konfliktlösung bei, wie dies auch – unter anderem – in Lessings *Nathan der Weise* der Fall ist. Ebenso finden sich bizarre Einfälle, etwa der Gedanke, ein Schachspiel mit lebenden Figuren zu reiten. Doch insgesamt hapert es in *Babel und Bibel* an dramaturgischer Schlüssigkeit: Der Autor schafft es nicht, typisierte Figuren, bewegtes Geschehen und das, wofür beides steht, so zu verbinden, dass ein kohärentes, auf der Bühne reizvolles Gesamtbild entsteht.

Dagegen gelingt ihm mit *Et in terra pax*, dem ersten der beiden Romane, die er zwischen der Gedichtsammlung und dem Drama veröffentlicht, ein bemerkenswerter Coup vor politisch brisantem Hintergrund. Am 27. Juli 1900 schickt Kaiser Wilhelm II. mit seiner berüchtigten ‹Hunnenrede› deutsche Soldaten nach China, damit sie dort, als Hauptkontingent einer internationalen Truppe, den Mord an dem deutschen Gesandten Clemens Freiherr von Ketteler rächen und den sogenannten Boxer-Aufstand niederschlagen; die historischen Einzelheiten lassen keinen Zweifel daran, dass es sich um weit mehr als nur um Sanktionen für einen schweren Rechtsbruch handelt, nämlich um ein imperialistisches Unternehmen. Zur propagandistischen Begleitung der Aktion gibt Joseph Kürschner 1901 einen voluminösen Prachtband heraus mit dem Titel *China. Schilderungen aus Leben und Geschichte, Krieg und Sieg. Ein Denkmal den Streitern und der Weltpolitik*, für den er auch Karl May als Beiträger gewinnt. Kürschner erwartet vermutlich einen spannenden Abenteuerroman, in dem deutsche Helden die Einheimischen Mores lehren, ganz nach dem Vorbild früherer Erzählungen des Autors, etwa *Der blau-rote Methusalem*.

Aber May hat sich in dieser Hinsicht spätestens unter den Eindrücken seiner Orientreise so verändert, dass er etwas ganz anderes schreibt: eine von handfesten Auseinandersetzungen und krudem Chauvinismus weitgehend freigehaltene Geschichte, in der er christlicher Überheblichkeit und kolonialistischer Militanz eine heilsgeschichtliche Utopie inneren und äußeren Friedens entgegenstellt. Im Zentrum der Ereignisse steht die entsprechende Wandlung eines zunächst fanatisch agierenden amerikanischen Missionars namens Waller; sein Reiseweg orientiert sich teilweise an Stationen der Orientreise Mays. Kürschner ist nicht erfreut über das, was der alte Bekannte ihm liefert, und stimmt in seiner Einleitung mit süß-sauren Worten auf diesen Fremdkörper seines Bandes ein: «Karl Mays Reiseerzählung, die erst während des Erscheinens der einzelnen Lieferungen des Buches vollendet wurde, hat einen etwas anderen Inhalt und Hintergrund erhalten, als ich geplant und erwartet hatte. Die warmherzige Vertretung des Friedensgedankens, die sich der vielgelesene Verfasser angelegen sein ließ, wird aber gewiß bei Vielen Anklang finden.»[84] Als May den Roman unter dem Titel *Und Friede auf Erden!* 1904 in die Fehsenfeld-Ausgabe integriert, geht er zu Beginn des neu geschriebenen Schlusskapitels auf diese Zusammenhänge ein und distanziert sich ausdrücklich von «der ‹patriotischen› Verherrlichung des ‹Sieges› über China» und dem in «ganz Europa» tönenden «Donner der begeisterten Hipp, Hipp, Hurra und Vivat (...). Mit dieser Art von Gong habe ich nichts zu tun!»[85]

Die Reaktionen fallen entsprechend kontrovers aus. Otto Umfrid, Vizepräsident der Deutschen Friedensgesellschaft und einer der engagiertesten deutschen Pazifisten, dankt May für ein «Evangelium der Menschheit».[86] Entrüstung herrscht ob des im Roman betriebenen Umgangs mit dem traditionellen christlichen Gedankengut. Insbesondere katholische Kritiker prangern die religiösen Ambivalenzen eines Autors an, den sie lange uneingeschränkt auf ihrer Seite wähnten; noch 1908 klagt der Dogmatiker Paul Rentschka, Kaplan an der Hofkirche in Dresden, das «ganze Buch» mit seinen Relativierungen des christlichen Wahrheitsanspruches stecke «voll der Irrtümer, ganz besonders auch der Irrtümer des Modernismus».[87]

Das Friedensideal und die Vorstellungen vom harmonischen Miteinander der Angehörigen unterschiedlicher Religionen, Rassen und Völker haben es selbst bei denen, die May nahestehen und ihm wohlwollen, nicht leicht; der partielle Wechsel aus der Position dessen, der die Allianz von Gott, König und Vaterland im konservativen Sinne hochhält, in die eines pazifistisch und weltbürgerlich Gesonnenen erregt Anstoß. Aber May, bei dem hier offenbar auch wieder der Hang zum Unangepassten, Außenseiterischen zutage tritt, lässt sich nicht beirren und widerspricht dem Freund Sascha Schneider, als dieser ein paar Jahre später die segensreichen Wirkungen von Kriegen preist:

Sie sagen, die Menschheit brauche den Krieg, damit wir wieder ein Geschlecht von Männern bekommen? Wo sind die Männer, die durch die letzten Kriege entstanden? Ich sehe sie nicht!!! Ich meine vielmehr, daß wir auf den Krieg eingingen, weil wir Männer hatten, ihn zu führen. Wehe und tausendmal wehe dem Volke, welches das Blut und das Leben von Hunderttausenden vergießt, um anderthalb Schock Ritter des eisernen Kreuzes erster Klasse dekoriren zu können! Wir brauchen Männer des Geistes, Männer des Wissens und der Kunst. Die wachsen aber nicht bei Wagram oder Waterloo![88]

Mit der Vervollständigung des am Ende vierbändigen Romans *Im Reiche des silbernen Löwen*, die im Wesentlichen in den Jahren 1902 und 1903 entsteht, entfernt May sich noch weiter als in *Friede auf Erden* von den früheren Abenteuererzählungen. Zwar bietet er mit diesen beiden Bänden an der Oberfläche eine Fortsetzung der ersten zwei, die schon in den späten 1890er Jahren erschienen sind; aber das Interesse an gefährlichen Komantschen, Räubern und Schmugglern ist ihm erkennbar abhanden gekommen, nur notdürftig wird die vordergründige Handlung zu einem Ende gebracht. Mit den letzten *Silberlöwe*-Bänden und später mit *Ardistan und Dschinnistan* erreicht Karl May jene Phase seiner literarischen Tätigkeit, in der ihm die meisten Freunde des *Winnetou*, des *Oelprinz* und des *Schut* endgültig nicht mehr folgen – ganz zu schweigen vom *Waldröschen* –,

während eine kleine, aber exquisite Schar von Lesern, wie z. B.
Arno Schmidt, hier den Gipfelpunkt seines Schaffens erblickte,
mit dem May gar «in das Kontinuum unserer Hochliteratur»
aufzunehmen sei.[89] May selbst sieht es ähnlich und schreibt mit
Bezug auf den neuen Roman am Heiligabend des Jahres 1902 an
Fehsenfeld: «Meine Zeit ist endlich da!»[90] Jedes einzelne dieser
Wörter ist zweimal unterstrichen.

Die Besonderheit des dritten und vierten *Silbernen Löwen* liegt
zunächst einmal darin, dass May hier eine verkappte autobiographische Darstellung bietet: All das, was ihn in jüngster Zeit
umgetrieben hat, von den öffentlichen Auseinandersetzungen um
seine persönliche Glaubwürdigkeit bis zur Auflösung seiner Ehe,
wird gespiegelt und indirekt kommentiert; der Begriff des Schlüs-
selromans drängt sich auf, der ‹Fall› Karl May wird in literarisches Geschehen um Kara Ben Nemsi, Hadschi Halef Omar
und ihre Verbündeten und Gegner übersetzt. In einem der
Freunde Kara Ben Nemsis ist beispielsweise Fehsenfeld zu erkennen, seine Feinde stehen für die publizistischen Kontrahenten
und ihre konfessionelle bzw. politische Zugehörigkeit und die
weiblichen Figuren Pekala und Schakara für Emma und Klara.
Ein Pferd taucht auf, das in der Übersetzung seines Namens
Schundroman heißt und insgeheim über viel höhere Qualitäten
verfügt, als sein verunstaltetes Äußeres ahnen lässt, und wer sich
mit den nächtlichen Vorgängen auf der Mendel befasst, die der
endgültigen Trennung von Emma und der endgültigen Bindung
an Klara vorausgingen, findet hier eine weitere Version. Leicht zu
entschlüsseln ist das Ganze freilich nicht, denn May überträgt die
Realität nicht im Verhältnis eins zu eins, sondern arbeitet – wie
im Traum – mit Verschiebungen, Verdichtungen und Überblen-
dungen; so kann etwa eine einzige Person der empirischen Welt
in mehreren Romanfiguren gespiegelt sein und umgekehrt eine
einzige Romanfigur für mehrere reale Personen stehen.

Dem Gewicht, das May seinem Schicksal zuerkennt, entspricht
es, dass er die ohnehin schon komplizierten Verschlüsselungen in
zwei verschiedene Richtungen weiterentwickelt. Zum einen ist

ihm an einer umfassenderen Sicht auf die eigene Person gelegen: Es geht nicht nur um die Ereignisse der letzten Jahre, sondern um seine gesamte Lebensgeschichte, und dementsprechend sind Figuren im Spiel, die etwa auf seinen Vater verweisen, auf ihn selbst als Ehemann in früheren Zeiten und auf die Entwicklung, die sein Selbstverständnis seit den 1890er Jahren genommen hat.

Zum andern pointiert er die Beispielhaftigkeit der Causa May, indem er über die individuell verhandelten Angelegenheiten religiöse und weltanschauliche Grundprobleme ins Spiel bringt, ein Verfahren, das nicht zuletzt von literaturgeschichtlichen und intertextuellen Assoziationen getragen wird; so hat man den unversöhnlichen Feind Ahriman Mirza, der dämonische Reden hält und im Wahnsinn endet, auf der biographischen Leseebene mit Fedor Mamroth von der *Frankfurter Zeitung*, auf der allgemeineren aber mit Dostojewskis Großinquisitor und mit Nietzsche in Verbindung gebracht. Wenn May diese Figur etwa sagen lässt:

Zeige mir den ganz Unmöglichen, Undenkbaren, den ich als Mensch vernichten will und der, in diese Vernichtung stürzend, kein Wort des Fluches, sondern Segen für mich hat![91],

dann rechnet er ihr die Unversöhnlichkeit zu, mit der nach seinem Urteil Mamroth ihn attackiert hat, und gleichzeitig – in der Bloßstellung des christlichen Gebots der Nächstenliebe – eine an Nietzsche gemahnende Form desillusionierender Religionskritik.

Die Identifizier- und Deutbarkeit der Figuren wird zusätzlich durch jene Komponenten des Romans erschwert, die man als bildlich im weitesten Sinne bezeichnen kann: Er enthält eine große Zahl von Träumen, Gleichnissen und Märchen, schickt die Protagonisten durch eigenartige Landschaftsformationen, konfrontiert sie mit exponierten Bauwerken, und vieles davon stellt weit mehr dar als nur eine ergänzende Illustration oder eine Kulisse; so gibt es unter den Bauwerken solche, die erkennbar für traditionelle religiöse Lehrgebäude stehen und schließlich einstürzen. Der *Silberne Löwe* weist eine Struktur auf, deren

Konturen sich ständig verwischen; den Passepartout für diesen
Schlüsselroman verweigert May mit beträchtlichem Aufwand.

Immerhin klärt das reisende Ich in ungewöhnlicher Deutlich-
keit über den derzeitigen Stand der May'schen Rollenspiele auf:
*«Du bist Old Shatterhand?» fragte er. «Ich habe diesen Namen von
meinem Freunde Dschafar gehört.»*
«Ich war es,» antwortete ich ruhig, aber bestimmt.
*Er machte, als er hörte, daß ich sein Präsens in das Imperfectum
verwandelte, eine Bewegung der Ueberraschung. Dann fuhr er fort:*
«Du bist Kara Ben Nemsi Effendi?»
«Ich war es,» erwiderte ich abermals.
«Bist es nicht mehr? Beides nicht mehr?»
*Bei diesen Worten leuchteten mir seine Augen vor erwartungsvoller
Erregung förmlich entgegen.*
«Beides nicht mehr!» nickte ich.[92]

Vier Jahre später wird das Ich wieder unter dem Namen Kara
Ben Nemsi durch *Ardistan und Dschinnistan* reisen, weitere
zwei Jahre später in *Winnetou IV*, Karl Mays letztem Roman,
unter dem Namen Old Shatterhand durch den ehemaligen Wilden Westen.

1906–1912

Auch Karl May selbst geht im letzten Jahrfünft seines Lebens noch einmal ausgiebig auf Reisen, und so, wie die Route des Protagonisten in *Und Friede auf Erden!* teilweise der Orientreise des Autors folgt, so lehnt sich *Winnetou IV* ebenfalls ein klein wenig an reale Ereignisse an: Mays zweite große Auslandsreise führt ihn zum zweiten großen Schauplatz seiner Abenteuerromane, auf den amerikanischen Kontinent.

Karl und Klara verlassen am 5. September 1908 mit dem Dampfer ‹Großer Kurfürst› des Norddeutschen Lloyd Bremerhaven und erreichen zehn Tage später New York. Am 19. September geht es weiter mit dem Schiff nach Albany, am 22. mit dem Zug nach Buffalo. Zwei Tage später mietet sich das Ehepaar für rund zwei Wochen im Clifton Hotel auf der kanadischen Seite der Niagarafälle ein. Über Boston führt der Weg nach Lawrence, Massachusetts, wo die Reisenden am 5. Oktober eintreffen und drei Wochen im Haus des Ernstthaler Schulfreundes Pfefferkorn wohnen. Die dortige Lokalpresse, insbesondere der deutschsprachige Teil, widmet dem Besuch beträchtliche Aufmerksamkeit; May lernt die Honoratioren des Ortes kennen, wird von den deutschen Gesangsvereinen mit einer Serenade geehrt und hält am 18. Oktober in einer voll besetzten Turnhalle einen Vortrag über das Thema *Drei Menschheitsfragen: Wer sind wir? Woher kommen wir? Wohin gehen wir?* Zwischendurch werden, wie schon während des Aufenthalts in Niagara Falls, kleinere Ausflüge unternommen; einer davon führt nach Andover, an das Grab von Harriet Beecher-Stowe, der Verfasserin von *Onkel Toms Hütte*. Am 27. Oktober treten die Mays die Rückreise mit der ‹Kronprinzessin Cecilie› an. Anfang November treffen sie wieder in Radebeul ein, halten dies aber vorerst geheim. Ende des Monats

Abb. 24: Die Ehepaare May und Pfefferkorn

geht es noch einmal ein Stück zurück, nach London, wo sich ein
einwöchiger Aufenthalt anschließt, dem dann die endgültige und
nunmehr ‹offizielle› Rückkehr von der Amerikareise folgt.

Auf den ersten Blick erinnert manches an das große Unternehmen der Jahrhundertwende: Wiederum versendet May an
diverse Empfänger zahllose Postkarten und Briefe, genießt auch
vor Einheimischen seine Prominenz und inszeniert sich – insbesondere mit dem Spiel um seine Rückkehr, das einen längeren
Amerika-Aufenthalt als den wirklich durchgeführten suggeriert –
in der Rolle des unternehmungslustigen Globetrotters. Bei genauerem Hinsehen handelt es sich jedoch um ein sehr viel kleine-
res, bescheideneres Projekt als das frühere. Das gilt schon in
Bezug auf die quantitativen Dimensionen: Im Vergleich zur zeitlichen und räumlichen Ausdehnung der Orientreise unternimmt
May jetzt kaum mehr als einen Kurzurlaub. Stärker noch als
damals bewegt er sich in den gut geebneten Bahnen des Touris-
mus und hält sich von außergewöhnlichen Unternehmungen
fern; ganz offensichtlich ist sein Ruhebedürfnis erheblich intensiver ausgeprägt als neun Jahre zuvor. Spektakuläre Meldungen
von vermeintlichen Heldentaten, wie der Entdeckung eines
neuen Klondyke, verschickt er diesmal nicht. Zahllose Bilder
dokumentieren die Amerikareise, und insbesondere eins davon
zeigt auf fast schon makabre Weise, wie es um den ehemaligen

Pseudo-Shatterhand steht: Die Ehepaare May und Pfefferkorn sitzen in einem Boot, die beiden Herren halten, scheinbar unternehmungslustig, je ein Ruder in der Hand – aber Wasser sieht man nur im Hintergrund, das Boot liegt ganz und gar auf dem Trockenen. Dass May sich auch im Reservat der Tuscarora-Indianer und am Grab eines berühmten Häuptlings der Seneca fotografieren lässt, bestätigt den Eindruck, er pflege auf dieser Reise ein gewissermaßen museales Verhältnis zu den Schauplätzen und Heroismen seines Wildwest-Kosmos.

Vieles von dem, was May in den letzten Lebensjahren unternimmt und was ihm in den letzten Lebensjahren zustößt, mutet an wie eine routinierte und altersadäquate Fortführung dessen, was vorher war; signifikante Brüche und Sprünge sind nun nicht mehr zu verzeichnen, wenn man einmal davon absieht, dass ausgerechnet die letzten Monate noch einmal besondere Triumphe und Glückserlebnisse bescheren. Diese Art der Fortführung schließt allerdings durchaus Verschiedenes ein: dass die Dinge nahezu unverändert in der bisherigen Weise weiterlaufen, aber auch, dass sie sich deutlich zuspitzen oder dass sie nur in Form eines müden Abklatsches weiter existieren – ganz neue Dinge jedoch, wie May sie einige Jahre zuvor mit seinem Spätwerk auf den Weg brachte, finden sich nicht mehr.

Kontinuierlich verfällt seine Gesundheit, und May ist gewiss nicht zu Unrecht davon überzeugt, dass dies vor allem mit den anhaltenden publizistischen und juristischen Querelen zusammenhängt. Im Frühsommer des Jahres 1907 hält das Ehepaar sich auf Anraten des Hausarztes Mickel zur Kur im niederschlesischen Bad Salzbrunn auf. Im Januar 1908 notiert Klara in ihrem Tagebuch: «Wir sind am Ende unserer Kraft.»[1] Am letzten Tag desselben Jahres schreibt sie dem befreundeten Journalisten Leopold Gheri: «Mein Herzensmann hatte sich in Amerika eine Verletzung zugezogen, die eine Operation nöthig machte. Sie verlief gut. Er steckt aber noch bis zum Halse in Bandagen.»[2] Zwei Jahre später berichtet *Mein Leben und Streben* von einer umfassend zerstörten physischen Gesundheit: von «brutale(n) Körperschmerzen» sowie von schweren Schlaf- und Essstörungen; «mir ist, als müsse ich ohne Unterlaß brüllen, um Hilfe schreien. Ich kann nicht liegen, nicht sitzen, nicht gehen und nicht stehen, und doch muß ich das alles. Ich möchte am liebsten sterben, sterben, sterben, und doch will ich das nicht und darf ich das nicht, weil meine Zeit noch nicht zu Ende ist.»[3] Man wird, wenn man Mays Neigung zur Selbststilisierung als Schmerzensmann im umfassenden Sinne bedenkt, diese Äußerungen nicht sogleich für bare Münze nehmen, aber in der Tendenz geben sie seinen Zustand vermutlich korrekt wieder. Mehrfach kann er aufgrund gesundheitlicher Beeinträchtigungen Prozesstermine nicht wahrnehmen. Im Dezember 1910 diagnostiziert Dr. Mickel eine schwere Influenza mit Lungenentzündung, die den Patienten wochenlang ans Bett fesselt. Im Frühjahr 1911 soll eine Radiumkur in St. Joachimsthal, Böhmen, dem Leidenden helfen. Im September stellt Mickel nervöses Asthma fest, und zum Jahresende 1911 erkrankt May erneut an einer Lungenentzündung.

Die Beziehungen zu Friedrich Ernst Fehsenfeld gestalten sich auch in den letzten Jahren spannungsreich und führen beinahe zum Bruch: May hält dem Verleger regelmäßig vor, sich nicht hinreichend für seine Belange einzusetzen, während Fehsenfeld die Eigenwilligkeiten des Autors für drastisch zurückgehende Verkaufszahlen verantwortlich macht und sich persönlich missachtet fühlt. So schreibt der Verleger im Januar 1907 an May, er sei von ihm «aufs schwerste als Mensch u als Buchhändler gekränkt» worden,[4] und May antwortet, «daß ich die Absicht habe, den Verlag meiner Werke in andere Hände zu geben».[5] Gelegentlich werden die Umgangsformen zwischen den langjährigen Geschäftspartnern ausgesprochen ruppig: Nachdem es zu Unstimmigkeiten über einen neuen Vertrag gekommen ist, der eine illustrierte Ausgabe der Reiseerzählungen vorsieht, zerreißt May ein Duplikat des Vertragsentwurfs und schickt es so an Fehsenfeld zurück; Fehsenfeld hält daraufhin «ein gedeihliches Zusammenarbeiten für ausgeschlossen»,[6] kündigt unter mancherlei Vorwürfen den bestehenden Vertrag, und May notiert in seiner Antwort: «Sie irren sich wieder in allen Punkten, wie immer.»[7] Schließlich kommt es doch zu einer Verlängerung der Verlagsbeziehung, die illustrierte Ausgabe erscheint, aber die fast ungetrübte Harmonie der Anfangsphase kehrt nicht mehr zurück.

Letztlich liegt all den Misshelligkeiten der schwindende geschäftliche Erfolg zugrunde, der insbesondere Fehsenfeld deutlich zusetzt: Kurz vor Mays Tod gerät er sogar in Zahlungsschwierigkeiten und prüft, ob er sein Unternehmen verkaufen kann. Verantwortlich für die Misere sind verschiedene Faktoren. Zum einen geht Mays Produktivität in den letzten Jahren deutlich zurück, und die ambitionierten, dem Uneingeweihten aber spontan befremdlich erscheinenden Texte, die er dennoch schreibt, erreichen die Leserschaft bei weitem nicht mehr in dem Maße wie die früheren. Zum anderen hinterlässt die Entlarvung des vermeintlichen Weltreisenden ihre Spuren, da die für das Publikum ungeheuer attraktive Konstruktion eines Autors, der aus eigener Erfahrung spannende Erlebnisse aus fernen Territorien übermittelt, in dem Maße zusammenbricht, in dem Mays wirkliche Vergangenheit ans Licht kommt. Fehsenfeld erkennt diesen Zusammenhang sehr deutlich und weist darauf hin, dass «die Menge sich nun bitter getäuscht (sieht)».[8]

May aber verschließt davor weitgehend die Augen und führt den Umsatzrückgang beharrlich auf Fehsenfelds unzulängliches Geschäftsgebaren zurück. Dabei hätte der Verleger allen Grund, sich seinerseits über die Unzuverlässigkeit seines Autors zu beklagen, denn dieser stellt weiterhin gewaltige Taten in Aussicht, die er gar nicht oder erst viel später realisiert, und Fehsenfeld muss sehen, wie er damit umgeht; in kurzen Abständen berichtet May von neuen literarischen Großprojekten, manchmal von ganzen Buchserien, die er demnächst zu schreiben gedenkt, und einmal kündigt er bereits für «nächste Woche»[9] die erste Manuskriptlieferung eines neuen Romans an, den Fehsenfeld bewer-

ben soll und den es dann niemals geben wird. Umgekehrt entwickelt May eine Vorliebe für den Gedanken, dass das, was er
von Fehsenfeld erwartet oder fordert, «sofort» bzw. «umgehend»
zu erledigen sei.

Die Villa Shatterhand bleibt auch weiterhin das Ziel vieler
Besucher; zu den bekanntesten gehören im Jahr 1910 der Journalist Egon Erwin Kisch und der Maler George Grosz, die beide
später ausführlich über ihre Eindrücke schreiben werden. Von
Peter Rosegger, der vor vielen Jahren als einer der ersten prominenten Leser in May einen realen Reiseschriftsteller gesehen hat,
erhält May aufmunternde Briefe – «unsere Seelen haben viel
Gemeinsames»[10] –, und an einen Schüler namens Carl Zuckmayer, der sich später seiner profunden May-Kenntnisse rühmen wird, schickt May 1911 einen Kartengruß. Zu dieser Zeit
beschränkt sich auch der Umgang mit Sascha Schneider längst
auf postalische Kontakte, denn Schneider muss Deutschland im
Juni 1908 wegen einer Erpresseraffäre um seine Homosexualität
verlassen.

Die engen persönlichen Beziehungen zu den jungen May-
Verehrern, den ‹Kindern›, gedeihen dagegen bestens. Einige von
ihnen lernen einander in Radebeul kennen; Marie Hannes und
Lu Fritsch schließen bei dieser Gelegenheit mit Hilfe eines rituell
verspeisten Apfels einen Bund, den Marie als Blutsbrüderschaft
bezeichnet. Zu diesem Kreis gehört auch der Philologe Dr. Adolf
Droop, der 1906 mit einer Arbeit über Percy Bysshe Shelley promoviert wird und 1909 die erste solide literaturwissenschaftliche Untersuchung in Buchform veröffentlicht, die May gilt,
Karl May. Eine Analyse seiner Reise-Erzählungen. Droop und
Lu Fritsch verlieben sich ineinander und heiraten im Oktober
1912. Sie gründen eine neue Karl-May-Vereinigung und 1920
die Produktionsgesellschaft Ustad-Film, die auch drei – heute
verschollene – Filme nach Orientstoffen Mays herstellt. Beide
Unternehmungen scheitern allerdings nach kurzer Zeit genauso
wie die Ehe, doch als Droop 1938 stirbt, ist seine ehemalige Frau
bei ihm.

Demgegenüber bleibt die zweite Ehe Karl Mays, soweit dies von außen zu erkennen ist, von allen größeren Eintrübungen frei: In Klara erblickt er die fürsorgliche, liebevolle, engagierte und umsichtige Frau, deren er in der Not seiner späten Jahre zu bedürfen meint. Dementsprechend erklärt er sie in der letztgültigen Fassung seines Testaments am 8. März 1908 zur Universalerbin mit der Auflage, sie müsse seinen beiden noch lebenden Schwestern eine regelmäßige Unterstützung gewähren; nach ihrem Tod – oder gegebenenfalls am Tag ihrer Wiederverheiratung – soll das gesamte Erbe einer mildtätigen Stiftung zufallen.

Inmitten der fortdauernden öffentlichen Turbulenzen gönnen sich die Eheleute das eine oder andere besondere Vergnügen. Ende September 1909 besuchen sie in Berlin die erste Internationale Flugwoche auf dem Flugplatz Johannisthal und führen, Klaras Tagebuch zufolge, ein Gespräch mit dem französischen Flieger Hubert Latham, dem in diesen Tagen der erste deutsche Überlandflug gelingt; das Gesehene beeindruckt May so sehr, dass er in *Winnetou IV* einen jungen Indianer als Flieger auftreten lässt. Im Dezember desselben Jahres hält May in Augsburg einen umjubelten Vortrag mit dem Titel *Sitara, das Land der Menschheitsseele*; unter den vielen Zuhörern befindet sich, neben einer Reihe von Freunden und Bekannten, sehr wahrscheinlich auch der elfjährige Bert Brecht mit seinem Vater. Am nächsten Tag besucht May die Klosterschule der ‹Englischen Fräulein› in Augsburg, und anschließend geht es nach München, wo May noch einmal von bayerischen Prinzessinnen empfangen wird. Wiltrud von Bayern notiert in ihrem Tagebuch: «Sehr alt ist May geworden – sein Bart und sein langes Kopfhaar ist weiß geworden aber dieselbe Jugend, der unbesiegliche Humor die Heiterkeit seines Wesens (…) sind ihm in aller Frische eigen.»[11] Ehrungen anderer Art gelten der weltoffenen, vom Friedensgedanken erfüllten Haltung, die man mit May insbesondere seit dem *Friede*-Roman verbindet: Im Vorfeld des 16. Internationalen Friedenskongresses, der vom 9. bis 14. September 1907 in München stattfindet, darf er sich an der Seite von Autoren wie

Georg Simmel und Max Nordau in der pazifistischen Zeitschrift *La paix par le droit* positiv über die Wünschbarkeit einer deutsch-französischen Annäherung äußern.

All das wird jedoch überschattet von den sich stetig zuspitzenden publizistischen und rechtlichen Querelen. Die Meldung einer Berliner Zeitung im Dezember 1907, wonach sich mittlerweile sogar jugendliche Mörder auf die anregende Kraft der May'schen Phantasie berufen, zählt dabei noch zu den peripheren Erscheinungen.

Weiterhin gibt es Kontroversen um die Romane, die May vor zwei Jahrzehnten für Münchmeyer geschrieben hat: um die Urheberschaft an den unsittlichen Stellen darin, um die angemessene Honorierung, um die Unternehmungen Adalbert Fischers, der seit 1899 Inhaber des Münchmeyer-Verlags ist. Zumindest der letztgenannte Komplex kann im Wesentlichen bald zu einem Abschluss gebracht werden: Fischer stirbt im April 1907, und im Oktober desselben Jahres kommt es vor dem Landgericht Dresden zu einem Vergleich zwischen May und seinen Erben. Für diese ist wichtig, dass sie die Restbestände der vorliegenden Auflage mit Mays Namen bis Ende 1910 verkaufen und die Romane danach wenigstens anonym weiter vertreiben dürfen; für May ist vor allem von Belang, dass er eine Abfindung von 20 000 Mark erhält und im *Börsenblatt* einmalig eine Anzeige veröffentlichen darf, nach der «die im Verlage der Firma H. G. Münchmeyer erschienenen Romane des Schriftstellers Karl May im Laufe der Zeit durch Einschiebungen und Abänderungen von dritter Hand eine derartige Veränderung erlitten (...), daß sie in ihrer jetzigen Form nicht mehr als von Herrn Karl May verfaßt gelten können».[12] Obwohl diese Erklärung nichts darüber aussagt, wie es um den sittlichen Gehalt der Originalmanuskripte bestellt war – ein Problem, zu dem Fischers Erben sich auch nicht kompetent hätten äußern können –, verbuchen Karl May und die ihm gewogenen Kommentatoren diesen Abschluss des Verfahrens als einen großen Erfolg.

Dagegen schleppen sich die Auseinandersetzungen im Zusammenhang mit Pauline Münchmeyer endlos dahin, juristischen Teilerfolgen Mays zum Trotz. Zunächst einmal gewinnt May den Prozess auch in dritter Instanz: Am 9. Januar 1907 bestätigt der 1. Zivilsenat des Reichsgerichts das Urteil der Vorinstanzen. Am 11. Februar leistet May vor der 6. Zivilkammer des Landgerichts Dresden den ihm auferlegten Parteieid; darin beschwört er die mündlich mit Münchmeyer getroffenen Vereinbarungen zu den Kolportageromanen, womit nunmehr gerichtlich feststeht, dass ihm eine Honorierung für jedes Exemplar zusteht, das über die zunächst verabredete Auflage von 20 000 Stück hinaus gedruckt worden ist, und dass er zudem die freie Verfügung über diese Romane behält und sie damit etwa in seine Werkausgabe aufnehmen kann, wie mit einem Teil des *Waldröschen* im *Old Surehand* bereits geschehen. Der Parteieid erhält seine Autorität nicht etwa nur durch die Bekundungen dieses einen Beteiligten; die Gerichte dürfen vielmehr «ihre Entscheidung nur dann von der beschworenen Aussage Mays abhängig machen, wenn seine Aussage ohnehin nach dem Prozeßverlauf als wahrscheinlich und vertrauenswürdig» erscheint.[13] Was Pauline Münchmeyer nunmehr an May zu zahlen hat, soll Gegenstand eines weiteren Prozesses sein, dessen Abschluss May nicht mehr erleben wird.

Aber der geordnete Gang der Dinge wird ohnehin noch einmal gründlich und mit dramatischen Begleiterscheinungen unterbrochen. Am 15. April 1907 erstattet Pauline Münchmeyers Anwalt Oskar Gerlach Anzeige gegen May «und Genossen» – womit unter anderem Emma Pollmer und Max Dittrich gemeint sind –, um eine Aufhebung des Reichsgerichtsurteils zu erreichen; er unterstellt, dass May und die zu seinen Gunsten aussagenden Zeugen gelogen haben. Am 12. Juli wird die Voruntersuchung eröffnet. Am 7. November nimmt die Staatsanwaltschaft in Emmas Weimarer Wohnung eine Hausdurchsuchung vor und verhängt eine Briefsperre. Zwei Tage später geschieht dasselbe mit großem Aufwand in der Villa Shatterhand: Der Staatsanwalt

Hans Conrad Seyfert, der Untersuchungsrichter Kurt Larraß, ein Protokollführer und drei Kriminalbeamte tauchen frühmorgens dort auf, durchsuchen stundenlang die Räume, beschlagnahmen diverse Schriftstücke, darunter Prozessakten und Briefe, und verhängen ebenfalls eine Briefsperre – ein Ereignis, das die Bewohner der Villa natürlich in höchste Aufregung versetzt und von mancherlei heftigen Szenen begleitet wird. Vom 6. bis 22. April 1908 dauern die Vernehmungen Mays, der jede Falschaussage bestreitet. Zudem findet er Gründe zu der Annahme, dass bei seiner Angelegenheit nicht alles mit rechten Dingen zugeht: Ein Detektiv, den er auf Gerlach ansetzt, ermittelt, dass dieser ein Schulfreund von Staatsanwalt Seyfert ist; von Larraß erfährt May, dass eigentlich ein anderer Staatsanwalt die Untersuchung hätte führen müssen, eine dubiose Etikettierung der Ermittlungsakte aber dafür gesorgt hat, dass Seyfert den Fall übernehmen konnte. Doch nicht nur die Justiz, auch der Beschuldigte operiert mit unorthodoxen Mitteln: Um seine Darstellung der Usancen in der Kolportagebranche glaubhaft zu machen, bietet er im Februar 1908 verschiedenen Verlegern einen nicht existierenden Roman *Ein Milliardär* eines nicht existierenden Anonymus an; die Adressaten sollen sich bereit erklären, eine Auflage von höchstens 20 000 herzustellen, womit sich eine Bestätigung der Zahlenangabe aus dem Parteieid ergäbe; die Antworten fallen positiv aus. Als sich abzeichnet, dass die Untersuchung nicht zu einer Anklage führen wird, unternehmen die Mays im Herbst dieses Jahres ihre Amerikareise. Am 26. Januar 1909 wird dann das Verfahren gegen alle Angeschuldigten aus Mangel an Beweisen tatsächlich eingestellt.

Ein Jahr später beginnt vor dem Landgericht Dresden die Verhandlung über die Schadensersatzklage gegen Pauline Münchmeyer. Nachdem May das Vertrauen in seinen bisherigen Anwalt Rudolf Bernstein verloren hat, der den Freund und Klienten im Interesse der eigenen Honorare zu immer neuen, aber nicht immer klugen juristischen Aktivitäten ermuntert hat, lässt er sich nun durch Franz Netcke vertreten, der zunächst eine Forderung von 300 000 Mark erhebt. Der Richter unterbreitet einen Vergleichsvorschlag in Höhe von 50 000 Mark, den Pauline Münchmeyer ablehnt; sie will nur eine lebenslange jährliche Rente von 1200 Mark zahlen, ein Angebot, das May viel zu niedrig erscheint. Die von den Parteien vorgelegten Berechnungen über den Gewinn, den der Verlag mit dem *Waldröschen* und seinen Nachfolgern erwirtschaftet haben könnte, klaffen so weit auseinander, dass eine einvernehmliche Lösung ausgeschlossen erscheint. Im Dezember 1911 setzt das Gericht nach Anhörung von Sachverständigen eine Schadensersatzsumme von 60 000 Mark allein für das *Waldröschen* fest; gegen das Urteil legen im Januar 1912 beide Parteien Berufung ein. Nach Mays Tod kommt es zu einem Vergleich der beiden Witwen: Pauline Münchmeyer erklärt sich zur Zahlung von 25 000 Mark bereit, und Klara May verzichtet auf alle etwaigen weiteren Ansprüche gegen sie und andere Erben Heinrich Gotthold Münchmeyers.

Während der Münchmeyer-Komplex trotz des langwierigen Prozessverlaufs einigermaßen überschaubar bleibt, ufern die juristischen Auseinandersetzungen mit Rudolf Lebius immer weiter aus und ähneln einem Labyrinth: Ihre Zahl beläuft sich, wie schon vermerkt, auf rund drei Dutzend Fälle, und zu den Merkmalen dieses Konflikts gehört es auch weiterhin, dass im Laufe der Zeit immer wieder andere Personen intensiv einbezogen und ebenfalls von juristischen Maßnahmen betroffen werden. So versucht Lebius in Weimar mit einigem Erfolg, die unglückliche und verbitterte Emma für seine Anliegen zu instrumentalisieren, indem er ihr eine kontinuierliche finanzielle Unterstützung in Aussicht stellt und dafür Informationen von ihr für seine Attacken auf May verwendet; Emma zieht damit den Zorn ihres früheren Mannes auf sich, verliert vorübergehend dessen finanzielle Unterstützung und neigt mit ihrem Verhalten in der Folgezeit mal der einen, mal der anderen Seite zu – mit durchweg üblen Konsequenzen für sie selbst, was ihre materielle Situation und ihren psychischen Zustand betrifft. Zur weiteren Unterstützung nutzt Lebius einen Mohawk-Indianer namens John Ojijatekha Brant-Sero, der als Artist nach Europa gelangt ist und im Auftrag von Lebius einen polemischen Artikel gegen blutrünstige Indianerliteratur und speziell gegen Mays *Winnetou IV* veröffentlicht. Auf Mays Seite agiert mit großem Engagement Lu Fritsch, indem sie eigene Recherchen zu den Aktivitäten von Lebius anstellt, dabei mit Marie Hannes unter abenteuerlichen Umständen auch der Rolle Brant-Seros nachgeht und eine entsprechende Artikelserie in der *Stettiner Gerichts-Zeitung* publiziert; in der Presse wird sie daraufhin als die «schöne Spionin» Karl Mays bezeichnet, und dieser nennt sie nach der Titelfigur der letzten von ihm vollendeten Erzählung seine Merhameh.

Auch die zentralen Kontrahenten publizieren weiterhin gegeneinander. Lebius lässt von dem jungen Journalisten Friedrich Wilhelm Kahl eine Broschüre zusammenstellen, die 1908 unter dem Titel *Karl May, ein Verderber der deutschen Jugend* erscheint; später distanziert sich Kahl von dieser Veröffentlichung und schlägt sich auf die Seite Mays. Unter eigenem Namen publiziert Lebius 1910 das Buch *Die Zeugen Karl May und Klara May. Ein Beitrag zur Kriminalgeschichte unserer Zeit*: «ein Zusammendruck zahlreicher Gerichtsakten und Aufsätze zum ‹Fall May›, effektvoll tendenziös gekürzt, auch gefälscht, und mit entsprechender Kommentierung versehen».[14] May reagiert unter anderem mit kürzeren Abhandlungen, die in unterschiedlicher Form verbreitet werden und etwa *Lebius, der «Ehrenmann»* und *Herr Rudolf Lebius, sein Syphilisblatt und sein Indianer* heißen – dieser Titel bezieht sich auf eine von Lebius herausgegebene medizinische Zeitschrift, in der es primär um die genannte Erkrankung geht –, mit dem Privatdruck *An die 4. Strafkammer des Königl. Landgerichtes III in Berlin* sowie mit ausführlichen Darlegungen in *Mein Leben und Streben*. Wann immer es aussichtsreich erscheint, zieht die betroffene Seite gegen die Veröffentlichung der anderen sogleich wieder juristisch zu Felde; das gilt auch für das jeweilige *opus magnum* in diesem Bereich, denn May erwirkt binnen vierzehn Tagen ein Verbot der weiteren Veröffentlichung von *Die Zeugen Karl May und Klara May* und Lebius innerhalb von drei Wochen eines der May'schen Autobiographie. Diese wird nach Mays Tod in gekürzter Form neu veröffentlicht; erst eine Faksimile-Edition aus dem Jahr 1975 macht die ursprüngliche Version wieder zugänglich, ein Reprint von 1991 das Buch von Lebius. Dass die Gegner einander nichts schenken, zeigt schon der flüchtige Blick in die beiden Bücher. Lebius zitiert beispielsweise aus einer juristischen Eingabe Emmas folgende Sätze:

Es ist das äusserste an schamloser Heuchelei, zu sagen, Herr und Frau May hätten mir, der geschiedenen Frau des Karl May, nicht das geringste getan. Wenn Karl May und Klara May mich ermordet hätten, so wären sie vielleicht noch menschlicher mit mir umgegangen, als sie tatsächlich mit mir umgesprungen sind.[15]

May antwortet auf die Verbindung zwischen Lebius und seiner ehemaligen Frau in *Mein Leben und Streben* unter anderem so:

Es ist ein geradezu unglaublicher Schmutz, der da über mich und meine jetzige Frau ausgegossen wird, und zwar mit raffinierter Benutzung und Bearbeitung der Bitterstoffe, die im Gemüte geschiedener Frauen vorhanden sind.

(...)

Und was hatte sie davon, daß sie auf ihr ganzes Einkommen verzichtete, daß sie aus ihren schönen, wohlgeordneten Verhältnissen in die schmutzige Not und Sorge sprang, daß sie sogar ihre Kleinodien verkaufte und versetzte? Nichts, weiter gar nichts, als daß sie das Rachewerkzeug des Herrn Lebius wurde, daß er sie abrichtete, so über mich zu denken, zu sprechen und zu schreiben, wie es ihm beliebte, und daß sie ihm (...) in jeder Beziehung gänzlich in die Hand gegeben war.[16]

Die Unerbittlichkeit, mit der Lebius Karl May bekämpft, nimmt in diesen Jahren noch zu; sie leitet sich zu einem erheblichen Teil aus Vorgängen ab, die im politischen Bereich liegen und den Schriftsteller zunächst gar nicht unmittelbar betreffen. Lebius' engagierte Tätigkeit für die gelben Gewerkschaften führt näm-

lich zu einer Konfrontation mit der Sozialdemokratie; in diesem
Zusammenhang schreibt der *Vorwärts* im Juli 1907 unter Verweis auf ein spezielles Vorkommnis, Lebius sei nicht als Ehrenmann zu betrachten, woraufhin dieser gegen die zuständigen
Redakteure Carl Wermuth und Hans Weber Beleidigungsklage
erhebt. In dieser Situation beruft sich Wermuth auf May als
Zeugen für seine Einschätzung des Kontrahenten, sieht in ihm,
da er gleichfalls in heftige Auseinandersetzungen mit Lebius verstrickt ist, einen natürlichen Verbündeten und wendet sich an
ihn mit der Bitte um Unterstützung. May zögert zwar zunächst,
verfasst dann aber – mit deutlicher Anspielung auf die *Vorwärts*-
Kontroverse schon im Titel – sein Manuskript *Lebius, der «Ehrenmann»*. Zwar wird er in der weiteren Auseinandersetzung
zwischen Lebius und den Redakteuren keine große Rolle spielen, aber Lebius befürchtet, dass es sich anders entwickeln
könnte, und strebt nun mit allen Mitteln danach, May vollends
unglaubwürdig zu machen: Vor diesem Hintergrund erklärt sich
die immer weiter zunehmende Schärfe seiner Attacken, die in
dem Versuch gipfelt, May in einen soliden Bestandteil der *Kriminalgeschichte unserer Zeit* zu verwandeln. Eine weitere Beleidigungsklage, die Lebius erhebt, richtet sich 1909 gegen den
späteren Bundespräsidenten Theodor Heuss. May bietet Heuss
seine Hilfe an und sucht ihn persönlich auf; Heuss lehnt das Angebot jedoch ab.

Nicht nur Emma wird von Lebius herangezogen, um weniger
bekannte Schattenseiten aus Mays Vergangenheit zu erschließen. Er begibt sich Ende 1909 auch in Mays Geburtsort und
stößt dort im Zuge seiner Recherchen auf den Waldarbeiter
Richard Krügel, der ihm üppige Schilderungen seines verstorbenen Bruders Louis über Mays Delikte zuträgt, an denen dieser
auch selbst beteiligt gewesen sein will. Anschließend publiziert
Lebius zunächst einmal in seiner Zeitschrift *Der Bund* eine Artikelserie, die Mays Vergangenheit in ein immer grelleres Licht
rückt und dabei nicht einmal vor den ungeheuerlichsten Bezich-
tigungen zurückschreckt. Am 18. Dezember 1909 ist zu lesen,

May habe jahrelang als Anführer einer Räuberbande die erzgebirgischen Wälder unsicher gemacht, regelmäßig Marktfrauen
überfallen und in großem Stil Wilderei betrieben. Am 9.
Januar 1910 kolportiert eine Beilage zum *Bund* das Gerücht, May
«habe seinerzeit seinen Schwiegergroßvater erwürgt, weil sich
dieser der Verheiratung seiner Enkelin widersetzte. (...) Die
Behörde schenkte diesem Gerücht aber keinen Glauben.»[17] In
einem auch öffentlich verbreiteten Schriftsatz an eine Kammer
des Berliner Landgerichts behauptet Lebius, May habe sich an
seiner Nichte Clara wiederholt sexuell vergangen, als sie in den
frühen 1890er Jahren bei ihm wohnte; Emma Pollmer könne
den Kindesmissbrauch, der zugleich eine Blutschande darstellt,
bezeugen.

May reagiert auf die Angriffe mit immer neuen Klagen gegen
Lebius, Krügel, Emma Pollmer und andere und erzielt dabei eine
Reihe von Erfolgen. Verhängnisvoll wirkt sich dann jedoch ein
zunächst eher nebensächlich anmutendes Ereignis aus. In einem
Brief an die mit Emma befreundete Opernsängerin Selma vom
Scheidt, die sich um eine Vermittlung zwischen den Geschiedenen
bemüht, merkt Lebius 1909 an, er halte Karl May für einen ‹geborenen Verbrecher›. May erhebt daraufhin wiederum Privatklage gegen Lebius und ist fest davon überzeugt, dass er in diesem
Fall ohne weiteres Recht bekommen werde. In der Hauptverhandlung vor dem Schöffengericht in Charlottenburg (12.4.1910)
bestreitet Lebius, der in Zusammenhang mit May schon wiederholt auf Theorien des italienischen Psychiaters Cesare Lombroso
zu angeborenen verbrecherischen Neigungen verwiesen hat,
eine Beleidigungsabsicht und führt aus, die unfreundliche Etikettierung sei aufgrund der nachweisbaren kriminellen Vergangenheit des Klägers sachlich angemessen; wirkliche und
vermeintliche Delikte Mays kommen ausführlich zur Sprache.
Der Amtsrichter spricht trotzdem eine Verurteilung von Lebius zu
15 Mark Geldstrafe aus, korrigiert sich aber, als dessen Anwalt
geltend macht, er habe doch noch kein Plädoyer gehalten; May ist
ohne Anwalt erschienen. Am Ende der Verhandlung steht ein

Freispruch für Lebius wegen Wahrnehmung berechtigter Interessen, und weite Teile der deutschen Presse berichten anschließend in spektakulärer Aufmachung darüber, dass man May straflos einen geborenen Verbrecher nennen darf und aus welchen Gründen diese Charakterisierung zulässig ist. Es handelt sich um den härtesten Schlag, der Karl May in den öffentlichen Auseinandersetzungen um seine Person jemals trifft.

Aber auch schon vor dieser Affäre sieht sich May immer wieder mit heftigen journalistischen Angriffen konfrontiert. Im August 1907 veröffentlicht sein alter Widersacher Hermann Cardauns in den *Historisch-politischen Blättern für das katholische Deutschland* einen Artikel, der die Vorwürfe hinsichtlich der ‹Unsittlichkeiten› in den Münchmeyer-Romanen wiederholt und die von einigen Presseorganen betriebene Entlastungskampagne zu einem Schwindel erklärt; Carl Muth schließt sich ihm im Münchner *Hochland* an. Im Dezember 1908 erfolgt der schon erwähnte Angriff, den der Dresdner Kaplan Paul Rentschka wegen der modernistischen Tendenzen in *Und Friede auf Erden!* gegen May führt; in diesem Fall nimmt May persönlichen Kontakt zu seinem Kritiker auf und besänftigt ihn mit solchem Erfolg, dass Rentschka später für kurze Zeit als Mitarbeiter des Karl-May-Verlags engagiert wird. Im Jahr 1910 veröffentlicht der Benediktinerpater Ansgar Pöllmann, der sich schon einige Jahre zuvor mit May auseinandergesetzt hat, in der Monatsschrift *Über den Wassern* eine Artikelserie unter dem Titel *Ein Abenteurer und sein Werk*; er sorgt sich nach eigenem Bekunden «um die Reinheit des katholischen Schrifttums»[18] und verfolgt die Absicht, «diesen Händler aus dem Tempel der deutschen Kunst hinauszupeitschen».[19] Zu diesem Zweck erbittet er unter anderem Material von Lebius und Paul Schumann und sendet ein vertrauliches Flugblatt an die Leiter zahlreicher katholischer Erziehungseinrichtungen, um sich ihrer Hilfe zu versichern.

Ein weiterer alter Kontrahent Mays, Ferdinand Avenarius, mokiert sich nach dem Charlottenburger Urteil im *Kunstwart* darüber, dass «solch ein Mann jahrzehntelang einer der ge-

lesensten Literaten in Deutschland war (...) Es ist zum Halb-
totschämen für unser Volk.»²⁰ Die Zeitungen seines Geburtsortes
zeigen sich in der Affäre May zeitweise höchst unterschiedlich
ausgerichtet: Während der *Hohenstein-Ernsthaler Anzeiger* May
verteidigt und ihn zu Wort kommen lässt, höhnt das konkur-
rierende *Hohenstein-Ernsthaler Tageblatt*: «Herr Karl May
beehrt uns abermals im *Hohenstein-Ernsthaler Anzeiger*, dem
einzigen deutschen Blatte, das sich ihm bedingungslos zur Verfügung stellt, mit einer langen Auseinandersetzung, die nach dem
Goethe'schen Rezept gearbeitet ist, daß getretener Quark breit,
nicht stark ist.»²¹ Im März 1911 veröffentlicht Paul Schumann im
Dresdner Anzeiger eine von anderer Stelle übernommene Mord-
statistik zum *Waldröschen*, nach der in diesem Roman auf
2612 Seiten 2293 Menschen auf teils absonderliche Weise um-
gebracht werden. Im Februar 1912 veröffentlicht Louise Achilles
in der von Lebius gegründeten Wochenzeitschrift *National-
demokrat* einen Brief *An alle Mayleser!*, in dem sie um finanzielle
Unterstützung für die in große materielle Not geratene Emma
Pollmer bittet.

Aber auch May bringt weiterhin eigene Bataillone in Stellung.
Im Januar 1907 publiziert Heinrich Wagner die von ihm in mancher Hinsicht inspirierte Schrift *Karl May und seine Werke. Eine
kritische Studie*. Der Aachener *Volksfreund* veröffentlicht im
Juli 1908 eine von May mit Material unterstützte Antwort auf
die polemische Kahl-Broschüre, und Johannes Dederle, der
inzwischen bei der *Mülheimer Volkszeitung* tätig ist, publiziert
im August einen Aufsatz aus der Feder von Mays jungem Freund
Amand von Ozoróczy, der auch schon in der *Augsburger Postzeitung* erschienen ist. Von weiteren Veröffentlichungen aus dem
Kreis der May-Verehrer war bereits die Rede. Der prominente
Publizist Maximilian Harden schlägt sich ebenfalls auf Mays
Seite, veröffentlicht zwar nichts zu seinen Gunsten, vermittelt
ihm aber den erfahrenen Anwalt Erich Sello als Rechtsbeistand;
Sello wird in Mays weiterer Auseinandersetzung mit Lebius
noch eine wichtige Rolle spielen.

All diese Vorgänge sind, den darin enthaltenen Bizarrerien zum
Trotz, bestens geeignet, Mays Selbstbild in der Ausprägung zu
bestätigen, wie es etwa seit der Jahrhundertwende existiert: Er
betrachtet sich als eine herausragende, mehr oder weniger singuläre Persönlichkeit, die im Mittelpunkt eines Problemfalls von
überragender Bedeutung steht und einzigartige Aufgaben zu erfüllen hat.

Weiterhin kündigt er in kurzen Abständen große Aktivitäten
und Erfolge an. Dem Verleger Paul Langenscheidt, mit dem er
wegen eines möglichen Verlagswechsels in Kontakt steht, teilt er
mit, dass er «nächstens wieder eine längere Studienreise um die
Erde anzutreten (beabsichtigt)».[22] Bei allen Rückschlägen rechnet May auch mit einer Steigerung der Verkaufszahlen, «und so
werde ich, allen Feinden zum Trotz, den diesjährigen Weih-
nachtsbüchermarkt erobern, und wenn ich auf allen Vieren
durch die Buchhandlungen kriechen sollte!»[23] Im Anschluss an
die Amerikareise kündigt May eine gigantische Neuerscheinung
an: «Winnetous und Kara Ben Halefs Werke»;[24] es soll sich um
ganze «Serien» handeln, von denen May prophezeit, «daß ich
mit ihnen der Humanität und Nächstenliebe ein Reich erobern
will, dessen Grenzen ich jetzt noch nicht zu erschauen vermag».[25]
Im Januar 1912, wenige Wochen vor seinem Tod, erfährt ein
Korrespondenzpartner, dass «alles, was ich bisher geschrieben
habe, nichts als Vorübung, als Skizze (ist)»;[26] erst jetzt beginne er
mit seinem ‹eigentlichen Werk›. Dabei geht es um etwas von
unvergleichlichem Rang:

Es handelt sich nicht etwa nur um meine kleine, unbedeutende Per-
son, sondern um das Gelingen eines Lebenswerkes, welches be-
stimmt ist, Millionen von Menschen zu beglücken. Wenn es nicht
vollendet wird, so können Jahrhunderte vergehen, ehe selbst dem
Herrgott, der uns alle leitet, eine Wiederholung möglich ist. Ja, viel-
leicht treffen sich die äußeren und inneren Umstände nie so wieder![27]

Auch die übrigen zentralen Denkfiguren der letzten Jahre tauchen regelmäßig auf. Die Einzigartigkeit der Ungerechtigkeiten,
die May zuteil wurden, und des Leidens, das ihm beschieden ist,

wird auch außerhalb der Autobiographie kontinuierlich beschworen: «Es hat in der Literatur aller Länder noch nie einen derartigen Fall des Betruges, der Manuskriptenfälschung und der Honorarunterschlagung gegeben wie diesen. (...) Es blieb mir keine Entehrung und keine Marter erlassen.»²⁸ Und an anderer Stelle heißt es:«Der Kampf gegen mich ist ein beispiellos gemeiner. Es hat noch nie auf Erden die Literatur irgend eines Volkes gegeben, in der sich eine so abstoßende Kavillerei wie die sogenannte ‹Karl-May-Hetze› ereignet hätte. Sie würde selbst unter den wildesten der Wilden unmöglich sein und wird ein Schandfleck der deutschen Literatur bleiben, so lange es eine Literatur der Deutschen giebt.»²⁹

Zur anschaulichen Bekräftigung dieser dramatischen Vorgänge taugt weiterhin die Christus-Analogie: «Nun aber schlug man mich an das Kreuz. Ich habe über zehn Jahre lang öffentlich an ihm gehangen.»³⁰ Es fügt sich gut, dass wohlgesonnene Journalisten das Bild bestätigen; einer von ihnen, der sich «Johannes» nennt, spricht schon im Titel von *Karl May's Golgatha und Auferstehung* und sieht in ihm einen Menschen «ähnlich jenem, der vor nicht ganz zweitausend Jahren auf Erden wandelte und dessen Herz so groß war, daß die Liebe aller Welten, aller Zeiten und aller Ewigkeit darin zu wohnen vermochte».³¹ Ausgesprochen allergisch reagiert May dagegen, als Ansgar Pöllmann ihm das Konstrukt entwindet und mit dem schon zitierten Anspruch, «diesen Händler aus dem Tempel der deutschen Kunst hinauszupeitschen», für die eigenen Aktivitäten reklamiert. Nachdem binnen eines halben Jahres Adalbert Fischer und dessen Witwe Elisabeth verstorben sind, erkennt May das gezielte Wirken der allerhöchsten Macht: «Wie furchtbar hat die Hand Gottes im Lager unserer bittersten Feinde gewüthet.»³²

Um die Liebe, die in Mays Herz bezüglich seiner Gegner wohnt, ist es höchst abwechslungsreich bestellt. Fehsenfeld erhält folgende Ankündigung: «Mein ferneres Leben und Schaffen ist dem Sonnenschein geweiht, und Alles, was den Versuch unternimmt, mich weiter zu quälen und zu martern, wird einfach

und ohne Gnade abgeschnitten!»³³ Doch neben der martialischen Drohung tritt auch die großmütige Gesinnung zutage, in
deren Genuss Old Shatterhand manche seiner Feinde kommen
lässt, wovon beispielsweise Hermann Cardauns profitiert: «Alles,
was Herr Dr. C. an mir gesündigt hat, verzeihe ich ihm, denn ich
bin Mensch, ein fühlender, denkender Mensch».³⁴ Angeblich
erreichen May überwältigende Beweise für die Zustimmung und
Zuneigung, mit der die Öffentlichkeit auf sein Verhalten gerade
in dieser Angelegenheit reagiert: «Er (Cardauns) sägt ja seinen
eigenen Ast ab! Es geht durch ganz Deutschland ein einziger,
großer Schrei der Entrüstung. Zahllose Briefe laufen bei mir
ein, aus allen Theilen des Vaterlandes und aus allen Kreisen des
Volkes, hoch und niedrig. Man bittet mich, dieser Selbstüber-
hebung, Frivolität und Gewissenlosigkeit doch endlich ein Ende
zu machen.»³⁵

May scheut weiterhin keine Mühen, das rechte Verständnis
seiner Arbeit auch mit ungewöhnlichen Mitteln zu fördern. Als
Orientierungshilfe für Rezensenten verfasst er 1909 *Aphorismen über Karl May*, die unter anderem hervorheben, er dürfe
nicht als Jugendschriftsteller und auch nicht ausschließlich als
Reiseschriftsteller – mit immerhin «mehr als zehn» Reisen nach
Afrika, Asien und Amerika – betrachtet werden; er sei vielmehr
«Völker- und Menschheitspsycholog».³⁶ An Karl Pustet schreibt
er einen 113 Seiten langen Brief, um die Geschichte der Beziehung zum *Hausschatz* aus seiner Sicht zu erläutern. Ebenfalls
1909 publiziert er in mehreren Zeitungen unter dem Namen
eines real existierenden Oberlehrers Franz Langer einen Aufsatz
mit dem Titel *Die Schund- und Giftliteratur und Karl May, ihr
unerbittlicher Gegner*; der Text wird auch in die zweite Auflage
eines entsprechend ausgerichteten Buches von Mays Freund
Franz Weigl aufgenommen, *Karl Mays pädagogische Bedeutung*.

Da die Konflikte, denen May in seinen letzten sechs Lebensjahren ausgesetzt ist, im Wesentlichen eine Fortsetzung und
Zuspitzung der vorherigen darstellen, eignet auch seinen Reak-

tionen etwas von der routinierten Bestätigung eingeübter Verfahren. Manches an ihnen – beispielsweise die Argumentation mit der Einzigartigkeit seines Falles, die Christus-Analogie und der allgegenwärtige Hinweis, erst in künftigen Werken werde sich die wahre Größe des Schriftstellers Karl May enthüllen – wird nahezu formelhaft wiederholt und trägt Züge eines Rituals. Aber die Reproduktion der bekannten Verteidigungs- und Selbstdeutungsstrategien hat auch eine konstruktive Funktion: Sie vermittelt May in all den Stürmen, die um ihn toben, immerhin ein Mindestmaß an persönlicher Stabilität.

Die Beschäftigung mit den Querelen und Nöten dieser Jahre beansprucht indes so viel Zeit und Energie, dass die Arbeit auf dem literarischen Feld im engeren Sinne weiterhin stagniert, obwohl doch, nach Mays eigenem Urteil, die Bewältigung der ‹eigentlichen› Aufgaben noch vor ihm liegt. Außer den zahlreichen Texten, in denen er sich über biographische Fragen und literarische Ambitionen äußert, sowie einigen kürzeren Erzählungen entstehen nur noch zwei Romane: das zweibändige Werk *Ardistan und Dschinnistan* sowie *Winnetou IV*.

Ardistan und Dschinnistan kommt zustande im Zusammenhang mit der Wiederannäherung an den *Deutschen Hausschatz*, von dem sich May rund ein Jahrzehnt zuvor im Zorn getrennt hat; die Initiative zur Versöhnung geht dabei von den Verantwortlichen der Zeitschrift aus. Der Roman erscheint im *Hausschatz* zwischen November 1907 und September 1909 unter dem Titel *Der 'Mir von Dschinnistan* und anschließend, mit dem heute geläufigen Titel und zweibändig, in der Fehsenfeld-Edition. Noch einmal erzählt May in der Ich-Form von Kara Ben Nemsi und Hadschi Halef Omar, noch einmal unternehmen die beiden eine abwechslungsreiche Reise. Dabei bekommen sie es zunächst mit einer alten Freundin zu tun: mit der aus dem *Wilden Kurdistan* bekannten Mara Durimeh, die inzwischen freilich zur Sultanin von Sitara befördert worden ist, dem auf keiner irdischen Landkarte verzeichneten ‹Land der Sternenblumen». Zwischen Ardistan und Dschinnistan, dem Land der Gewaltmenschen und dem der Edelmenschen, herrscht Krieg, und die bewährten Helden erhalten von Mara Durimeh den Auftrag, den tyrannischen Mir von Ardistan aufzusuchen und ihn so zu beeinflussen, dass er Frieden schließt. Nach mancherlei Abenteuern von höchst unterschiedlicher Art und mit Hilfe von Truppen, die der Mir von Dschinnistan schickt, haben sie Erfolg: Der Gewaltherrscher verwandelt sich in einen edlen Fürsten, der Friede wird wiederhergestellt.

An der Oberfläche der Handlung erinnert dieser Roman, wie schon die Schlussbände des *Silbernen Löwen*, an die Abenteuererzählungen der früheren Jahre, in denen May seine Helden des öfteren zwischen verfeindeten Eingeborenenstämmen vermitteln ließ. Aber der Autor verfolgt nun ersichtlich andersartige und weitergespannte Ambitionen: Was er mit diesem Text entwirft, ist nichts Geringeres als eine Reise durch die Weltgeschichte, die in der Urzeit beginnt und in eine utopische, harmonische Zukunft führt. Begegnen die Reisenden am Anfang Menschen, die auf einer primitiven historischen Stufe in einem Sumpfland existieren, so werden sie anschließend Zeugen einer allmählichen kulturellen Reifung, und am Ende greift in der Verkörperung durch den Mir von Dschinnistan Gott mit überaus segensreicher Wirkung unmittelbar in das Geschehen ein. Das paradiesische Ziel der künftigen Entwicklung der Welt ist als solches freilich nicht mehr darstellbar; der Roman schließt nicht mit der Schilderung eines endgültig erreichten Idealzustands, sondern mit dem Verweis auf eine Fortsetzung der Reise: «Wir aber wendeten unsern weitern Aufstieg nun den Bergen, über deren Pässe der Weg nach Dschinnistan führte, und unsrem hohen, weiteren Ziele zu.»[37] Das Finale erinnert daran, dass May sich klugerweise stets der selbstgestellten Aufgabe entzogen hat, den Roman *Am Jenseits* mit einer Fortsetzung *Im Jenseits* zu vervollständigen; insofern tragen die Parallelen nur begrenzt, die man gelegentlich zwischen *Ardistan und Dschinnistan* und Dantes literarischer Reise durch Hölle, Fegefeuer und Paradies gezogen hat.

Einen besonderen Reiz gewinnt der Text dadurch, dass er Individualentwicklung und Kollektiventwicklung miteinander synchronisiert: Es geht sowohl um die Geschicke der Menschheit als auch um die Reifung des einzelnen Menschen, um den Weg vom Gewaltmenschen zum Edelmenschen in doppelter Hinsicht. Das Schiff, das Kara Ben Nemsi und Halef nach Sitara bringt, trägt den bezeichnenden Namen Wilahde, Geburt, und nie kommt ein Zweifel daran auf, dass die großen historischen Perspektiven zur Überwindung des Kriegerischen mit der persönlichen Entwicklung der Protagonisten aufs Engste verknüpft und von ihr abhängig sind. Auch *Und Friede auf Erden!* und die beiden Schlussbände des *Silbernen Löwen* haben diesen Zusammenhang schon hergestellt; nun aber prägt er die Konzeption noch intensiver, entsprechend Mays Gedanken, er sei als Psychologe mit menschheitsgeschichtlicher Orientierung zu verstehen. In einem Waschzettel, den er 1909 für die Veröffentlichung bei Fehsenfeld schreibt, notiert May, er sei der «einzige Mensch, der es bisher gewagt hat, sich und sein ‹Ich› mit der ‹Menschheitsseele› zu identifizieren».[38]

Allerdings verzichtet er in *Ardistan und Dschinnistan* darauf, diesem Ich in demselben Maße konkrete autobiographische Substanzen mit auf den Weg zu geben wie im *Silbernen Löwen*: Kann man den dritten und vierten Band jenes Romans auch als eine verkappte Autobiographie lesen, so neigt May hier dazu, von den handfesten Einzelheiten seiner Lebensgeschichte zu abstrahieren; das Ich, das mit seiner Bewegung durch den Raum zugleich historische Epochen bis in die Zukunft durchquert, löst sich tendenziell von der Reproduktion eines spezifischen individuellen Schicksals mit seinem besonderen Herkunftsmilieu, seinen Eheproblemen und seinen publizistischen und juristischen Auseinandersetzungen. Was *Ardistan und Dschinnistan* mit dem *Silbernen Löwen* wiederum verbindet, ist die Konstruktion höchst eigenwilliger, schwer zu deutender Bilder; sie sind in topographischen Gegebenheiten zu finden, beispielsweise in trockenen, sich dann aber wieder füllenden Flusstälern, und in

Motiven wie einer ominösen Dschemma, einer Versammlung, in der Tote wie selbstverständlich zum Leben erweckt werden.

Der wohl ambitionierteste Roman aus Mays Feder lässt nun auch endgültig erkennen, in welcher Rolle sich dieser Schriftsteller in seinen letzten Jahren sieht: in der einer modernen Variante des *poeta vates*, eines Dichters, der als Seher in quasi säkularisierter Form mit der Begabung ausgestattet ist, weit über die alltäglichen, jedermann zugänglichen Lebensmaterialien hinauszuschauen, der größte Zusammenhänge in den Blick nimmt und ihnen eine Deutung angedeihen lässt, die nicht nur über Vergangenheit und Gegenwart verlässlich Auskunft gibt, sondern auch Künftiges erschließt; die Gewaltigkeit des eigenen Schicksals mit seinen unzähligen Facetten verleiht dem Schriftsteller May unvergleichliche Fähigkeiten. Die Selbststilisierung zu einem singulären Schmerzensmann und die Deutung des Falles Karl May als etwas, das es noch nie gab, bilden insofern die Voraussetzung für die literarischen Ambitionen, die *Ardistan und Dschinnistan* bezeugt; oder umgekehrt betrachtet: Die späten Romane können nur deshalb entstehen, weil May sich mit großem Aufwand davon überzeugt, als einzigartige Persönlichkeit mit einem einzigartigen Schicksal dazustehen – als einer, der nach dem Zeugnis der Autobiographie selbst auf dem Weg von Ardistan nach Dschinnistan wandelt. Bei all dem bleibt er aber der Wirklichkeit so eng verbunden, dass er sich gegen Vorwürfe des Scheiterns absichert: Die Verweise auf das noch zu schreibende ‹eigentliche› Werk, die in ihrer Penetranz zunächst verwundern, erfüllen auch die Funktion, ihn zu schützen, indem sie jedem publizierten Text den Stempel der Vorläufigkeit aufdrücken.

Mays Eigenwilligkeiten zum Trotz ist freilich der Gedanke, im Interesse einer gedeihlichen Zukunft müsse der Mensch sich gänzlich neu orientieren und verwandeln, eine durchaus zeittypische Vorstellung. Seine heute bekannteste Ausprägung findet er in Nietzsches Konzept vom Übermenschen, aber auch der Expressionismus ist fasziniert von der Idee radikaler Veränderungen in der Spezies Mensch. «Zu den Verkündern eines Neuen Menschen zählten Reformer oder Revolutionäre aus den unterschiedlichsten ideologischen Lagern: Freigeister und Religionskritiker waren ebenso darunter wie neuerungswillige Christen, Darwinisten und Marxisten ebenso wie Reformpädagogen, Bellizisten ebenso wie Pazifisten. (...) Übermensch-Vorstellungen grassierten bei Theosophen, Okkultisten, Esoterikern, bei Propagandisten des Ganzheitsmenschen, der Eurhythmie, der Tanz- oder Nacktkultur, bei Jüngern von Stefan George, Rudolf Steiner oder Lanz von Liebesfeld sowie bei Politrevolutionären unterschiedlichster Couleur. Sie fanden Ausdruck in Fidusschen Lichtgestalten, von denen Karl May zumindest in Form der Varianten Sascha Schneiders angeregt wurde.»[39] Auch mit seinem Selbstverständnis als unvergleichlich kompetenter Schriftsteller steht May natürlich keineswegs allein da; von den genannten Personen wären in diesem Zusammenhang etwa George und Steiner zu nennen, bei allen Unterschieden in der Selbstdarstellung, im geistigen Habitus und in der Wirkungsgeschichte.

Muss man also im Hinblick auf die von May reklamierte Einzigartigkeit einige Abstriche machen, so bleibt doch genug übrig, was *Ardistan und Dschinnistan* in den Augen vieler Leser als besonderes Ärgernis erscheinen lässt. Zu ihnen gehört zu Mays Leidwesen auch die *Hausschatz*-Redaktion: Schon bald nach dem Eintreffen der ersten Manuskriptlieferungen kommt es wegen der unorthodoxen, mit traditionellem christlichen Gedankengut nur sehr begrenzt vereinbaren Sicht der Historie zu Auseinandersetzungen, bei denen sich der Redakteur Otto Denk auch auf die Reaktionen zahlloser empörter Leser beruft, die zum Teil gar mit Abonnementskündigungen verbunden seien. Denk greift bei seiner redaktionellen Arbeit intensiv in den Romantext ein, in dem er «die bedenklichsten Entgleisungen» entdeckt und den er in seiner Gesamttendenz als zu «modernistisch» empfindet; der Verleger Karl Pustet bittet May zwar, den Roman trotz des heftigen Zwists zu vollenden, fordert aber einen «vollständigen Einklang mit den Vorschriften unserer katholischen Kirche».⁴⁰ May streitet die widerborstigen Tendenzen ab – «ich bin Katholik in meinem ganzen Innern (...) Wer mich des ersten Kapitels des *Mir* wegen für einen Evolutionisten hält, der irrt sich eben»⁴¹ –, aber es hilft nichts: Mit dem Abschluss von *Ardistan und Dschinnistan* ist auch die Zusammenarbeit mit dem *Hausschatz* endgültig beendet. Otto Denk teilt Pater Pöllmann mit, er sei immer schon ein Gegner Mays gewesen, und bezeichnet *Ardistan und Dschinnistan* als «Quark» und «Gesudel».⁴²

Winnetou IV, Mays letzter Roman, wird 1909/10 als Vorabdruck in einer Beilage der *Augsburger Postzeitung* veröffentlicht und bildet im Mai 1910 unter dem Titel *Winnetou. 4. Band* und mit der Reihennummer 33 den Abschluss der ‹Gesammelten Reiseerzählungen› in der Fehsenfeld-Ausgabe. Nach mehr als einem Jahrzehnt kehrt der Autor hier noch einmal auf den Schauplatz Amerika zurück.

Zu Beginn der Handlung erhält der gealterte Karl May alias Old Shatterhand in seinem Radebeuler Wohnhaus eine Reihe merkwürdiger Briefe aus Amerika; sie weisen ihn auf einen Indianerkongress hin, der demnächst am Mount Winnetou stattfinden soll, und fordern ihn auf, daran teilzunehmen. Der Protagonist, der wiederum in der Ich-Form über seine Erlebnisse berichtet, tritt die Reise gemeinsam mit seiner Frau an, die er Herzle nennt und von der der Leser gleich auf der zweiten Textseite erfährt, dass sie den Vornamen Klara trägt. Im Verlauf dieses Unternehmens, dessen Weg zu einem kleinen Teil mit dem des realen Amerikareisenden Karl May übereinstimmt, begegnet er mehreren alten Freunden, wie Apanatschka und der Titelfigur Old Surehand aus der gleichnamigen Trilogie, aber auch feindlichen Indianerhäuptlingen, wie Tangua aus den früheren *Winnetou*-Bänden; ferner wird er mit zwei jungen Männern namens Hariman und Sebulon Enters konfrontiert, die sich als Söhne Santers entpuppen – hier durchgängig Sander geschrieben –, des Verbrechers, der in *Winnetou I* Winnetous Schwester und Vater aus Habgier ermordet hat.

Im Kern schildert der Roman zwei Konflikte unterschiedlicher Art: Zum einen wollen einige Verehrer des großen Häuptlings im Unterschied zu anderen ihr Idol ehren, indem sie eine riesige steinerne Statue errichten lassen, auf der er wie ein sprungbereiter Panther dargestellt wird; zum anderen wollen feindliche Indianerstämme die Gelegenheit nutzen und einen heimlichen Kriegszug gegen die Versammelten unternehmen. Old Shatterhand will beides verhindern, und seine Geschicklichkeit sowie glückliche Umstände führen zum Erfolg: Das Fundament des Denkmals, das über einer Höhle errichtet worden ist, stürzt ein und setzt dabei die feindlichen Krieger gefangen. Am Ende wird ein umfassender Friede geschlossen, wobei dem Winnetou-Clan eine besondere Rolle zukommt, einer Vereinigung human gesonnener Männer und Frauen, die sich dazu verpflichten, anderen als Schutzengel zu dienen; eine ähnliche Organisation, die Shen, gibt es bereits in *Friede auf Erden*, und literaturhistorisch versierte Leser mögen noch weiter zurückdenken, etwa an den geheimen Bund, der über die Titelfigur in Goethes *Wilhelm Meister* wacht. Auch die Brüder Enters lassen sich nach einigen Umwegen in den Winnetou-Clan aufnehmen, als Beschützer der Mays, gehören jedoch schließlich zu den wenigen Figuren, die in diesem Roman sterben.

Der Text weist in seinem Anfangskapitel ausdrücklich darauf hin, dass er als Fortsetzung nicht nur des *Winnetou*, sondern auch der anderen dreibändigen Wildwestromane seines Autors zu verstehen ist, *Old Surehand* und *Satan und Ischariot*: «Wer sie noch nicht gelesen hat, den muß ich bitten, dies nachzuholen.»[43] Offensichtlich will May mit *Winnetou IV* dafür sorgen, dass man fortan auch seine früheren Schilderungen der ‹dark and bloody grounds› Nordamerikas unter den Vorzeichen einer dem Frieden zugeneigten Grundhaltung liest, die er seit der Jahrhundertwende immer wieder propagiert. Daher ist ein Kolossaldenkmal, das Winnetou pathetisch als Kriegshelden feiert, von Übel, und die Lösung alter Konflikte muss friedlich ausfallen und Dauerhaftigkeit versprechen. *Winnetou IV* ist, obwohl einige Szenen an die handgreiflichen Auseinandersetzungen der alten Wildwesterzählungen seines Autors erinnern, gewiss kein Abenteuerroman mehr, sondern eher ein Roman darüber, wie Abenteuerromane bei viel gutem Willen gedeutet werden können. Der Karl-May-Verlag hat den Roman später unter dem Titel *Winnetous Erben* vertrieben.

Auf den ersten Blick mag es irritieren, dass May ausgerechnet hier die längst obsolete Old-Shatterhand-Legende der 1890er Jahre noch einmal intensiv wiederbelebt: Kaum jemals ist das Gleichheitszeichen zwischen der Figur des empirischen Autors und seinem Ich-Helden so stark markiert worden wie in diesem letzten großen Werk aus seiner Feder; der Rollenspieler May taucht wieder auf, indem er abstruse Konstrukte der Vergangenheit mit dem Gestus der Selbstverständlichkeit noch einmal mobilisiert. Aber die Wiederholung besitzt auch das, was man einen tiefen Sinn nennen mag: Da der Verfasser es darauf anlegt, den Lesern eine verbindliche Deutung seines früheren Werks in Gestalt einer Fortsetzung nahe zu bringen, muss er bis zu einem gewissen Grad an dessen Verfahrensweisen anschließen. Der Originaltitel betont denn auch, indem er die Bandzählung des *Winnetou*-Romans fortsetzt, das Moment der Kontinuität.

In seinen letzten großen Arbeiten ist es Karl May also offensichtlich darum zu tun, beträchtliche Teile seines früheren Werks aufzurufen und dem Publikum auch im Hinblick auf sie jene Ideale der Humanität und der friedlichen, unter religiösen – aber nicht engstirnig-konfessionellen – Vorzeichen betriebenen Regelung von Konflikten zu vermitteln, die er seit einigen Jahren mit großer Vehemenz vertritt. Manches daran mag dem Beobachter grobkörnig oder sogar – wie die in *Winnetou IV* und an anderen Stellen skizzierte Vorstellung von der möglichen Entwicklung einer ‹germanisch-indianischen Rasse› – höchst bedenklich erscheinen; aber die Energie, mit der May an seinem neuen Konzept arbeitet, wirkt durchaus eindrucksvoll, und die Originalität, mit der er es umzusetzen versucht, stellt seiner Schaffenskraft weiterhin ein ansehnliches Zeugnis aus. Während die Polemik, die er

wegen der ‹modernistischen› Tendenzen religiöser und anderer
Art auf sich zieht, diese Grundhaltung ex negativo bestätigt –
gelegentlich im Kontrast zu Mays eigenen opportunistischen
Äußerungen –, erkennen andere Zeitgenossen ihren Wert ohne
weiteres an: In einer Wiener Zeitung erscheint 1908 ein Aufsatz, in dem Mays Erzählungen «moderne Legenden» genannt
werden, «aber nicht solche ad gloriam eines Kalenderheiligen,
sondern zur höheren Ehre einer sich der konfessionellen Fesseln entschlagenden Ethik»;[44] in demselben Jahr soll May vor
der Deutschen Friedensgesellschaft einen Vortrag zum Thema
*Und Friede auf Erden, eine menschheitspsychologische Be-
trachtung* halten, zu dem es aber aus Zeitgründen nicht kommt.
*1.) Glaubens- und Gottessehnsucht zu erwecken. 2.) Die
Entwickelung des Gewaltmenschen zum Edelmenschen vorzu-
bereiten. 3.) Auf die Aussöhnung des Morgenlandes mit dem
Abendlande hinzudeuten. 4.) Die Möglichkeit eines allgemeinen Völkerfriedens nachzuweisen*[45]
  – das sind die hehren Absichten, die May nach eigenem Bekunden in diesen Jahren literarisch verfolgt, und das Urteil zu seinen
Romanen und Erzählungen muss lauten, dass er dies mit beträchtlicher Konsequenz tut. Es passt jedoch zu ihm, dass er zwischendurch auch einen Text von radikal anderem Zuschnitt
schreibt: In der Zeit der Arbeit an *Ardistan und Dschinnistan*
verfasst er *Frau Pollmer, eine psychologische Studie* und übergibt
sie dem Untersuchungsrichter Larraß, der die Ermittlungen in
der Anzeige wegen Meineids führt. May hat auch früher schon
mehr oder weniger parallel an typologisch unterschiedlichen
Werken gearbeitet, aber die Differenzen, die etwa zwischen den
Münchmeyer-Romanen und den gleichzeitig entstehenden *Hausschatz*-Erzählungen zu beobachten sind, muten geringfügig an
im Vergleich zu denen zwischen *Ardistan und Dschinnistan* und
der *Studie*: einem ebenso voluminösen wie virtuosen Ausbruch
des Hasses gegen die frühere Ehefrau, der seinesgleichen sucht.
Auch im Bereich der autobiographischen Schriften nimmt diese
einen einzigartigen Rang ein.

May beginnt in einem unaufgeregten Ton, der an den seiner Erzgebirgischen Dorfgeschichten erinnert: «Im jetzigen Hohenstein-Ernstthal in Sachsen gab es in den dreißiger Jahren des vorigen Jahrhunderts einen ehrsamen Ackerbürger namens Steger, der sich schlecht und recht von dem Ertrag einiger Felder nährte.» Aber schon nach wenigen Zeilen, da die Rede auf die nächsten Generationen kommt, weicht die Beschaulichkeit einer bösen Ironie: Sie weiß von einem Barbiergesellen zu berichten, der «sämtliche jungfräuliche und nicht jungfräuliche Mädchenherzen, Tanzböden und Kammerfenster eroberte» und «trotz aller Ursachen, die er nicht dazu hatte, bis an sein hohes Alter an einer grenzenlosen Selbstvergötterung» litt.[46] Kurz darauf betritt Emma Pollmer die Bühne, Kind einer «verbuhlten Barbierstochter und des verlogenen, leichtfertigen, lüsternen Czechen», aufgewachsen bei ihrem Großvater «in einer Atmosphäre von Wollust und Obscönitäten»:[47]

Emma Pollmer kam in die Schule, lernte aber nichts, als nur sich putzen. (…) Seelisch war sie gleich von Anfang an vergiftet, geistig stets eine Null, doch körperlich entwickelte sie sich umso schneller zu einer so reizenden und so üppigen Schönheit, daß der perverse Großvater seine Wonne an ihr hatte und in Beziehung auf ihre Verheirathung nicht nur goldene sondern sogar diamantene Pläne spann.[48]

Karl May ist dann derjenige, der diesen Plänen zum Opfer fällt: teils aus Arglosigkeit, teils aus der «Neugierde des Schriftstellers», der ein interessantes Studienobjekt vor Augen hat, teils aus Stolz, «daß ich (…) die jungen Anbeter alle ausgestochen hatte».[49] Er gerät – so die weitere Darstellung – an eine kleinstädtische Kurtisane von größter Raffinesse, an ein lüsternes, perverses Weib, das ihn mit dämonischen, rational letztlich nicht erklärbaren Kräften an sich bindet und ihm eine langjährige Ehehölle beschert, das ihn nach Lust und Laune betrügt, erniedrigt und schließlich sogar sein Leben bedroht: «Entweder los von dieser Bestie oder ich sterbe entweder an Gift oder verhungere bei lebendigem Leib!»[50]

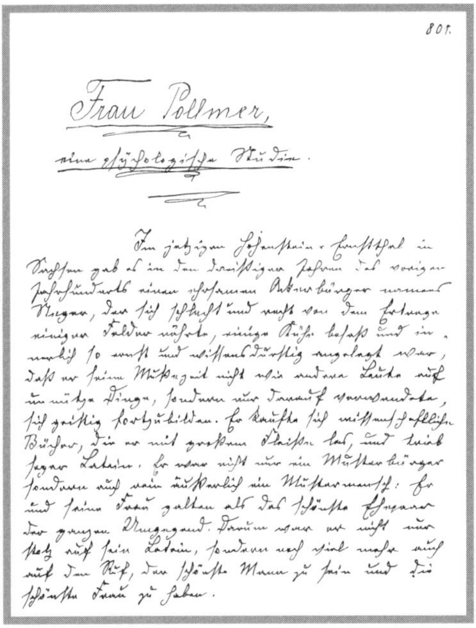

Abb. 25: Titel und Beginn der ‹Studie› über Frau Pollmer

Die Literaturgeschichte verzeichnet solche Ehehöllen spätestens seit dem 19. Jahrhundert in vielen ihrer fiktionalen Werke, von Dramen Strindbergs über Edward Albees *Wer hat Angst vor Virginia Woolf?* bis zu Elfriede Jelineks *Lust.* Auch ist die Zahl komplizierter Liebesgeschichten Legion, in die Schriftsteller und Schriftstellerinnen verstrickt waren. Kaum jemals aber hat ein Autor derartige Abgründe mit dem Anspruch auf wahrheitsgetreue Berichterstattung über das eigene Leben geschildert und epische Selbstentblößungsakte in einem solchen Ausmaß vorgenommen. Wer wäre beispielsweise auf den Gedanken gekommen, die Zurückhaltung, mit der er seiner Partnerin in finanziellen Angelegenheiten Auskunft gegeben hat, so zu begründen: «Ich fürchtete ihre Diebesfinger und ihre Perversität»? Wer hätte sich getraut, unter dem Signum einer ‹psychologischen Studie› solche Sätze zu formulieren: «Den ‹Dämon im Weibe› und die

‹Furie im Weibe›, die hatte ich wohl kennen gelernt, aber noch nicht die ‹Bestie im Weibe›»? Wer schreibt im Blick auf die Kindheit seiner langjährigen Ehefrau: «Da war Alles leer, oder wo Etwas war, da faulte es bereits»? 51 Dass all dies vor dem Hintergrund großer Teile der Vita des Autors penibel und detailliert ausgebreitet wird, von der Münchmeyer-Zeit bis in die jüngste Vergangenheit, verstärkt die Intensität der Schilderung.

Man mag sich fragen, ob das hämmernde Staccato, mit dem May dabei seine gedankliche Grundfigur wiederholt – Emma sei seit ihrer Geburt ein in physischer wie psychischer Hinsicht durch und durch nichtsnutziges und perverses Wesen, eine *femme fatale* in ebenso unheimlicher wie ordinärer Ausprägung –, für oder gegen die Plausibilität seiner Darlegungen spricht. Unabhängig von der Frage, wie viel Wahrheit im schlichten Sinne der Faktentreue ihnen innewohnt, ist dies gewiss nicht einer der sympathischsten, wohl aber einer der literarisch beeindruckendsten Texte, die Karl May je verfasst hat: ein wahres Monstrum, fulminant, furios, aggressiv, von Selbstmitleid triefend, von Selbstverherrlichung strotzend, widerwärtig, böse, hinreißend, zynisch, manchmal komisch. Erst 1982 wurde die *Studie* in einer Faksimile-Ausgabe veröffentlicht. Wie May da auf rund hundertfünfzig Manuskriptseiten in seiner üblichen, fein ziselierten Handschrift und fast ohne Korrekturen einen Vernichtungstext über die Frau vorlegt, mit der er jahrzehntelang verheiratet war – das zu sehen, mag sensible Leser zum Schaudern bringen. *Von Ehefrauen und Ehrenmännern* heißt der Band 85 der Werkausgabe des Karl-May-Verlags, in dem sich die *Studie* mittlerweile versteckt.

Mein Leben und Streben, im Spätherbst 1910 publiziert, ist Karl Mays letzte Buchveröffentlichung zu Lebzeiten; ihr Verkauf wird, wie schon angemerkt, auf Antrag von Lebius nach wenigen Wochen verboten. Bis dahin sind nur wenige hundert Exemplare abgesetzt worden, sodass die Autobiographie ihren Zweck verfehlt, den gesamten Streitfall Karl May in umfassender Form aus der Sicht des Betroffenen öffentlich darzustellen. Aber in den letzten Monaten wendet sich das Schicksal doch noch einmal zu seinen Gunsten. Einige kleinere Vorkommnisse bestätigen ihm, dass er sich keineswegs ausschließlich «als einen Ausgestoßenen» betrachten muss, «ausgestoßen aus Kirche, Gesellschaft und Literatur».[52] Beispielsweise bittet ihn der Wiener Komponist Richard Mandl, eine geplante Winnetou-Symphonie zu autorisieren, und eine von Carl Ball bereits fertig gestellte Komposition zu *Babel und Bibel*, *Harfenklänge*, wird May wenige Wochen vor seinem Tod vorgespielt. Im Januar 1912 verbreitet er unter dem Titel *Ein fachmännisches Urteil über Karl May* einen Text des Weltreisenden Hans-Erich Tzschirner-Bey alias Hans Erich Tzschirner-Tzschirne, mit dem dieser Mays neuem Anwalt Sello eine Anerkennung für die besondere Leistung des vielfach Angegriffenen ausspricht: «In der Karl May-Sache biete ich mich Ihnen als sachverständiger Zeuge dafür an, daß Herr May sich mit einem eisernen, genial zu nennenden Fleiße und einer beispiellosen Energie derartige Kenntnisse von den Ländern, die er beschrieb, angeeignet hat, daß Jeder, der sie in der Tat bereiste, vor einem Rätsel steht, wenn er hört, daß Herr May diese Länder nicht persönlich kenne.»[53] Eine solche Sichtweise verwandelt die herbe Kritik, die May nach der Entlarvung seiner Legende von der Schilderung realer Erlebnisse geerntet hat, ins Gegenteil.

Vor allem aber sind es zwei exponierte Ereignisse, die noch einmal deutliche, auch in der Öffentlichkeit wahrgenommene Erfolge bescheren. Das erste ist juristischer Natur. In der Berufungsverhandlung zur Beleidigungsklage gegen Lebius, bei der May sich von Sello unterstützen lässt, wird das Charlottenburger Urteil aufgehoben: Das Landgericht in Moabit hält das schallende Wort vom ‹geborenen Verbrecher› für eine schwere Beleidigung und verurteilt Rudolf Lebius am 18. Dezember 1911 zu einer Geldstrafe von 100 Mark. Einem der anwesenden Journalisten erscheint May als «ein alter Mann mit zittriger

Hand, mit langen, grauen Haaren, schlicht gekleidet und langsam, mühselig sprechend. Ein kranker Mann».⁵⁴ Aber der Erfolg verleiht ihm neue Zuversicht und Willenskraft: «Ja, es geht
von jetzt an vorwärts, Hieb auf Hieb; passen Sie auf! Nächstens
wieder Verhandlung. Das war jetzt nur die Einleitung.»⁵⁵

Darüber hinaus sind es noch einmal Ereignisse in Wien, die
Mays letzte Lebenswochen in ein mildes Licht tauchen. In Wien
existiert ein renommierter ‹Akademischer Verband für Literatur
und Musik›, der von dem Schriftsteller Robert Müller geleitet
wird; Müller schätzt Mays Werke hoch ein, veröffentlicht am
1. Februar 1912 einen entsprechenden Essay mit dem Titel *Das
Drama Karl Mays* in der von Ludwig von Ficker herausgegebe-
nen Zeitschrift *Der Brenner* und lädt May zu einem Vortrag ein;
das «vollblütige Komödiantentum, aus dem heraus May sich
mit seinen Phantasiegestalten identifiziert», reizt ihn eher, als
dass es ihm missfällt.⁵⁶ Als Kritik laut wird an der Einladung auf
ein Podium, auf dem zuvor etwa Frank Wedekind aufgetreten
ist, fragt der Verband bei prominenten Schriftstellern und Ge-
lehrten an, was sie von dem bevorstehenden Ereignis halten: bei
Bertha von Suttner, Heinrich und Thomas Mann, Jakob Minor,
Max Brod, Egon Friedell, Hermann Bahr, Maximilian Harden
und anderen. Die Antworten reichen von heftiger Abneigung bis
zu engagierter Zustimmung; Thomas Mann, dem «nie ein Buch
von Karl May zu Gesicht gekommen (ist)», hält ihn nach den
Zeitungsberichten für «ein(en) garnicht uninteressante(n) Char-
latan» – «Soll er nicht Räuberhauptmann gewesen sein?» – und
würde sich «ein Billet kaufen».⁵⁷ Robert Müller fasst die ein-
gehenden Reaktionen zusammen: «Germanisten, Professoren
und andere öde Kerle sind dagegen. Und alles Frischere und
Buntere weiß ein Wörtchen pro zu sagen.»⁵⁸

Der Vortrag unter dem Titel *Empor ins Reich der Edelmenschen* findet am 22. März 1912 im Sofiensaal statt. Sein Wort-
laut ist nicht überliefert, aber die erhalten gebliebenen Notizen
des Redners sowie die Zeitungsberichte lassen erkennen, dass
May hier noch einmal seine Vorstellungen von der bisherigen

und der künftigen Entwicklung der Menschheit zusammenfasst
und dabei auch das eigene Leben und die eigene Arbeit ins Licht
rückt. Zwei- bis dreitausend Zuhörer füllen den Raum; vorn
sitzt Bertha von Suttner, die May auch außerhalb der Veran-
staltung trifft, und in den hinteren Reihen möglicherweise, nach
einer vagen Legende, ein jugendlicher May-Verehrer namens
Adolf Hitler. Die Ausführungen des Redners stoßen zunächst
auf Befremden, da von der heroischen Attitüde Old Shatterhands, die die meisten immer noch mit Mays Namen verbinden,
nichts zu bemerken ist. Aber dann gelingt es May offensichtlich,
einen großen Teil des Publikums in seinen Bann zu ziehen, und
der Vortrag gerät zu einem gewaltigen Triumph; nachdem May
zu Ende gesprochen hat, umringen ihn Scharen von Verehrern
und huldigen ihm.

Die zahlreichen Berichte in der Wiener Presse fallen ähnlich
kontrovers aus wie die vorherige Umfrage des Veranstalters und
zeigen anschaulich, auf welch unterschiedliche Weise man das
kulturelle Phänomen Karl May wahrnehmen kann. Bertha von
Suttner bestätigt ganz und gar Mays Selbstverständnis, wenn sie
sich daran erinnert, dass er «viel vom Sterben und vom Jenseits
(sprach), von göttlichen und ewigen Dingen (...) es lag etwas
Seherhaftes, Unendlichkeitssehnendes in seiner ganzen Art.»[59]
Auch einige Berichterstatter, die May persönlich nicht verbunden sind, nehmen seine Ausführungen sehr ernst, wobei sich gelegentlich zeigt, dass die vorgetragenen Gedanken, ihrer Ferne
von Tagesaktualitäten zum Trotz, der politischen Brisanz nicht
entbehren: «Leider machte May dem Judentum, das sehr stark
vertreten war, ein Kompliment, indem er darauf hinwies, daß
dem Judentum die größte Sehnsucht nach Erlösung inne-
wohnte.»[60] Andere vermissen die erforderliche Schlüssigkeit in
Mays Argumentation, empfinden den extrem langen, von einem
kleinen Schwächeanfall des Redners unterbrochenen Vortrag als
ermüdend und verweisen darauf, das Publikum habe überwiegend aus leicht zu begeisternden jugendlichen Verehrern bestanden. Auch der Gedanke, dass hier jemand ganz und gar am

Abb. 26: Karl May, letztes Foto

falschen Platze gewesen sei, wird abermals geäußert: «Der Abend hinterließ nur ein Gefühl der Verwunderung darüber, daß ein Akademischer Verband für Literatur und Musik einen solchen Vortrag veranstalten konnte.»[61]

Einen Tag danach wird May ein weiteres Mal von Mitgliedern der kaiserlichen Familie empfangen. Auch gibt er während des Aufenthalts in Wien seine letzten Interviews, und es entstehen die letzten fotografischen Aufnahmen, die ihn neben dem Charakteristikum einer neuen Zeit zeigen: neben einem Automobil.

In dem Bewusstsein, dass er noch einmal Großes erreichen könne, hat May die Reise nach Wien trotz einer gerade erst überstandenen Lungenentzündung angetreten, und mit einer fiebrigen Erkältung kehrt er am 25. März nach Radebeul zurück. Am

Abb. 27: Mays Grabstätte nach der Beisetzung

30. März 1912, seinem neunten Hochzeitstag, stirbt Karl May gegen 20.30 Uhr. Nur Klara ist bei ihm; sie wird berichten, er habe sich zuvor, «wie er das häufig zu tun pflegte», im Halbschlaf mit «Gestalten seiner Phantasie» unterhalten und sei mit den Worten «Sieg, großer Sieg! Ich sehe alles rosenrot!» verschieden.[62] Das Bestattungsbuch des Pfarramts hält «Herzparalyse, acute Bronchitis, Asthma» als Todesursache fest.[63] Die Beisetzung erfolgt am 3. April in der Gruft des Nike-Grabmals, neben Wilhelmine Beibler und Richard Plöhn. Unter den Trauergästen befindet sich auch Marie Hannes, die wie wenige andere die verschiedenen Seiten Mays kennen gelernt hat; ihr ist, als sinke «ein grenzenloses Verlassensein auf uns nieder. – Oede wie die Landstraße, die sich vor uns dehnt, scheint uns das Leben.»[64]

In den zahlreichen Nachrufen der Presse spiegelt sich, wie schon in den Reaktionen auf die Wiener Rede, die ganze Spannbreite der Urteile über eine höchst wunderliche kulturelle Erscheinung; die alten Frontlinien zeichnen sich mehr oder weniger deutlich ab. Bertha von Suttner schreibt noch unter dem Eindruck ihrer letzten Begegnung mit dem Verstorbenen: «Wer den schönen alten Mann an jenem 22. März (…) sprechen gehört, durch ganze zwei Stunden, weihevoll, begeisterungsvoll, in die höchsten Regionen des Gedankens strebend – der mußte das Gefühl (…) haben: In dieser Seele lodert das Feuer der Güte.»[65] Robert Müller konzediert May, sein Leben sei «wirklich jener ungeheure und absurde Riesenkampf (gewesen), dessen konkretes und verweltlichtes Symbol seine Bücher reflektieren», und gibt eine markante mündliche Äußerung dieser wandlungsfähigen «Schöpfernatur mit je einer Form an den fünf Fingern seiner Hand» wieder: «Zu meinen letzten Tiefen (…) ist noch kaum jemand gereist. Ich selbst war an Abgründen und Verräterspalten. Ich war an den Grenzen des Menschlichen – ich war in den Rocky Mountains, wo nur wenige waren: in den geistigen. Ich bin auf Pfaden geklettert. Und – all das ahnen sie nicht.» Sein Lächeln sei dabei «milde» gewesen «und – schlaugut».[66]

Karl Mays Nachleben

KLAUS MANN, PIERRE BRICE
UND DIE AUFKLÄRUNG

Wenn es eine simple Formel für Karl Mays Leben gibt, dann die, dass es sich in verschiedenster Hinsicht zwischen Extremen bewegte und diese manchmal auf die erstaunlichste Weise zu verbinden und zu harmonisieren suchte; oder auch die, dass es einerseits wie ein personifizierter Sensationsroman höherer Ordnung erscheint und andererseits wie ein Exempel, an dem sich viele Bereiche der Kulturgeschichte des 19. und frühen 20. Jahrhunderts ertragreich studieren lassen. Jedenfalls entband diese irrlichternde Existenz eine gewaltige Dynamik, die in einem außergewöhnlichen literarischen Werk produktiv zutage trat, und daraus resultierte postum ein über Jahrzehnte anhaltender intensiver Erfolg; die Widersprüchlichkeit und der Extremismus, die Autor und Werk auszeichnen, machen sich dabei immer wieder markant bemerkbar. Im Lichte der poetischen Regularien, an denen sich Mays Vita orientiert, ist es nicht erstaunlich, dass ausgeprägte Gegensätze auch schon das weitere Leben seiner Witwen in geradezu schmerzhafter Deutlichkeit bestimmen.

Die wenigen Lebensjahre, die Emma Pollmer noch bleiben, verlaufen trostlos. 1914 wird bei ihr eine schwere Nervenkrankheit festgestellt – «Neurasthenie mit Zwangsvorstellungen, Hysterie mittleren Grades» –, 1916 eine unheilbare Geisteskrankheit; die psychiatrische Diagnose lautet «Melancholie des Rückbildungsalters».[1] Zudem leidet sie, wie schon vermerkt, unter einem Uterus-Myom. Da Lebius nach dem Tod seines großen Kontrahenten das Thema May nicht weiter verfolgt, verliert er auch das Interesse an Emma und stellt jede Unterstützung für sie ein. Versuche zu einer Aussöhnung mit Klara schlagen zunächst fehl, aber ab November 1913 mindern eine kleine Monatsrente sowie einige zusätzliche Zahlungen der zweiten Ehefrau Karl Mays die materielle Not der ersten ein wenig. Emma klagt indes zu Recht, es gebe für sie «keine Freude mehr keine Hoffnung keinen Sonnenstrahl».[2] Ihr Aufenthaltsort wechselt zwischen Krankenhäusern und Pflegeanstalten sowie – da sie manchmal Klinikkosten nicht zu bezahlen vermag – einigen Privatwohnungen. Unter anderem findet sie Unterkunft im Haushalt eines Mannes namens Fritz Appunn und seiner künftigen Frau; der 1890 geborene Appunn war ein paar Jahre zuvor Emmas Geliebter. Einundsechzigjährig stirbt Karl Mays erste Frau am 13. Dezember 1917 in der Kgl. Sächsischen Pflegeanstalt zu Arnsdorf an einer Bauchfelltuberkulose. Ihr Grab auf dem Anstaltsfriedhof ist nicht erhalten.

Die deutlich jüngere Klara, Mays Universalerbin, bleibt dagegen noch einige Jahrzehnte lang in der Villa Shatterhand wohnen. Sie führt ein angenehmes, geselliges Leben und steht beispielsweise weiterhin in intensivem brieflichen und gelegentlichem persönlichen Kontakt mit Sascha Schneider. Längere Reisen mit einer Freundin, Lucia Lieberknecht, führen sie noch einmal nach Nordamerika (1930) sowie in den Fernen Osten und wiederum in die USA (1934).

Einen beträchtlichen Teil ihrer Leistungskraft widmet Klara dem Versuch, das Erbe ihres zweiten Mannes lebendig zu halten. Am 1. Juli 1913 gründet sie zu diesem Zweck in Radebeul mit Friedrich Ernst Fehsenfeld und Euchar Albrecht Schmid den ‹Verlag der Karl May-Stiftung Fehsenfeld & Co.› (ab 1915: Karl-May-Verlag Fehsenfeld & Co.), der sich die Aufgabe setzt, Mays sämtliche Schriften in geeigneter Form zu veröffentlichen sowie dessen Ruf dauerhaft wiederherzustellen und zu mehren. Parallel dazu errichtet Klara die von May testamentarisch vorgesehene ‹Karl-May-Stiftung›, die bedürftige Autoren unterstützen sowie Mays Andenken pflegen soll. In den 1920er Jahren wird im Garten der Villa Shatterhand die Villa Bärenfett errichtet, ein Blockhaus, dessen Name vom deutschen Wohnsitz der May'schen Romanfigur Hobble-Frank inspiriert und das seit 1928 als Karl-May-Museum zugänglich ist. Es wird geleitet von einem weit gereisten ehemaligen Artisten, der sich Patty Frank nennt, mit bürgerlichem Namen Ernst Tobis heißt und seine reichhaltige ethnographische Sammlung zu den nordamerikanischen Indianern einbringt.

Klaras Bemühungen um das Erbe ihres Mannes weisen indes auch ausgesprochen dubiose Seiten auf: Ihr ist – wie es bei überlebenden Angehörigen berühmter Persönlichkeiten nicht selten vorkommt – eher an Hagiographie als an sachlicher Aufklärung gelegen. Zum einen versucht sie, so viele Materialien wie möglich zu beseitigen, die ein schlechtes Licht auf den Verstorbenen werfen könnten; beispielsweise erwirkt sie 1922 eine Vernichtung der Mittweidaer Strafakten und ruft damit – wieder einmal – den Ärger von Euchar Albrecht Schmid hervor, der seit «jeher für rückhaltlose Darstellung alles dessen eingetreten (ist), was an Karl May sterblich war».[3] Zum anderen verbreitet sie in zahlreichen Veröffentlichungen höchst anfechtbare Informationen, die in ihrer Tendenz an die längst obsolete Old-Shatterhand-Legende erinnern. So berichtet sie in einem Rückblick auf ihre Amerikareisen, May sei nachweislich «in einer großen Anzahl Indianermundarten bewandert» gewesen, habe auch während der Orientreise 1899/1900 «nie einen Dolmetscher gebraucht»[4] und sich den Strapazen dieser und der späteren Amerikareise – ob in der Wüste oder auf dem stürmisch bewegten Meer – derart gewachsen gezeigt, dass Jüngere nur staunen und in ihm immer noch den versierten Globetrotter von einst erkennen konnten. Die Fotografien von diesen Reisen vermitteln ganz andere Eindrücke.

Über ihre große Tour von 1934 berichtet Klara in rund zwei Dutzend ‹Reisebriefen›. Sie werden in einer Dresdner Tageszeitung veröffentlicht, und der Titel, unter dem das geschieht, verweist auf ein weiteres Problem im Zusammenhang mit der Erbepflege dieser Witwe: *Unter dem Hakenkreuz um die Welt.* Klara May hat sich in eine überzeugte Nationalsozialistin verwandelt: Sie tritt der NSDAP bei, ist befreundet mit Angela Hammitzsch, geb. Hitler, verw. Raubal, der Halbschwester

Adolf Hitlers, und am 29. Juli 1933 wird sie auf einem Empfang von Winifred Wagner in Bayreuth Hitler persönlich vorgestellt. In einem unveröffentlicht gebliebenen Aufsatz spricht sie anschließend von «dem Größten der uns jetzt lebenden Großen (…). Es waren heilige Minuten. Ein Gottgesandter hatte meinen Lebenskreis berührt (…). Meine Gedanken gingen zurück zu Karl May, der sein ganzes Leben wie ein Wegbereiter für diese Hitlerzeit war.»[5]

Um den Verstorbenen in dieser Rolle deutlicher zu konturieren, entwickelt Klara einige konkrete Pläne. 1938 schlägt sie Euchar Albrecht Schmid vor, den Roman *Und Friede auf Erden!* im nationalsozialistischen Geiste zu bearbeiten: Man könne «den Führer als idealen Friedensverkörperer berühren» und das am Ende des Romans aufleuchtende Kreuz «umformen in eine Sonne, die durch die Zinnen gebildet wird zum Sonnenrad, in dem das Kreuz schimmert und sich zum Hakenkreuz formt»;[6] Schmid weist das Ansinnen zurück. 1942 jährt sich Karl Mays Geburtstag zum hundertsten Mal, und die Möglichkeit einer Gedenkfeier an seinem Grab zeichnet sich ab. Als hinderlich erweist sich jedoch der Umstand, dass neben May dort auch Klaras Mutter, Wilhelmine Beibler, und ihr erster Mann, Richard Plöhn, beigesetzt sind, denn Plöhn ist ein ‹Halbjude›. Klara beantragt nach einigen Gesprächen, «meinen ersten Mann Richard Alexander Plöhn, dessen Mutter Jüdin war, aus der mit meinem zweiten Mann Karl May belegten Gruft herausnehmen zu dürfen, da sonst die 100Jahrfeier, die von der Partei veranlaßt werden soll nicht stattfinden könnte, was ich bedauern müßte».[7] In diesem Fall ist ihr immerhin ein makabrer Teilerfolg beschieden: Zwar kommt es nicht zu der Feier am Grab, aber einige Wochen nach dem Gedenktag, am 28. April 1942, werden die Särge Plöhns und Beiblers aus dem Grab entfernt und zur Einäscherung nach Dresden-Tolkewitz überführt.

Klara May stirbt am 31. Dezember 1944 und teilt sich anschließend die imposante Radebeuler Grabstätte allein mit Karl May.

Abb. 28: Dr. Euchar Albrecht Schmid (um 1912)

Wenn Euchar Albrecht Schmid den Vorschlag zu einer dezidiert nationalsozialistischen Entstellung des *Friede*-Romans auch zurückweist, so ist er doch grundsätzlich dem Gedanken, Mays Texte für die Publikationen des Karl-May-Verlags substanziell umzugestalten, keineswegs abgeneigt. Im Gegenteil: Während Fehsenfeld sich aus der Arbeit an dem neu gegründeten Unternehmen weitgehend heraushält und 1921 als Gesellschafter ganz ausscheidet, ist der alleinige Geschäftsführer Schmid von Anfang an davon überzeugt, dass nur einschneidende Veränderungen der May'schen Texte ihren Verkaufserfolg auf Dauer sichern können: derjenigen, die schon in der Fehsenfeld-Edition gesammelt vorliegen, und erst recht derjenigen, die ihr im Lauf der Jahrzehnte noch angegliedert werden sollen. Das Verlagskonzept zielt deshalb von Beginn an auf Textversionen, die – in der Formulierung E. A. Schmids – «tunlichst von Fremdkörpern, Weitschweifigkeiten und Unstimmigkeiten befreit wurden».[8] Die sachliche Legitimation zu solchen Aktivitäten leitet der Karl-May-Verlag bis heute daraus ab, dass der neue Karl-May-Verleger «durch die intensiven persönlichen Gespräche»[9] instruiert worden sei, die May mit ihm geführt habe, und bezieht die juristische Bestätigung aus einer Erklärung Klara Mays, derzufolge die «von Dr. Schmid und seinen Mitarbeitern vorgenommenen Bearbeitungen, die Karl May selbst nicht mehr vornehmen konnte, (…) als einzig giltige Ausgabe letzter Hand, als editio ne varietur zu gelten (haben)».[10] Eine philologische Ermächtigung dieser Art dürfte in der Literaturgeschichte einzigartig sein.

Den Grundstock der neuen Ausgabe, die allgemein nach ihrem Erscheinungsort Radebeul benannt wird, bilden die 33 schon bei Fehsenfeld veröffentlichten Bände. Als 34. schließt sich *«ICH»* an, eine Sammlung von Beiträgen zu Mays Leben und Werk, in die auch *Mein Leben und Streben* in revidierter Form Eingang findet. Es folgen die ursprünglich für den *Guten Kameraden* verfassten Jugendromane Mays und dann diverse Bände mit den verstreut publizierten Schriften aller Art: Humoresken, Dorfgeschichten, kleinere Abenteuererzählungen, Gedichte, Aufsätze, Mays Version von Gabriel Ferrys *Waldläufer* und anderes. Auch die fünf voluminösen Münchmeyer-Romane werden nach und nach in die Reihe integriert und in jüngerer Zeit die zuvor unveröffentlichten autobiographischen Schriften sowie wichtige Briefwechsel. Die Radebeuler Ausgabe bringt es bis 1939 auf 65 Bände, die heutige Bamberger Ausgabe – so etikettiert nach dem aktuellen Verlagssitz – umfasst unter dem Titel *Karl May's Gesammelte Werke und Briefe* rund 90 Bände.

Intensität und Umfang der Bearbeitungen, denen die May-Texte in diesen Bänden über Jahrzehnte hinweg ausgesetzt sind, kann man sich kaum groß genug vorstellen, und sie betreffen jedes nur denkbare Element; allein für eine Variante des *Winnetou I* wurden mehr als zehntausend Veränderungen gegenüber der Erstausgabe gezählt. Schon die Buchtitel werden in großer Zahl ausgewechselt; beispielsweise verwandelt sich der Fehsenfeld'sche Bd. 10, *Orangen und Datteln*, in *Sand des Verderbens*, und Reihentitel werden durchgängig aufgespaltet: Aus *Im Lande des Mahdi I – III* werden *Menschenjäger, Der Mahdi, Im Sudan*, aus *Im Reiche des silbernen Löwen I – IV* werden *Der Löwe der Blutrache, Bei den Trümmern von Babylon, Im Reiche des silbernen Löwen* und *Das versteinerte Gebet*. Im Fall des *Winnetou* bleibt der Reihentitel für die ersten drei Bände erhalten, während *Winnetou IV*, Mays letzter Roman, zu *Winnetous Erben* mutiert. Gravierender freilich als reine Umetikettierungen sind Maßnahmen in Bezug auf den Inhalt. Mehrere der umfangreichen Romane Mays werden auseinander gerissen, das heißt in kleinere, unabhängig voneinander existierende Einheiten unterteilt: Der ursprünglich dreibändige *Old Surehand* etwa erscheint von nun an in zwei Bänden und einem davon unabhängigen *Kapitän Kaiman*; die Münchmeyer-Romane – deren ursprüngliche Titel nahezu gänzlich verschwinden – werden je in bis zu fünf separaten Einzelstücken publiziert. In kleinerem Ausmaß findet sich auch das gegenteilige Verfahren: Unabhängig voneinander erschienene Texte werden miteinander verknüpft und zu einem einzigen neuen verwandelt.

Die erheblichen inhaltlichen Eingriffe, die mit solchen Veränderungen notwendig verbunden sind, werden durch viele andere ergänzt. So sind die Bearbeiter bemüht, sachliche Fehler in Mays Texten – also etwa Mängel bei fremdsprachigen Formulierungen und geographischen Angaben – zu korrigieren. Auch inhaltliche Widersprüche, die May beispielsweise in der Chronologie der Handlungsabläufe und in gegensätzlichen Beschreibungen des Äußeren seiner Figuren unterlaufen sind, werden nach Möglichkeit beseitigt. Sittlich Anstößiges wird getilgt, Sexszenen und sadistische Darstellungen der oben zitierten Art gibt es in den bearbeiteten Fassungen der Münchmeyer-Romane nicht mehr.

Wenn May einmal gar zu sehr aus den immer wieder verwendeten Schablonen ausbricht, wird das manchmal ebenfalls korrigiert. So büßen die Bösewichter des *Schwarzen Mustang* ihre Untaten in der Erstveröffentlichung nicht, wie fast alle Schurken der May'schen Abenteuerromane, mit dem Tod, sondern kommen mit einer Tracht Prügel davon, aber in der Bearbeitung unter dem Titel *Halbblut* trifft sie dann doch das übliche letale Schicksal: Der eine wird aufgehängt, der andere zu Tode gestürzt. Es wird auch nicht nur gestrichen und geändert, es werden zudem umfangreiche Handlungssequenzen neu hinzugefügt. Ferner werden in großer Zahl Figuren umbenannt, und in der bearbeiteten Version des Münchmeyer-Romans *Deutsche Herzen, deutsche Helden* tauchen gelegentlich Protagonisten auf, die von May hier gar nicht vorgesehen waren, aber aus anderen Romanen bestens bekannt sind: Kara Ben Nemsi, Hadschi Halef Omar, Sam Hawkens, Winnetou. Stilistische Eingriffe finden sich ebenfalls in gewaltiger Menge; beispielsweise werden nahezu sämtliche Fremdwörter aus Mays Texten getilgt, auch allgemein gebräuchliche.

So wie schon Mays ursprüngliche Texte an vielen Stellen auf den historischen Hintergrund verweisen, vor dem sie entstanden sind, so reflektieren auch die Eingriffe der Bearbeiter zeittypische Gegebenheiten. Das wohl plakativste Beispiel dafür bietet der Schluss des *Verlornen Sohns*, in dessen Erstveröffentlichung in gedrängter Form Auskunft gegeben wird über die Strafe, die die Bösewichter dieses in Deutschland spielenden Romans trifft; zu ihnen gehört auch ein jüdischer Händler, den May unter Verwendung gängiger antisemitischer Klischees zeichnet und mit der kurzen Notiz über eine fünfjährige Zuchthausstrafe, die ihm zudiktiert wird, verabschiedet. Die aus der NS-Zeit stammende Bearbeitung unter dem Titel *Der Fremde aus Indien* belässt es nicht dabei, sondern rückt die Verbrechen dieses Juden am Ende noch in ganz andere Dimensionen: Nunmehr entpuppt sich der Mann, den auch der Held des Romans «bisher für einen kleinen, schmutzigen Trödler mit finsteren Winkelgeschäften gehalten hatte, als ein Schacherer und als ein Gauner ganz großen Stils.

Überall, wo durch Pfiffigkeit und brutale Rücksichtslosigkeit ein unerhörter Wuchergewinn zu erraffen war, hatte er seine Hände im Spiel. Über zerstörtes Menschenglück, ja über Leichen führte der Weg dieses gemeinen Blutsaugers. Seit Jahrzehnten schon ging das so, und Salomon Rosenbaum war bestimmt längst ein schwerreicher Mann.»[11] Damit hat sich die Figur bis in die vampirische Metaphorik hinein zu einem Musterbeispiel für den skrupellosen, konspirativ tätigen Ausbeuter verwandelt, mit dem die antisemitische NS-Propaganda argumentierte – kein Wort davon findet sich an der entsprechenden Stelle des Originals. Dieser Einschub wurde auch nach dem Ende des Zweiten Weltkriegs noch lange verbreitet, ist inzwischen aber getilgt worden.

Das Beispiel verweist auf den Umstand, dass die Bearbeitung kein einmaliger Vorgang ist: Viele Texte sind im Lauf der Zeit mehrfach verändert worden, und oft macht nicht zuletzt dieser Sachverhalt die Eingriffe zu interessanten kulturgeschichtlichen Dokumenten. Man kann das auch an subtileren Fällen als dem gerade genannten beobachten. In *Winnetou I* etwa lässt Karl May einen deutschen Revolutionär von 1848 auftreten, der nach Amerika geflüchtet ist, unter dem Namen Klekih-petra bei den Apachen lebt und seine politische Vergangenheit bitter bereut; drei Druckseiten lang beklagt er vor Old Shatterhand, ein «Freigeist» gewesen zu sein, den Glauben an Gott als «Unsinn»[12] abgetan zu haben und mit seiner Eloquenz viele junge Menschen zu nichtsnutzigem rebellischen Treiben verführt und manche gar in den Tod getrieben zu haben. In der nach dem Zweiten Weltkrieg verbreiteten Fassung des Karl-May-Verlags finden sich an dieser Stelle plötzlich zwei gewichtige Sätze, die im Original nicht vorkommen: «In mir hatten die Ideen der Aufklärung Wurzel geschlagen. Meine Göttin hieß Vernunft.»[13]

Man muss bedenken, dass die Aufklärung des 18. Jahrhunderts in den geistesgeschichtlichen Erörterungen der Bearbeitungszeit nicht den besten Ruf genoss; während der nationalsozialistischen Herrschaft war sie ganz und gar verpönt, aber auch zahlreiche konservative Kommentatoren davor und danach begegneten ihr mit Misstrauen und Ablehnung. Die zusätzliche Selbstbezichtigung stellt Klekih-petras Untaten also – gemäß dem verbreiteten Vorurteil, die Aufklärung sei genuin antireligiös gewesen – in den gedanklichen Kontext einer historischen Epoche, die zwar in der Argumentation Mays nicht auftaucht, sich aber im Horizont seiner postumen Redakteure eines ausgesprochen unerquicklichen Rufs erfreut haben dürfte; das abschätzige Urteil, das die Aufklärung des 18. Jahrhunderts in Deutschland auf sich gezogen hat, schlug auf die Formulierungen jener durch, die im 20. Jahrhundert einen Roman aus dem späten 19. revidieren. Mittlerweile hat sich das Verständnis der Aufklärung weithin zum Positiven gewandelt, und der Karl-May-Verlag verbreitet *Winnetou I* nunmehr wieder ohne den Zusatz der 1950er Jahre.

Endlos ist die Liste markanter Beispiele, die sich noch anführen ließen. In seine späten Romane, etwa in den vierten Band des *Silbernen Löwen*, hat May gelegentlich Sätze mit metrischen Strukturen eingefügt; die Bearbeiter erkannten diese offenbar nicht und zerstörten sie. *Und Friede auf Erden!* blieben zwar das Hakenkreuz und die Hitler-Apologie erspart, aber eine Anpassung an den Zeitgeist gab es in einer 1938 vorgenommenen Textrevision doch; vorausgegangen war eine Bearbeitung von 1922, und nach Ende des Zweiten Weltkriegs folgten weitere Neufassungen, so dass der geneigte Leser heute die verschiedenen Versionen dieses Werks in Analogie zu den verschiedenen Epochen der neueren deutschen Historie studieren kann. Oft wirkt die bearbeitete May-Welt schöner als die der ursprünglichen Texte: In Mays *Winnetou II* beispielsweise sterben mit den Westmännern Dick Stone und Will Parker gute Freunde des Helden, in der Bamberger Ausgabe überleben sie, wohl nicht zuletzt deshalb, weil sie in zeitlich später angesiedelten Abenteuern anderer Bände wieder auftauchen. Politische Anspielungen Mays, und seien sie noch so peripher, wurden entschärft: Während der Ich-Erzähler in «*Weihnacht!*» davon spricht, das finanzielle Gebaren, das er und sein Freund auf einer gemeinsamen Reise pflegen, könne sich manch «einer unserer heutigen Finanzminister»[14] zum Vorbild nehmen, wurde es bereits in der Radebeuler Version einem «der südamerikanischen Staaten»[15] als musterhaft empfohlen. Auch sozialpolitisches Engagement wird sichtbar: Im *Verlornen Sohn* treten Arbeiter eines deutschen Kohlenbergwerks auf, die eine wöchentliche «vierundachtzigstündige Arbeitszeit»[16] ableisten; die bearbeitete Version unter dem Titel *Das Buschgespenst* erlaubt ihnen offenbar den Genuss eines freien Tages, denn sie müssen nur noch «sechs zwölfstündige Schichten», also «eine zweiundsiebzigstündige Arbeitszeit»[17], bewältigen.

Bei genauerem Hinsehen erscheinen die Bearbeitungen – indem sie beispielsweise Mays Texte hier entbrutalisieren und dort Figuren in einen grässlichen Tod schicken, die bei May überleben – keineswegs völlig konsequent; sie können es unter den gegebenen Umständen wohl auch gar nicht sein, und seit den 1990er Jahren zielt die Tendenz der Eingriffe sogar darauf, die Texte wieder den Versionen aus Mays Lebenszeit anzunähern. Dennoch lassen sich zwei zentrale Funktionen der Bearbeitungstätigkeit erkennen. Zunächst einmal ging es nach Mays Tod darum, sein Werk gegen die Attacken der Kritiker zu schützen und ihn – mit einer politischen Floskel unserer Zeit – konsensfähig zu machen; insbesondere die domestizierten Versionen der Münchmeyer-Romane sollten zeigen, dass er keineswegs den Ruf des Schmutz- und Schundliteraten verdiene, der ihm in seinen letzten Lebensjahren angeheftet worden war. Zum anderen wurde im Zuge der Etablierung des Volksschriftstellers Karl May immer mehr der Jugendbuchautor in den Vordergrund gerückt: Dazu trugen die Vereinfachung seiner Sprache bei, die Streichung irritierender und extremer Stellen sowie die übergreifende Harmonisierung der verschiedenen Teile seines Werkes, die zum Beispiel die typologischen Unterschiede zwischen den Münchmeyer-Romanen und den Abenteuergeschichten um das reisende Ich Old Shatterhand/Kara Ben Nemsi tendenziell einebnet.

Über die Editionspraxis des Karl-May-Verlags ist viel gestritten worden, und der Umstand, dass seit dem 1. Januar 1963, da die nach den damaligen Regelungen gültige Urheberrechtsschutzfrist von fünfzig Jahren nach Tod des Autors ablief, auch andere Verlage eigene Karl-May-Bearbeitungen auf den Markt warfen, hat die Diskussionen nicht eben beruhigt. Beanstandet wurde insbesondere der Umstand, dass der Karl-May-Verlag seine Bücher mit der Bezeichnung ‹Originalausgaben› bewarb und in den Editorials von Band-Herausgebern, nicht aber Band-Bearbeitern sprach, die Intensität der Texteingriffe also verschwieg oder zumindest verschleierte. Beklagt wurde ferner, dass über Jahrzehnte hinweg die May-Texte in der Form, in der May selbst sie publiziert hatte, auf dem Buchmarkt nicht präsent waren; insofern unterschied sich der Fall durchaus von den weit verbreiteten Jugendbuchversionen zu Werken wie etwa Coopers *Lederstrumpf* oder Defoes *Robinson Crusoe*, bei denen in der Regel die Bearbeitungstätigkeit stets deutlich ausgewiesen wurde und authentische Fassungen verfügbar waren. Festzuhalten ist auf jeden Fall ein Kuriosum: Die große Mehrheit der Karl-May-Leser hat – ohne es zu wissen – diesen Autor über Texte kennen gelernt, die bei auch nur halbwegs skrupulöser philologischer Betrachtung gar nicht als von ihm verfasst gelten können.

Es gibt indes ein schlagendes Argument, mit dem der Karl-May-Verlag seine Strategie rechtfertigen kann: der gigantische Erfolg, der ihr beschieden war. Zwar lässt sich die gelegentlich anzutreffende These nicht widerlegen, Mays Werk hätte auch mit den von ihm selbst unmittelbar zu verantwortenden Textfassungen dauerhaft reüssieren können, aber unstrittig ist eben doch, dass die Unternehmungen des Karl-May-Verlags, der über Jahrzehnte hinweg eine Monopolstellung in der Verbreitung von May-Büchern besaß, ihr Ziel in einem Maße erreichten, wie es wohl die Verlagsgründer selbst kaum für möglich gehalten hätten. Während die Autoren anderer Abenteuerromane des 19. Jahr-

hunderts, wie Otto Ruppius, Hans Wachenhusen und Balduin
Möllhausen, schon seit langem nahezu gänzlich in Vergessenheit
geraten sind, hat Karl May nicht nur glanzvoll überlebt, sondern
sich etabliert als jemand, dem immer wieder Etikette wie das des
meistgelesenen bzw. erfolgreichsten Schriftstellers der deutschen
Literatur angeheftet werden. Schon die puren Zahlen sind eindrucksvoll. Ein Jahr nach
Mays Tod belief sich die deutsche Gesamtauflage auf 1,6 Millionen Exemplare, steigerte sich bis 1938 auf 7,2 Millionen[18] und
erreichte 1973, einem Prospekt des Karl-May-Verlags zufolge,
46 Millionen; für das Ende des ersten Jahrzehnts im neuen Jahrtausend gibt der Karl-May-Verlag eine Auflage von etwas über
80 Millionen Exemplaren an und vermutet eine deutschsprachige Gesamtauflage – die also die Publikationen von Buchgemeinschaften und anderen Verlagen mit einbezieht – von etwa
100 Millionen. Karl Mays Texte sind zudem in mehrere Dutzend Fremdsprachen übersetzt worden, und auch da steht er
quantitativ nicht schlecht da; in Ländern des ehemaligen Ostblocks beispielsweise sind zu Beginn der 1990er Jahre einige
hunderttausend Exemplare verkauft worden. Dabei ist zu bedenken, dass die May-Bücher in höchst unterschiedlichem Maße
Interesse finden: Bände der *Winnetou*-Reihe, *Der Schatz im
Silbersee* und ähnliche verkaufen sich selbstverständlich um ein
Vielfaches besser als etwa die Dorfgeschichten, die Romane des
Spätwerks oder gar Bände mit Titeln wie *Meine dankbaren
Leser*. Die höchste Einzelauflage im Karl-May-Verlag erreicht
derzeit *Winnetou I* mit knapp vier Millionen Exemplaren.[19]

Mays außergewöhnliche Popularität schlug sich auch in
diversen Ausprägungen kommerzieller Verwertung nieder, die
an die Werbewirksamkeit heutiger Stars des Showbusiness erinnern. Der Autor selbst hat sich bekanntlich schon in diesem
Sinne engagiert, und so erscheint es nur konsequent, dass bereits
zu seinen Lebzeiten im *Guten Kameraden* auch ein durchaus
außerliterarischer Umgang mit seinem literarischen Werk getrieben wurde: Eine Beilage von 1894/95 enthielt 72 umrahmte

Figuren, die überwiegend «den Karl-May-Romanen entstammten»,[20] als Karten ausgeschnitten und für das Spiel *Schnipp-Schnapp* genutzt werden konnten. Von da an zieht sich eine lange Kette kommerzieller Verwertungsmaßnahmen durch die Rezeptionsgeschichte, die Produktwerbung mit Mays Hilfe ebenso umfasst wie das Angebot spezieller Mayensia außerhalb von Buchdeckeln. Karl-May-Utensilien, insbesondere Sammelbilder, die Szenen aus seinen Erzählungen illustrieren, wurden Margarine und Schokolade, Kaffee und Tee beigegeben, haben für Zigaretten, Kaugummi und Zeichenblöcke geworben. Socken, Etuis und Trinkgläsern wurden May-Motive aufgedruckt, Bier- und Weinflaschen mit Karl-May-Etiketten versehen. Es gibt Karl-May-Wundertüten, Karl-May-Comics, Karl-May-Zinn- und Plastikfiguren, Karl-May-Kartenspiele, Karl-May-Würfelspiele, Karl-May-Puzzles und Karl-May-Laubsägearbeiten. In zahlreichen Schlagern wird seit den 1960er Jahren vor allem Winnetou besungen, aber auch Old Shatterhand, Nscho-tschi, Intschu-tschuna, Hadschi Halef Omar und sogar Old Wabble sowie May selbst kommen zum Zug. Zu den Interpreten gehören so populäre Sänger wie Gus Backus, das Medium Terzett – das zwischen 1963 und 1965 gleich drei Schallplatten mit May-Bezug veröffentlicht –, die Hauptdarsteller der Karl-May-Filme sowie die Country-Gruppe Truck Stop, die in *Oh Winnetou, oh Winnetou* (1991) Frivoles zum Besten gibt: «Ich such mir eine neue Squaw / Ich hoffe nur, ich find sie bald. / Die alte Silberbüchse / Hat schon so lang nicht mehr geknallt.» Die Musik, die Martin Böttcher zu den Winnetou-Filmen komponierte, wird immer wieder neu veröffentlicht. Auf einer anderen musikalischen Ebene bewegt sich dagegen das Opernfragment *Am Silbersee*, das der renommierte Schweizer Komponist Othmar Schoeck (1886–1957) in seiner Jugend geschaffen hat und das erst Jahrzehnte später durch die Aufführungen eines kleinen Ensembles und als CD-Beilage zum *Jahrbuch der Karl-May-Gesellschaft 2005* einen gewissen Bekanntheitsgrad erreicht. Von Karl-May-Kalendern kann man sich durch das Jahr begleiten lassen, mit Karl-May-Postern die Wohnung schmücken und mit Computerspielen in die Bereiche der elektronischen Unterhaltung vordringen. Im Radio und auf Tonträgern aller Art werden Mays Erzählungen in Form von Hörspielen angeboten, und auch der Trend zum Hörbuch hat den May-Markt ganz und gar erreicht. Schauspielerkarrieren wie die von Lex Barker, der den Old Shatterhand, Kara Ben Nemsi und Dr. Sternau spielte, erhielten durch die berühmte Filmserie der 1960er Jahre noch einmal einen Schub, während andere, insbesondere die des Winnetou-Darstellers Pierre Brice, ohne sie gar nicht recht in Schwung gekommen wären. Diese Darsteller avancierten zu Idolen einer ganzen Teenager-Generation und brachten es damit beispielsweise, parallel zu weltberühmten Stars wie den Beatles, zu zahlreichen Auftritten in der Jugendzeitschrift *Bravo*; dort wurden sie unter anderem in Form von lebensgroßen Abbildungen präsentiert, so dass die Verehrer sie ausschneiden und ihre Wände damit meterhoch dekorieren konnten.

Mit dem Thema Karl-May-Filme stoßen wir in jenen Bereich vor, der mit ebensoviel Recht unter betriebswirtschaftlichen wie unter ästhetischen Vorzeichen betrachtet werden kann: in den Bereich der unauflöslichen Vermischung von Kunst und Kommerz, der in der Wirkungsgeschichte dieses Schriftstellers ebenfalls von erheblich größerer Bedeutung ist als bei fast allen seinen Kollegen. Die genannten Filme spielen dabei die zentrale Rolle. Ältere, bis in die Stummfilmzeit zurückreichende Versuche, Mays Orientstoffe auf die Leinwand zu bringen, waren noch ohne die erhoffte Resonanz geblieben: *Auf den Trümmern des Paradieses* (1920), *Die Todeskarawane* (1920), *Die Teufelsanbeter* (1921), *Durch die Wüste* (1936), *Die Sklavenkarawane* (1958), *Der Löwe von Babylon* (1959). Zu Beginn der 1960er Jahre jedoch verfiel der Produzent Horst Wendlandt auf den Gedanken, erstmals einen Karl-May-Western zu produzieren, und zwischen 1962 und 1968 entstanden dann – zum Teil auch unter der Verantwortung anderer Produzenten und mit anderen Handlungsschauplätzen als dem Wilden Westen – insgesamt

Abb. 29: Pierre Brice (Winnetou) und Lex Barker (Old Shatterhand) in
‹Der Schatz im Silbersee› (1962)

siebzehn Karl-May-Filme, die zwar nicht alle in gleichem Maße
populär wurden, in der Summe aber eine der erfolgreichsten
Serien der deutschen Filmgeschichte bilden.

Erfolg bezeichnet in diesem Zusammenhang freilich nur eine
quantitative Größe, die sich in Zuschauerzahlen und finanziel-
lem Gewinn messen lässt; ob die Filme auch unter ästhetischen
Gesichtspunkten diese Bezeichnung verdienen, war von Anfang
an umstritten, und selbst von vielen May-Verehrern wird diese
Frage heute in der Regel eher negativ beantwortet, zumal im
Hinblick auf die späteren Streifen. Eindeutiger noch fällt das
Urteil bei der Überlegung aus, ob die Romane Karl Mays hier
stofflich adäquat aufgearbeitet worden seien: Wenn man von
den beiden ersten Produktionen absieht, *Der Schatz im Silbersee*

und *Winnetou 1. Teil*, hat man sich gar nicht erst darum bemüht; vielmehr wurden aus Mays Texten lediglich Handlungssplitter und Namen entlehnt, ansonsten aber gänzlich neue Plots entwickelt und umgesetzt. In einigen Fällen, zum Beispiel *Old Shatterhand* sowie *Winnetou und sein Freund Old Firehand*, wurden Titel verwendet, die es bei Karl May gar nicht gibt, und einmal, bei *Winnetou und das Halbblut Apanatschi*, taucht im Titel eine Figur auf, für die bei May nicht einmal dem Namen nach ein Vorbild existiert.

Dennoch stießen die Filme vor allem in den ersten Jahren auf die Begeisterung eines Massenpublikums, denn sie kamen den Neigungen und Bedürfnissen der Zeitgenossen in ähnlicher Weise entgegen, wie dies May selbst auf dem Höhepunkt seines Erfolgs gelungen war. In den 1950er Jahren hatten sich noch Heimatfilme als das populärste Genre des deutschen Kinos erwiesen, Filme voller Bilder mit blühenden Heidelandschaften, idyllischen Tälern und einem glitzernden Bodensee: Im Anschluss an die Verheerungen der NS-Zeit und des Krieges vergewisserte man sich der nachweislich schönen Seiten Deutschlands. In den 1960er Jahren war dann die Zeit reif, in mehrfacher Hinsicht wieder über Grenzen zu blicken: Man gruselte sich in den parallel zur May-Serie produzierten Filmen der Edgar-Wallace-Reihe und genoss in Anlehnung an den populärsten deutschen Schriftsteller «buntes, pralles Kino»,[21] opulente Landschaften im Großformat mit Heroen, die schon lange die Sehnsucht nach Abenteuer und Bewährung, nach dem Ausbruch aus dem monotonen Einerlei des Alltags befriedigt hatten. Bis in motivische Details schlugen sich zeitgeschichtliche Umstände nieder: Während etwa das amerikanische Militär in Mays Texten keinerlei konstruktive Rolle spielt, tritt es in den Filmen – gedreht auf dem Gipfelpunkt der deutsch-amerikanischen Nachkriegsbeziehungen – häufig als Retter in höchster Not auf; zu Winnetous Tod blasen Militärmusiker den letzten Zapfenstreich, während in Mays Roman zum gleichen Anlass von deutschen Siedlern ein *Ave Maria* gesungen wird. Es ist gewiss kein Zufall, dass dieses Konzept nur ein paar Jahre lang trug: Der letzte Film der Reihe, *Winnetou und Shatterhand im Tal der Toten* (1968), erschien in dem Jahr, das neuen Tendenzen der deutschen Nachkriegsgeschichte den Namen gab. Wenig später startete die nächste Erfolgsserie in den deutschen Kinos: die der *Schulmädchen-Reports*.

Man täte den Karl-May-Filmen freilich unrecht, wenn man sie ausschließlich nach den Konjunkturen des Zeitgeists beurteilte; dagegen spricht schon ihr anhaltender Erfolg, der sich in immer neuen Fernsehausstrahlungen und der Reproduktion in den jeweils aktuellsten Speichermedien niederschlägt. Auch unter cineastischen Gesichtspunkten ist bei ihnen durchaus einiges zu ernten. So stehen die May-Filme am Anfang einer europäischen Produktion von Western, die sich deutlich von den amerikanischen Genreklassikern eines John Ford und Howard Hawks unterscheiden; der Erfolg des *Schatz im Silbersee* usw. dürfte dazu beigetragen haben, dass Filme wie *Für eine Handvoll Dollar* (1964), *Django* (1966) und *Spiel mir das Lied vom Tod* (1968) entstanden, mögen sie auch von völlig anderem künstlerischen Zuschnitt sein. Dieser historische Rahmen wird selbst zu einem konstitutiven Element der deutschen Streifen: *Der Schatz im Silbersee*, als Initiationsfilm, beginnt mit einem Überfall in einer Postkutsche, also mit einem Topos der Hollywood-Western, bevor er dann eigene Wege geht; wenn schließlich in den letzten Erzeugnissen der Serie die unmittelbar dargestellte Brutalität zunimmt und die Helden sich vornehmlich als Meister im Weitwerfen von Dynamitstangen erweisen – etwas, das sie weder in Mays Erzählungen noch in den ersten Filmen der 1960er Jahre tun –, dann ist das gewiss auch dem Einfluss der martialischen Italo-Western geschuldet, die mittlerweile den Markt überschwemmen. Reizvoll ist es auch, Details in den Blick zu nehmen. Beispielsweise interpretieren Lex Barker (Old Shatterhand) und Stewart Granger (Old Surehand) ihre im Grunde ähnlichen Rollen an der Seite von Pierre Brice (Winnetou) völlig unterschiedlich: Granger strahlt eine nüchterne, manchmal schon fast arrogant wirkende Professionalität aus, die an die der Protagonisten etwa in *Rio Bravo* oder *El Dorado* erinnert, während Barker der heimeligen Biederkeit der zugrunde liegenden May-Figur erheblich näher steht.

Unter einigen anderen Spielfilmen, die sich im engeren oder weiteren Sinne mit dem Namen May verknüpfen, verdienen zwei besondere Erwähnung. 1974 inszenierte Hans Jürgen Syberberg zwischen Arbeiten über Ludwig II. und Hitler eine über die letzten Lebensjahre des Schriftstellers. *Karl May*, Mittelteil also einer ‹deutschen Trilogie›, erweist sich als eigenwillige Mischung aus realistischer Darstellung – etwa mit Dialogen, die aus Mays autobiographischen Schriften zitieren – und surrealer Stilisierung – zum Beispiel mit Bildern von Hohenstein-Ernstthal als einer Spielzeuglandschaft – und unternimmt den Versuch, Abgründen des deutschen Wesens und Strebens auf die Spur zu kommen. Helmut Käutner spielt die Titelrolle, als Emma und Klara sind Kristina Söderbaum und Käthe Gold zu sehen, daneben Attila Hörbiger (Max Dittrich) und Willy Trenk-Trebitsch (Rudolf Lebius), Brechts erster Mackie Messer; selbst kleine Nebenrollen sind exquisit besetzt, Bertha von Suttner etwa wird von Lil Dagover gegeben, und mit Amand von Ozoróczy wirkt ein Schauspieler mit, der Karl May noch persönlich kennen gelernt hat. Der Film imponierte mit seiner Besetzung, die UFA-Zeiten auferstehen ließ, entzückte einen Teil derjenigen, die mit Mays Vita vertraut waren, und beeindruckte auch zahlreiche Kritiker, erwies sich an den Kinokassen aber als gigantischer Fehlschlag.

Ganz anders steht es um die Komödie *Der Schuh des Manitu*, 2001 inszeniert von Michael ‹Bully› Herbig: Diese Produktion, die ohne die Brice-Filme nicht denkbar wäre, zählt zu den kommerziell erfolgreichsten der deutschen Filmgeschichte. Herbig zeigt einen Apachen-Häuptling, Abahachi, und seinen weißen Blutsbruder, Ranger, im Kampf gegen eine Verbrecherbande, die auf der Suche nach einem gewaltigen Schatz ist, arbeitet also mit einem Plot, wie ihn auch die Regisseure vier Jahrzehnte zuvor verfilmt haben. Dabei parodiert er den Gestus der alten Filme bis in winzige Einzelheiten und schreckt vor keinem Gag zurück, der im Lichte des seinerzeit aktuellen Comedy-Booms effektvoll erschien: von einem aufdringlich schwulen Bruder des Häuptlings, Winnetouch, der im Wilden Westen eine Schönheitsfarm betreibt, über markige Sprüche bis zu einer flotten Tanzeinlage des Bösewichts Santa Maria, dargeboten in einer Situation, die sich für flotte Tanzeinlagen am wenigsten eignet. Gemäß der Regel, dass große Publikumserfolge der Unterhaltungskultur eine multimediale Vermarktung verlangen, zog der Film *Der Schuh des Manitu* alsbald ein gleichnamiges Musical nach sich. Überhaupt sind Mays Stoffe immer wieder dramatisiert bzw. visualisiert worden. Neben einer Reihe von Fernsehserien sind hier insbesondere die Inszenierungen auf diversen Freilichtbühnen zu nennen, die seit Jahrzehnten zu den stabilsten Bestandteilen der Wirkungsgeschichte gehören. Im ersten Jahrzehnt des 21. Jahrhunderts hat es regelmäßig Aufführungen an rund einem Dutzend Spielstätten des deutschen Sprachraums gegeben, erarbeitet teils von professionellen Akteuren, teils von Amateuren; die traditionsreichsten Aufführungen finden statt in Bad Segeberg, im sauerländischen Elspe und im sächsischen Rathen. Pierre Brice ist nach Abschluss seiner Karriere als Film-Winnetou in dieser Rolle jahrelang sowohl in Elspe als auch in Bad Segeberg aufgetreten; in Bad Segeberg wurde sein Nachfolger Gojko Mitic, der in einigen Brice-Filmen der 1960er Jahre Nebenrollen spielte und dann in den Indianerfilmen der ostdeutschen DEFA zum populärsten Indianerdarsteller der DDR avancierte.

Dass das Massenphänomen Karl May zu einem gewissen Teil immer auch ein Politikum darstellte, hat sich schon mehrfach gezeigt. Es liegt auf der Hand, dass diese Seite besondere Aufmerksamkeit auf sich zog, sobald die übergeordneten politischen Konstellationen, vulgo: Machtverhältnisse, zur Regulierung literarischer Verhältnisse tendierten.

In der NS-Zeit profitierte Mays Ansehen davon, dass Hitler sich zu ihm bekannte als jemand, «der in seiner Kindheit und

Jugend Karl May mit Begeisterung gelesen hat, der sich Karl May gegenüber immer freundschaftliche Gefühle bewahrt hat».[22] Diese Beziehung wurde zwar nicht zum Gegenstand der spektakulären öffentlichen Auftritte Hitlers, sie wurde aber auch keineswegs verborgen gehalten. Der Schriftsteller Robert Achenbach berichtete am 23. April 1933 in der Münchner *Sonntag-Morgen-Post* von einem Besuch im ‹Haus Wachenfeld›, Hitlers späterem ‹Berghof› bei Berchtesgaden: Er hatte sogar «das Schlafgemach des Führers» besichtigen dürfen und – «deutsche Jungen hört her!» – unter den dort vorhandenen Büchern auch eine Reihe von Karl-May-Bänden gefunden: «Der Winnetou, Old Surehand, der Schut, alles liebe alte Bekannte! Wie menschlich nahe ist uns der Mann, der neben einem Geisteswerk von gigantischen Ausmaßen noch die Muße findet für die Lektüre seiner Knabenzeit.»[23] Solche Berichte über private Vorlieben Hitlers wurden weithin beachtet; in diesem Fall kamen sie Karl May zugute. Ebenso profitierte er von einer in die Öffentlichkeit vermittelten Formulierung, mit der Hans Schemm, der Leiter des NS-Lehrerbundes, ihn auf einer Schulungstagung gepriesen hatte: «Zum deutschen Buben und Mädel gehört mehr als die sogenannte Schulbravheit, nämlich Mut, Entschlußkraft, Schneid, Abenteuerlust und Karl-May-Gesinnung!»[24] Schemm war auch daran beteiligt, dass zehn Bücher Mays in den vom Lehrerbund erarbeiteten Katalog guter Jugendschriften aufgenommen wurden. Im Zweiten Weltkrieg wurde eine Sonderauflage des *Schatz im Silbersee* gedruckt, die im Rahmen der ‹Soldatenbücherei› erschien, einer Buchreihe, die zur unentgeltlichen Weitergabe an die deutschen Soldaten der Ostfront bestimmt war.

Freilich blieb anderen Anhängern des Regimes nicht verborgen, dass mancherlei in Mays Werk in deutlichem Widerspruch zur NS-Ideologie stand. Nach einem Bericht von Euchar Albrecht Schmid durfte der Karl-May-Verlag einige Bände «wegen ihres pazifistischen und religiösen Inhalts»[25] nicht mehr herstellen; für andere wurden vom Berliner Propagandaministerium Änderungen verlangt. Gut dokumentiert ist die Tätigkeit des

Pädagogen Wilhelm Fronemann, der sich in zahlreichen Briefen und Artikeln gegen die allgemeine May-Begeisterung wandte und dabei in seinem missionarischen Eifer bis an den Rand der Selbstgefährdung ging. In einem Beitrag für die *Kölnische Zeitung* vom 1. September 1934 beklagte er eine «Propagandawelle» zugunsten Mays, der doch zum Nationalsozialismus passe «wie die Faust aufs Auge», da er «ein Verherrlicher jeder Rassenmischung, überzeugter Pazifist und Freund der Bertha von Suttner» gewesen sei;[26] an anderer Stelle bezichtigte er May auch noch einer marxistischen Grundeinstellung. Fronemanns Gedanken, dass von der massenhaften Verbreitung der Werke Mays eine Gefahr für die nationalsozialistische Erziehung der Jugend ausgehe, war jedoch am Ende kein Erfolg beschieden.

Dagegen schwamm derselbe Autor mit dem Strom, als er seine Attacken gegen May nach 1945 in Ostdeutschland unter veränderten Vorzeichen fortsetzte: Jetzt hielt er ihm vor, dass er den Nationalsozialisten derart genehm gewesen war. Von marxistischen und pazifistischen Überzeugungen Mays sprach Fronemann nicht mehr, wohl aber davon, dass «die raffinierten Quälereien, die Karl May häufig schildert, an den Foltermethoden der SS nicht unschuldig sind».[27] Im Einklang mit dieser Sichtweise bemühte sich die Kulturpolitik der DDR drei Jahrzehnte lang, der Popularität Mays entgegenzutreten: Er galt ihr als Propagandist des Imperialismus, als Verfechter eines reaktionären Menschenbildes, so dass ihm keinerlei konstruktive Rolle beim Aufbau und bei der Entwicklung einer sozialistischen Gesellschaft zuzuerkennen sei. Regelrecht verboten war Karl May in der DDR zwar nicht, aber eben auch nicht erlaubt: «Die Bücher werden (…) nicht mehr gedruckt, aus Bibliotheken (…) verbannt, von Lehrern bei Schultaschenkontrollen konfisziert, vom Zoll beschlagnahmt.»[28] Das Karl-May-Museum in Radebeul wurde in ‹Indianermuseum› umbenannt, der Karl-May-Verlag musste 1960 seinen Sitz von Radebeul nach Bamberg verlegen.

Indessen gibt es mancherlei Indizien dafür, dass der Kampf gegen den populären Autor letztlich nur begrenzt erfolgreich war. An Gelegenheiten zur May-Lektüre mangelte es in der DDR nicht; schließlich kursierten noch zahllose Exemplare der bis 1945 verbreiteten Radebeuler Ausgabe, und es bestand allen Grenzsicherungsmaßnahmen zum Trotz die Möglichkeit, neuere Bücher aus dem Westen heimlich ins Land zu bringen. Immer wieder flammten Diskussionen darüber auf, ob May nicht doch in einem ganz anderen Licht als dem der offiziösen Beurteilung zu sehen sei. Eine indirekte Reaktion auf die latente May-Begeisterung stellten die bereits erwähnten Indianerfilme der DEFA dar, mit deren Produktion begonnen wurde, nachdem in der Bundesrepublik die Karl-May-Filme erfolgreich angelaufen waren. Der erste griff auf eine literarische Vorlage von Liselotte Welskopf-Henrich zurück, *Die Söhne der Großen Bärin*; dieser mehrbändige Roman stellte seinerseits so etwas wie einen DDR-spezifischen Gegenentwurf zu den Bänden des älteren Autors dar.

Es gibt rührende und spektakuläre Beispiele für die Popularität, deren sich Karl May in der DDR erfreute. In den 1960er und 1970er Jahren schrieb ein Mann namens Heinz Thümmler einundzwanzig geliehene May-Bände im Umfang von «insgesamt 11 933 Buchseiten»[29] mit seiner Reiseschreibmaschine ab, brachte das beschriftete Papier in Klemmmappen unter und versah diese mit den nachgemalten Deckelbildern der Radebeuler Ausgabe. Zu legendärem Ruf brachte es eine Anzeige, mit der ein Sammler am 2. Juli 1974 in der *Thüringischen Landeszeitung* 51 Karl-May-Bände und vier Schriften Sekundärliteratur gegen einen Trabant 601 einzutauschen versuchte.

Ende der 1970er Jahre änderte sich das Bild allmählich. Die offizielle Kulturpolitik forderte und förderte nun die Beschäftigung mit dem bürgerlich-fortschrittlichen kulturellen Erbe, und davon profitierten nicht nur Persönlichkeiten wie Martin Luther und Friedrich der Große, sondern auch Karl May und andere bisher verpönte Schriftsteller. Der Berliner Verlag ‹Neues Leben› begann mit der Publikation einer vielbändigen May-Ausgabe. Das Radebeuler Indianermuseum hieß ab 1984 wieder Karl-May-Museum, 1985 wurde Mays Geburtshaus in

Hohenstein-Ernstthal ebenfalls zum Museum. Die westdeutschen May-Filme liefen jetzt auch im DDR-Fernsehen, eingeleitet von einer Dokumentation über Karl May; das DDR-Fernsehen produzierte sogar eigene Filme nach Romanen des rehabilitierten Autors.

Aufgrund ernüchternder älterer Erfahrungen mit der Kulturpolitik der SED erschien allerdings denjenigen, die sich für May engagierten, die Stabilität der May-Hausse ungewiss, und so ergriffen sie vorsorglich Maßnahmen zu ihrer Festigung. Den ersten Bänden aus dem Verlagshaus ‹Neues Leben› wurde ein Nachwort von Gerhard Henniger beigegeben, dem 1. Sekretär des Schriftstellerverbandes. Im Dienst einer Immunisierung Mays gegen mögliche künftige Kritik verwies er eindringlich auf die «humanistische(n) Grundpositionen (...), die wir bejahen und die Mays beste Werke zu einem Teil jenes ‹Erbes› in der Abenteuerliteratur machen, das es zu bewahren gilt und das auch der Bildung sozialistischer Persönlichkeiten produktive Impulse zu geben vermag».[30] Auch die Verlagslektoren leisteten ihren Beitrag, indem sie Passagen in Mays Texten änderten, die vielleicht einmal Anstoß erregen konnten. Einen heiklen Fall stellte etwa der Klekih-petra des *Winnetou I* dar, an dem sich bekanntlich schon die Bamberger Bearbeiter zu schaffen gemacht hatten: Als bekennender Revolutionär von 1848 wäre er eine bürgerlich-progressive Gestalt par excellence, prädestiniert zur Bestätigung von Argumenten wie denen Hennigers, aber da er sich im Text deutlich von seiner fortschrittlichen Vergangenheit distanziert und der Autor ihn mit dieser Distanzierung als sympathische Figur auftreten lässt, entsteht eine gewisse politische Brisanz. Die DDR-Ausgabe des *Winnetou* löst das Problem, indem sie Klekih-petras deutsche Vergangenheit komplett tilgt: Er sagt hier nur ein paar unverbindliche Worte über schwere Fehler, die er in seinem früheren Leben begangen habe; der Komplex Revolution wird vollständig ausgespart, die Figur dem politischen Zwielicht entrissen.

Wenn man die Chronologie der Ereignisse in der DDR genauer verfolgt, zeigt sich, dass Schriftsteller und ihre Veröffentlichungen bei Mays Rehabilitierung eine wichtige Rolle spielten. In seinem Roman *Die Aula* (1965) hatte Hermann Kant May mit einigen sehr freundlichen Worten bedacht; da Kant als Schriftsteller und hochrangiger Funktionär im Literaturbetrieb bald beträchtlichen Einfluss ausübte, wurde dies von May-Freunden stets als Zeichen der Hoffnung verstanden, dass die Unterdrückung ihres Autors vielleicht doch nicht von Dauer sein werde.

1980 veröffentlichte Erich Loest in beiden deutschen Staaten gleichzeitig einen biographischen Roman über May, *Swallow, mein wackerer Mustang*; der Umstand, dass nunmehr aktuelle Literatur über einen Autor existierte, dessen Werke im Verbreitungsgebiet dieser Literatur offiziell nicht greifbar waren, schrie geradezu nach einer Änderung der Verhältnisse.

Dies ist kein Einzelfall: An markanten Stellen der Rezeptionsgeschichte Karl Mays waren es des öfteren Schriftsteller, die in den Vordergrund traten und zumindest indirekt den Gang der Dinge beeinflussten. Schon Robert Müller konnte feststellen, dass seinem Plan, May auf dem Wiener Podium auftreten zu lassen, am ehesten die Künstler und Schriftsteller zustimmten, während diejenigen, die auf beamtlicher Basis mit Literatur umgingen, durchweg abwehrend reagierten. In der DDR waren es dann Kant, Henniger und Loest, die den Umgang mit May beeinflussten. Für die Rezeptionsgeschichte in der Bundesrepublik war Arno Schmidt von einer kaum zu unterschätzenden Bedeutung; darauf wird zurückzukommen sein.

Darüber hinaus gibt es zahllose Literaten, die sich mehr oder weniger pointiert zu Karl May geäußert haben. Anerkennende, lobende oder gar begeisterte Bemerkungen sind dokumentiert von so unterschiedlichen Autoren wie Carl Zuckmayer und Erich Mühsam, Hans Fallada und Hermann Hesse, Ernst Bloch und Ernst Jünger, Hermann Bahr und Siegfried Lenz, Hermann Broch und Arnolt Bronnen, Heinrich Böll und Martin Walser. Der gemeinsame Nenner, auf den sich diese vielen unterschiedlichen Stimmen am ehesten bringen lassen, ist – abgesehen von der Solidarität mit einem übel beleumdeten Kollegen – die Feststellung, dass May frisch und frei die Grenzen überschritten habe, die ihm eigentlich gesetzt waren, dass er mit seinen Romanen phantasievoll träumend in fremde, wenn nicht gar verbotene Räume vorgedrungen sei. In den Worten Ernst Blochs: «Ein sehnsüchtiger Spießbürger (...) durchstieß den Muff seiner Zeit» und schrieb «Wildträume, gleichsam reißende Märchen».[31]

Aber natürlich sind auch zurückhaltende und abwertende Kommentare überliefert, zum Beispiel von Ingeborg Bachmann und Erich Kästner. Die heftigsten Missfallensbekundungen verdanken sich wiederum einer konkreten historischen Konstellation: Sie stammen von einigen jener Schriftsteller, die während der NS-Zeit Deutschland verlassen und im Exil zur Kenntnis nehmen mussten, welche Anerkennung gerade Mays Werk in ihrer Heimat und bei Hitler persönlich genoss. Aus dieser Beobachtung erwuchsen scharfe Urteile über kausale Zusammenhänge: Hitlers Politik und ihrer Akzeptanz in der deutschen Bevölkerung sei durch Mays krude Phantasien der Weg gewiesen worden. In den Worten Klaus Manns schlug sich ein Befund zur Wirksamkeit von Literatur nieder, wie er drastischer nicht formuliert werden könnte: Die Lektüre der May-Romane mit ihren «gigantische(n) Gemetzel(n)» und ihrer heuchlerischen Moral habe eine ganze Generation von Deutschen verdorben und auch einen «Taugenichts aus Braunau in Österreich», einen «der glühendsten Karl-May-Verehrer»; dessen Politik imitiere nunmehr mit furchtbarem Ergebnis «Old Shatterhands Maximen und Taktiken», das Dritte Reich sei Mays letzter und größter Triumph; «es ist kaum übertrieben, zu behaupten, daß Karl Mays kindische und kriminelle Hirngespinste in der Tat – obschon auf Umwegen – den Gang der Weltgeschichte beeinflußt haben.»[32] Die Vorhaltungen der Kritiker zu Mays Lebzeiten, dieser Autor übe eine verheerende öffentliche Wirkung aus, werden hier in ein Extrem getrieben, das literaturhistorisch einzig dastehen dürfte.

Das infernalische Kompliment, ein einzelner Abenteuerschriftsteller habe die Zeitgeschichte in ihren abscheulichsten
Seiten vorangetrieben, ist wohl eher der Lebenssituation derer
geschuldet, die es formuliert haben, als dass es in der Sache
angemessen wäre. Nicht zu bezweifeln ist dagegen, dass May
erhebliche Spuren in der Literatur hinterlassen hat, Spuren, die
über rein kommentierende Bemerkungen weit hinaus reichen.
Die Intertextualitätsforschung kann sich hier auf den verschiedensten Feldern ertragreich tummeln.

Zunächst einmal wären zahlreiche literarische Arbeiten biographischer Art zu nennen. Der bekannteste Schriftsteller, der
eine romanhafte Karl-May-Biographie geschrieben hat, ist der
schon erwähnte Erich Loest mit *Swallow, mein wackerer Mustang*; der Titel zitiert einen Satz aus Mays früher Wildwesterzäh-
lung *Old Firehand* (1875). Die voluminösesten biographischen
Romane umfassen jeweils drei Bände; ihre Verfasser sind Otto
Kreiner (*Der Schatten*, 1989; *Der Ruhm*, 1994; *Abendsonne*,
1996) und Cornelia Panzacchi (*Im Tal der Bücher*, 2004/2005).
Den originellsten Beitrag zu diesem Genre liefert wohl Peter
Henisch mit *Vom Wunsch, Indianer zu werden* (1994); hier bildet die Amerikareise Karl und Klara Mays den realhistorischen
Hintergrund. Henisch lässt die beiden auf der Überfahrt mit
einem jungen Mann namens Franz Kafka zusammentreffen und
konstruiert Ereignisse, als deren Hauptquellen die empirischen
Fakten der May'schen Reise, der Roman *Winnetou IV* sowie
Kafkas Fragment *Der Verschollene* dienen; unter anderem entwickelt sich eine erotische Affinität zwischen Kafka und Klara,
und zwischen den mitreisenden Herren Robinson und Delamar-
che einerseits – Figuren Kafkas – und Hariman und Sebulon
Enters andererseits – Figuren Mays: die Söhne Santers – kristallisiert sich eine bemerkenswerte Ähnlichkeit heraus.

Eine Legende, die Schriftsteller und Filmautoren wiederholt
beschäftigte, ist die, der junge Adolf Hitler sei unter den Zuhörern von Mays Wiener Vortrag gewesen. Sie gründet sich
ausschließlich auf den 1935, also Jahrzehnte später, in einer

tschechischen Wochenzeitschrift gedruckten Bericht eines Anonymus, eines angeblichen Bekannten Hitlers aus dessen Wiener Zeit, der Hitler zu dem großen Ereignis angemessen elegante Schuhe geliehen haben will. Brigitte Hamann zieht in ihrem geschichtswissenschaftlichen Bestseller *Hitlers Wien. Lehrjahre eines Diktators* (1996) den Wahrheitsgehalt dieses Berichts nicht in Zweifel. Hans Jürgen Syberberg lässt in seinem biographischen Film *Karl May* (1974) den jungen Hitler ebenfalls enthusiasmiert in den Sofiensaal eilen. Der Dramatiker Daniel Call gestaltet darüber hinaus eine Fortsetzung und Intensivierung der persönlichen Begegnung: In *Tumult auf Villa Shatterhand* (1998) taucht Hitler an Mays Todestag in dessen Villa auf und schlägt vor, Mays Werke im Geist des Nationalsozialismus zu bearbeiten. Auch in der titelgebenden Erzählung des Bandes *Wie Hitler Karl May traf und andere wahre Geschichten* (2003) von Hans Christoph Buch kommt es zu einem Gespräch zwischen May und Hitler: nach dem Wiener Vortrag in Mays Garderobe. May sagt dem Fremden eine große Zukunft voraus und hält dessen Antisemitismus für eine Kinderkrankheit, die er bald überwinden werde.

Legion ist die Zahl der Texte, die sich als Fortsetzung der Romane des Erfolgsschriftstellers empfehlen – ein in der populären Literatur international weit verbreitetes Phänomen, das Emmy von Rhodens Mädchenbuch-Klassiker *Der Trotzkopf* (1885), ein Werk aus der Zeitgenossenschaft Mays, ebenso betrifft wie die James-Bond-Romane von Ian Fleming aus der Mitte des 20. Jahrhunderts. Zahlreiche Autoren haben sich weitere Abenteuer Old Shatterhands und Winnetous, Nscho-tschis und sogar eines – bei May nicht existierenden – Enkels von Hadschi Halef Omar ausgedacht; die Schauspielerin Marie Versini, die im Film der 1960er Jahre Winnetous Schwester spielte, hat sich vier Jahrzehnte später als Co-Autorin eines Romans über eine Tochter Nscho-tschis betätigt, die es in Mays Werken ebenfalls nicht gibt. Der renommierteste Autor auf diesem Gebiet ist Günter Eich, der in seinem Hörspiel *Fährten in der Prärie* (1935)

Winnetou und Old Shatterhand unter melancholischen Vorzeichen noch einmal auftreten lässt. Als bekannteste und bestverkaufte May-Fortsetzung gilt jedoch Franz Kandolfs *In Mekka* (1936), das inhaltlich unmittelbar an die Handlung von Mays Fragment *Am Jenseits* anschließt und sie zu einem abgerundeten Ende führt; dieses Buch, in dem sich außer kurzen Zitaten aus *Am Jenseits* keine einzige von May stammende Zeile findet, ist sogar unter der auffälligen Bandnummer 50 in die Gesammelten Werke der Radebeuler und Bamberger Ausgabe eingeordnet worden und hat mit seiner Auflagenhöhe manch anderen Band darin übertroffen. Offenbar befriedigen solche Bücher «das Interesse vieler Leser (…), die gar nicht genug haben können an weiteren Erlebnissen ihrer Lieblingshelden».[33] Eine besonders kuriose und vielfältige Möglichkeit, diesem Interesse zu frönen, besteht im Hinblick auf den – im Original höchst unbefriedigenden – Schluss des Münchmeyer-Romans *Deutsche Herzen, deutsche Helden*, denn der Leser kann in diesem Fall dank der Texte Mays, mehrerer Bearbeiter und eines Nachschöpfers gleich zwischen vier Varianten wählen: der Originalfassung, zwei unterschiedlich bearbeiteten Versionen in den Bänden 63 und 78 der Radebeuler bzw. Bamberger Ausgabe und einer freien Neugestaltung von Harald Mischnick mit dem Titel *Das letzte Rencontre* (1988).

Selbstverständlich ist mit Mays Werken nicht immer ernst umgegangen worden. Schon zu seinen Lebzeiten wurden erste Parodien veröffentlicht, darunter eine von Rudolf Lebius, *Die Löwenjagd* (1905). Fast hundert Jahre danach produzierte der WDR ein Hörspiel mit zahlreichen Stars der deutschen Comedy-Szene, das unter dem Titel *Ja Uff erst mal... Winnetou unter Comedy-Geiern* (2000) die aus den 1950er Jahren stammenden Karl-May-Hörspiele des Senders in witziger Form verfremdet; der Mentor des Unternehmens war Jürgen von der Lippe. Im Jahr 2005 hat Roger Willemsen einen von Michael Sowa illustrierten Lyrikband veröffentlicht, *Ein Schuss, ein Schrei. Das Meiste von Karl May*: Dreiundzwanzig Gedichte fassen den

Inhalt von ebensovielen Karl-May-Büchern in komischer Komprimierung zusammen. Auch die May-Sekundärliteratur teilt im Übrigen das, was sie zu sagen hat, gelegentlich unernst mit. In einem *Karl-May-ABC* lautet der Eintrag zum Stichwort Brice: «Den Käse kannte Karl May noch nicht.»[34]

Die Beispiele zeigen, dass das Interesse, auf May und sein Werk literarisch zu reagieren, im Lauf der Zeit keineswegs abgenommen hat; exponierte Arbeiten, darunter auch solche bekannter Autoren, scheinen sich in den letzten Jahrzehnten sogar zu häufen. Eine ähnliche Entwicklung kann man, zugespitzt auf die Jahre nach der Jahrtausendwende, in jenen literarischen Werken beobachten, die das Thema May zwar nicht in den Mittelpunkt rücken, ihm aber doch in verschiedenen Zusammenhängen – ernsten wie heiteren – Raum geben.

In Christian Pfarrs Roman *Odysseus und der fliegende Teppich* (2000) verfasst ein Buchhändler namens Omar orientalische Märchen und präsentiert sie der Öffentlichkeit als Teile von *Der Hakawati*, jenem Buch, aus dem Mays Großmutter vorgelesen haben soll, dessen Existenz nie verifiziert werden konnte und das nun angeblich in einem Krakauer Antiquariat entdeckt wurde. Norbert Gstreins Balkan-Roman *Das Handwerk des Tötens* (2003) stellt «die Sterbeszene Winnetous (…) in einer laizistisch-modernisierten Fassung am Beispiel der Sterbeszene des Journalisten Allmayer im Kosovo-Krieg nach»;[35] der Text geht sogar genauestens auf die Differenzen zwischen Winnetous Tod in Mays Roman und in Harald Reinls Verfilmung (1965) ein. Vier Jahre später zitiert Gstreins österreichischer Landsmann Josef Winkler dieselbe Szene in *Roppongi. Requiem für einen Vater*. In dem Roman *Das bin doch ich* (2007) lässt Thomas Glavinic eine Ich-Figur namens Thomas Glavinic auftreten, eine Konstruktion, die bereits an Mays Ich-Romane unter dem Signum der Old-Shatterhand-Legende erinnert; der doppelte Glavinic unterhält die Gäste bei der Eröffnung einer Kunstausstellung mit einem selbst erdachten Karl-May-Quiz aus zehn Fragen, von denen der Gewinner immerhin sieben zu

beantworten vermag. Ebenfalls 2007 veröffentlicht Bernd Im-
grund den Roman *Quinn Kuul*, demzufolge Karl May bei seiner
realen Amerika-Reise den unermesslich wertvollen Goldschatz
der Apachen geborgen, heimlich nach Sachsen transportiert und
in einem Braunkohle-Baggerloch versteckt hat; Jahrzehnte
später, in den Zeiten der Teilung Deutschlands, kommt es bei
der Suche nach dem Schatz zu irrwitzigen Komplikationen. Sogar einer der großen Bestseller am Ausgang des Jahrzehnts, der
Roman *Feuchtgebiete* (2008) von Charlotte Roche, ist nicht frei
von Spuren Mays: Die jugendliche Protagonistin schildert, wie
sie mit einer Freundin Tampons in der Phase ihres Gebrauchs
wechselt und so Blutsschwesternschaft stiftet, eine ähnlich enge
Verbindung also wie bei den ausdrücklich genannten Bluts-
brüdern Winnetou und Old Shatterhand. Und der Titel des
autobiographischen Romans *Winnetou August* (2010) von Theodor Buhl zitiert mit Mays Figur und dem Vater des Protagonisten
zwei Gestalten, denen beim Umgang mit der furchtbaren Not von
Flucht und Vertreibung um 1945 eine herausragende Bedeutung
zukommt.

Ein spektakuläres literarisches Rezeptionszeugnis mit inter-
nationalem Flair stellt die kurze Erzählung *Die berühmten Fünf
im Nuggetberg* dar, in der unter anderem Winnetou, Halef und
ein Pferd mit dem Namen Rih auftauchen. Als ihr Verfasser
zeichnet ein Mann, der aus ganz anderen kulturellen Zusammenhängen weltweit berühmt ist: John Lennon. Die Erzählung
findet sich in dem Buch *In seiner eigenen Schreibe* (1965), einer
noch während Lennons Arbeit mit den Beatles veröffentlichten
Sammlung skurriler, vorwiegend vom Spiel mit der Sprache
lebender Texte. Es drängt sich also der Eindruck auf, dass Karl
May dem legendären Rockmusiker so gut bekannt war, dass er
ihn nicht nur oberflächlich zitieren, sondern sogar ausgeprägte
sprachliche Verballhornungen an sein Werk knüpfen konnte –
und das, obwohl die angelsächsischen Länder nicht zu den Gebieten gehören, in denen May jenseits der deutschen Grenzen
nennenswert reüssiert hat. Beatles-Experten könnten speku-

lieren, Lennon habe die Bücher Mays während des Aufenthalts der Band in Hamburg kennen gelernt; allerdings sprechen die Berichte über diese frühe Phase ihrer Karriere nicht eben zwingend dafür, dass sie sich damals intensiv mit deutscher Literatur beschäftigt habe. Der Eindruck von Lennons May-Kenntnissen täuscht jedoch ohnehin, wie die genauere Prüfung der Zusammenhänge zeigt: In Lennons Original, *In His Own Write*, ist nicht von Figuren Karl Mays, sondern Enid Blytons die Rede; der deutsche Übersetzer hat Lennons Erzählung komplett auf den deutschen Schriftsteller umgeschrieben, geleitet offenbar von der Überzeugung, nur in dieser Form werde sie den deutschen Lesern verständlich. So steht nun der Name John Lennon als der des Autors über dem Text zu einem Schriftsteller, von dem er vermutlich – was einem Engländer zu verzeihen ist – nie etwas gehört hat.

Dagegen geht in Quentin Tarantinos weltweit erfolgreichem Film *Inglourious Basterds* (2009), der eine Alternative zum Ende des NS-Regimes und des Zweiten Weltkriegs herbeiphantasiert, alles mit rechten Dingen zu: Sowohl im Originaldrehbuch als auch in der deutsch synchronisierten Fassung unterhalten sich deutsche Soldaten mit einem Spiel, in dem es die Person Winnetou zu erraten gilt.

Eine umfassende wissenschaftliche Beschäftigung mit Karl May hat es trotz der schon zu seinen Lebzeiten veröffentlichten Ansätze lange nicht gegeben; bis in die erste Hälfte der 1960er Jahre hinein war für die auf ‹Hochliteratur› abonnierte akademische Germanistik Karl May kein relevanter Untersuchungsgegenstand, da er als Musterbeispiel des schlichten Volks- und Jugendschriftstellers galt. So wurde in diesem Bereich nur sehr vereinzelt über ihn publiziert, und es ist bezeichnend, dass auch die erste May-Dissertation nicht im Fach Germanistik entstand: Heinz Stoltes Pionierleistung *Der Volksschriftsteller Karl May* (1936) war, wie der Untertitel ausweist, ein *Beitrag zur literarischen Volkskunde*. Auch die ersten dem Autor gewidmeten Periodika, die *Karl-May-*

Jahrbücher der Jahre 1918–1933, förderten, mit wenigen Aus-
nahmen, die Anliegen einer seriösen Forschung nur in sehr
bescheidenem Maße: Sie waren grundsätzlich apologetisch
ausgerichtet und stellten häufig den unterhaltenden Aspekt gegenüber dem analytischen einseitig in den Vordergrund. Einige
dennoch aufgenommene Beiträge damals bekannter Literatur-
wissenschaftler, zum Beispiel Eduard Engels, waren Übernah-
men aus anderen Werken und ließen May in der Regel nur eine
bescheidene Nebenrolle zukommen.

Erst in den 1960er Jahren führten verschiedene Faktoren zu
einer Änderung der Verhältnisse. Die Germanistik erweiterte ihr
Gesichtsfeld und wandte sich nun auch literarischen Erscheinungen zu, die sie bisher für zu leicht befunden hatte; einige
Jahre lang – hier ist an die wissenschaftlichen Auswirkungen
der allgemeinen Politisierung um 1968 zu denken – wurde die
massenhaft verbreitete Literatur sogar zu einem bevorzugten
Untersuchungsobjekt, und Karl May profitierte von dem Trend.
Ferner schlossen sich just zu dieser Zeit engagierte Leser zusammen, denen an einer intensiveren Beschäftigung mit Autor und
Werk gelegen war: Im Jahr 1963 wurde eine ‹Arbeitsgemeinschaft Karl-May-Biographie› ins Leben gerufen, die allerdings
nach fünf Jahren unter internen Querelen zerbrach; ein Jahr
später wurde die Karl-May-Gesellschaft gegründet, die sich im
Gegensatz dazu als eine der stabilsten und fleißigsten literarischen Gesellschaften in Deutschland erwies.

Die Richtung, welche die intensivierte Beschäftigung mit May
nahm, wurde zunächst wiederum maßgeblich von einem Schriftsteller beeinflusst: Arno Schmidt. Das gilt in zweifacher Hinsicht. In mehreren kleinen Veröffentlichungen pries Schmidt den
einzigartigen Wert von Mays Spätwerk. Die beiden Schlussbände des *Silbernen Löwen* sowie *Ardistan und Dschinnistans*
stufte er nicht nur als künstlerischen Höhepunkt der May'schen
Tätigkeit ein, sondern als Gipfelleistungen der deutschen Literatur schlechthin; May sei ihr «bisher letzte(r) Großmystiker».[36]
Diese Beurteilung hat sich zwar nicht allgemein durchsetzen

können, übte aber beträchtlichen Einfluss insbesondere auf die frühen Publikationen der Karl-May-Gesellschaft aus.

Als noch folgenreicher erwies sich eine Buchveröffentlichung Schmidts aus dem Jahr 1963: *Sitara und der Weg dorthin. Eine Studie über Wesen, Werk & Wirkung Karl Mays.* Die von den Literaturanalysen Sigmund Freuds inspirierte Untersuchung vertritt die These, Mays singulärer Massenerfolg sei letztlich darin begründet, dass seine Abenteuerromane insgeheim in ungeheurer Dichte sexuelle, vor allem homosexuelle Reize ausstrahlen und insofern Bedürfnisse befriedigen, die bei mehr oder weniger allen männlichen Menschen vorhanden seien, aber in der Regel unterdrückt und nicht wahrgenommen würden. Die engen Beziehungen der ausschließlich männlichen Heldenfiguren seien ebenso in diesem Sinne zu verstehen wie die üppigen Landschaftsbeschreibungen, die bei genauerem Hinsehen gigantisch vergrößerte Abbildungen männlicher Organe böten, und die Kampfszenen, die eigentlich Geschlechtsakte seien. Schmidt entdeckte den sexuellen Impuls in allen Elementen des Werkes, in Personal, Szenerie, Handlung und Sprache, und formulierte drastische Zusammenfassungen: «Eine Welt, aus Hintern erbaut»; «HALEF ist ganz simpel MAY's eigener Penis.»[37]

Aus heutiger Sicht erscheint *Sitara* vor allem als ausgedehntes Experiment zu den Möglichkeiten eines kreativ-assoziativen Umgangs mit Sprache, wie ihn Schmidt in den eigenen späten Romanen immer weiter trieb; insofern bereitete er sich mit der vermeintlichen *Studie* eher auf seine literarische Zukunft vor, als dass er eine in der Sache ganz und gar ernst zu nehmende May-Analyse geboten hätte. Aber da seine Kennerschaft in Sachen May grundsätzlich durchaus beeindruckend, seine Eloquenz überwältigend und zumindest das eine oder andere Detail seiner Argumentation kaum anfechtbar erschien, übte das Buch einen gewaltigen Einfluss aus. Er ergab sich insbesondere daraus, dass es zu Gegenreaktionen reizte, auch deshalb, weil Schmidt – im Gegensatz zu seinen Darlegungen über Mays Spätwerk – mit herablassenden Bemerkungen zur ästhetischen Minderwertig-

keit der meisten übrigen Romane und zur intellektuellen Schlicht-
heit ihres Verfassers nicht geizte. Die internen Rundschreiben der
‹Arbeitsgemeinschaft Karl-May-Biographie› rekurrieren bestän-
dig auf Schmidts Buch, mit dem Impetus, das darin vermittelte
Bild von Mays Person zu konterkarieren und den Textdeutungen
eigene Interpretationen entgegenzustellen. Auch in späteren
Publikationen wird immer wieder auf *Sitara* eingegangen, oft mit
bemerkenswertem affektiven Aufwand. Arno Schmidt ist damit
so etwas wie ein geistiger Ziehvater der neueren May-Forschung
geworden: nicht, weil er ungeheuer viel Treffendes gesagt hätte,
sondern weil er provoziert, irritiert, viele Leser wohl auch amü-
siert hat, im Ergebnis also zu Reaktionen auf hohem Niveau
herausforderte. Die Überzeugung, dass May ein lohnenswertes
Studienobjekt sei, fand gerade auch dank der eigenwilligen Wirkungsgeschichte dieser vermeintlichen *Studie* eines profilierten
Schriftstellers weite Verbreitung.

Mittlerweile hat sich eine nach Art und Umfang eindrucksvolle Karl-May-Forschung etabliert. Ihr wichtigster Träger war
über Jahrzehnte hinweg die Karl-May-Gesellschaft (KMG), die
zwar schon kurz nach ihrer Gründung (1969) angesichts inter-
ner Auseinandersetzungen zu scheitern drohte, sich dann aber
unter der Leitung des Strafrechtslehrers Claus Roxin, Vorsitzen-
der von 1971 bis 1999, stabilisierte und zeitweise eine Mit-
gliederzahl von 2000 erreichte. Die Karl-May-Gesellschaft hat
seit 1970 in jedem Jahr ein mehrere hundert Seiten starkes Jahrbuch publiziert, ferner vierteljährliche *Mitteilungen* sowie
weitere Publikationen unterschiedlicher Art, deren Gesamtzahl
im hohen dreistelligen Bereich liegt; außerdem veranstaltet sie
alle zwei Jahre Kongresse an wechselnden Orten. Ihr Interesse
ist es, den Untersuchungsgegenstand unter möglichst vielen
Perspektiven zu betrachten; deshalb ist das Jahrbuch zwar auch
und in erster Linie, aber bei weitem nicht ausschließlich oder im
engsten Sinne ein literaturwissenschaftliches Forum. Auch juristische, theologische, medizinische, filmhistorische und andere
Abhandlungen sind darin zu finden.

Da die Texte Mays in der Form, in der er selbst sie publiziert hatte, seit langem vom Buchmarkt verschwunden waren, ihre Zugänglichkeit aber eine elementare Voraussetzung für das Gedeihen der Forschung darstellte, gehörten Reprint-Editionen dieser alten Veröffentlichungen von Beginn an zu den wichtigsten Projekten der Karl-May-Gesellschaft; dank dieser Initiative, der andere Verlage einschließlich des Karl-May-Verlags folgten und der sich auch Ausgaben im Neusatz anschlossen, ist Karl Mays Werk heute nahezu vollständig in seiner authentischen Gestalt wieder leicht greifbar, auch wenn der kommerzielle Erfolg solcher Projekte sich mit dem der bearbeiteten Versionen des Karl-May-Verlags nicht messen kann. Eine historisch-kritische Ausgabe, 1987 begründet von Hermann Wiedenroth und Hans Wollschläger, soll diese Bemühungen krönen, sämtliche Texte Mays in einer einzigen Edition zusammenstellen und dabei auch jeweils ihre Genese und etwaige Varianten dokumentieren; sie steht mittlerweile ebenfalls unter der Herausgeberschaft der Karl-May-Gesellschaft, wird verlegt vom Karl-May-Verlag und vertrieben von der Karl-May-Stiftung.

Da die May-Forschung innerhalb und außerhalb der Karl-May-Gesellschaft einerseits binnen kurzer Zeit nachholen musste, was über Jahrzehnte hinweg vernachlässigt worden war, und andererseits den wechselnden Interessenschwerpunkten und methodischen Verfahrensweisen verschiedener Fachdisziplinen verpflichtet ist, spiegelt sie in äußerst komprimierter Form übergreifende Entwicklungen der Geistes- bzw. Kulturwissenschaften wider. Positivistische Recherchen dazu, was Karl May an diesem und jenem Tag unternommen hat, stehen neben Reflexionen über seine literaturhistorische Verortung, Quellenstudien neben diagnostischen Bemühungen über seine psychische Verfassung; wird hier sein spezifischer Umgang mit einem literarischen Topos inspiziert, so geht es dort um die Erzählperspektive und Tektonik in seinen Erzählungen; entdeckt der eine Verfasser in Karl May einen unsympathischen Anwalt der deutsch-wilhelminischen Variante des europäischen Kolonialismus, so rühmt der andere die pazifistische Tendenz des Spätwerks oder eine im progressiven Sinne zukunftsweisende theologische Ausrichtung; man studiert die verschiedenen Varianten, die May selbst zu seinen Texten erarbeitet hat, beobachtet die Rezeptionsgeschichte von seinem Einfluss auf diverse jüngere Kollegen bis zu den Formen kommerzieller Verwertung und thematisiert auch schon die May-Forschung selbst. Zwar geht es bei der Beschäftigung mit vielen prominenten Schriftstellern der Vergangenheit ähnlich vielfältig und kontrovers zu; aber dass dies auch bei einem Autor zu beobachten ist, dessen Werk noch fünf Jahrzehnte nach seinem Tod unterhalb der Wahrnehmungsschwelle der akademischen Literaturwissenschaft lag, lässt den Fall doch als etwas Besonderes erscheinen.

Nur noch bei den Nichtsahnenden existiert Karl May als literarischer Grobmotoriker und nichtsnutziger Bewohner des kulturellen Souterrains; ihre Zahl allerdings ist groß. Werner Bergengruen hat in diesem Zusammenhang schon vor langer Zeit auf ein elementares Dilemma aufmerksam gemacht: «Karl May ist naiv zu genießen oder von einem höheren Punkte aus. Seine Gegner sind Leute, welche die Naivität verloren, jenen höheren Punkt aber nicht einzunehmen gewußt haben.»[38] Vermutlich ist es schwierig, auf den höheren Punkt zu gelangen, wenn einem nicht zuvor einmal das Glück des naiven May-Genusses beschieden war.

In der Summe bestätigt Karl Mays Rezeptionsgeschichte den Extremismus seines Lebens, groteske Komponenten inbegriffen. Seine überwältigende Popularität verdankt sich der Verbreitung von Büchern, die zum erheblichen Teil nur in sehr lockerer Verbindung zu dem stehen, was er geschrieben hat, und seit einem halben Jahrhundert auch Filmen, die damit, von Oberflächlichkeiten abgesehen, gar nichts mehr zu tun haben; der Sachverhalt lässt sich als zugespitzte Fortsetzung der Rollenspiele deuten, die Mays Vita durchziehen, denn im Blick auf deren pseudologische Konstruktionen ist es nur konsequent, wenn die postume Wirkung des Pseudologen auf Texten und Darbietungen beruht, die ihm nur begrenzt zuzurechnen sind. Mays Wirkungsgeschichte mutet darüber hinaus in Teilen an, als könne man ihr am ehesten mit der Bilanzbuchhaltung von Wirtschaftsunternehmen gerecht werden; aber zu seinen Lobrednern gehören zahlreiche jüngere Kollegen, denen die leicht vorstellbaren neidischen Anwandlungen offenbar völlig fremd sind; darunter befinden sich Schriftsteller, die – wie Arno Schmidt und Hans Wollschläger, der 1965 in der Reihe *Rowohlts Monographien* die erste herausragende May-Biographie veröffentlichte – als extrem ‹schwierig› gelten, Avantgardisten, die sich in aller Ausführlichkeit ausgerechnet mit ihm, dem Inbegriff des ‹Volksschriftstellers›, befasst haben. Karl May war ein literarischer Liebling Hitlers, aber unter seinen Lobrednern ist die Linke gründlich vertreten. Wie die Krönung solcher Dissonanzen mutet es da an, dass die weltweit berühmteste Person, die über ihn geschrieben zu haben scheint, John Lennon, ihn vermutlich gar nicht gekannt hat.

Extrem zwiespältig steht es um Karl May auch in den ersten Jahren des 21. Jahrhunderts. Zweifellos ist sein Stern, was die jüngeren Generationen betrifft, seit einiger Zeit im Sinken begriffen. Gehörte es bis in die 1970er Jahre zu den selbstverständlichen Sozialisationserlebnissen vieler Kinder und Jugendlicher – keineswegs nur männlicher –, Karl May gelesen zu haben, so nimmt das Interesse an seinen Büchern seitdem deutlich ab. Kaum jemand in der jüngeren Generation ist noch in der Lage, die Abenteuer des großen wildwestlichen Freundespaares zuverlässig nachzuerzählen oder den ganzen langen Namen von Hadschi Halef Omar ohne jegliches Zögern aufzusagen. Der Karl-May-Gesellschaft strömen nicht mehr wie selbstverständlich in Scharen neue junge Mitglieder zu. Längst hängen auch keine Pierre-Brice-Poster mehr in den Zimmern pubertierender Jugendlicher, und die meisten der zu Tausenden zählenden Besucher sommerlicher Karl-May-Festspiele goutieren wohl eher das schöne Spektakel, als dass sie sich auf dem Weg zur Vergrößerung der Karl-May-Leserschaft befänden. Zwar ändert sich das Bild, wenn man die Perspektive ein wenig verschiebt und fragt, wie es um die anderen berühmten

Abenteuerschriftsteller des 19. Jahrhunderts bestellt ist, denn im Vergleich zu ihnen weist May nach wie vor eine gewaltige Präsenz auf; aber das ist ein Kriterium, an dem man ihn früher nie messen musste. Am Niedergang der jugendlichen Lektürebegeisterung in Sachen Karl May ist nicht zu zweifeln.

Die Gründe für diese Entwicklung sind vielfältig. Sie reichen von der oft beklagten generellen Abnahme der Büchern geltenden Lesebereitschaft unter den Jüngeren, die sich in ihrer Freizeit intensiv anderen Medien zuwenden, bis zu einer mittlerweile offenbar fast unüberbrückbaren Distanz, die zwischen heutigen jungen Lesern und den Spezifika der Handlungsschauplätze May'scher Abenteuerromane liegt. So wie sich etwa die Attraktivität der antiken und germanischen Sagen im Lauf der Zeit weitgehend verloren hat und Felix Dahns einstiger Bestseller *Ein Kampf um Rom* (1876) wie ein Relikt aus einer untergegangenen Ära wirkt, so steht auch der Wilde Westen May'scher Prägung der Welt potenzieller junger Leser von heute zu fern, als dass die Attraktionen, die ihre Vorgänger zu May gelockt haben, noch so intensiv wirken könnten wie früher; dabei geht es, wie der Blick auf die Schauplätze der beliebten Fantasy- und Science-fiction-Literatur zeigt, keineswegs um Ferne im geographischen und zeitlichen Sinne. Auch die Gattung der einst so beliebten Western-Filme wird ja kaum noch gepflegt; neue Westernserien für das Fernsehen werden nicht mehr produziert und die alten, aus den 1950er bis 1970er Jahren stammenden nur noch spärlich wiederholt.

Im Übrigen ist es gerade in der populären Literatur gang und gäbe, dass das, was sich heute noch größter Verbreitung erfreut, morgen schon ganz und gar aus dem Blickfeld rückt. Ein neueres Beispiel bieten die Erfolgsromane von Johannes Mario Simmel, ebenfalls einem erklärten May-Freund, die in seiner Glanzzeit, den 1960er bis 1980er Jahren, kontinuierlich die Regale der Buchhandlungen verstopften, bald danach aber völlig aus dem Blickfeld der Öffentlichkeit verschwanden; heute kennt in den jüngeren Generationen kaum noch jemand Simmels Namen, und ein ähnliches Schicksal trifft nahezu alle Schriftsteller dieser Art. Dass ein quantitativ messbarer Bucherfolg sich über einen langen Zeitraum völlig ungeschmälert erhielte, ist in keinem einzigen Fall zu verzeichnen; May hat in dieser Hinsicht schon alle bisherigen Grenzen überschritten.

Dauerhafte Kontinuität in der Wirkung verzeichnen am ehesten jene Autoren, denen ein stabiler Ort in der kulturellen Tradition zugewiesen wird; aus Mays engerer zeitlicher Nachbarschaft wäre da etwa Theodor Fontane zu nennen. Bei Karl May deutet nun vieles darauf hin, dass ein solcher Prozess derzeit abläuft – das ist die andere, konstruktive Seite seiner jüngeren Rezeptionsgeschichte. Manches spricht dafür, dass er allmählich den festen Größen, wenn man so will: den Klassikern der deutschen Kulturgeschichte, zugeordnet wird, eine Beförderung, die sinkende Absatzzahlen nicht unbedingt aufhält, seinem Werk aber ein dauerhaftes Überleben sichern könnte, sofern die einschlägigen kulturellen Standards nicht ganz und gar verloren gehen.

Die Indizien für diese Entwicklung sind zum großen Teil schon genannt worden. Die Literaturwissenschaft und benachbarte Fächer nehmen sich seiner intensiv an, und das Gedeihen einer historisch-kritischen Ausgabe dokumentiert und legitimiert die Überzeugung, dass es sich lohnt, Mays Texte in ihrer authentischen Form festzuhalten und in ihren internen Verstrebungen zu beschreiben. Dass eine renommierte Zeitschrift wie *Text + Kritik* Karl May im Jahr seines 75. Todestages einen eigenen Band widmete (1987), eine an den Hochschulen bestens präsente literaturwissenschaftliche Einführungsreihe May aufnahm (Martin Lowsky, 1987) und er mit zwei Materialienbänden (Karl May, hg. v. Helmut Schmiedt, 1983; Karl Mays *Winnetou*, hg. v. Dieter Sudhoff/Hartmut Vollmer, 1989) zeitweise sogar in die Suhrkamp-Kultur eindrang, kommt einem kulturellen Initiationsritual gleich. Die Deutsche Bundespost ehrte May, ebenfalls 1987 aus Anlass seines 75. Todestages, mit einer eigenen Briefmarke. Die Deutsche Forschungsgemeinschaft bestätigte die Dignität des Forschungsgegenstandes, indem sie das gran-

diose Projekt einer fünfbändigen Lebenschronik (Sudhoff/Stein-
metz, 2005 f.) finanziell unterstützte. Karl-May-Symposien,
Belege höchster akademischer Wertschätzung, fanden an der Universität Bonn (1992) und im Deutschen Historischen Museum in
Berlin (2007) statt, desgleichen (2000) an einem so illustren Ort
wie Lubbock, Texas, gelegen inmitten des von May mehrfach –
falsch – geschilderten Llano Estacado. Gedenkstätten in Hohenstein-Ernstthal und Radebeul halten die Erinnerung an den
sächsischen Landsmann mit den Mitteln des Museums wach.
Auch wird er immer wieder in den unterschiedlichsten kulturellen Zusammenhängen kreativ zur Geltung gebracht, beispielsweise theatralischen; Ende 2009, Anfang 2010 waren binnen
weniger Wochen *Karl-May-Festspiele* am Centraltheater Leipzig
zu sehen, gab es in Hamburg eine szenische Lesung im tradi-
tionsreichen Thalia Theater und *Der Schatz im Silbersee. Ein
Ost-Western* im Lichthof-Theater sowie im Bochumer Schauspielhaus das Stück *Bermudadreieck* von John Birke, in dem
Karl May und Patricia Highsmiths Romanfigur Ripley aufeinander treffen. Das Deutsche Historische Museum in Berlin
präsentierte vom 31. August 2007 bis zum 27. Januar 2008 auf
zwei Etagen mit beträchtlicher Resonanz die größte Karl-May-
Ausstellung, die es je gegeben hat. Der Name Winnetou hat sich
so tief ins allgemeine Bewusstsein eingegraben, dass eine BGH-
Entscheidung ihn zum Synonym für einen edlen Menschen mit
ethisch höchster Gesinnung erklärte, und May-Titel wie *Der
Schatz im Silbersee, Durchs wilde Kurdistan, In den Schluchten
des Balkan* sind zu frei flottierendem Sprachmaterial geworden,
dessen sich beispielsweise Journalisten bei geeigneter Gelegenheit gern bedienen. Dass Karl May nachgeahmt, verfremdet,
verulkt und parodiert wird und dass dies – beim *Schuh des
Manitu* – sogar mit Erzeugnissen wie den Filmen geschieht, die
ihrerseits schon einen Teil der May-Rezeption bilden, bestätigt
die Entwicklung ebenfalls, denn nur das, was groß genug wirkt,
zieht derartige Reaktionen auf sich. Analog zu älteren Klassikern der Literaturgeschichte wird May inzwischen auch für

schulische Belange aufbereitet: 2009 erschien in einem auf solche Veröffentlichungen spezialisierten Verlag unter dem Titel *Mein Blutsbruder Winnetou* eine weitere Bearbeitung des *Winnetou I*, eine ‹Schulausgabe›, und dazu für Lehrkräfte eine Broschüre mit didaktischem Begleitmaterial. Der Reclam-Verlag hat May in seine Reihe *Zum Vergnügen* aufgenommen (2011), in der er nun an der Seite von Lessing und Eichendorff, Jean Paul und Fontane, Kant und Schopenhauer steht.

Man kann die Musealisierung eines jahrzehntelang von ihr nicht betroffenen, dafür aber in der Gunst des Massenpublikums höchst lebendigen Schriftstellers durchaus mit gemischten Gefühlen sehen, und es steht auch noch dahin, wie weit die Beförderung zum klassischen Kulturgut Karl May am Ende tatsächlich tragen wird. Wenn es gut geht, behält er Recht mit der optimistischen Deutung von Goethes Sentenz «Stirb und werde», die von einer Figur in *Ardistan und Dschinnistan* formuliert wird: «Leben und Tod sind Eins. Man kann nicht leben, ohne immerfort zu sterben. Und man kann nicht sterben, ohne dabei das Leben zu erneuern.»[39]

ANHANG

ZEITTAFEL

1842	Geburt Karl Mays in Ernstthal (25.2.)
1848–56	Besuch der Volksschule in Ernstthal
1856–60	Ausbildung am Lehrerseminar in Waldenburg
1860–61	Ausbildung am Lehrerseminar in Plauen
1862	Kurze Tätigkeit als Lehrer. Verhaftung aufgrund einer Anzeige wegen Diebstahls
1864–65	Erste Phase als Vagabund und mehrfacher Straftäter
1865–68	Haftzeit in der Strafanstalt Schloß Osterstein, Zwickau
1869	Zweite Phase als Vagabund und mehrfacher Straftäter
1870–74	Haftzeit im Zuchthaus Waldheim
1875–77	Redakteurstätigkeit im Münchmeyer-Verlag
1877–78	Redakteurstätigkeit beim Wochenblatt *Frohe Stunden*
1879	Beginn der Veröffentlichungen im *Deutschen Hausschatz*. Letzte, dreiwöchige Gefängnisstrafe wegen Amtsanmaßung (Gefängnis Ernstthal)
1880	Verheiratung mit Emma Pollmer (17.8.)
1882–87	Entstehung der fünf Kolportageromane für den Münchmeyer-Verlag
1887	Beginn der Veröffentlichungen im *Guten Kameraden*
1892	Erste Veröffentlichungen im Rahmen der *Gesammelten Reiseromane* (später: *Gesammelte Reiseerzählungen*) des Freiburger Fehsenfeld-Verlags (33 Bände bis 1910)
1895	Umzug in die neu erworbene Villa Shatterhand in Radebeul bei Dresden
1899/1900	Orientreise. Beginn der publizistischen Auseinandersetzungen
1903	Scheidung von Emma May. Verheiratung mit Klara Plöhn
1904	Beginn des Streits mit Rudolf Lebius
1908	Reise nach Nordamerika
1912	Tod Karl Mays (30.3.)
1913	Gründung der Karl-May-Stiftung und des Karl-May-Verlags

NACHBEMERKUNG

Bei der Anfertigung dieser Biographie habe ich von verschiedener Seite Hilfe erfahren. Frühere Fassungen der Arbeit sind gelesen worden von Dr. Martin Lowsky, Prof. Dr. Claus Roxin, Jacob Schmiedt, Dr. Monika Schmiedt-Schomaker, Hans-Egon Schmitz, Julia Silberer und Hans-Dieter Steinmetz; ohne ihre Hinweise und Verbesserungsvorschläge sähe der Text in vielem anders aus. Konkrete Unterstützung in Einzelheiten wurde mir zuteil durch Klaus Eggers, Sigbert Helle, Wolfgang Hermesmeier, Ina Kreutz, Wolfgang Sämmer, Bernhard Schmid, Hanno Schmiedt, Rudi Schweikert und Dr. Johannes Zeilinger. Mit vielen Mitgliedern der Karl-May-Gesellschaft, die nicht alle einzeln genannt werden können, habe ich anregende Gespräche geführt. Die Zusammenarbeit mit den Lektoren Dr. Stefan von der Lahr und Dr. Andreas Wirthensohn sowie mit Andrea Morgan (Beck-Verlag) verlief stets ohne Komplikationen und überaus anregend. All diesen Damen und Herren danke ich ganz herzlich.

In einigen Passagen – insbesondere solchen mit Erläuterungen zu Mays Schriften – orientiert sich die Arbeit an früheren Publikationen des Verfassers.

ANMERKUNGEN

Die Zitate im Text folgen stets buchstaben- und zeichengetreu ihren
Vorlagen in den angegebenen Quellen. Daraus ergeben sich – neben der
Reproduktion immer möglicher Druckfehler – im Hinblick auf Abweichungen von der heutigen Norm und die früher üblichen Schwan-
kungen in Orthographie und Zeichensetzung allerlei Schreibungen, die
in unserer Zeit merkwürdig erscheinen. So findet sich neben dem einst
gängigen «That» statt «Tat» etwa «schlang», wenn «schlank» gemeint
ist, und auch Namen werden uneinheitlich geschrieben: May selbst heißt
abwechselnd «Carl» und «Karl», schreibt gelegentlich «Nitzsche» statt
«Nietzsche», und die Nobelpreisträgerin Bertha von Suttner, die ihm
einen Nachruf widmete, firmiert in diesem als «Berta von Suttner», so
dass sie im vorliegenden Fließtext anders ausgewiesen ist als im Nachweis der dazugehörigen Anmerkung.

Die zitierten Schriften werden bei erstmaliger Nennung in einem Kapitel mit vollständigen bibliographischen Angaben zitiert, bei wieder-
holter Nennung in demselben Kapitel dann in abgekürzter Form. Auf
einige Publikationen, aus denen besonders häufig zitiert wird, wird
grundsätzlich in abgekürzter Form verwiesen:
- Chronik I – V = Sudhoff, Dieter/Steinmetz, Hans-Dieter: Karl-May-
  Chronik. 5 Bände. Bamberg/Radebeul 2005/6.
- F-Briefwechsel I – II = Karl May: Briefwechsel mit Friedrich Ernst
  Fehsenfeld. 2 Bände. Gesammelte Werke und Briefe Bd. 91 und 92.
  Bamberg/Radebeul 2007/8.
- HKA = Karl Mays Werke. Historisch-kritische Ausgabe. Hg. v. Her-
  mann Wiedenroth, Hans Wollschläger u. a. Nördlingen u. a. 1987 ff.
  (neuerdings hg. v. der Karl-May-Gesellschaft. Bamberg/Radebeul
  2008 ff.).
- Jb-KMG = Jahrbuch der Karl-May-Gesellschaft 1970 ff. Hg. v.
  Claus Roxin u. a. Hamburg u. a. 1970 ff. (neuerdings hg. v. Claus
  Roxin, Helmut Schmiedt, Hartmut Vollmer und Johannes Zeilin-
  ger. Husum 2008 ff.).
- LuS = Karl May: Mein Leben und Streben. Freiburg i. Br. o. J. (1910)
  (Reprint hg. v. Hainer Plaul. Hildesheim/New York 1975).

Anmerkungen

Texte Mays werden so weit wie möglich nach der in der Entstehung begriffenen historisch-kritischen Ausgabe (HKA) zitiert.

Einleitung: Zwischen Ardistan und Dschinnistan

1 Johann Wolfgang von Goethe: Aus meinem Leben. Dichtung und Wahrheit. Berliner Ausgabe, Bd. 13. Berlin/Leipzig ⁴1976, S. 13.
2 LuS, S. 1.
3 Ebd., S. 8.
4 Ebd.
5 Ebd., S. 53.
6 Goethe: Dichtung und Wahrheit, S. 43.

Von Hungersnöten und spanischen Räubern (1842–1856)

1 Hans Wollschläger: Karl May. Grundriß eines gebrochenen Lebens. Göttingen 2004, S. 8.
2 Christian Heermann: Winnetous Blutsbruder. Karl-May-Biografie. Bamberg/Radebeul 2002, S. 36.
3 LuS, S. 39 f.
4 Hainer Plaul: Der Sohn des Webers. Über Karl Mays erste Kindheitsjahre 1842–1848. In: Jb-KMG 1979, S. 50.
5 Karl May an Fehsenfeld, 14.11.1910. In: F-Briefwechsel II, S. 279.
6 LuS, S. 11.
7 Ebd., S. 9.
8 Ebd., S. 10.
9 Ebd., S. 10 f.
10 Ebd., S. 10.
11 Ebd., S. 9.
12 Ebd., S. 53.
13 Ebd., S. 33.
14 Ebd., S. 31.
15 Ebd., S. 46.
16 Ebd., S. 43.
17 Ebd., S. 48.
18 Ebd., S. 55.
19 Ebd., S. 35.
20 Chronik I, S. 62.

Anmerkungen

Vom Seminaristen zum Klavierlehrer (1856–1862)

1 Hauptbuch der Ernstthaler Knabenschule. Zit. nach dem Faksimile in Gerhard Klußmeier/Hainer Plaul: Karl May und seine Zeit. Bilder, Texte, Dokumente. Eine Bildbiographie. Bamberg/Radebeul 2007, S. 27.
2 Otto Forst-Battaglia: Karl May. Traum eines Lebens – Leben eines Träumers. Bamberg 1966, S. 40.
3 Zit. nach dem Faksimile in Klußmeier/Plaul: Karl May und seine Zeit, S. 42.
4 LuS, S. 95.
5 Ebd., S. 99.
6 Chronik I, S. 80 f.
7 Ebd., S. 91.
8 Ebd., S. 90 f.
9 Ebd., S. 109.

Der Vagabund als Polizeileutnant (1862–1874)

1 LuS, S. 97.
2 Thomas Mann: Im Spiegel. In: Essays, Bd. 1: Frühlingssturm. 1893–1918. Hg. v. Hermann Kurzke/Stephan Stachorski. Frankfurt a. M. 1993, S. 101.
3 LuS, S. 113.
4 Hermann Wohlgschaft: Karl May. Leben und Werk. Erster Band. HKA, Abtlg. IX: Materialien, Bd. 1.1, S. 238.
5 Chronik I, S. 130.
6 LuS, S. 131.
7 Ebd., S. 168.
8 Chronik I, S. 176.
9 Zit. nach Karl May: Ein wohlgemeintes Wort. Frühe Texte aus dem ‹Neuen deutschen Reichsboten› 1872–1886. Veröffentlichungen aus dem Karl-May-Archiv, Bd. 2. Hg. v. Michael Petzel/Jürgen Wehnert. Lütjenburg 1994, S. 31.
10 Karl May: Ange et Diable. In: Jb-KMG 1971, S. 129 f.
11 LuS, S. 128.

Anmerkungen

Resozialisierung als Schriftsteller (1874–1880)

1 LuS, S. 114.
2 Ebd., S. 92.
3 Otto Forst-Battaglia: Karl May. Traum eines Lebens – Leben eines Träumers. Bamberg 1966, S. 92.
4 Karl May: Des Kindes Ruf. In: Weltspiegel. Illustrirte Zeitschrift zur Unterhaltung und Belehrung für Jedermann. Dresden, 3. Jg., 1879, S. 345 f. (Reprint in Karl May: Old Firehand. Seltene Originaltexte, Bd. 3. Hg. v. Ruprecht Gammler. Hamburg 2003. Privatdruck der Karl-May-Gesellschaft).
5 Helene Ottilie Voigt, geb. Vogel, an Klara May, 23.2.1932. In: Christian Heermann: Winnetous Blutsbruder. Karl-May-Biografie. Bamberg/Radebeul 2002, S. 412.
6 Karl May: Frau Pollmer, eine psychologische Studie. Faksimilewiedergabe der Handschrift (1907). Prozeß-Schriften, Bd. 1. Hg. v. Roland Schmid. Bamberg 1982, S. 810.
7 Peter Rosegger an Robert Hamerling, 12.7.1877. In: Alfred Schneider: «...unsere Seelen haben viel Gemeinsames!» Zum Verhältnis Peter Rosegger – Karl May. In: Jb-KMG 1975, S. 228.
8 Chronik I, S. 257.

Der Meister der Illusionen (1880–1890)

1 Chronik I, S. 365.
2 Karl May: «Giölgeda padiśhanün». Reise-Erinnerungen aus dem Türkenreiche. In: Deutscher Hausschatz in Wort und Bild. Regensburg/New York/Cincinatti, 7. Jg., 1880/81, S. 254 (Reprint in Karl May: Giölgeda padiśhanün/Reise-Abenteuer in Kurdistan. Hg. v. der Karl-May-Gesellschaft. Regensburg 1977. Privatdruck).
3 Karl May: Frau Pollmer, eine psychologische Studie. Faksimilewiedergabe der Handschrift (1907). Prozeß-Schriften, Bd. 1. Hg. v. Roland Schmid. Bamberg 1982, S. 838.
4 Karl May: Ein Schundverlag (1905). In: Ein Schundverlag. Ein Schundverlag und seine Helfershelfer. Prozeß-Schriften, Bd. 2. Hg. v. Roland Schmid. Bamberg 1982, S. 343.
5 Karl May: Frau Pollmer, S. 839.
6 Karl May: An die 4. Strafkammer des Königl. Landgerichtes III in Berlin (1911). Prozeß-Schriften, Bd. 3. Hg. v. Roland Schmid. Bamberg 1982, S. 66.

7 Chronik I, S. 366.

8 Ekke W. Guenther: Karl May und sein Verleger Friedrich Ernst Fehsenfeld. In: Jb-KMG 1978, S. 161.

9 Zit. nach dem Faksimile in Gerhard Klußmeier/Hainer Plaul: Karl May und seine Zeit. Bilder, Texte, Dokumente. Eine Bildbiographie. Bamberg/Radebeul 2007, S. 213.

10 Karl May an Joseph Kürschner, 26.11.1884. In: Andreas Graf: «Von einer monatelangen Reise zurückkehrend.» Neue Fragmente aus dem Briefwechsel Karl Mays mit Joseph Kürschner und Wilhelm Spemann. In: Jb-KMG 1992, S. 117.

11 Zit. nach Chronik I, S. 302.

12 H. H. an Karl May, undatiert. In: «Karl May als Erzieher» und «Die Wahrheit über Karl May» oder Die Gegner Karl Mays in ihrem eigenen Lichte von einem dankbaren May-Leser. Freiburg i. Br. 1902, S. 121 f. (Reprint in Karl May: Der dankbare Leser. Materialien zur Karl-May-Forschung, Bd. 1. Hg. v. Karl Serden. Ubstadt 1974. Privatdruck der Karl-May-Gesellschaft).

13 G. Brugier: Geschichte der deutschen National-Litteratur. Freiburg [8]1888, S. 613.

14 Wolfgang von Weisl: Karl May im Orient. In: Karl-May-Jahrbuch 1927. Radebeul 1927, S. 114.

15 Zit. nach Hermann Wohlgschaft: Karl May. Leben und Werk. Erster Band. HKA, Abtlg. IX: Materialien, Bd. 1.1, S. 516.

16 Karl May: Die Sklavenkarawane. HKA, Abtlg. III: Erzählungen für die Jugend, Bd. 3, S. 26.

17 Rudi Schweikert: Das gewandelte Lexikon. Zu Karl Mays und Arno Schmidts produktivem Umgang mit Nachschlagewerken. Wiesenbach 2002, S. 42.

18 Briefkastennotiz in: Alte und Neue Welt, Einsiedeln, Nr. 30/1882. Zit. nach Chronik I, S. 284.

19 Gegenüberstellung der Texte bei Schweikert: Lexikon, S. 174–176.

20 Claus Roxin: Mays Leben. In: Karl-May-Handbuch. Hg. v. Gert Ueding. Würzburg [2]2001, S. 92.

21 N. N.: Karl der Deutsche. In: Der Spiegel, Nr. 37/1962, S. 59.

22 Karl May: Der verlorne Sohn. HKA, Abtlg. II: Fortsetzungsromane, Bd. 14, S. 236; 17, S. 2079; 16, S. 1581.

23 Karl May: Waldröschen. Ebd., Bd. 5, S. 1638.

24 Karl May: Der Weg zum Glück. Ebd., Bd. 27, S. 641.

25 Karl May: Die Liebe des Ulanen. Ebd., Bd. 12, S. 1814.

26 Karl May: Waldröschen. Ebd., Bd. 6, S. 2566.

27 Ebd., S. 2108.

28 Karl May: Waldröschen. Ebd., Bd. 7, S. 3067, 3109, 3115, 3125, 3173 und 3177.

29 Karl May: Waldröschen. Ebd., Bd. 6, S. 2426–2428.

30 Ebd., S. 1946 f.

31 Karl May: Der Weg zum Glück. Ebd., Bd. 31, S. 2942.

32 Karl May: Deutsche Herzen, deutsche Helden. Ebd., Bd. 20, S. 404.

33 Karl May: Ein wohlgemeintes Wort. In: Old Shatterhand in der Heimat. Gesammelte Werke, Bd. 79, S. 387 und 390.

34 LuS, S. 74, 111 und 233.

Ein Markenartikel namens May (1890–1898)

1 Chronik I, S. 407.

2 Zit. nach dem Faksimile in Gerhard Klußmeier/Hainer Plaul: Karl May und seine Zeit. Bilder, Texte, Dokumente. Eine Bildbiographie. Bamberg/Radebeul 2007, S. 257.

3 Chronik I, S. 427.

4 Zit. nach dem Faksimile in Klußmeier/Plaul: Karl May und seine Zeit, S. 259.

5 Faksimile ebd., S. 287.

6 Karl May an C. H. Schwabe, 25.11.1898. In: F-Briefwechsel I, S. 287.

7 Karl May an Fehsenfeld, 12.10.1897. Ebd., S. 232.

8 Karl May an Fehsenfeld, 23.3.1892. Ebd., S. 73.

9 Zit. nach dem Faksimile in Klußmeier/Plaul: Karl May und seine Zeit, S. 260.

10 Karl May an Fehsenfeld, 22.10.1897. In: F-Briefwechsel I, S. 234.

11 Vgl. Karl May: Durch das Land der Skipetaren. HKA, Abtlg. IV: Reiseerzählungen, Bd. 5, S. 343.

12 Vgl. Karl May: Durchs wilde Kurdistan. Ebd., Bd. 2, S. 547.

13 Emil Bollow: Reiseromane. In: Der Protestant, Berlin, 1.1.1898. Zit. nach Chronik II, S. 103.

14 Carl May: Durchs wilde Kurdistan. Gesammelte Reiseromane, Bd. II (1892), S. 452 (Reprint Bamberg 1982); Karl May: Durchs wilde Kurdistan (Textfassung von 1907). HKA, Abtlg. IV: Reiseerzählungen, Bd. 2, S. 392.

15 Hans Wollschläger: Karl May. Grundriß eines gebrochenen Lebens. Göttingen 2004, S. 106.

16 Karl May an Unbekannt, 15.4.1897. In: Chronik II, S. 24.

17 Karl May an Unbekannt, 9.12.1892. In: Chronik I, S. 445.

18 Karl May an Emil Seyler, 3.1.1895. Ebd., S. 495.

19 Karl May an Emil Seyler, 25.1.1895. Ebd., S. 497.

20 Karl May an Fehsenfeld, 2.8.1898. In: F-Briefwechsel I, S. 260.

21 Karl May an Josef Vilimek, 8.7.1898. In: Chronik II, S. 152 f.

22 Karl May an Friedrich Hinnrichs, 25.5.1898. Ebd., S. 148.

23 Karl May an Hans von Laßberg, undatiert (1897). In: Karl May: Briefe an das bayerische Königshaus. In: Jb-KMG 1983, S. 77.

24 Mündliche Äußerung Mays in München, 28.3.1898, nach einem Bericht von Ernst Abel. Zit. nach Chronik II, S. 134.

25 Karl May an Carl Jung, 2.11.1894. In: Chronik I, S. 488 f.

26 Zit. nach dem Faksimile in Klußmeier/Plaul: Karl May und seine Zeit, S. 284.

27 Karl May: Satan und Ischariot. 3. Bd. Gesammelte Reiseerzählungen, Bd. XXII, S. 35 (Reprint Bamberg 1983).

28 Karl May: «Weihnacht!» HKA, Abtlg. IV: Reiseerzählungen, Bd. 21, S. 14.

29 Echo des Siebengebirges, Königswinter, 8.6.1897. Zit. nach Chronik II, S. 51 f.

30 Sinziger Zeitung, 16.6.1897. Zit. nach ebd., S. 55.

31 Ebd., S. 62.

32 Bohemia, Prag, 16.2.1898. Ebd., S. 112.

33 Karl May an Jacques Martini (und ähnlich an Wilhelm Matthäi), 22.6.1895. In: Chronik I, S. 502 (und 503).

34 Thomas Mann: Bekenntnisse des Hochstaplers Felix Krull. Der Memoiren erster Teil. Gesammelte Werke in Einzelbänden. Frankfurter Ausgabe. Hg. v. Peter de Mendelssohn. Frankfurt a. M. 1985, S. 243.

35 LuS, S. 37.

36 Karl May an Fehsenfeld, 19.5.1898. In: F-Briefwechsel I, S. 244.

37 Karl May an Fehsenfeld, 2.10.1898. Ebd., S. 265.

38 Karl May an Carl Felber, 18.5.1898. In: Chronik II, S. 145.

39 Aufzeichnungen von Fr. Amroth. Ebd., S. 21.

40 Ebd., S. 102.

41 Chronik I, S. 499.

42 Karl May an Fehsenfeld, 16.10.1892. In: F-Briefwechsel I, S. 93 f.

43 Karl May an Marie Hannes, vermutlich 1898. In: Chronik II, S. 177 f.

44 Karl May: Kong Kheou, das Ehrenwort. HKA, Abtlg. III: Erzählungen für die Jugend, Bd. 2, S. 515.

45 Karl May: Waldröschen. HKA, Abtlg. II: Fortsetzungsromane, Bd. 5, S. 1891.

46 Gert Ueding: Glanzvolles Elend. Versuch über Kitsch und Kolportage. Frankfurt a. M. 1973, S. 95, 121 und 94.

47 Karl May: Der Geist der Llano estakata. In: Der Sohn des Bärenjägers. HKA, Abtlg. III: Erzählungen für die Jugend, Bd. 1, S. 596.

48 Karl May: In den Schluchten des Balkan. HKA, Abtlg. IV: Reiseerzählungen, Bd. 4, S. 383.

49 Karl May: Der Geist der Llano estakata, S. 445 f. und 449.

50 Karl May: Winnetou. Erster Band. HKA, Abtlg. IV: Reiseerzählungen, Bd. 12, S. 16.

51 Karl May: Der Oelprinz. HKA, Abtlg. III: Erzählungen für die Jugend, Bd. 6, S. 174.

52 Karl May: Satan und Ischariot. 2. Bd. Gesammelte Reiseerzählungen, Bd. XXI, S. 104 und 105 (Reprint Bamberg 1983).

53 Karl May: Old Surehand. 1. Bd. Gesammelte Reiseromane, Bd. XIV, S. 241 (Reprint Bamberg 1983).

54 Karl May: Die Sklavenkarawane. HKA, Abtlg. III: Erzählungen für die Jugend, Bd. 3, S. 201.

55 Karl May: Auf fremden Pfaden. Gesammelte Reiseerzählungen, Bd. XXIII, S. 394 (Reprint Bamberg 1984).

56 Karl May: Im Lande des Mahdi. 3. Bd. Gesammelte Reiseerzählungen, Bd. XVIII, S. 349 (Reprint Bamberg 1983).

57 Karl May: Durch die Wüste. HKA, Abtlg. IV: Reiseerzählungen, Bd. 1, S. 125 f.

58 Karl May: Am Rio de la Plata. Ebd., Bd. 7, S. 390.

59 Ebd., S. 400 f.

60 Ernst Bloch: Erbschaft dieser Zeit. Erweiterte Ausgabe. Frankfurt a. M. 1962, S. 170 und 172.

61 Heinrich Keiter an Karl May, 17.7.1897. In: Chronik II, S. 73.

62 Der Wanderer, St. Paul/Minnesota, 16.2.1898. Zit. nach ebd., S. 112.

63 Karl May an Fehsenfeld, 22.6.1892. In: F-Briefwechsel I, S. 82.

Geisterwinzigkeiten gegen die Menschenseele (1898–1906)

1 Karl May an Fehsenfeld, 22.4.1899. In: F-Briefwechsel I, S. 305.

2 Karl May an das Prager Tageblatt, 10.10.1899. In: Chronik II, S. 275.

3 Karl May an Klara Plöhn, 12.10.1899. In: In fernen Zonen. Karl Mays Weltreisen. Gesammelte Werke, Bd. 82, S. 118.

4 Karl May an Johannes Dederle, 12.10.1899, abgedruckt in: Tremonia, Dortmund, 8.11.1899. Zit. nach ebd., S. 118 f.

5 Karl May an Emma May, 10.10.1899. In: Chronik II, S. 298.

6 Zettelnotiz Klara Mays. In: In fernen Zonen, S. 42.

7 Karl May an Nikolaus Müller, 6.6.1899, abgedruckt in: Pfälzer Zeitung, Speyer, 16.6.1899. Zit. nach ebd., S. 74 f.

8 Karl May an Klara und Richard Plöhn, 15.9.1899. Ebd., S. 104.

9 Ebd.

10 Reisetagebuch, 28.6.1900. Ebd., S. 206.

11 Reisetagebuch, 4.6.1900. Ebd., S. 181.

12 Fedor Mamroth: Karl May im Urtheil der Zeitgenossen. In: Frankfurter Zeitung, 17.6.1899. Zit. nach dem Neudruck in Hansotto Hatzig: Mamroth gegen May. Der Angriff der ‹Frankfurter Zeitung›. In: Jb-KMG 1974, S. 122.

13 Fedor Mamroth: Karl May. In: Frankfurter Zeitung, 3.6.1899. Zit. nach ebd., S. 113 f.

14 Fedor Mamroth: Karl May im Urtheil der Zeitgenossen. Zit. nach ebd., S. 115 und 122.

15 Hermann Cardauns: Ein ergötzlicher Streit. In: Kölnische Volkszeitung, 5.7.1899. Zit. nach Chronik II, S. 257.

16 Richard Plöhn (Karl May): Karl May und seine Gegner. In: Tremonia, Dortmund, 28.9.1899. Zit. nach dem Neudruck in Karl May: May gegen Mamroth. Antwort an die ‹Frankfurter Zeitung›. In: Jb-KMG 1974, S. 145.

17 Karl May: Frau Pollmer, eine psychologische Studie. Faksimilewiedergabe der Handschrift (1907). Prozeß-Schriften, Bd. 1. Hg. v. Roland Schmid. Bamberg 1982, S. 901.

18 Chronik IV, S. 313.

19 Tagebuch Klara Plöhn, 17.3.1902. In: Chronik III, S. 35.

20 Zeugenaussage Klara Plöhn, 22.12.1902. Ebd., S. 83.

21 Zeugenaussage Emma Pollmer, 14.12.1907. Ebd., S. 102.

22 Tagebuch Klara Plöhn, 28.8.1902. Ebd., S. 103.

23 Karl May: Frau Pollmer, S. 935.

24 Tagebuch Klara May, 4.7.1903; Klara May an Emma Pollmer, Juli 1903. In: Chronik III, S. 254 f.

25 Tagebuch Klara May, 27.10.1903. Ebd., S. 279.

26 Ebd., S. 271.

27 Aladár von Pivny: Ein Besuch bei Carl May. In: Aradi Közlöny, 19.8.1905. Zit. nach ebd., S. 504 (Übersetzung von Pivny für May).

28 Karl May an Sascha Schneider, 26.6.1906. In: Karl May: Briefwechsel mit Sascha Schneider. Gesammelte Werke und Briefe, Bd. 93, S. 225.

29 Karl May an Richard Leidholdt, 28.1.1906. In: Chronik IV, S. 11.

Anmerkungen

30 Karl May an Herbert Friedländer, 13.4.1906. Ebd., S. 28.
31 Karl May an Marie Hannes, 7.12.1902. In: Leben im Schatten des Lichts. Marie Hannes und Karl May. Eine Dokumentation. Hg. v. Hans-Dieter Steinmetz/Dieter Sudhoff. Bamberg/Radebeul 1997, S. 198.
32 Karl May an Gotthart Hammer, 4.4.1901. In: Chronik II, S. 450.
33 Karl May an das Morgen-Journal, New York, 14.6.1905. In: Chronik III, S. 510.
34 Hermann Cardauns: Herr Karl May von der anderen Seite. In: Historisch-politische Blätter für das katholische Deutschland, 1.4.1902. Zit. nach dem Neudruck in Jb-KMG 1987, S. 216 f.
35 Raphael, 20.7.1899 und 14.12.1901. Zit. nach dem Reprint in KMG-Nachrichten. Das Vierteljahresmagazin der Karl-May-Gesellschaft, Nr. 161, 2009, S. 15 und 20.
36 Ferdinand Avenarius: Karl May als Erzieher. In: Der Kunstwart, 15.3.1902. Zit. nach Chronik III, S. 34.
37 Willibrord Beßler: Auskunfts-Bureau. In: Stern der Jugend, Donauwörth, 12.12.1903. Zit. nach ebd., S. 296.
38 Paul Schumann: Karl May. In: Dresdner Anzeiger, 13.11.1904. (Reprint in Bernhard Kosciuszko: Im Zentrum der May-Hetze. Die Kölnische Volkszeitung. Materialien zur Karl-May-Forschung, Bd. 10. Hg. v. Karl Serden. Ubstadt 1985, S. 125.)
39 Paul Schumann: Karl May. In: Dresdner Anzeiger, 27.11.1904. Zit. nach ebd., S. 144.
40 Chronik III, S. 376.
41 Rudolf Lebius: Amtliches Material über Karl May. In: Pilatus. Sachsenstimme, 18.12.1904. Zit. nach dem Neudruck in Jürgen Seul: Karl May und Rudolf Lebius. Die Dresdner Prozesse. Juristische Schriftenreihe der Karl-May-Gesellschaft, Bd. 4. Husum 2004, S. 40.
42 Karl May an Rudolf Bernstein, 29.9.1905. In: Chronik III, S. 541.
43 Rudolf Lebius: Atavistische und Jugend-Litteratur. In: Die Wahrheit, 30.6.1906. Zit. nach Chronik IV, S. 44.
44 Karl May an Fehsenfeld, 7.9.1901. In: F-Briefwechsel I, S. 362 f.
45 Karl May an Franz Joseph Börger, 9.2.1903. In: Chronik III, S. 204.
46 Karl May an Franz Joseph Börger, 2.7.1901. In: Chronik II, S. 470.
47 Karl May an Heinrich Rody, 10.7.1901. Ebd., S. 471 f.
48 Karl May an Marie Hannes, 24.12.1902. In: Leben im Schatten, S. 201.
49 Karl May: Offener Brief. In: Beobachter und Dresdner Justiz-Zeitung, 5.4.1905. Zit. nach Chronik III, S. 496 f.
50 Karl May an Kurt Rudolph, 9.1.1903. Ebd., S. 174.

51 Karl May: Offener Brief. In: Beobachter und Dresdner Justiz-Zeitung, 29.3.1905. Ebd., S. 494.

52 Karl May an Sophie von Boyneburg, 21.3.1902. Ebd., S. 39.

53 Karl May an Reinhold Blumensath, 15.3.1902. Ebd., S. 34.

54 Karl May an Unbekannt. In: Augsburger Postzeitung, 16.4.1905. Zit. nach ebd., S. 499.

55 Karl May an Franz Joseph Völler, 16.9.1906. In: Chronik IV, S. 72.

56 Karl May: Offener Brief an den Dresdner Anzeiger, 5.11.1905. Zit. nach dem Neudruck in Jb-KMG 1972/73, S. 128.

57 Karl May an E. Wehmeyer, 29.5.1904. In: Chronik III, S. 345.

58 Richard Plöhn (Karl May): Karl May und seine Gegner. In: Tremonia, Dortmund, 29.9.1899. Zit. nach Karl May: May gegen Mamroth. In: Jb-KMG 1974, S. 145.

59 Karl May an Wiltrud von Bayern, 9.8.1902. In: Karl May: Briefe an das bayerische Königshaus. In: Jb-KMG 1983, S. 82.

60 Ferdinand Pfefferkorn an Karl und Klara May, 22.1.1905. In: In fernen Zonen, S. 352.

61 N. N. (Karl May): May, Karl. In: Literarische Silhouetten. Deutsche Dichter und Denker und ihre Werke. Ein literarkritisches Jahrbuch (Ausgabe 1907). Hg. v. Heinz Voss/Bruno Volger. Oetzsch/Leipzig 1907. Zit. nach Chronik IV, S. 121.

62 Karl May an Fehsenfeld, 11.3.1904. In: F-Briefwechsel I, S. 432.

63 Karl May an Johannes Praxmarer, 30.10.1904. In: Chronik III, S. 410.

64 Karl May an D. Dietz, 17.12.1904. Ebd., S. 437.

65 Karl May an Heinrich Wagner, 24.11.1906. In: Chronik IV, S. 105.

66 Richard Plöhn (Karl May): Karl May und seine Gegner. In: Tremonia, Dortmund, 27.9.1899. Zit. nach Karl May: May gegen Mamroth. In: Jb-KMG 1974, S. 135.

67 Karl May an Emil Seyler, 4.3.1899. In: Chronik II, S. 198.

68 Karl May an Felix Krais, 13.3.1899. Ebd., S. 199.

69 Karl May an Fehsenfeld, 25.7.1904. In: F-Briefwechsel I, S. 450.

70 Karl May an Marie Hannes, 6.4.1901. In: Leben im Schatten, S. 188.

71 Hermann Zieger an Joseph Kürschner, 3.9.1901. In: Hermann Zieger/Joseph Kürschner: Briefe über Karl Mays Roman ‹Et in terra pax›. In: Jb-KMG 1983, S. 168.

72 LuS, S. 12.

73 Karl May: Vortrag in Wien, 22.3.1912. Zit. nach Ekkehard Bartsch: Karl Mays Wiener Rede. Eine Dokumentation. In: Jb-KMG 1970, S. 53.

74 Karl May an Leopold Gheri, 2.9.1906. In: Chronik IV, S. 63.

75 Karl May an Hans Müller, 6.10.1905. In: «Liebe Wißbegierde».
Karl und Klara Mays Briefwechsel mit Hans Müller. In: Jb-KMG
1998, S. 13.
76 Karl May an Fehsenfeld, 10.9.1900. In: F-Briefwechsel I, S. 335.
77 Karl May an Anna Elisabeth Gräfin Jankovics, 20.9.1906. In:
Chronik IV, S. 76.
78 Karl May an Oscar Meyer, 15.4.1906. Ebd., S. 30 f.
79 Karl May an Fehsenfeld, 11.9.1904. In: F-Briefwechsel I, S. 430.
80 Karl May an Felix Krais, undatiert (1904). Ebd., S. 426.
81 Carl May: Winnetou. 3. Bd. Gesammelte Reiseerzählungen, Bd. IX
(8. Aufl. 1904), unpaginiertes Nachwort (Reprint Bamberg 1982).
82 Karl May: Himmelsgedanken. Freiburg i. Br. o. J., S. 266 und 246
(Reprint Norderstedt o. J.).
83 Karl May an Carl Eser, 19.9.1906. In: Chronik IV, S. 73 f.
84 Joseph Kürschner: Vorwort. In: China. Schilderungen aus Leben
und Geschichte, Krieg und Sieg. Ein Denkmal den Streitern und der
Weltpolitik. Hg. v. Joseph Kürschner. Leipzig o. J., S. XIf. (Reprint in
Auszügen: Hamburg 2001, Privatdruck der Karl-May-Gesellschaft).
85 Karl May: Und Friede auf Erden! Gesammelte Reiseerzählungen,
Bd. XXX, S. 491 (Reprint Bamberg 1984).
86 Otto Umfrid an Karl May, 26.8.1903. In: Chronik III, S. 264.
87 Paul Rentschka: Karl Mays Selbstenthüllung. In: Germania, Berlin,
8.12.1908. Zit. nach dem Neudruck in Jb-KMG 1987, S. 146.
88 Karl May an Sascha Schneider, September 1906. In: Briefwechsel
mit Sascha Schneider, S. 239 f.
89 Arno Schmidt: Abu Kital. Vom neuen Großmystiker. In: Karl May.
Hg. v. Helmut Schmiedt. Frankfurt a. M. 1983, S. 49.
90 Karl May an Fehsenfeld, 24.12.1902. In: F-Briefwechsel I, S. 401.
91 Karl May: Im Reiche des silbernen Löwen. 3. Bd. Gesammelte Reiseerzählungen, Bd. XXVIII, S. 594 (Reprint Bamberg 1984).
92 Karl May: Im Reiche des silbernen Löwen. 4. Bd. Ebd., Bd. XXIX,
S. 67 (Reprint Bamberg 1984).

Weltgeschichtliche Betrachtungen (1906–1912)

1 Tagebuch Klara May, Januar 1908. In: Chronik IV, S. 341.
2 Klara May an Leopold Gheri, 31.12.1908. Ebd., S. 473.
3 LuS, S. 299 und 300.
4 Fehsenfeld an Karl May, 16.1.1907. In: F-Briefwechsel II, S. 15.
5 Karl May an Fehsenfeld, 19.1.1907. Ebd., S. 17.

6 Fehsenfeld an Karl May, 31.3.1907. Ebd., S. 74.
7 Karl May an Fehsenfeld, 16.4.1907. Ebd., S. 79.
8 Fehsenfeld an Karl May, April 1910. Ebd., S. 256.
9 Karl May an Fehsenfeld, 27.2.1907. Ebd., S. 54.
10 Peter Rosegger an Karl May, 21.8.1907. In: Alfred Schneider: «... unsere Seelen haben viel Gemeinsames!» Zum Verhältnis Peter Rosegger – Karl May. In: Jb-KMG 1975, S. 232.
11 Tagebuch Wiltrud von Bayern, 12.10.1909. In: Ulrich Schmid: Kupferstecher, Kuhhirt, Seelenführer. Nachdenken über Willy E. und Wiltrud von B. In: Jb-KMG 1994, S. 43.
12 Chronik IV, S. 291.
13 Claus Roxin: Karl Mays Leben. In: Karl-May-Handbuch. Hg. v. Gert Ueding. Würzburg ²2001, S. 106.
14 Hans Wollschläger: Karl May. Grundriß eines gebrochenen Lebens. Göttingen 2004, S. 230.
15 Rudolf Lebius: Die Zeugen Karl May und Klara May. Ein Beitrag zur Kriminalgeschichte unserer Zeit. Berlin/Charlottenburg 1910, S. 160 (Reprint hg. v. Michael Petzel/Jürgen Wehnert. Lütjenburg 1991).
16 LuS, S. 280 f.
17 Chronik V, S. 7.
18 Ansgar Pöllmann: Ein Abenteurer und sein Werk. In: Über den Wassern, Münster, 25.1.1910. Zit. nach Chronik V, S. 22.
19 Ansgar Pöllmann: Die ‹Gegenerklärung› des Herrn Karl May. In: Freie Stimme, Radolfzell, 6.2.1910. Zit. nach dem Neudruck in Gerhard Klußmeier: «Darum drehen wir den Strick...» Die Pressefehde Karl Mays mit Pater Ansgar Pöllmann in der Radolfzeller ‹Freien Stimme›. In: Jb-KMG 1979, S. 332.
20 Ferdinand Avenarius: Der Fall Karl May und die Ausdruckskultur. In: Der Kunstwart, Mai 1910. Zit. nach Chronik V, S. 124.
21 Hohenstein-Ernstthaler Tageblatt, 27.8.1910. Zit. nach Hartmut Schmidt: Die Beziehungen Karl Mays zur Presse seiner Vaterstadt in den Jahren 1899 bis 1912. In: Jb-KMG 2000, S. 89 f.
22 Karl May an Paul Langenscheidt, 14.1.1907. In: Chronik IV, S. 135 f.
23 Karl May an Fehsenfeld, 3.8.1907. In: F-Briefwechsel II, S. 102.
24 Karl May an Fehsenfeld, 11.12.1908. Ebd., S. 195.
25 Karl May an Fehsenfeld, 20.12.1908. Ebd., S. 202.
26 Karl May an Ludwig Gurlitt, 8.1.1912. In: Chronik V, S. 532.
27 Karl May an Rudolf Bernstein, 23.7.1907. In: Chronik IV, S. 219.
28 Karl May an Karl Georg Paul Mayer, 13.2.1907. Ebd., S. 158.
29 Karl May an Hans-Erich Tzschirner-Bey, 1.1.1912. In: Chronik V, S. 531.

30 Karl May an Ludwig Gurlitt, 8.1.1912. Ebd., S. 533.
31 Johannes: Karl May's Golgatha und Auferstehung. In: Utilitas, Berlin, September 1910. Zit. nach Chronik V, S. 306.
32 Klara May (Karl May) an Marle Lebius, 27.10.1907. In: Chronik IV, S. 296.
33 Karl May an Fehsenfeld, 27.2.1907. In: F-Briefwechsel II, S. 53 f.
34 Karl May an Karl Hoeber, 9.8.1907. In: Chronik IV, S. 229.
35 Karl May an Otto Hartmann, 24.8.1907. Ebd., S. 254.
36 Karl May: Aphorismen über Karl May. In: Jb-KMG 1983, S. 56.
37 Karl May: Ardistan und Dschinnistan. 2. Bd. HKA, Abtlg. V: Spätwerk, Bd. 6, S. 523.
38 Zit. nach ebd., Editorischer Bericht, S. 535.
39 Günter Scholdt: ‹Empor ins Reich der Edelmenschen›. Eine Menschheitsidee im Kontext der Zeit. In: Jb-KMG 2000, S. 105.
40 Otto Denk und Karl Pustet an Karl May, 10.7.1908. In: Chronik IV, S. 406.
41 Karl May an Otto Denk, 15.7.1908. Ebd., S. 407.
42 Otto Denk an Ansgar Pöllmann, 14.1.1910. In: Chronik V, S. 12.
43 Karl May: Winnetou. 4. Bd. Gesammelte Reiseerzählungen, Bd. XXXIII, S. 11 (Reprint Bamberg 1984).
44 Emil Kuh: Die Ethik im Abenteuer. In: Neues Wiener Tageblatt, 23.3.1908. Zit. nach Chronik IV, S. 367.
45 Karl May an Adolf Rohlfing, 2.2.1908. Ebd., S. 347.
46 Karl May: Frau Pollmer, eine psychologische Studie. Faksimilewiedergabe der Handschrift (1907). Prozeß-Schriften, Bd. 1. Hg. v. Roland Schmid. Bamberg 1982, S. 801 f.
47 Ebd., S. 804 und 806.
48 Ebd., S. 806.
49 Ebd., S. 809 und 810.
50 Ebd., S. 914.
51 Ebd., S. 830, 893 und 805.
52 LuS, S. 313.
53 Hans-Erich Tzschirner-Bey an Erich Sello, 18.12.1911. In: Chronik V, S. 523.
54 N. N.: Karl May und sein Kampf gegen Lebius. In: Die Große Glocke, Berlin, 20.12.1911. Zit. nach Chronik V, S. 521 f.
55 Karl May an Philipp Rauer, Januar 1912. Ebd., S. 523.
56 Robert Müller: Das Drama Karl Mays. In: Der Brenner, Innsbruck, 1.2.1912. Zit. nach dem Neudruck in Jb-KMG 1970, S. 105.
57 Thomas Mann an Ludwig Ullmann, 16.3.1912. In: Chronik V, S. 570.

58 Robert Müller an Ludwig von Ficker, 21.3.1912. Ebd., S. 582.

59 Berta von Suttner: Einige Worte über Karl May. In: Die Zeit, Wien, 5.4.1912 (Reprint in Jb-KMG 1970, S. 80).

60 A. O. v. T.: Karl May-Vortragsabend im Sophiensaale. In: Deutsches Volksblatt, Wien, 23.3.1912. Zit. nach Chronik V, S. 585.

61 Wiener Abendpost, 23.3.1912. Zit. nach dem Neudruck in Jb-KMG 1970, S. 74.

62 Klara May: Mit Karl May durch Amerika. Radebeul bei Dresden 1931, S. 29.

63 Hans-Dieter Steinmetz: Karl Mays Grabmal in Radebeul. In: Jb-KMG 1995, S. 35.

64 Marie Hannes: Karl Mays Beisetzung. In Radebeuler Tageblatt, 4.4.1912. Zit. nach dem Neudruck in Leben im Schatten des Lichts. Marie Hannes und Karl May. Eine Dokumentation. Hg. v. Hans-Dieter Steinmetz/Dieter Sudhoff. Bamberg/Radebeul 1997, S. 362.

65 Berta von Suttner: Einige Worte über Karl May. In: Die Zeit, Wien, 5.4.1912 (Reprint in Jb-KMG 1970, S. 80).

66 Robert Müller: Nachruf auf Karl May. In: Fremden-Blatt, Wien, 3.4.1912. Zit. nach dem Neudruck in Jb-KMG 1970, S. 106 f.

Klaus Mann, Pierre Brice und die Aufklärung: Karl Mays Nachleben

1 Chronik V, S. 598 und 599.

2 Emma Pollmer an Klara May, 19.8.1914. Ebd. S. 598.

3 Euchar Albrecht Schmid an Claus J. E. Springsfeld, 15.8.1922. In: Karl May: Briefwechsel mit Sascha Schneider. Hg. v. Hartmut Vollmer/Hans-Dieter Steinmetz. Gesammelte Werke und Briefe, Bd. 92. Bamberg/Radebeul 2009, S. 420.

4 Klara May: Mit Karl May durch Amerika. Radebeul bei Dresden 1931, S. 108.

5 Zit. nach Hans Wollschläger: Das fünfundzwanzigste Jahrbuch. In: Jb-KMG 1995, S. 9.

6 Zit. nach Ekkehard Bartsch: ‹Und Friede auf Erden!›. Entstehung und Geschichte. In: Jb-KMG 1972/73, S. 115.

7 Klara May an das Kreiskirchenamt Dresden, 16.2.1942. In: Hans-Dieter Steinmetz: Karl Mays Grabmal in Radebeul. In: Jb-KMG 1995, S. 47.

8 Euchar Albrecht Schmid: Gestalt und Idee. In: ‹Ich›. Karl Mays Leben und Werk. Gesammelte Werke, Bd. 34. Bamberg/Radebeul [42]2009, S. 420.

9 Lothar Schmid: 90 Jahre Verlagsarbeit für Karl May. In: Der geschliffene Diamant. Die Gesammelten Werke Karl Mays. Hg. v. Lothar und Bernhard Schmid. Bamberg/Radebeul 2003, S. 73.

10 Zit. nach Lothar Schmid: Geleitwort. In: Karl May: Der verlorene Sohn. Gesammelte Werke, Bd. 74. Bamberg 1985, S. 5.

11 Karl May: Der Fremde aus Indien. Gesammelte Werke, Bd. 65. Bamberg 1955, S. 451.

12 Karl May: Winnetou. Erster Band. HKA, Abtlg. IV: Reiseerzählungen, Bd. 12, S. 116.

13 Karl May: Winnetou. Erster Band. Gesammelte Werke, Bd. 7. Bamberg 1951, S. 121.

14 Karl May: «Weihnacht!» HKA, Abtlg. IV: Reiseerzählungen, Bd. 21, S. 24.

15 Zit. nach Walther Ilmer/Annelotte Pielenz: «Kaum merklich geändert» oder Wie «original» sind Radebeuler Ausgaben? Das Ergebnis einer Vergleichslesung. Sonderheft der Karl May-Gesellschaft. Hamburg 1976, S. 31 (Privatdruck).

16 Karl May: Der verlorne Sohn. HKA, Abtlg. II: Fortsetzungsromane, Bd. 15, S. 667 f.

17 Karl May: Das Buschgespenst. Gesammelte Werke, Bd. 64. Bamberg 1954, S. 6.

18 Quelle: Hans Plischke: Von Cooper bis Karl May. Eine Geschichte des völkerkundlichen Reise- und Abenteuerromans. Düsseldorf 1951, S. 114.

19 Aktuelle Zahlen nach einer freundlichen Information von Herrn Bernhard Schmid (Karl-May-Verlag) vom 1. März 2010.

20 Wolfgang Willmann: Die Wirkung von Karl May auf die Marketingstrategie von Herstellern in Konsumgütermärkten. Ein Beitrag zur Analyse der Kommerzialisierung des Schriftstellers. In: Karl May. Werk – Rezeption – Aktualität. Hg. v. Helmut Schmiedt/Dieter Vorsteher. Würzburg 2009, S. 255.

21 Michael Petzel: Karl-May-Filmbuch. Stories und Bilder aus der deutschen Traumfabrik. Bamberg/Radebeul 1998, S. 9.

22 Gerhard Linkemeyer: Was hat Hitler mit Karl May zu tun? Versuch einer Klarstellung. Materialien zur Karl-May-Forschung, Bd. 11. Hg. v. Karl Serden. Ubstadt 1987, S. 4.

23 Zit. nach ebd., S. 9.

24 Hans Schemm, Nürnberger Zeitung, 27./28.1.1934. Zit. nach Erich Heinemann: «Karl May paßt zum Nationalsozialismus wie die Faust aufs Auge.» Der Kampf des Lehrers Wilhelm Fronemann. In: Jb-KMG 1982, S. 234.

25 Euchar Albrecht Schmid: Karl Mays literarische Hinterlassenschaft. Radebeul, 1.7.1945 (hektographiert). Zit. nach ebd., S. 236.

26 Zit. nach ebd., S. 238.

27 Wilhelm Fronemann, die neue schule, Berlin (Ost), Jg. 1948, Heft 18. Zit. nach ebd., S. 242.

28 Christian Heermann: Old Shatterhand ritt nicht im Auftrag der Arbeiterklasse. Warum war Karl May in SBZ und DDR ‹verboten›? Dessau 1995, S. 10.

29 Christian Heermann: Karl May – Heimliches und Unheimliches. In: Heimliche Leser in der DDR. Kontrolle und Verbreitung unerlaubter Literatur. Hg. v. Siegfried Lokatis/Ingrid Sonntag. Berlin 2008, S. 358.

30 Gerhard Henniger: Karl May. In: Karl May: Winnetou. Bd. I. Berlin (Ost) 1982, S. 513.

31 Ernst Bloch: Erbschaft dieser Zeit. Erweiterte Ausgabe. Frankfurt a. M. 1962, S. 172 und 170.

32 Klaus Mann: Cowboy Mentor of the Führer. In: The Living Age, 359, 1940. Zit. nach Klaus Mann: Cowboy-Mentor des Führers (Auszug, übers. v. Walther Ilmer). In: Karl May. Hg. v. Helmut Schmiedt. Frankfurt a. M. 1983, S. 32–34.

33 Dieter Sudhoff: Vorwort. In: Die blaue Schlange und andere Karl-May-Geschichten. Hg. v. Dieter Sudhoff. Bamberg/Radebeul 2004, S. 11.

34 Rolf-Bernhard Essig/Gudrun Schury: Karl-May-ABC. Leipzig 1999, S. 41.

35 Maria E. Brunner: Literarische Karl-May-Rezeption in Norbert Gstreins Balkan-Roman ‹Das Handwerk des Tötens› und ein Nachtrag zu Arno Schmidt. In: Karl May. Werk – Rezeption – Aktualität. Hg. v. Helmut Schmiedt/Dieter Vorsteher. Würzburg 2009, S. 155.

36 Arno Schmidt: Abu Kital. Vom neuen Großmystiker. In: Karl May. Hg. v. Helmut Schmiedt. Frankfurt a. M. 1983, S. 74.

37 Arno Schmidt: Sitara und der Weg dorthin. Eine Studie über Wesen, Werk & Wirkung Karl Mays. Bargfelder Ausgabe, Werkgruppe III, Bd. 2. Bargfeld 1993, S. 95 und 177.

38 Werner Bergengruen: Über Karl May. In: Schweizer Bücher-Zeitung und Anzeiger für den schweizerischen Buchhandel, Zürich, 59. Jg., 1947. Zit. nach Erich Heinemann: «Dichtung als Wunscherfüllung.» Eine Sammlung von Aussprüchen über Karl May. Materialien zur Karl-May-Forschung, Bd. 13. Hg. v. Karl Serden. Ubstadt ²1992, S. 8 (Privatdruck der Karl-May-Gesellschaft).

39 Karl May: Ardistan und Dschinnistan. Erster Band. HKA, Abtlg. V: Spätwerk, Bd. 5, S. 313.

BIBLIOGRAPHIE

I. Texte von Karl May

1. GESAMTAUSGABEN

Carl May's gesammelte Reiseromane (später: Karl May's gesammelte Reiseerzählungen), 33 Bde. Freiburg 1892–1910 (Reprint Bamberg 1982–84).
Karl May's Gesammelte Werke, 65 Bde. Radebeul bei Dresden 1913–45.
Karl May's Gesammelte Werke, 93 Bde. (ab Bd. 91: Karl May's Gesammelte Werke und Briefe). Bamberg (später: Bamberg/Radebeul) 1948 ff.
Karl Mays Werke. Historisch-kritische Ausgabe. Hg. v. Hermann Wiedenroth, Hans Wollschläger u. a. Nördlingen u. a. 1987 ff. (neuerdings hg. v. der Karl-May-Gesellschaft. Bamberg/Radebeul 2008 ff.).

2. EINZELSCHRIFTEN

An die 4. Strafkammer des Königl. Landgerichtes III in Berlin (1911). Prozeß-Schriften, Bd. 3. Hg. v. Roland Schmid. Bamberg 1982.
Ange et Diable. In: Jb-KMG 1971, S. 128–32.
Des Kindes Ruf. In: Weltspiegel. Illustrirte Zeitschrift zur Unterhaltung und Belehrung für Jedermann. Dresden, 3. Jg., 1879 (Reprint in Karl May: Old Firehand. Seltene Originaltexte, Bd. 3. Hg. v. Ruprecht Gammler. Hamburg 2003. Privatdruck der Karl-May-Gesellschaft).
Ein Schundverlag. In: Ein Schundverlag. Ein Schundverlag und seine Helfershelfer. Prozeß-Schriften, Bd. 2. Hg. v. Roland Schmid. Bamberg 1982.
Ein wohlgemeintes Wort. Frühe Texte aus dem ‹Neuen deutschen Reichsboten› 1872–1886. Veröffentlichungen aus dem Karl-May-Archiv, Bd. 2. Hg. v. Michael Petzel/Jürgen Wehnert. Lütjenburg 1994.
Frau Pollmer, eine psychologische Studie. Faksimilewiedergabe der Handschrift (1907). Prozeß-Schriften, Bd. 1. Hg. v. Roland Schmid. Bamberg 1982.

Bibliographie

«Giölgeda padiśhanün». Reise-Erinnerungen aus dem Türkenreiche. In: Deutscher Hausschatz in Wort und Bild. Regensburg/New York/Cincinatti, 7. Jg., 1880/81 (Reprint in Karl May: Giölgeda padiśhanün/ Reise-Abenteuer in Kurdistan. Hg. v. der Karl-May-Gesellschaft. Regensburg 1977. Privatdruck). Himmelsgedanken. Freiburg i. Br. o. J. (Reprint hg. v. Ralf Schönbach. Norderstedt o. J.).

«Karl May als Erzieher» und «Die Wahrheit über Karl May» oder Die Gegner Karl Mays in ihrem eigenen Lichte von einem dankbaren May-Leser. Freiburg i. Br. 1902 (Reprint in Karl May: Der dankbare Leser. Materialien zur Karl-May-Forschung, Bd. 1. Hg. v. Karl Serden. Ubstadt 1974. Privatdruck der Karl-May-Gesellschaft).

(Richard Plöhn:) Karl May und seine Gegner. Tremonia, Dortmund, 27., 28. und 29.9.1899 (Neudruck in Karl May: May gegen Mamroth. Antwort an die ‹Frankfurter Zeitung›. In: Jb-KMG 1974, S. 131–152).

Mein Leben und Streben. Freiburg i. Br. o. J. (1910) (Reprint hg. v. Hainer Plaul. Hildesheim/New York 1975).

II. Sekundärliteratur

1. BIBLIOGRAPHIEN

Hermesmeier, Wolfgang/Schmatz, Stefan: Karl-May-Bibliographie 1913–1945. Bamberg/Radebeul 2000.
Plaul, Hainer: Illustrierte Karl-May-Bibliographie. München/London/New York/Paris 1989.
Wüste, Günter: Sekundärliteratur (Auswahl) und Adressen. 59. und 60. Erg.-Lfg. In: Lexikon der Reise- und Abenteuerliteratur. Hg. v. Friedrich Schegk/Heinrich Wimmer. Meitingen 2006 f.

2. NACHSCHLAGEWERKE

Das große Karl-May-Figurenlexikon. Hg. v. Bernhard Kosciuszko. Berlin 32000.
Essig, Rolf-Bernhard/Schury, Gudrun: Karl-May-ABC. Leipzig 1999.
Griese, Volker: Karl May. Briefe/Karten in Regesten und Registern. Münster 2005.
Griese, Volker: Karl May. Personen in seinem Leben. Münster 2003.
Heinemann, Erich: «Dichtung als Wunscherfüllung». Eine Sammlung

351

von Aussprüchen über Karl May. Materialien zur Karl-May-Forschung, Bd. 13. Hg. v. Karl Serden. Ubstadt ²1992.

Hermesmeier, Wolfgang/Schmatz, Stefan: Traumwelten. Bilder zum Werk Karl Mays. 2 Bde. Bamberg/Radebeul 2004, 2007.

Karl-May-Handbuch. Hg. v. Gert Ueding. Würzburg ²2001 (Erstveröffentlichung: Stuttgart 1987).

Petzel, Michael: Karl-May-Filmbuch. Stories und Bilder aus der deutschen Traumfabrik. Bamberg/Radebeul 1998.

Petzel, Michael/Wehnert, Jürgen: Das neue Lexikon rund um Karl May. Leben – Bücher – Filme – Fans. Von der Wüste zum Silbersee: Der große deutsche Abenteuer-Mythos. Berlin ²2002.

Schmatz, Stefan: Traumwelten. Bilder zum Werk Karl Mays. 3. Bd. Bamberg/Radebeul 2010.

Sudhoff, Dieter/Steinmetz, Hans-Dieter: Karl-May-Chronik. 5 Bde. (und ein Begleitbuch). Bamberg/Radebeul 2005/6.

3. PERIODIKA, REIHEN

Jahrbuch der Karl-May-Gesellschaft 1970 ff. Hg. v. Claus Roxin u. a. Hamburg u. a. 1970 ff. (neuerdings hg. v. Claus Roxin, Helmut Schmiedt, Hartmut Vollmer und Johannes Zeilinger. Husum 2008 ff.).

Karl May Haus Information 1 ff. Hg. v. Rat der Stadt Hohenstein-Ernstthal u. a. (neuerdings hg. v. Karl-May-Haus Hohenstein-Ernstthal/IG Karl-May-Haus e. V.). Hohenstein-Ernstthal 1989 ff. (Privatdruck).

Karl-May-Jahrbuch 1918–1933 bzw. 1978, 1979. Hg. v. Rudolf Beissel u. a. Breslau u. a. 1918 ff. bzw. hg. v. Siegfried Augustin u. a. Bamberg/Braunschweig 1978 f.

Karl-May-Studien, 10 Bde. Hg. v. Dieter Sudhoff/Hartmut Vollmer. Paderborn (später: Oldenburg) 1991–2007 (Erstveröffentlichung von: Karl Mays ‹Winnetou› (Bd. 10) Frankfurt a. M. 1989).

Karl-May-Welten, 3 Bde. Hg. v. Jürgen Wehnert/Michael Petzel. Bamberg/Radebeul 2005–2009.

Materialien zum Werk Karl Mays. Husum 1999 ff.

Materialien zur Karl-May-Forschung, 20 Bde. Hg. v. Karl Serden. Ubstadt 1974–1998 (teilweise Privatdruck).

Mitteilungen der Karl-May-Gesellschaft 1 ff. Hg. v. der Karl-May-Gesellschaft. Hamburg (neuerdings Radebeul) 1969 ff. (Privatdruck).

Sonderhefte der Karl-May-Gesellschaft 1 ff. Hg. v. der Karl-May-Gesellschaft. Hamburg (neuerdings Radebeul) 1972 ff. (Privatdruck)

4. BIOGRAPHIEN

Heermann, Christian: Winnetous Blutsbruder. Karl-May-Biografie. Bamberg/Radebeul 2002.

Hetmann, Frederik: «Old Shatterhand, das bin ich». Die Lebensgeschichte des Karl May. Weinheim/Basel 2000.

Ilmer, Walther: Karl May – Mensch und Schriftsteller. Tragik und Triumph. Husum 1992.

Klußmeier, Gerhard/Plaul, Hainer: Karl May und seine Zeit. Bilder, Texte, Dokumente. Eine Bildbiographie. Bamberg/Radebeul 2007.

Walther, Klaus: Karl May. München 2002.

Wohlgschaft, Hermann: Karl May. Leben und Werk. Biographie, 3 Bde. (Karl Mays Werke. Historisch-kritische Ausgabe, Abteilung IX: Materialien, Bd. 1.1–1.3. Hg. in Zusammenarbeit mit der Karl-May-Gesellschaft). Bargfeld 2005.

Wollschläger, Hans: Karl May. Grundriß eines gebrochenen Lebens. Göttingen 2004 (Erstveröffentlichung: Reinbek bei Hamburg 1965).

5. MONOGRAPHIEN UND SAMMELBÄNDE

Böhm, Viktor: Karl May und das Geheimnis seines Erfolges. Ein Beitrag zur Leserpsychologie. Gütersloh ²1979 (Erstveröffentlichung: Wien 1955).

Deeken, Annette: ‹Seine Majestät das Ich›. Zum Abenteuertourismus Karl Mays. Bonn 1983.

Der geschliffene Diamant. Die Gesammelten Werke Karl Mays. Hg. v. Lothar und Bernhard Schmid. Bamberg/Radebeul 2003.

Der Seminarist und Lehrer Karl May. Eine Dokumentation der Aktenbestände. Hg. v. Klaus Ludwig/Bernhard Kosciuszko. Hamburg 1999 (Privatdruck der Karl-May-Gesellschaft).

Die blaue Schlange und andere Karl-May-Geschichten. Hg. v. Dieter Sudhoff. Bamberg/Radebeul 2004.

Eggebrecht, Harald: Sinnlichkeit und Abenteuer. Die Entstehung des Abenteuerromans im 19. Jahrhundert. Berlin/Marburg 1985.

Exemplarisches zu Karl May. Hg. v. Walther Ilmer/Christoph F. Lorenz. Frankfurt a. M. 1993.

Farin, Klaus: Karl May. Ein Popstar aus Sachsen. München 1992.

Forst-Battaglia, Otto: Karl May. Traum eines Lebens – Leben eines Träumers. Bamberg 1966.

Gusky, Reinhard F./Olbrich, Willi: Auf Karl Mays Fährte. Bamberg/Radebeul 2001.

Hainsch, Wolfgang: Autobiographie als Verteidigung. Karl Mays ‹Mein Leben und Streben›. Saarbrücken 2008.

Heermann, Christian: Old Shatterhand ritt nicht im Auftrag der Arbeiterklasse. Warum war Karl May in SBZ und DDR ‹verboten›? Dessau 1995.

Hoffmann, Klaus: Karl Mays Werke. Textgeschichte. Textbearbeitung. Textkritik. Berlin 2001.

Jürgens, Hans-Joachim: Kulturelle Kartographien Karl Mays. Literaturwissenschaftliche Überlegungen und literatur- sowie mediendidaktische Unterrichtsvorschläge zu den Ordnungssystemen eines Jugend- und Erfolgsschriftstellers. Hamburg 2009.

Karl May im Llano estakado. Symposium der Karl-May-Gesellschaft in Lubbock, Texas (7. bis 11. September 2000). Hg. von Meredith McClain/Reinhold Wolff. Husum 2004.

Karl May in Berlin. Eine Spurensuche. Hg. v. Johannes Zeilinger. Husum 2007.

Karl May und Österreich. Realität – Fiktion – Rezeption. Bildung und Trivialliteratur. Hg. v. Wilhelm Brauneder. Husum 1996.

Karl May, der sächsische Phantast. Studien zu Leben und Werk. Hg. v. Harald Eggebrecht. Frankfurt a. M. 1987.

Karl May: Brückenbauer zwischen den Kulturen. Hg. v. Wolfram Pyta, Berlin 2010.

Karl May. Hg. v. Helmut Schmiedt. Frankfurt a. M. 1983.

Karl May. Imaginäre Reisen. Eine Ausstellung des Deutschen Historischen Museums, Berlin, vom 31. August 2007 bis 6. Januar 2008. Hg. v. Sabine Beneke/Johannes Zeilinger. Bönen 2007.

Karl May. Sonderband Text + Kritik. Hg. v. Heinz-Ludwig Arnold. München 1987.

Karl May. Werk – Rezeption – Aktualität. Hg. v. Helmut Schmiedt/ Dieter Vorsteher. Würzburg 2009.

Klotz, Volker: Abenteuerromane. Sue – Dumas – Ferry – Retcliffe – May – Verne. München/Wien 1979.

Kühne, Hartmut/Lorenz, Christoph F.: Karl May und die Musik. Bamberg/Radebeul 1999.

Leben im Schatten des Lichts. Marie Hannes und Karl May. Eine Dokumentation. Hg. v. Hans-Dieter Steinmetz/Dieter Sudhoff. Bamberg/Radebeul 1997.

Lebius, Rudolf: Die Zeugen Karl May und Klara May. Ein Beitrag zur Kriminalgeschichte unserer Zeit. Berlin 1910 (Reprint hg. v. Michel Petzel/Jürgen Wehnert. Lütjenburg 1991).

Lowsky, Martin: Karl May. Stuttgart 1987.

May, Klara: Mit Karl May durch Amerika. Radebeul bei Dresden 1931.

Plischke, Hans: Von Cooper bis Karl May. Eine Geschichte des völkerkundlichen Reise- und Abenteuerromans. Düsseldorf 1951.

Roxin, Claus: Karl May, das Strafrecht und die Literatur. Tübingen 1997.

Rzeszotnik, Jacek: Literarische Kommunikationsstrategien. Zum Bestsellerroman und dessen Autoren in der zweiten Hälfte des 19. und des 20. Jahrhunderts am Beispiel von Karl May und Johannes Mario Simmel. Meitingen 2000.

Schenda, Rudolf: Volk ohne Buch. Studien zur Sozialgeschichte der populären Lesestoffe 1770–1910. Frankfurt a. M. 1970.

Schmidt, Arno: Sitara und der Weg dorthin. Eine Studie über Wesen, Werk & Wirkung Karl Mays. Bargfelder Ausgabe, Werkgruppe III, Bd. 2. Bargfeld 1993.

Schmiedt, Helmut: Der Schriftsteller Karl May. Beiträge zu Werk und Wirkung. Hg. v. Helga Arend. Husum 2000.

Schmiedt, Helmut: Karl May. Leben, Werk und Wirkung. Frankfurt a. M. ³1992 (Erstveröffentlichung: Königstein/Ts. 1979).

Schweikert, Rudi: Das gewandelte Lexikon. Zu Karl Mays und Arno Schmidts produktivem Umgang mit Nachschlagewerken. Wiesenbach 2002.

Seul, Jürgen: Karl May und Rudolf Lebius. Die Dresdner Prozesse. Juristische Schriftenreihe der Karl-May-Gesellschaft, Bd. 4. Husum 2004.

Seul, Jürgen: Old Shatterhand vor Gericht. Die hundert Prozesse des Schriftstellers Karl May. Bamberg/Radebeul 2009.

Steinbrink, Bernd: Abenteuerliteratur des 19. Jahrhunderts in Deutschland. Studien zu einer vernachlässigten Gattung. Tübingen 1983.

Stolte, Heinz: Der schwierige Karl May. Zwölf Aspekte zur Transparenz eines Schriftstellers. Husum 1989.

Stolte, Heinz: Der Volksschriftsteller Karl May. Beitrag zur literarischen Volkskunde. Bamberg ²1979 (Erstveröffentlichung: Radebeul 1936).

Ueding, Gert: Glanzvolles Elend. Versuch über Kitsch und Kolportage. Frankfurt a. M. 1973.

Zwischen Himmel und Hölle. Karl May und die Religion. Hg. v. Dieter Sudhoff. Bamberg/Radebeul 2003.

Bibliographie

III. Weitere zitierte Literatur

Bloch, Ernst: Erbschaft dieser Zeit. Erweiterte Ausgabe. Frankfurt a. M. 1962.

Brugier, Gustav: Geschichte der deutschen National-Litteratur. Freiburg [8]1888.

China. Schilderungen aus Leben und Geschichte, Krieg und Sieg. Ein Denkmal den Streitern und der Weltpolitik. Hg. v. Joseph Kürschner. Leipzig o. J. (Reprint in Auszügen: Hamburg 2001, Privatdruck der Karl-May-Gesellschaft).

Goethe, Johann Wolfgang von: Aus meinem Leben. Dichtung und Wahrheit. Berliner Ausgabe, Bd. 13. Leipzig/Berlin [4]1976.

Heermann, Christian: Karl May – Heimliches und Unheimliches. In: Heimliche Leser in der DDR. Kontrolle und Verbreitung unerlaubter Literatur. Hg. v. Siegfried Lokatis/Ingrid Sonntag. Berlin 2008. S. 358–372.

Henniger, Gerhard: Karl May. In: Karl May: Winnetou. Bd. I. Berlin (Ost) 1982, S. 509–519.

KMG-Nachrichten. Das Vierteljahresmagazin der Karl-May-Gesellschaft, Nr. 161 (2009) (Privatdruck).

Mann, Klaus: Cowboy Mentor of the Führer. In: The Living Age 359 (1940), S. 217–222 (Auszug, übers. v. Walther Ilmer, in: Karl May. Hg. v. Helmut Schmiedt. Frankfurt a. M. 1983, S. 32–34).

Mann, Thomas: Bekenntnisse des Hochstaplers Felix Krull. Der Memoiren erster Teil. Gesammelte Werke in Einzelbänden. Frankfurter Ausgabe. Hg. v. Peter de Mendelssohn. Frankfurt a. M. 1985.

Mann, Thomas: Im Spiegel. In: Essays, Bd. 1: Frühlingssturm. 1893–1918. Hg. v. Hermann Kurzke/Stephan Stachorski. Frankfurt a. M. 1993, S. 98–101.

N. N.: Karl der Deutsche. In: Der Spiegel, Nr. 37/1962.

TITELREGISTER

Dieses Register verzeichnet alle Titel, die an den Namen Karl Mays geknüpft sind – also auch postum von Bearbeitern erdachte, wie *Das Buschgespenst*, und Titel von May-Filmen ohne literarische Vorlage, wie *Old Shatterhand* –, sowie die Namen der Sammelwerke, Zeitungen und Zeitschriften, in denen May veröffentlicht hat.

NAMENREGISTER

BILDNACHWEIS

Wir danken den folgenden Bildgebern:

Hainer Plaul, Lommatzsch: Abb. 1, 4, 20

Karl-May-Archiv, Bamberg: vorderer und hinterer Vorsatz; Abb. 2, 3, 5, 10, 11 (Mitte), 12, 13, 14, 15, 16, 18, 19, 23, 24, 25, 26, 27, 28

Gerhard Klußmeier, Rosengarten: Abb. 6, 7, 8, 22

Karl-May-Museum, Radebeul bei Dresden: Abb. 9, 11 (rechts)

Ekkehard Bartsch, Bad Segeberg: Abb. 11 (links)

Johannes Zeilinger, Berlin: Abb. 17

Aus Gerhard Klußmeier und Hainer Plaul, Karl May und seine Zeit, Bamberg/Radebeul 2007, Abb. Nr. 1440: Abb. 21

Interfoto / Friedrich: Abb. 29